Studies in Mediaeval Culture

中世纪文化研究

[美] 查尔斯·霍默·哈斯金斯　著

姜波　严宁　译

厦门大学出版社　国家一级出版社
XIAMEN UNIVERSITY PRESS　全国百佳图书出版单位

图书在版编目（CIP）数据

中世纪文化研究 / （美）查尔斯·霍默·哈斯金斯著；
姜波，严宁译. -- 厦门：厦门大学出版社，2023.10
ISBN 978-7-5615-8791-1

Ⅰ. ①中… Ⅱ. ①查… ②姜… ③严… Ⅲ. ①欧洲-中世纪
史 Ⅳ. ①K503

中国版本图书馆CIP数据核字(2022)第209672号

出 版 人　郑文礼
责任编辑　高奕欢　冀　钦
美术编辑　张雨秋
技术编辑　许克华

出版发行　厦门大学出版社
社　　　址　厦门市软件园二期望海路 39 号
邮政编码　361008
总　　　机　0592-2181111　0592-2181406(传真)
营销中心　0592-2184458　0592-2181365
网　　　址　http://www.xmupress.com
邮　　　箱　xmup@xmupress.com
印　　　刷　厦门集大印刷有限公司

开本　720 mm×1 020 mm　1/16
印张　22.75
字数　292 千字
版次　2023 年 10 月第 1 版
印次　2023 年 10 月第 1 次印刷
定价　85.00 元

本书如有印装质量问题请直接寄承印厂调换

厦门大学出版社
微信二维码

厦门大学出版社
微博二维码

翻译人员

主译

    姜 波 严 宁

参译

    崔中原 沈 思 张艳雷

    王少玲 秦 寒 谢誉萃

前　言

　　《中世纪文化研究》是哈斯金斯最有名的著作之一，也是呈现中世纪文化的最权威的著作之一。中世纪一直是"黑暗时代"的代名词。然而，如果以发展的眼光来看各个历史阶段的更替与相承，史学家现在已普遍认识到中世纪欧洲拥有的巨大创造力。因为经年累月的研究表明，中世纪社会文化研究仍在持续发生变化。约在公元 1500 年左右，中世纪时代结束时，欧洲的技术、政治和经济的结构已在世界各个主要文明当中占有决定性的优势，艺术也因此构成其特有的风格。因此了解中世纪文化对于学习西方历史和理解中世纪文学甚至是后期的文学作品都有着十分重要的意义。

　　中世纪文化研究有一个共同的主题，那就是通过当时的拉丁文学来呈现中世纪文明。本书的前三章主要是通过研究中世纪学生的书信、布道与说教故事、用拉丁语写作的礼仪手册和对谈录来了解中世纪学生的生活和文化。第四章概述了中世纪思想和信息在当时的传播渠道。第五章论述了关于体育运动的拉丁文学。第六章论述了神圣罗马帝国皇帝腓特烈二世和他的统治对他同时代的拉丁文学的影响。第七章研究了一篇关于炼金术的拉丁文论文，涉及当时的科学问题，该文作者被认为是腓特烈二世的占星家米夏埃尔·斯科特。第八章论及西方世界与拜占庭在文物搜寻、教义的争论、圣徒论和神秘学等领域的联系。第九章简要追溯了中世纪的新拉丁文信函写作学在意大利及阿尔卑斯山之彼端的兴起。第十章和第十一章是关于法国北部的异端和宗教裁判所。在最后一章中，通过美国两位重要的中世纪研究学者亨利·查尔斯·李和查尔斯·格罗斯的传略,作者介绍了美国中世纪文化研究的发展。这本书宝贵之处在于大部分材料来自手稿文献。历代历史学家对手稿的关注太少,但是这些伟大的叙事、纪实和神学文本宝库是我们了解中世纪社会结构和中世纪思想文化内容的基础。人们用拉丁语开玩笑、唱歌、讲故事,学生们用拉丁语写信向家里要钱,有人用拉丁语描述体育和游戏,占星家和炼金术士用拉丁语预言未来和尝试制造黄金……所有这些内容对学习中世纪文化都很重要。

美国历史学家查尔斯·霍默·哈斯金斯是中世纪文化研究的专家、中世纪史权威。他出生于 1870 年,幼年即开始学习拉丁文和希腊文;16 岁毕业于约翰·霍普金斯大学,后来到巴黎和柏林学习;不到 20 岁就在约翰·霍普金斯大学获得了博士学位,并留校任教;1892 年到 1902 年转到威斯康星大学讲授欧洲史;1902 年应聘到哈佛大学,直到 1931 年退休;1937 年逝世。在长期的哈佛岁月中,他成为该大学乃至美国史学界最著名的人物之一。主要著作有《欧洲历史上的诺曼人》(1915)、《诺曼社会制度》(1918)、《大学的兴起》(1923)、《中世纪科学史研究》(1924)、《12 世纪文艺复兴》(1927)、《中世纪文化研究》(1929)。在哈佛,哈斯金斯连续担任了数个学科的教授职务,之后他因疾病而不得不在 1931 年退职,并成为荣誉教授。他最重要的著作是在他作为研究生导师和担任文理研究生学院教务长期间(1908—1924)完成的。没有任何一位历史学教师像哈斯金斯一样曾拥有如此多的学生,而且他的不少学生后来都成为学者并获得了很高声誉。《中世纪史纪念论文集(查尔斯·霍默·哈斯金斯的学生庆祝导师从教四十周年敬献)》收录了十八篇论文,这些学生中的几位因其著作而在整个历史学界久负盛名。这可能是对哈斯金斯最伟大、最持久的纪念,因为通过他的学生们,哈斯金斯拓展了他的影响,极为深刻地影响了美国历史学的研究和教学。

在为本书收集资料的过程中，哈斯金斯受到了许多图书馆、博物馆的盛情协助。他在前言中对法国国家图书馆、梵蒂冈博物馆和大英博物馆给予了特别致谢，他还感谢了哈佛大学弥尔顿研究基金对这本书编写所提供的资助以及洛厄尔校长对这项研究的个人鼓励。

本书原著使用了多种语言，除了英文以外，还包括大量拉丁文、法文和德文，因此，在翻译过程中遇到了许多困难。尤其是拉丁文的翻译困难重重，即使求助专业的拉丁语翻译，很多语言点和注释也没有找到合理的解释和翻译方法。我们在坚持忠实、通顺的基础上，在不影响理解的前提下对注释中的部分拉丁文进行了删减，敬祈理解！

译　者

2023 年 5 月

目 录

第一章
从书信中了解中世纪学生的生活[1]

　　近年来，许多历史学者对起源问题做了研究，而其中最有趣、最富有成果的便是对大学早期史的研究。通过德尼夫勒、拉希达尔以及其他学者的努力，对中世纪大学的研究已摆脱神话色彩和传统认知的束缚，并已建立在既定事实这个坚实的基础上。因此，尽管有许多令人困惑的问题仍没有得到解决，但我们现在已经能够怀着相当大的信心来追踪其早期发展的主要脉络。迄今为止，研究主要集中在中世纪大学内部结构的剖析以及其外部史——特权和结构、与国王和教皇的关系等诸如此类的问题——然而研究却很少关注中世纪大学的内部生活及其历史、学生的日常生活及其活动。若想要准确、全面地了解中世纪大学，我们就必须对这些主题进行研究。然而，中世纪学生的生活是一个庞大而复杂的问题，在不同时期、不同地方表现出巨大的差异。如果不对每个知识中心的情况及其在不同时期所经历的变化进行详细的研究和比较，那么有关这一问题的研究从任何意义上来说都是不够充分的。研究需要仔细查阅各种各样的文学、纪实以及叙事资料。目前这些资料大多尚未出版，而其对中世纪大学的研究价值也并没有得到人们的广泛理解。[2]

　　本章旨在引起人们关注上述资料中的一种类型，即学生书信，并指出这些书信可在多大程度上揭示当时的学术状况。

　　中世纪时，人们的精神生活中并没有自发或广泛传播的文学表达力量。很少有人会写作，更没有人会写信，专业抄写员和公证员承担了大部分的中世纪书信工作。当时，他们经常以一种传统修辞的刻板形式来进行信函写作。学校和文书院会定期开展信函写作和公务行为的指导。许多所谓"信函写作教师"（dictatore）到处传授这一宝贵的技巧。正如一位修辞学家所说："这对于神职人员来说是极其必要的，对于修道士来说是合适的，而对于一般信徒来说，这是一件非常光荣的事。"³ 我们发现了从 11 世纪后期开始的关于信函书写技巧与原则的简明手册。手册中给出了明确的写作规则，并规定了信件各部分的顺序以及形式。⁴ 根据常理，一封信应包含五个按逻辑顺序排列的部分。在致意（中世纪抄写员必须严格遵守称呼礼节，因为社会中的每个阶级都有其特有的称呼及答复方式）之后，便是开场白，由一些常用套话、谚语或经文引文组成，旨在让读信人感到舒适，以便其能更好地满足写信人的需求。接着便是对来信目的的陈述（叙述），它以请求的形式结尾。请愿通常是对开头和叙述中大小前提的演绎。信的最后一部分是结语。

然而，只有那些在书信技巧方面达到了某种熟练程度的人才有可能按照这种精心设计的格式来写信。对于普通人来说，写信并不是要自己进行原创的书信写作，而是费力地复制别人的书信，并在必要时进行修改以适应新的情况。正是这样，大部分流传到我们手中的中世纪书信，并不是作为个人纪念品或历史信息资料，而是作为模板供后人使用而被保存下来。这些模板经常会被复制和增添新的内容，因而逐渐形成为数量相当大的合集。这些书信集可能会被汇编成独立形式的合集，或者作为示例用在各种流行的写作技巧专著中。我们绝不能认为这些书信集中的所有信件都是真实的信件，因为信函写作手册的作者经常会自创模板，或借用学生的书信练习，即一些符合现实情境的虚构信件。像很多人一样，如果他们想提供适合每个生活场景的完整信函写作范例，那么他们就必须大量使用这些素材。而使用真实信件时，往往会省略里面的名字或将其修改得认不出来。然而有时一些纯粹的幻想——信件写给或来自维纳斯、四旬斋君、修辞美文君、恶魔以及类似的人称[5]——也会出现在这些奇怪的合集中。

显然，从中世纪传到我们手里的书信在特征和内容上会有很大的不同，因此，它们提供给历史学家的信息属性也十分不同。已知的个人信件显然与一系列匿名或自创的模板有着非常不同的价值，而难以区分真实和虚构是造成这些模板相对较少被使用的原因之一。古文书学者在寻找真实的、可确定时代的行迹时，他们对这类材料的利用再怎么谨慎也不为过，[6]但对研究社会情状的学者来说，风险要小得多。因为对社会情状研究者来说，只要他能确定信的撰写地点、时间以及信的作者是带着诚意写这封信的，对他来说一封虚构的信就可以提供与真实信件一样有价值的信息。他不会在这些模板中寻找值得信任的传记或政治历史细节，但他很可能期望它们能够在有意或无意中忠实地反映其所属时代的情状。因此，他会把这些模板放进材料库中，而库里没有一类材料充足得能够全面反映中世纪文明历史。这些模板是为了使用而编写的，因此它们越贴近用户的需求，信函书写教师及其手册就会越受欢迎。这一点尤其体现在与学生事务相关的模板中，因为模板集和修辞专著通常会一起放在学校里供学生使用（其中一些最著名的学者与奥尔良和博洛尼亚都有直接联系）。因此，即使它们是杜撰的，它们也很可能会如实地呈现其产生地的学术环境以及生活。

反映中世纪学生生活的现存信件及信件形式十分之多。在欧洲各大图书馆保存的数以百计的模板和书信集中，多数信件内容都涉及学生事务，其中一些似乎是专门为学生及家长的需要编写的。各种学校以及欧洲各地都在这些信件里被提到过，如希尔德斯海姆[7]、沙特尔[8]等主教座堂学校，阿尔布瓦[9]、圣丹尼[10]等地的中小学，以及几乎所有重要的大学中心，如：博洛尼亚、帕维亚、帕多瓦、那不勒斯[11]、维也纳、莱比锡、布拉格、埃尔福特、鲁汶、牛津、剑桥、萨拉曼卡、图卢兹、蒙彼利埃、奥尔良和巴黎。目前，很难对这大量的学生信件做出一个详尽的批评研究，因为大部分信件还没有发表，并且许多手稿还没有被分类。与此同时，大部分各种信件的来源以及信集之间的关系还有待确定。当前研究的材料仅限于出版物以及来自巴黎、慕尼黑[12]、伦敦和牛津的手稿；随着时机的出现，研究对象还将扩展到其他的信集。这样一来，研究所用的材料就足够使研究结果具有一定的代表性了。[13]

到目前为止，中世纪学生的信件中出现最多的内容就是要钱——"学生开口的第一句话就是要钱，"一位疲惫的父亲用意大利语在信中说，"没有哪封信不是要钱的"。[14]如何保障这种基本生活需求无疑是中世纪的学生需要应对的最重要的问题之一。为此，信函写作教师们把许多书信样本摆在学生面前以证明自己技艺的现实价值。[15]这些信件通常是写给父母的，有时也写给兄弟、叔伯以及教会赞助人——一份常被模仿的练习中包含了二十二种找领班神父商谈这一永恒的微妙问题的方法。[16]一般来说，学生会称他正在这个或那个知识中心，身体健康，生活愉悦，但缺钱买书以及迫切需要支付其他必要花销。这里有一份来自牛津大学的书信样本，它比一般信件更具有个性，而且是用非常蹩脚的拉丁语写的：[17]

B向他尊敬的主人A致意。我写信给您是想告诉您，我在牛津大学读书十分用功，但钱的问题严重阻碍了我的进步。早在两个月前，我就已经花光了您最后一次给我寄的钱。这座城市物价昂贵，很多地方需要花钱；

我得租房，买生活必需品，还得花钱买许多其他东西，在这里我就不方便细说了。因此，我恭恭敬敬地请求您，希望您看上帝的份上，怜悯怜悯我，帮助我完成学业。因为您肯定知道，没有谷物女神刻瑞斯和酒神巴克斯，太阳神阿波罗就会逐渐冷却……[18]

一个在巴黎读书的学生要求更长久的供给。除一张床垫和六便士外，他希望每周从圣维克多给他送十条面包。[19] 有时，所需的用品如书籍、羊皮纸、衣物、亚麻布、床上用品等可以直接从家里拿来。[20] 沙特尔有一组写于 12 世纪初的信件。这组信十分有趣，全然未受修辞学家那些套话的濡染。在这些信中，我们读到两个兄弟向其母亲索要做冬装用的厚羊皮以及写诗用的羊皮纸，另外还让母亲寄来他们父亲的大靴子以及一些粉笔，而且是要质量好的粉笔，因为他们自己的粉笔不堪一用。[21] 鲁昂的一个教士给他的外甥送了十个苏*、十厄尔**亚麻布、一根火腿和一定数量的白豌豆。[22] 一个维也纳的学生给他住在克洛斯特新堡的父亲 N 写信，说他把所有钱都花在买书以及其他与学习有关的东西上了。父亲回信道："当你收到这封信时，我已经给你寄了十个莱茵古尔登金币（Rhenish gulden）、七厄尔制作外衣用的布和一双长筒袜。"[23]

如果父亲出手小气，还有其他特殊理由可以催促父亲给钱：这座小镇的生活成本很高——大学城都这样！——严酷的冬天[24]、战争围困的威胁[25]、农作物歉收[26]以及学生数量的激增[27]都导致这里的生活成本异常高；上次派来的信使遭抢劫[28]或者他携款而逃[29]；他在同伴或犹太人那里借不到钱了；他受凉感冒了，想一走了之；[30]感冒情况太严重了，以至于晚

---

* 法国旧时的一种低面值硬币。若无特别说明，本书脚注均为译者注。
** 厄尔（ell），欧洲旧时的长度单位，原意为"一臂长"。

上学习不了；[31] 诸如此类。令人动容的文字展现出学生的不幸，其间不乏对父亲豪爽之情与爱怜之心的呼唤。我们看到，在博洛尼亚，一个年轻人不得不蹚过肮脏的泥水，挨家挨户地乞讨，喊着"噢，善良的主人们！"，除了从市民那里得到一些残羹剩饭以及从同学那里得到一句"上帝保佑你！"，其他什么也得不到。[32] 另一个学生一边对着他冻僵的手指呵热气，一边说他已经两年没有沾过酒、洗过脸、修过胡子了。[33] 一名学生用奥地利方言写信说自己正处在监狱的最深处，面包发硬生霉，饮用水中掺杂着泪水，幽深的黑暗浓稠得仿佛触手可摸。[34] 另一个学生说自己躺在稻草里，没有被子盖，也没有衣服和鞋子穿，吃着不忍描述的食物——这个故事被编造出来是为了讲给姐姐听。姐姐有所回应，并给了他一百苏的图尔币、两张床单和十厄尔细布，瞒着姐夫寄出。[35] 在另一次向姐姐求助时，这个学生向他姐姐借了二十苏。他还没有在学校里待很久，因此不敢向他父母要钱，"怕自己花钱太多，会惹他们生气"。[36]

对于这样的请求，恰当的答复当然是一封充满温情的信。信里要赞扬这个年轻人勤奋好学，并寄去他所需要的钱[37]。有时候，学生会被提醒花钱应适度，要做到物尽其用，[38] 毕竟他叔叔每天花销不超过一个奥波勒斯*，但还活得好好的，[39] 或者他应记住姐姐的不容易，[40] 以及他应该要供养他的父母，而不是一个劲儿地花他们的钱，[41] 等等。一位来自贝桑松的父亲为自己解释道（这位父亲还引用了贺拉斯！）：他的葡萄园生意又赔了，原因是生产过剩导致价格下跌，[42] 因此没有太多钱给孩子。此外也常有父亲或叔叔听到了关于这个学生的小报告，然后这个学生必然会气愤地否认所有这些诽谤，并把它们归结为说谎的对头毫无根据的捏造。[43] 如果

---

* 古希腊小银币。古希腊人习惯在死者口中放一枚奥波勒斯银币，作为交给冥河船夫卡戎的买路钱。此处意指叔叔花的钱比死人还少。

他的父母能看到他破烂的衣服，他们就会知道他并没有为了追求女人的爱而把钱花在奢侈的衣服和昂贵的皮草上。[44]下面是一个父亲责备儿子的例子，它摘自弗朗什-孔泰一本非常有趣的书信集：

贝桑松市的 P 写信问候他住在奥尔良的儿子 G，以送去浓浓的父爱。经上说："作工懈怠的，与浪费人为弟兄。"* 我最近才发现你在生活中十分放荡怠倦，好纵容厌管教，好玩乐厌勤勉。当别人在学习时，你却在弹吉他。因此，当你读完一卷法律书时，你勤奋刻苦的同学可能已经读完几卷了。我决定借此劝诫你，让你痛改前非，不再放荡和漫不经心。这样你才能摆脱"浪费人"的称号，一雪前耻，并最终赢得好名声。[45]

在普罗旺斯的庞塞（Ponce de Provence）的书信模板中，我们发现一位老师给一位学生的父亲写信说，这位年轻人学习成绩很好，但他有点淘气，给予明智的劝诫将会对他有所帮助。老师自然不想让人知道这个消息是由他传过来的，于是父亲给儿子写信说：

我从一个可靠的来源那听说——不是从你老师那里，虽然他不应该对我隐瞒这些事情——你没有在你的房间里认真学习，在学校也表现得不像一个好学生。整天玩耍和游荡，不听老师的话，沉迷于体育运动以及其他一些我在信中不愿细说的无益活动。[46]

学生们到了新学校，经常会给父母写信描述他们的新环境。下面是一

---

*　此处为引用《箴言》18∶9。

封来自摩拉维亚的信：

自离开家里的舒适安逸之后，我的旅途条件也在持续改善。直至在神的帮助下，我安全抵达布尔诺。在那里我非常幸运地找到了寄住的地方。我的房东给我提供了充足的食物和衣服，而且他家也有两个正在读书的男孩子。我的老师非常正直、令人尊敬。他声名远扬，博学多才，非常用心地教授我们知识。我的同学也都是谦虚、有礼貌、品德优良的人。在学习中，他们不会进行恶性斗争，而是互相帮助，并以互相欣赏为荣。[47]

一个来自巴黎的学生写信给他在根特的亲戚（fair cousin）说，他在学校过得很好，每天都很开心，周围的伙伴都很勤奋好学。他的老师生活作风良好、学识渊博。在其指导下，他每天刻苦学习。[48]下面这封来自奥尔良的信更加新颖且具有原创性：

儿子 M 和 S 向他们敬爱的父母 M. 马特尔爵士及其妻子 M 致以真诚的问候和孝心。来信是想告诉你们，感谢神的仁慈，我们在奥尔良城健康地生活着，并全心全意投入学习之中。我们心中时刻记着加图的话，"学习任何知识都值得赞扬"等等。我们住的房子漂亮舒适，并且紧挨着学校和市场。所以我们每天都去上学，而不会弄湿脚。与我们同住的伙伴也很不错，他们在学习上都是佼佼者，并且他们都有极好的生活习惯，这一点我们十分欣赏，因为如《诗篇》作者所说，"完全的人，你以完善待他"（《诗篇》18：25），等等。为避免因学习材料的缺乏而无法学习，我们请求您二老经由送信人 B 给我们寄一些钱，这样我们就能买一些羊皮纸和墨水、一张桌子以及其他一些所需品。希望你们能按我们的需求将足够的钱寄过来，这样我们就不会因为你们的缘故而遭受贫困（但愿不会如此！），并且能够好好地完成学业，最后荣归故里。另外你们让送信人给我们带一些鞋和袜子，有任何消息也记得让他捎过来。[49]

学生们的行程并不总是那么一帆风顺。著名的博洛尼亚信函写作教师布翁孔帕尼奥（Buoncompagno）在他的书信文集中用了一个章节来描述一个人在去大学的途中可能发生的意外。[50] 强盗袭击似乎是最主要的危险：一位学生出于对学识的热爱正赶往博洛尼亚，但在翻越阿尔卑斯山脉时，他被强盗拦路抢劫。强盗把他的书、马、衣服和钱都抢走了，所以他不得不滞留在邻近的修道院里，等待援助的到达。[51] 一个北方学生也同样在去巴黎的路上遭四个身穿教士服的青年打劫。这些青年把他的衣服扒光，并将其绑在原地。[52] 在其他一些例子中，有发生在博洛尼亚森林中十五马克银币和灰色毛皮被劫的案例，[53] 或是发生在邻近奥斯塔的公共道路上的案例。[54] 有时候造访香槟区集市的意大利商人[55]以及去圣地亚哥 - 德孔波斯特拉的意大利朝圣者会采用货运这种安全性更高的方式[56]。甚至从博洛尼亚回佛罗伦萨的路上也存在危险，除非能有相当数量的武装人员保驾护航。[57]

中世纪时，学生一旦安全抵达知识中心，就不会轻易放弃学业生活。[58] 他们一次又一次地请求延长他们的学习期限。战争爆发、[59] 父母或兄弟去世、遗产需要分割，[60] 即使出现这些情况时，学生也总是恳求将学习结束期限往后推迟。他希望"在帕拉斯*之营中更长久地效力"；[61] 无论如何他都不能在复活节前离开，因为这时他的老师才刚开始教授一些重要的课程。[62] 一位在锡耶纳求学的学生的家人叫他回去与一位充满魅力的女士结婚；为此，他

---

* 帕拉斯是智慧女神雅典娜的常见别称，此处设喻表达了学生继续从事学术的愿望。

写信回复家人道，为了女人而放弃学问是十分愚蠢的，"男人不管怎么样都能娶到妻子，而科学一旦放弃就再也无法挽回"。[63] 同样地，另一名学生也经受着未婚妻的魅力，"虽然她皮肤黝黑，但聪明、娴静，散发着一种高贵气质。此外她还出身于一个有权势的家庭，身边还有一大笔嫁妆"。[64] 一个已婚学生被提醒其待在学校已超过之前约定的两年时间，他妻子确信他已开始研读其他法典，否则若只为一部《学说汇纂》*（Digest），她凭自己也能读一些！[65] 然而有时，学生也会因患病而写信求一些旅费和一匹温顺的马把他载回家。[66] 偶尔有学生发现自己根本不是学习的料，于是便要求参军或从事其他更适宜的职业。[67] 一个儿子抱怨《圣经》太过晦涩难懂，想要去"做一些更有用的工作，赚更多的钱"。于是，他的父亲向他承诺他会享受到体力劳动的乐趣。[68]

对于已经完成大学学业的学生来说，他们自然可以受圣职、享圣俸，或被任命为学校教师。[69]

正如前面信件所表明的那样，学生最关心的一件事情就是找到一个合适的住所。从各样信件模板中可以看出，学生通常会通过熟人提前找到住处。在新生人数非常多的情况下，这是十分必要的预备措施。[70] 某位学者将赴巴黎去参加圣雷米**的瞻礼日，[71] 或某个修道士，他的副院长刚刚批准他一年假期，[72] 或他想"远离尘世的喧嚣"，[73] 如果可能的话，他希望和朋友住在同一个房间里，或者至少住在同一所救济院里。[74] 学生的父亲经常会把自己的孩子托给亲人或朋友照顾，[75] 或者他可能会让老师特别关照他的孩子并监督他的花销，[76] 或在必要时，给他买一部法典；老师还要看住

---

* 《学说汇纂》是拜占庭帝国皇帝查士丁尼一世主持修订的法学著作汇编，收集了罗马帝国时代法律学者的学说。

** 天主教圣人圣雷米是法国的主保圣人，瞻礼日在每年的 10 月 1 日。

他，不要让他在假日上街，以免他跟他的兄弟加入多明我会[77]。普罗旺斯的庞塞——这位不知疲倦的修辞学家——给我们留下了所有父亲与老师间重要的通信模板。这些模板中有的关于学生如何启程和报到、他的在校表现、父母的恰当训诫、学生的进步和学业完成情况的内容，以及最后还有父亲给老师的酬劳和感谢。[78]某封写于剑桥的书信范文请求老师准许学生看望父母[79]，而在同一文集的另一封信中，一个年轻人称他将在圣诞节带老师回家待两三天。[80]

学生的来信中经常提到书和学习，但这些信并没有给我们提供太多关于这些主题的信息。当然，学生们购买或租借书籍的需求是比较稳定的，而购买书籍经常会被学生当成借口来向父母要钱。[81]有时候书会落在家中的箱子里，需要把它们寄过来。[82]通常，学生会通过某位朋友传达自己需要某本书。如果来信人正在学习语法，那么他需要一本用大字准确抄写的注释本《希腊论》（Grecismus）和《教义原理集》（Doctrinale）；[83]在较少数情况下，他也有可能需要某部普里西安的著作和一本《白银之言》（Argentea lingua）。[84]精通语法后，他可能会想学习法律，[85]成为"朋友的庇护塔、敌人的恐惧和混乱之源"[86]。如果他是个平民，那么他需要"十里弗的图尔币买一本《新编汇纂》（Digestum novum）"，[87]四十里弗的巴黎锂买《法典》（Codes）、《学说汇纂》、《法学阶梯》（Institutes）*。[88]假若他抛弃这些"喧嚷吵闹的诡计花招"[89]，转而追求教会法规，那他至少一定要有《教令集》（Decretals），[90]或加尔弗里德斯的《大全》（the Summa of Gaufridus）。[91]奥尔良的一名学生写道，他在辩证法方面已经很出色了，只要父亲能给他寄足够的钱买一

---

* 三部著作均属于查士丁尼一世敕撰的《查士丁尼法典》。《法典》收集了自哈德良皇帝以后的各代皇帝敕令，《法学阶梯》是皇帝命令编辑的一本法学入门教材。

本《圣经》，他就去学习神学。[92] 父亲赞美了他的雄心壮志，但负担不起巨额的神学课程费用，于是劝儿子去从事一些"薪资可观"的职业。[93] 当然，非常多的书信赞扬信函写作学（ars dictaminis）及其研究，[94] 而逻辑学家们"无聊而空洞的争论"也没有在信中被遗漏。[95] 一位老师写满三十二卷书的"小注释"反映了 12 世纪的社会关注点。[96]

这些书信的作者通常在博洛尼亚和奥尔良学习法律，在蒙彼利埃学习医学，等等。不过有时，他们在书信中的陈述可使我们更加了解中世纪课程和在不同学术机构中蓬勃发展的学科流派。因此，图洛特（Thurot）从普罗旺斯的庞塞的模板中得出结论：逻辑对于法律的学习不是特别重要，但对于医学生而言是必要的，对于神学的学生来说则是不可或缺的。[97] 菲廷（Fitting）基于此认为帕维亚得以在早期超越博洛尼亚成为法律教学的中心。[98] 在博洛尼亚出现的法国新神学同样能够以这种方式进行追溯。[99] 类似的原因使德利勒（Delisle）能够证实 12 世纪的奥尔良存在着一个繁荣的修辞和文学流派，[100] 尽管一封 14 世纪早期的信表明，奥尔良的"三科"* 后来都衰落了。[101] 仔细研究这些模板，还会发现各所大学与地域关联度的相关内容（最主要是对于学生而言），[102] 这或许能对校际迁移问题做出一定的解释。因此在 1291 年，一个希望在牛津大学讲授教会法的英国学生，在一位教廷成员的建议下，开始在博洛尼亚学习法律。在那里，一名仆人偷走了他的《教令集》，这几乎使他做出了要砍掉小偷脑袋的反常决定。[103]

从来自欧洲各地的信件中能看出获得一个学位所需的费用。一个巴黎的学生让他朋友向父亲这样解释："头脑简单的外行人是理解不了这些事情的"，在经过大量刻苦学习后，最终除交不起学位授予宴会的钱之外，没

---

* Trivium，即文法、逻辑、修辞，柏拉图"自由七艺"中的前三科。

有什么能阻碍他毕业。[104] D.伯特雷从奥尔良写信给他在图尔的亲戚说，他正在研读最后一卷法律书。完成这卷书的学习后，只要他们给他寄去一百里弗来支付必要的费用，他就可以获得职业执照。[105]蒙彼利埃的一名医学生为了晋升，"向家里要比平时更多的钱"。[106]布翁孔帕尼奥这样描述在博洛尼亚的一个成功开始：

> 向上帝唱一首新歌吧，用丝弦的乐器和箫的声音赞美他！用高声的钹赞美他！[*]因为你儿子在有许多老师和学生参加的辩论会上表现得很好。他准确无误地回答了所有问题，没有人能胜过他，也没有人能驳倒他的论点。此外，他还举办了一场出名的宴会，在宴会上，富人和穷人都受到前所未有的尊敬。他还开始进行授课，他的课十分受欢迎，以至于别的教室里空无一人，而他的教室里却挤满了人。[107]

布翁孔帕尼奥还讲述了一个失败的学位申请人的故事。他在辩论中什么也做不了，像只山羊一样坐在椅子上，观众嘲笑他为拉比；他的宴会如此糟糕，来宾们连喝酒的兴趣都没有。没有人愿意上他的课，因此他必须花钱请学生来上课。[108]

如根据他们自己的描述来判断，中世纪的学生应是勤奋好学的典范。他们一天至少上三节课，期望能快速赶超他们的教授和同学。[109]然而，这些信函写作教师们很了解其他类型的学院青年，这些年青人需要被人提醒——收获并非来自去巴黎的经历，而是在那里进行的有益学习。[110]其中许多类型是他们以警告或责备的形式告诉我们这些后人的。布翁孔帕尼

---

[*]《诗篇》150：4-5。

奥确实批评过那些过度沉溺于学习的人——他们在早晨铃声响起之前就起床，第一个进学校，最后一个离开，整天待在室内读书，吃饭的时候思考讲课内容，甚至在睡梦中复习和辩论——但布翁孔帕尼奥也特别补充道，对于学习怠慢的人，他也会在信中用同等的词句讽刺之。[111]

写给同学的信在这些信集中占了相当大的一部分，但它们大多是慰问、介绍、打听消息、维护友谊以及类似的陈词滥调。[112] 我们还发现有学生敦促朋友去巴黎找他们："在这繁荣的艺术中心，领略我们所有的曲折经历、神学和教会法规"，在那里粮食、葡萄酒和硕士 * 比比皆是；[113] 打算在秋天的时候一起去博洛尼亚；[114] 或询问其他学习地的优势。[115] 前文提到通过在校朋友解决住所的做法；若学生死亡或突然离开，他的财物也是由同伴送回家。[116] 在博洛尼亚，同伴通常要骑马陪即将离开的学生至少走上几英里路。我们甚至还发现了答谢提纲，[117] 当同伴返程时，学生好向他的至交好友（transcursibiles amici）[118] 说几句恰当的感谢。

在奥尔良的信集中，同学之间的书信后通常紧随着情人之间的书信——"吾友"（amicus amice）、"吾爱"（amasius amasie）等等。[119] 有位女士被提醒要提防那些男孩（"不要相信男青年！"**）；以提斯柏 *** 的名义，她被告诫要在夜间躲避她的守卫者；她因舍弃了写信人送给她的腰带而受到责备；海伦和勒达作为榜样应能激发她的柔情；[120] 等等。在早期的意大利信集中，可以找到一组如此炽热的情信，其间充满了温柔责备和激情告

---

*　欧洲中世纪大学学位制度等级划分与行会制度有关。在工商业行会中，成员有学徒、师傅，对应大学中学士、硕士和博士（在很长时间内，博士与硕士平级）。在中世纪，师傅、教师、硕士都是"master"，表示拥有独立的地位，可以训练培养学生、发放资格证书的人。本书将根据语境酌情翻译。

**　拉丁原文为 ne credat iuvenibus。

***　奥维德所著《变形记》中的爱情悲剧中的女主人公，少女提斯柏与青年皮拉姆斯的故事是《罗密欧与朱丽叶》的原型。

别，并以一封给"我唯一的玫瑰"的长信作结，该信以一种古怪的松散韵文写成。[121]

某个中世纪的学生和他的现代后辈一样，似乎是一个根深蒂固的借贷者。有时他借的是书，比如维吉尔和卢肯的注释本，但他借得更多的是钱，直到家里寄信过来。也就有了不少要求还钱还书的信件模板。[122] 由此，我们得知有一个不守信用的彼得，在1月1日借了十里弗的图尔币，不久就离开巴黎去了奥尔良，债主托自己的朋友们在奥尔良逮到他。[123] 这种债务似乎一般通过债务人所在教区的主教来收回，[124] 然而在博洛尼亚，市政当局会着手处理这种事。如债务不立即还清，市政当局会威胁用该债务人同乡的财产就近还债。[125]

由于显而易见的原因，中世纪学生的信件中并没有过多地提到拉希德尔所说的"大学生活中更狂野的一面"。我们发现一个巴黎学者抱怨学校的混乱，并表达了对人身暴力的恐惧。[126] 一个图卢兹的学生写道，他在离开纳博讷的家之前就被提醒过要提防某P。那人强占了他的房间，干扰他的学习，因此他希望能获许在复活节回家。[127] 在奥尔良，一个年轻人向他的父亲求助：他在和另一个年轻人争吵时，一时冲动，用棍子打了对方的头，所以他现在被关在监狱里。如果想要出狱就必须支付五十里弗，而那个和他吵架的年轻人伤口愈合后就被释放了。[128] 并不是所有的学生恶作剧都会受到严重的法律制裁，我们可以从奥尔良的一位法律教授写给贝桑松一位父亲的信中看出来。信中写道，毫无疑问你儿子G是跟着风琴伴奏演唱下流歌曲的人之一，但这并不是一件很严重的事，因为你儿子总体表现还不错，并且他在法律学习方面取得了非常大的进步。[129] 当然，父母责备的例子也反映了那个时代的一些不良风气，尤其是赌博和放荡的生活。[130] 偶尔我们也能找到谈及学生较单纯的娱乐活动的内容，比如在牛津大学，学生会在圣尼古拉节那天租马匹来骑；[131] 有一个学生被告诫在下棋上浪费了太多时间；[132] 而另一个请求养狗的学生也遭到了拒绝，唯恐他因此蹉跎时间。[133] 总体而言，这些模板反映了学生生活中更高尚的一面。想要更充分了解其邪恶与暴力的一面，我们必须寻访法庭的记录、哥利亚德文学 * 和当时布道者的强烈谴责。

　　从对中世纪学生书信的简单研究中可以明显看出，这些信件的内容主要涉及普通的日常校园生活。虽然在形式上不一样，但在实质上，信中的大部分内容能代表中世纪的奥尔良或博洛尼亚，且几乎也能代表今天的哈佛或耶鲁。羊皮斗篷、羊皮纸、注释版《教令》（*Doctrinal*）和学位授予宴会显然只属于中世纪，但金钱、衣服、住房、教师和书籍是在任何时候、任何地方都得关心的主题。从某些方面来说，这些信的这个特点有点令人失望——我们可能已经很清楚地知道，中世纪的学生需要钱，并试图向其父亲索取、从同伴那里借，或者向别人乞讨；我们可能也知道他被强盗抢劫过、被父母斥责过。但令人遗憾的是，在这么多信中，没有一封信能用简单而真实的细节告诉我们一个年轻人是如何学习并度过一天的！对于所有的这些问题，答案是：在当时主流的环境里，很少有人会写这样的信。而且，即使写了，像这种只关乎个人和短暂利益的信也不会被保存。只有陈腐、平庸，表达了随时随地的大多数学生的需求的信件和模板才会被认为是有价值的，也因此会被复制和保存。了解中世纪的日常校园生活，更生动地了解那些我们可能看不到的学生生活的各个阶段，这些对于我们来说都是十分有价值的。当然，人们若不参考其他关于中世纪学生环境的信息资源，很容易因现代语境而误读这些信。但从某种角度来看，这些信件

---

* 又译为"放纵派吟游诗人"文学，12 世纪欧洲一部分大学生发表诗歌批判教会、呼唤自由平等、反抗社会秩序的文学运动。

的价值其实就在于此。无论是在大学环境方面，还是在大的世界环境里，中世纪与20世纪之间都存在着广泛而显著的差异。我们需要不断提醒自己，人类发展的基本因素在世世代代中大体保持一致，并且只要人的本性和自然环境保持不变，这些基本因素也必然不会有所改变。正确的历史观要求我们能够准确地分辨人类文明史上的恒常因素与变化因素，本章或许可以说明它们在中世纪学生生活中的相对重要性。

第二章
十三世纪布道中的巴黎大学 [1]

在中世纪的学术生活中，巴黎大学占据着极其重要的地位。有句古话这样说："意大利人有教皇，德国人有帝国，法国人有学问。"而做学问的首选之地就是巴黎。曾有布道者这样比喻："如果所有的天空是羊皮纸，所有的海洋是墨水，那么所有的星星就是巴黎的硕士们。" [2] 巴黎大学被公认为是"科学诞生之地"和第一所教会学校，其至高的地位不仅体现在它是经院哲学的中心和正统思想的堡垒，还体现在它的学生人数多、分布广，对其他大学的建立和章程的制定影响深远，并且它在中世纪后期的政治和教会运动中也很积极活跃。 [3] 巴黎大学在政体研究和神学理论方面的成就非常突出，校长、学院和民族之间对此的争论也很激烈，其中有关"新亚里士多德"和"永远的福音"*之间的冲突和争论存在忽视更多的人文元素的危险，他们忘了只有把大学的教学和组织放在学生日常生活的背景下看，才能对大学有一个更加充分的认识。不幸的是，关于中世纪巴黎学生生活的信息来源并不丰富。当然我们也可以从伟大的《巴黎大学档案》（由令人钦佩的德尼夫勒和夏特兰编写）和作为附录印刷的英国学监的书中了解到很多东西。例如，我们对中世纪巴黎各种酒馆的认识很大程度上来自同乡会**盈余收入被豪饮馨尽的记载； [4] 但是这个珍贵的资料库中大部分都是

---

* "永远的福音"典出《启示录》14：6，代表纯粹的信仰。

** 同乡会（student nation，或简称 nation）指大学生的地区性组织。组织内的学生往往来自同一个地区，通常使用同一种语言，并按照自己熟悉的法律进行管理。

关于这所大学的组织和外部历史的资料，关于它内部生活的记录却少之又少。法庭的记录往往是关于其他大学学生行为举止的丰富信息宝库，但在巴黎却并非如此。[5]而能够反映中世纪学者像样的普遍生活状态的学生信件也并不能提供有用的帮助。[6]大学早期哥利亚德诗歌以及 12 世纪文艺复兴*的其他作品确实有相当大的价值，但这一运动很快就被经院哲学的胜利所压倒。在 13 世纪，巴黎是无可争议的基督教世界的知识中心，几乎没有任何种类的拉丁诗歌产生。[7]虽然这不是一个诗歌的时代，但这却是一个布道的时代，同时也是一个其他产物匮乏的时代。从那个时期流传到今天的大量的布道文十分值得考察，因为它们揭示了那个时期的巴黎大学以及其中的生活状态。

乍一看，这些布道文似乎并没有太大的价值。就其本质而言，布道不是历史性的而是劝诫性的，它们的目的是启迪人心而不是记录历史；而且 13 世纪的布道文，其详尽的细分，其文本的叠加，其字面意义和寓言意义，其道德意义和隐秘意义**，似乎都很缺乏关于其时代生活的信息。[8]然而，在这一时期的学术布道的发展过程中，出现了真正大众布道的复兴，这主要归功于托钵修会（Mendicant Orders）的影响力。很快大众布道就对学术布道产生了影响。为了吸引人们的注意，布道者们发现布道必须简单直接，具有娱乐性，并且要大量使用日常生活中的奇迹故事、奇闻轶事以及具有针对性的例证。如果听众有低头打盹的迹象，那么演讲者就会开始说，"从前有一个名叫亚瑟的国王"，或者会突然喊道，"那个睡着的家伙可不会泄

---

* 通常认为文艺复兴运动从 14 世纪开始，哈斯金斯则主张 12 世纪已经出现了文艺复兴风潮，并著有《12 世纪文艺复兴》一书进行论述。

** 这四种意义是中世纪《圣经》解读的主流理论结构体系，有"四义说"之称，从奥古斯丁到阿奎那的神学家都沿用了这一体系，后被但丁引申为文艺理论，用这一理论体系解读文学作品。

露我的秘密",[9] 又或者是"天哪,谁有别针的话就去扎醒那个老婆子吧!"[10] 这样的俏皮话很容易就会越过严肃甚至是正派的界限,[11] 但丁也有充分的理由去抱怨那些"带着戏谑和用小丑表演进行布道的人"。只要他们能引起笑声,他们就会觉得这种方式是有效的,并为此沾沾自喜。[12]

然而实际上,除了礼仪问题,正是许多布道者的这种打破常规的自由精神增添了他们的历史趣味。用来修饰布道的故事或例证(exempla)有了五花八门的来源——寓言故事和民间传说、动物寓言、圣人生平、历史手册和个人经历——还有其他各种各样的传说、奇迹和当代轶事。[13] 因此,它们除了保存了大量有关社会各阶层的人与习俗的有趣信息之外,还为我们提供了对当时流行的宗教和迷信等最有价值的见解。

尽管如此,中世纪布道的大部分内容读起来也并不有趣,尤其是流传到今天的大部分文本中那些浓缩而枯燥的文本形式。对当时生活的例证和暗示只占文本整体中的一小部分,要把它们与镶嵌在文本之中的大量经院哲学和讲坛陈词滥调区别开来是一项漫长而艰巨的任务。很多例证的筛选工作都是由中世纪的布道助手完成的,他们会为懒惰无知的讲道人提供根据教会年历编排的、标题为"胸有成竹"(Sermones parati)或"高枕无忧"(Dormi secure)的布道文集,还会按主题排列的形式做出一系列的例证集。这些例证集为这些枯燥无味的布道内容提供有趣的材料——教士用的俏皮话和轶事素材手册在中世纪晚期娱乐了广大群众,于是在很多手稿以及一些早期出版物中留存了下来。这些文献对于中世纪文化历史研究的重要性已被广泛认可,[14] 并且已故的巴泰勒米·奥雷欧(Barthélemy Hauréau)潜心研究,提供了更多分散的材料,而他的研究成为这一学术领域的起点。[15]

为了把布道文所包含的关于 13 世纪巴黎大学生活的相关信息收集起来,我们必须从一开始就要放弃任何刨根问底的想法。法国是所有国家中

布道文产出最多的国家，并且可能大多数杰出的法国布道者在这一时期的
职业生涯都与巴黎大学有关；虽然他们的布道文可能很少被出版甚至不会
被出版，但保存下来的手稿数目却高达数千篇。显然，我们必须将研究限
制在已出版文本和那些可能产出丰硕成果的手稿资源方面。因此，除了各
种例证集和奥雷欧出版的或注明的大量材料外，[16] 我们还要特别关注对当
时巴黎的学术状况有很深了解，并在布道词中对此惯于有所涉及的那些布
道者，尤其是那个总让人感到愉悦的教士罗伯特·德·索邦，以及巴黎大
学的其他校长们。[17] 索邦是法王路易九世的随行人员、巴黎大学的创始人。
他原本只是一个在圣母院负责保管文书印章和起草文件的官员。[18] 这位校
长一开始被授权负责监督大教堂周围涌现的学校，随着这些学校数量增加
以及重要性的增长并发展为一所大学之后，他仍然坚持自己对授予硕士学
位以及对学者的管辖权。他的主张在 13 世纪早期引发了强烈的冲突，教
皇也发布很多诏令对校长的权力施加了重要的限制，但他仍然继续自封为
大学校长并主持硕士学位的考试。因为校长们本身通常也是饱学之士和杰
出的布道者，他们的布道词无疑饱含学问、高贵堂皇，尽管如此，在使用
这些文献时需要考虑到布道文的作者公事公办，有时还不甚友善的态度，
但它们显然与大学事务紧密相关，对我们的研究有着特殊的重要意义。

　　针对我们在巴黎进行的研究，我们不能期望从布道文中找到很多对我
们研究有用的信息。很多校长确实对文科"七艺"和神学"七灵"＊进行了
详尽对照，[19] 也在神的教育和魔鬼的教育之间做了比较，[20] 但这些比较是

＊ "七艺"是柏拉图划分的七种学科，即"三科"文法学、修辞学、辩证法（逻辑学）
与"四学"算术、几何学、天文学和音乐，欧洲中世纪学校多以此设置学科；"七灵"
是《以赛亚书》11：1-2 讲述的七种品质，即智慧、聪明、谋略、能力、知识、虔诚、
敬畏上主。

基于听众对这些内容都比较熟悉的基础之上的，因此校长们在讲述的过程中就把布道的重点放在了善与恶上；但在有些阐述得比较具体之处，关注点更在于说明布道者对待做学问的态度，甚于对某一学科的描述。根据布道者的说法，最重要的研究当然是神学，作为 13 世纪的"高级科学"，[21] 神学研究高于其他任何学科的研究。这些研究作为学科可能是有价值的，但不值得为其本身而研究。[22] 研究文科只是为了研究神学而做准备，[23] "三科"诚然能起到充分的准备作用，而"'四学'的分支虽然包含世界的真理，却不能带来对上帝的敬虔"。[24] "神的话语之剑由语法锻造，由逻辑打磨，由修辞抛光，但只有神学能够发挥出它的力量。"然而，有些学生把自己的思想锋芒虚掷在这些边边角角的学问上，[25] 还有些学生把他们最美好的年华用来锻炼自己的演讲能力，[26] 或用来研究天上的星辰。[27] 他们有些人在老年时可能会对神学建立起坚定的爱，但他们本应在年轻时就把真心奉献给它。[28] 有些人因为几何学[29] 或是哲学家的著作而忽视神学，[30] 因此即使他们接触到了神学，也不能摆脱他们所倾心的亚里士多德的思想学说，[31] 而偷偷阅读他的禁书，[32] 堕落了他们的信仰。[33] 然而，对神学至高无上地位的主要威胁似乎是教会法研究。1219 年后，教会法是巴黎唯一经常出现的法学分支。这一时期，由于教会系统司法和行政方面快速发展，因而对受过法律训练的人产生了大量的需求。神学家们对那些"为了教令集之俗水[34] 而放弃圣典之圣水"* 的人厉声斥责，指责他们通过魔鬼花言巧语的诱惑手段而被提升到教会中最好的职位上。[35]

功利主义的动机不仅出现在像法律和医学这样有利可图的研究中，[36] 而且也出现在神学和文科中。这些研究自然是他们在教会的晋身之阶。很

---

* 典出《列王记下》5：12，乃缦误认为家乡亚吧拿河和法珥法河的水比约旦河的圣水更好。

多学生的主要愿望就是获得一份丰厚的俸禄，[37] 为了达到这个目的，他们就要日夜苦读，因为一百里弗的俸禄可能就取决于他们在考试中记住的某一个单词。[38] 赞助的分配中也存在徇私现象，因此如果一个硕士能和主教说得上话，或者能用分配奖金施加其他影响力，那他可就非常吃香了，[39] 因为那些已经获得主教尊荣的人可能轻易就会忘记他之前在巴黎的室友。[40] 许多已经获得俸禄的幸运儿能够继续在巴黎享受生活，[41] 教会法中有关"不居住在教区"（non-residence）的规定到 13 世纪已经被滥用，很多学生甚至凭此享有不止一份俸禄。[42] 实际上在一个教区或者主教座堂获得职位，在大学生涯开始时和结束时都有可能发生，于是有时这些任职会授予某些懵懂无知的年轻人，然后他们就立刻匆匆地赶去巴黎接受教育——"就像医生先拿了报酬离开病人然后再去大学学习药理知识一样"，一位布道者这样说。[43]

为了求知欲而学习，在布道者们看来就和那些野心勃勃、擅离职守的行为一样，应当坚决反对。学者们经常会被告诫，不要因为自己学了很多东西就虚荣膨胀，因为这些可能会把他们推到谦卑的边缘，一不小心就会跌入傲慢之罪与错误教义的深渊。[44] "学者们每天忙于研究日食，却看不见自己的内心已经因罪恶而变得黑暗。"[45] 与其研究动物的本性、草药的功效或是星辰的轨迹，还不如好好研究一下自己。[46] 鸽子不曾去过巴黎，也没有听过关于亚里士多德《论题篇》（*Topica*）的讲座，[47] 但是它们深知"你们愿意人怎样待你们，你们也要怎样待人"* 这一黄金法则。这一教义通常会通过一些故事来起到强化的作用。比如硕士被打成傻子以惩戒他的骄傲自负；[48] 野心勃勃的学者终日苦读，从来不和同伴们去田野里玩耍，以期

---

* "黄金法则"即"推己及人"的观念。本句出自《马太福音》7：12。

能成为一名主教，但早早离世；[49] 或者有人延迟了进入修道院的生活，去完成在巴黎的全部课程，还有蒙彼利埃的医学课程和为时七年的博洛尼亚法律课程，最后却落得一场空。[50] 这类故事中最受欢迎的是关于一个巴黎学生，他死后出现在他老师的面前，身上披着一层写满精美文字的羊皮纸袍子。在回答老师的问题时，他说这些文字只不过是些诡辩的文章和无用的研究，用尽了他的时间，这件袍子是比他和老师所站之处旁边的圣日耳曼·德·普雷塔还沉重的负担。为了证明有火在内部折磨他，他让一滴汗珠落在老师的手上。这滴汗像箭一样穿过，并留下了一个永久的口子。于是老师也放弃了学校的徒劳聒噪，加入了沉默寡言的熙笃会。[51] 还有这样一个副主教来到巴黎学习，被大量的书和长期的课程学习击败了；他说成为一个好人比成为一个优秀的教士要容易得多，并立刻起誓立证。[52] 还有这样一号骄傲自负的博士，声称到第二天早晨就能像基督一样精妙地定夺一个神学问题，但是到了第二天早晨他连字母表都不记得了。[53] 还有一位老师声称他比圣保罗还了解《圣经》里的保罗书信，说完他立刻就失去了所有的学问。直到后来有一天，一个小女孩被任命为他的老师，小女孩好不容易才教会了他七首忏悔诗篇。[54]

在这些巴黎的布道文中，最有趣之处莫过于从中洞悉巴黎大学生活中我们知之甚少的一个阶段，即关于考试与备考的那些自然而然的情形。有关这方面的信息，大多是在罗伯特·德·索邦的布道文中找到的，尤其是他的一本叫做《论良知》的专著。[55] 这本书实际上是一篇拓展的布道文，对硕士论文考核与"最后的审判"进行了详尽而又富有启发性的比较研究。引用《约伯记》中"愿那敌我者，所写的状词在我这里"的经文，[56] 以当时时兴的方式作为题记，罗伯特开始讲，如果有人决定要在巴黎谋求教师资格，免不了要经受考试——许多杰出的、蒙受特别恩惠的人都如此——

他肯定特别愿意让校长或其他信任的人透露考试要考哪本书。如果一个学生得知了要考哪本书，那他除非是精神错乱才会忽略这本书而把时间花在别的书上。因此，只有精神错乱的人才会不去学习自己的"良知之书"，因为每个人在审判日都无一例外要被考到它。此外，如果有谁没有通过校长的考试，他可以在一年后补考，或者可以通过朋友说情，或者给校长的亲戚或考官送礼、办事，说服校长改变他的决定；然而，最后的审判是最终裁决，不论使用财富还是人脉，不论是教会法、民事法专家或深谙论争诡辩之术的人去百般纠缠，都无济于事。然后，如果谁没有通过巴黎校长的考试，那这件事只会有五六个人知道，未通过者的屈辱也会随着时间的流逝而逐渐被人淡忘；而如果没有通过"大校长"（上帝）的考试，这个罪人就会在"全校"也就是全世界的面前遭到批驳。校长也不会对学位候选人加以刑罚，但在最后的审判中，罪人要从约沙法谷走上地狱的漫漫长路，被铁杖打得遍体鳞伤，也不能指望像文法学院的闲散男孩一样，通过装病、逃学或比老师强壮来逃避星期六的惩罚，或者像他们那样安慰自己，认为最多也就是挨顿打罢了。校长的考试也是自愿的；他不强迫任何人去攻读学位，只要学者愿意，他就等待，甚至承受着他们坚持要求考试的压力。在研究自己的"良知之书"时，我们应该向那些想要通过考试的人学习。他们吃得少喝得少，不断地钻研他们正在备考的那一本书，寻找与此有关的一切权威资料，只听关于这方面教授的讲课，所以他们很难向同伴隐瞒他们正在准备考试的事。这样的准备不是五天或十天的工作，而是长久的奋战——尽管有不少人从不花费一天甚至一个小时的时间去反思自己的罪过。[57] 考试时，校长问，这位学棣，你对这个问题有什么看法，对这个和这个又有什么看法？[58] 校长对于没有理解书本意义的口头阐述是不满意的，[59] 但他不像上帝这位大校长，会从头到尾检查我们的"良知之书"，不容许任何错误。他只需选取一本书里的七八段，如果候选人答出来四个问题中的三个，他就能通过考试。还有一个不同之处在于，校长并不总是亲自主持考试，因此，在如此多的知识面前感到害怕的学生往往会在老师面前回答得很好。[60]

如果那些认真反思自己内心良知的人，在这"大考试"中都会有这样的困难的话，对于那些根本没有用功的人来说，情况会有多糟呢？道德家因而考虑"良知之书"的阅读方式，那就是忏悔，并将经常忏悔的必要性和学生听教授讲座的必要性进行对比。在巴黎，只有每周至少去两次学校并且听"普通"讲座的学生才被视为一名合格的学生，如果被执法者（prévôt）抓住并被监禁在了沙特莱监狱，只有这样的合格学生才能指望老师通过请求把他放出来；[61]然而，有许多人一年只忏悔一次，或者充其量只是匆忙地忏悔一下（cursorie）；这些人不是上帝的合格学生，他们下了地狱也不要指望会被那里的执法者放出来。如同在巴黎一样，最好的教士是那些通过勤奋听课而能够回答出那些杰出的老师都答不上来的问题的人，因此，在审判日，某个深谙"良知之书"并经常忏悔的普通僧侣或修女将会使忽视这些职责的文艺、法律、医学或神学专家感到羞愧和讽刺。那么，一个人拥有保存在绵羊皮或山羊皮上的亚里士多德、普里西安、查士丁尼、格拉提安、盖伦、希波克拉底以及其他人的知识有什么好处呢？如果一个老师要给他的学生们送新的长袍，或者保证他们在大教堂拿到一份优厚俸禄，他就会有一大群学生，以至于没有地方容纳他们，而其他的老师，无论多么优秀，都会被迫关门，"韫椟而藏"——因为缺少听众。然而，上帝为他的追随者赐予了"新造的人"的"衣装"，追随者进入他的"学校"那天就被赐予了"恩典的俸禄"；而且，不像某些骄傲的老师只愿给一大群观众讲课，上帝愿意进行一对一辅导。很多人为了相似的罪过选择去向忏悔神父倾诉，然而只有傻子才想要找全巴黎最差的老师教书。能从一开始就师从巴黎最好的老师，是学生学习生涯的荣耀之一。只有那些不足取的老师才会像某些忏悔神父一样出于嫉妒而阻止他们的教区居民向其他人忏悔；事实上，一个好的老师会建议他的学生去听别的老师的讲座，因为如果他没有听过几个老师的课，以后是很难成为一个优秀的教士的。然而，学生们也不应该总是回避自己的忏悔神父而去寻求陌生人的帮助，而是应该效仿巴黎的好学生，他们一开始就会偏好选择志同道合、名气耳熟能详的老师。到了审判日那一天，神父和众人一样，都需要为自己的"良知之书"研读成果而负责，就好比校长在星期六听文法学校的男生们的课时，如果他认为老师应该对学生的无知而负责，老师就会和学生一起受到责罚。

对于老师们的过错，布道者们表现得毫不留情。许多人还没有在学校学习足够长的时间就开始教书了，这种弊端在所有院系都很普遍，特别是在文科方面。[62] 雅克·德·维特里（Jacques de Vitry）说，这样出来的老师只会教学生一些肤浅的书本知识，而不会带领学生去探索学习的奥秘，在学习过程中反思，总结并吸取教训。但他们仍然可以通过个人恳求和朋友关系，甚至通过雇佣的方法来获得学生。[63] 他们所拥有的学生数量是他们骄傲的资本，[64] 因此他们的教室会很大，进入的门槛也很低。[65] 为了让学生挤满他们的教室，他们会宣扬标新立异的教义；[66] 为了钱，他们甚至在星期日和圣日里也要讲课。[67] 这些老师也会对与他同住的学生们降低生活要求，允许他们早上睡懒觉，自由地漫步和娱乐，[68] 甚至纵容他们的恶习。[69] 这些老师的主要目标不是把学生教好，而是表现得看起来很有学问的样子，这样人们就会称他为拉比；[70] 许多人为了显得更深奥而说话含糊不清，[71] 有的甚至付钱给执事来夸大他们的优点，掩盖他们的无知。[72] 他们的争吵就像斗鸡；[73] 他们彼此嫉妒，甚至试图挖对方的学生过来；[74] 即使自己生病了无法上课，也不允许他们的学生去听别人的讲座。[75] 用一个形象的比喻来说，他们就像是结结巴巴、字母 r 都念不准的老师。[76] 阿伯拉尔 * 仍然是一个生动的传统范例。[77]

当我们把视线从教师和学术研究转向学生时，我们发现布道词中包含的材料更丰满、更令人满意。讲坛前的理想学生是一个相当无趣的形象，顺从、礼貌、渴望学习、独来独往。[78] 为了赢得老师的青睐，能让老师对他进行一些个人指导，[79] 这个学生应该刻苦听课、快速学习、大胆辩论，还应该把其他学生吸引到老师那里。[80] 在四旬期，当神学老师主持课堂并提出一个问题时，一个旁观者进行回答，如果老师根据他的回答来决定所要提出的问题，那这就是对应答者的尊重和荣誉的标志。[81] 罗伯特·德·索邦为成功的学习制定了六条规则：为每个科目留出固定时间、集中注意力、记忆具体内容、记笔记、与他人讨论，最后祈祷，"这对学习很有帮助"。[82] 好学生应该效仿耶稣"坐在教师中间"**，听许多老师的课，不断寻找好老师，而不管这些老师的名气或出生地如何，并且应该和认真提问一样认真倾听——不像那些不等到问题结束就大喊"我知道你的意思"的人。[83] 好学生即使晚上去塞纳河边散步，也应该思考或复习他的功课。[84]

几乎不用说，中世纪巴黎的学生通常不会花时间频繁地散步；事实上，如果需要进一步的证据来消除中世纪大学是致力于《圣经》研究和宗教培育的机构的错觉，那个时期的布道者将提供足够的证据。我们已

---

* 中世纪法国经院哲学家，此人博学多才，而非庸师。原文中将此人列为庸师可能是因为此人在当时传扬的是有别于传统宗教的新理论，这些理论在当时被认为是异端邪说，因此在当时被认为是庸师。

** 见《路加福音》2：46。

经看到神学教员，唯一直接研究宗教主题的人，是如何遭受教会法和其他"有利可图"科目的竞争的，而且从各方面来看，至少相当一部分学生的道德像他们的学习一样世俗。[85] 我们发现，学生们对布道毫不关心，对他们大多数人来说，圣日只是一个偷懒的机会；[86] 举行弥撒的时候他们经常待在教堂外面，而且喜欢弥撒的时间尽量短，讲课和辩论的时间尽量长。[87] 他们的声音在唱诗班的队伍里，心却早已飞往别处，想着逛街、睡觉、吃饭——就像这首顺口溜说的那样：[88] "歌声在回荡，心已在广场；要么在饭桌，要么在眠床。"（Vox in choro, mens in foro; Vel in mensa vel in thoro.）他们同样不重视忏悔；当学生抵达巴黎后并不先去忏悔、清洗灵魂，而是先急忙找个仆妇清洗衣服。[89] 多明我会的修士，如波旁的艾蒂安（Étienne de Bourbon），喜欢在圣母院或其他地方参加晚祷，[90] 但往往要靠奇迹或特别的天意才能让学生或教师加入他们的修会。[91] 有一位修道院副院长抱怨说有些父母更急于让他们的儿子远离修士，而不是远离妓院或酒馆。[92] "学生的心在泥潭里，"另一个多明我会的修士说，"他们满心都是在想俸禄和世俗的事情，以及如何满足他们的欲望。"[93] "他们以违反多纳图斯（Donatus）的语法为耻，却不以违背基督的律法为耻。"[94] 罗伯特·德·索邦说，他们对骰子上的字码非常熟悉，不管掷骰子的速度有多快，他们都能马上认出来，却不熟悉传统逻辑的文章——他们忘记了骰子会带来的结果，那就是咒骂、偷窃和被绞死。"就在这个星期，在离巴黎不到两里格的地方，一个司铎在输掉十个里弗和他的马后上吊自杀了，这就是那些沉迷于骰子游戏之人最终的命运。"[95] 许多学生来到巴黎，就像浪子来到一个遥远的国家，沉溺于他们在家里想都不敢想的行为，这种狂乱的生活不仅浪费了他们自己的青春，也浪费了教堂的资源。[96]

对于在学生中盛行的放纵生活是什么样的，布道者们毫不犹豫地详细说明：他们放纵的生活有时比现代人所知道的更疯狂。[97] 提到的有赌博，甚至在教堂的祭坛上赌博；[98] 大吃大喝，饮酒无度；[99] 在大街上狂饮作乐，还造访声名狼藉之所在，[100] 这些地方通常离他们学习的地方很近。[101] 许多学生的生活方式无论如何也算不得禁欲，[102] 甚至显露出修道院里发生的诸般恶行中最黑暗的那部分。[103]

不管他们的其他优点是什么，中世纪巴黎的学生并不以他们对和平和宁静的热爱而著称。他们的时代是一个野蛮而暴力的时代，无论是与执法者、市民，还是与圣日耳曼的僧侣和修士，从来不乏争吵的机会，起衅者十有八九是学生。"他们十分喜欢打官司和争吵，与和平压根不搭边。无论他们去哪里，是巴黎还是奥尔良，他们都会扰乱治安，搅扰他们周边的同学，甚至扰乱整个大学。"[104] 他们中的许多人带着武器在街上走来走去，袭击市民，闯入民宅，虐待妇女。[105] 他们会为了一条狗[106]、为了女人或其他琐事而争吵不休，用剑砍断彼此的手指，[107] 或是手里拿着刀，护住他们自己的秃头，陷入连披坚执锐的骑士都想回避的冲突之中。[108] 他们的同伴也会跑来助阵，很快整个同乡会的学生可能都会卷入这场冲突。[109] 其中一些攻击是在有组织的学生会议上预先计划的。[110] 据菲利普校长说，无需旁证即可确知，讨论这些事情的学生会议经常举办。他说："在过去，当每个老师都在各自授课，尚无大学之名的时候，讲座和辩论都有很多，学生们学习的热情也更高。但是现在大家组成了一所大学之后，讲座和辩论变少了，各种事务都潦草举办，让人学到的东西也很少，本应用作讲座的时间都花在了会议和讨论上。在这些集会上，当年长的头脑们在认真商议和立法时，年轻的学生则在花时间策划着最可恶的计划，策划他们的夜间突袭。"[111] 校外人士也可能参与这些学生的恶作剧，穿上学者的服装，以逃避民政当局的逮捕。[112] 一次城市长袍暴乱甚至可能导致所有课程停止，就像 1229 年的"撤离危机",当时有许多人都离开了巴黎前往奥尔良和昂热。[113]

比这些满篇说教词的总体描述更有趣的是对 13 世纪学生日常生活中边边角角典故的记录。布道者带我们进入拉丁区 * 感受氛围,并向我们充分展示了它形形色色的热闹情景。我们听到街上的叫喊声 [114] 和歌声:[115]

时间流走了,

我什么也没做;

时间又回来了,

我还是什么也没做——,

(Li tens s'en veit,

Et je n'ei riens fait;

Li tens revient,

Et je ne fais riens——,)

这是学生们在打手鼓,弹吉他,[116] 他们说着"轻薄粗鄙之语",[117] 他们在传教士布道和辩论时发出嘘声、[118] 拍手、大声喝彩。[119] 我们看到他们嘲笑邻居的假发,[120] 或者伸出舌头,对着路人做鬼脸。[121] 我们也能够看到有学生坐在窗边学习,[122] 和他们的室友谈论着未来,[123] 迎接父母的来访,[124] 生病时受到朋友的照顾,[125] 在某个遭遇不幸的学生的葬礼上唱赞美诗。[126] 他们也会相互拜访,"上次是我去拜访你,这次你来我宿舍吧"。[127]

这里有他们所有生活的写照。三个佛兰德学生讨论他们的未来,一个

* 拉丁区是巴黎塞纳河左岸的一片区域,千年来各类学府院校密布,师生都使用拉丁语,故有此称。

计划成为巴黎的教师，一个要成为熙笃会的修士，一个要成为一名吟游诗人。[128] 有一个穷学生，除了圣尼古拉*没有其他朋友。[129] 他到处寻找所能找到的一切慈善捐助，[130] 通过在教会举圣水[131] 或是用白皙而不太稳当的瘦手替别人抄写东西来赚取一些微薄的收入[132]——他瘦得就像刚从地狱回来一样，或者穷到像把自己的灵魂卖给了魔鬼[133]——他有时穷得买不起书，也付不起神学课程的学费，[134] 学习却通常会胜过家境比他更优越的伙伴。他们有所有的机会、有很多书，却从来不看。[135] 有这样一个富裕的学生，除了书本和书桌，他的房间里一定会有一支蜡烛，[136] 一张舒适的床，配着柔软的床垫和奢华的床罩。[137] 除了规章规定的长袍、兜帽和简单的衣物之外，他还能沉溺在中世纪流行的精致服装的诱惑中。[138] 他无所事事、漫无目的，从一个老师到另一个老师，从一所学校到另一所学校，从来没有听过完整的课程或定期的讲座，而是浪费时间看着窗外，看着路人。[139] 即使在通过替别人抄写东西赚钱的辛苦的学生中，也有某些学生（多为爱尔兰人）会在一天之内喝光他们一周的劳动所得来的钱。[140] 还有些学生，他们只关心学生的名头和他们在大学期间获得的收入，每周只去上一两次课，优先选择教会法的讲座。这些讲座要到早上九点才开始，[141] 因此他们就能睡个大懒觉。[142] 许多人在早上应该学习的时候吃蛋糕，[143] 或者在教室里睡觉，其余时间在酒馆喝酒或做白日梦（castella in Hispania）。[144] 到了离开巴黎的时候[145]，为了展示自己的学识，这些学生就会收集一堆大开本的小牛皮书，这些小牛皮书版心小、白边很宽，有着红色的精美装帧，然后带着装满智慧的行囊和空虚的心灵回到他们的父母身边。布道者说："这算哪门子知识，能遭鸡鸣狗盗，虫吃鼠咬，水淹火烧？"他举了一个例子，有

---

* 基督教圣徒，学生的主保圣人。他是圣诞老人的原型。

个学生的马掉进了河里，马背上驮着他所有的书，[146] 那这些"知识"不就一下子都荡然无存了吗？有些人从来不回家，继续悠闲地享受他们俸禄的果实。[147] 甚至在假期，当富人骑着马和他们的仆人[148]回家，穷人在烈日下跋涉回家的时候，[149] 许多游手好闲的学生仍会留在巴黎，既祸害自己也祸害城市。[150] 中世纪的巴黎，我们应该记住，它不仅是无与伦比的"科学诞生之地"，也是一个充满欢呼、友谊和乐趣的地方；[151] 它不仅是好学的人最喜欢的地方，也是乡村司铎在假日里最喜欢的地方。[152] 如果有时学生们百般逗留，不得不离开时发出超越修辞套话的哀痛感言，那也不足为奇。[153]

我们也瞥见了一群总是在大学里蓬勃壮大的寄生虫，他们是教务员、雇工、供货商，还有其他一些"掏空你口袋的人"[154]——就像贩卖美味薄饼的小商贩，他们通常会选择在吃饭的时间拜访学生，并把诱人的货品放在桌子上，于是赚到可观的利润。[155] 教务员是金玉其外、败絮其中的典范，喜欢大吃大喝，[156] 其繁杂的职责使他们在学校里有很大的影响力，因此会有很多捞钱的机会。[157] 他们把讲座厅的好座位占来卖钱，[158] 在学位授予仪式上勒索钱财，[159] 这些钱财的总额能让对此一无所知的老师叹为观止。[160] 富裕的学生可能有自己的仆人，帮他们把书带到课堂上。[161] 但通常来说，一个仆人往往足以为很多个学生服务，满足他们的各种琐碎要求。[162] 据大家所言，这些仆人是盗窃成性的群体，雅克·德·维特里就曾写过一个故事，讲述这些仆人欺骗主人的技术。仆人们之中似乎有一种首领或队长，他们会在某一天把众仆人召集在一起，开始询问他们的业绩如何。这些仆人一个接一个地陈述他们如何搞到一个、两个甚至三个法新（价值四分之一个便士的小钱），直到最聪明的人宣布他能用每一个法新再赚一个便士。"我从商人那里买芥末，"他说，"平时还找他给我的主人买蔬菜、蜡烛等用品。每次我买一个法新的芥末，就把它分成四份，每一份的价格都记为一个法新。然后，因为我是一个常客，经销商便又多给我一份，我也算作是一个法新，这样我就用一个法新得到了四个法新。"[163]

日常生活的其他方面也在布道者保存下来的关于学生们及其行为的各种故事中有所说明。某个教士有一条狗，给它取名"玫瑰"，教它用前腿走路；另一个教士偷了它，给它取名为"紫罗兰"，教它用后腿走路。这样当狗的前主人再在法庭上指认这条狗，让它用前腿走路时，这条狗就不会了。[164] 某些学生通过把骰子放在猫的爪子里来取乐，让猫掷骰子，如果猫赢了，他们会给它一些吃的，如果没有，他们会杀了它并卖掉它的皮。[165] 在另一个例子中，学生们赌骰子决定晚餐谁请客，其中一个学生抓住了邻居家经常过来光顾的一只猫，说："它在这里吃饭，从来不付账。它也应该参加赌局。"所以他们让猫掷骰子，小猫输了之后，他们把一夸脱酒的账单绑在它的脖子上，把它送回家，威胁说如果主人不付钱，就剥了它的皮。主人无奈地让猫把钱送了回来，但恳求他们不要再强迫它赌了，因为它不识数。[166] 一个学生和几个朋友在房间里喝酒，这时他看到床下有一个小偷。他问他们："你们有没有给那边我们的这位兄弟喝点什么？"然后他们就把小偷打了一顿。[167] 圣诞节前夕，波旁的艾蒂安的一个同伴在晚祷时，一个小偷进了他的房间，偷走了他的法学书。当他开学后要用书的时候，他找不到这本书，于是向通灵巫师寻求帮助，通灵巫师指控是学生的无辜亲属偷了他的书。最后，真正的小偷被迫在一座教堂的塔里避难，出于无奈承认了他的偷窃行为，并说出了他典当书的犹太人的住处。[168]

读这些故事时，人们总会想起法国民间故事诗中那个了不得的无赖。他在法国各地豪赌狂饮，输掉了他的衣服，以及他作为教士所拥有的一切，包括他的基础课本，礼拜用书，他的语法书以及伟大的奥维德、卢肯、尤维纳利斯、斯塔提乌斯的作品，"在阿布维尔把维吉尔给输掉了"——而在巴黎赌光了他的神学、文科、物理和音乐方面的书：

有害的游戏打败了我，

我的疯狂使我一无所有。

我所有的财产还有我的书，

都在骰子上白白送出，

把我的欢乐变成痛苦。

我所认识的法国每城每堡，

我的书都丢在那里了！

（Li remeriaus m'a abatu,

Par ma folie ai tout perdu,

Tout mon avoir et toz mes livres

Grant pieça que j'en sui delivres.

En duel at torné mon revel,

Quar je cuit que il n'ait chastel

En France que je n'i alaisse,

Et de mes livres n'i lessaisse.）

****

我的神学书籍

在巴黎这座城里失去，

那些艺术，那些物理，

我的圣歌，我的音律。[169]

（Mes livres de Divinité

Perdi à Paris la cité,

Et cels d'art et cels de fisique,

Et mes conduis et ma musique.)

布道文中提到的学生过的主要节日是圣尼古拉节、圣诞节和复活节。学生的主保圣人之日——圣尼古拉的节日是学生日历上最重要的日子之一。这天人们会安排一场戏剧，教士们和少女们在里面演绎圣人及其奇迹的故事，[170] 然后是盛宴、[171] 游戏、舞蹈和其他一些活动。"一些学生会聚集成为'尼哥拉一党'（《启示录》2：6），这往往会受到权威人士的憎恶，然后学生们斗鸡的喧嚣扬起，使'歌唱的女子，也都衰微'（《传道书》12：4）。"[172] 圣诞夜同样成为一个狂欢的场合，充斥着掷骰子、饮酒、酒神的狂欢游行，[173] 所以一些人"在圣诞节期间犯的罪比全年余下时间加起来还多"。[174] 学位授予仪式的庆祝活动也会招致祭坛上的道德家的不悦，因为除了必要的宴会，还可能会有化装舞会[175] 和游行。大家在街道上和广场上唱着歌曲，戴着花环，点着火烛，伴着合唱围成圈跳舞[176]——最后这种娱乐形式会遭到教堂和大学当局的不满，[177] 于是待毕业的学生被要求发誓他们不会再允许他们的房子周围有人搞这种合唱舞蹈，以及不允许在学位授予仪式期间有任何不当的行为。[178] 这种违反严格纪律的事件甚至可能会被史学家记录在册，就像纪尧姆·勒·布雷东所记载的，为了庆祝布汶战役的胜利（1214），学生们唱歌跳舞庆祝了八天八夜。[179] 因此在 1233 年，教皇觉得有必要立法禁止巴黎的教士和执事人员在复活节时在奥尔良大教堂的回廊里跳舞以及做出一些不雅的手势。[180]

我们对巴黎学生生活的描述是从布道词中拼凑出来的，因此这当然不是一幅完整的图画。就如马克·帕蒂森的格言所说，"历史不能从手稿中书写"，由于获取资料的来源单一，学生们生活的许多方面也就会被忽视。

对布道者来说，大学及其成员的首要主题就是道德教化，因此他们强调的是最能体现他们道德观的事情。[181] 至于描述大学机构的有序运作、学生对学习的热情、学术生活的整体流程，这通常不是他们所关心的事；他们只关心他们自己的目的，对此我们也应该心存感激。此外，许多关于大学事务的布道都是很有趣的，因为它们对作者精神状态的展现比对具体信息的传达还多，我们当然也必须对一些布道者的官方立场与讲坛立场等量齐观。布道者们特意表达的话通常不如他们无意中附带告诉我们的话更具有历史意义。尽管如此，当我们做出所有的推断时，我们会发现还余下大量事实，这些事实作为材料大大增加了我们对 13 世纪学术状况的了解，也增加了我们对一所伟大的中世纪大学的人文背景的同情之理解。

第三章
学生手册

　　从前面的章节中我们不难发现，中世纪学生是难以捉摸的。他们人数众多，吵吵闹闹，是在教室里、布道坛上司空见惯的标准对象，看起来他们几乎完全泯于众人，不带个性标签、没有个人色彩。作为个体的学生是沉默的，没有留下一本"新生日记"，也没有写出一篇主题为"我是谁，我为什么来巴黎"的作文。即使是乔叟笔下叫人难忘的牛津学者，多少也只算作一种类型，他像个布道者一样"离不了道德文章"。当然，学者这一类型是对于他们的同伴来说的，也就是哥利亚德诗歌和法国故事诗（fabliaux）的作者。如果我们相信《奥卡辛和妮科莱特》（*Aucassin et Nicolete*），在来世也将能结识他们这一群人——

　　因为大多数学者都下了地狱。

　　（Car en infer vont li bel clerc.）

　　虽然中世纪学生的文字是一种类型化的文献，但对于研究文化和社会情况的历史学者而言，这些文献也并非因此毫无价值。其中这类信息知识的来源之一——学生手册或可引起我们的注意。确实，任何时代可能都有这类为学生提供建议和信息的手册，从伪多西修斯（Pseudo-Dositheus）的希腊 - 罗马对话录一直到我们现今有关举止仪态和外语会话的手册；我们也不应该忘记，18 世纪的剑桥为我们贡献了沃特兰（Waterland）的《给年轻学生的建议》[1]，书中是针对宗教的、节制的生活，以及夜以继日的系统研究所作的启发性指导；还有 19 世纪的牛津诞生了那部有趣的讽刺作品，展现了韦尔当·格林先生作为"布雷齐菲斯学院"*一年级新生以及肄业生的历险故事。而此类手册中的教训方法在中世纪特别受欢迎，当时的教师饱读诗书，甚至将"七艺"刻于石头上。"中世纪的"也是对几个社会阶层特征的文字描述，像镜子一般真实反映出贵族、僧侣和愚人的生活。虽然没有足够"反映学生生活的镜子"可能是出于意外，但不管怎么说，奈杰尔·魏尔克（Nigel Wireker）的《傻瓜之镜》（*Mirror of Fools*）主要关注的是萨勒诺和巴黎的学生，书中的主人公是一个傻瓜，他高声叫嚷着拒绝所有学术补助。在任何情况下都有各种各样的手册为我们提供映射中世纪学生的镜子，反映了他生活的各种阶段。我们不打算穷尽遍览这类材料，而是选取典型案例来阐明。

　　中世纪最受欢迎的手册是伪波爱修（Pseudo-Boethius）的《学校纪律》（*De Disciplina Scholarium*），该手册的人气无疑很大程度上要归功于其所承载的权威之名。鉴于波爱修——古典世界的最后一位哲学家，也是第一位经院哲学家——在整个中世纪都享有巨大的权威，他所著教材的威名也就轻易地蔓延到任何以他为名的事物。这部作品在中世纪后期传播十分广泛，至少有八十二份手抄本和许多早期印刷品可证明这一点。然而，没有一个现代批评家会被作者试图给作品披上的"波爱修风格"的外衣所迷惑，会被他在手册中运用的"野蛮的哥特国王"和波爱修在雅典虚构的学生时

---

*　卡思伯特·比德（Cuthbert Bede）所著《韦尔当·格林先生历险记》（*The Adventures of Mr. Verdant Green*）中的虚构学院，含蓄暗指牛津大学布雷齐诺斯学院（Brasenose College）。Brazenface College 意译为厚颜学院。

代这类典故，或者许多诸如盖尼米得（Ganymede）*、独裁者皮洛士**的儿子这样古典人物的虚构例子所误导。无论是内在的还是外在的证据都清楚地表明这篇论述写于13世纪上半叶的巴黎，尽管作者不详。[2]

　　根据手册作者的建议，语法学习应始于七岁，随后应学习罗马诗人的作品，当这一训练初步按时完成之后，青年学生应继续攀登书山，谨慎关注逻辑学的术语和方法，并灵活使用波爱修的教材，以掌握"五谓项的知识***，三艺的美色，四科****的权柄，杂学之丰殷"。倘若这名学者能抵达峰顶，他不应该像"巴黎这座朱利乌斯·凯撒之城中"的许多人那样不得眠（dyscolus），迷迷糊糊、醉眼朦胧地游荡在街道和广场，停驻在酒馆和低俗的游乐场所，流连各种舞会、公共表演和宴席。他应该减少各种奢侈行为，适度饮酒，这才能时刻保持清醒聪明。一个聪明的学生应该选择好舍友，警惕大学校工、洗衣仆妇的诡计花招。在选择教师之前，最好先听三天他的讲座。一旦有幸被录取，就应该全然尊重地对待老师，尤其要避免易怒脾性导致的暴力行为，因为"反抗知识传授者的人不配拥有知识"。教师和学生的贫穷是人们讨论的焦点，在讨论过程中，人们提出了一些通用规则，以克服"父母那令人厌恶的吝啬"。期待成为教师的学生应该开始积累自己的书，而不是仰赖盲目听讲；应当训练自己的口头表达和教学实践技能，开阔视野，以便在入职那天到来时，在庆典活动和随后的课堂讲座中有良好的表现；也应要表现得谦卑一点，以获得那些"可凭借个人

---

*　盖尼米得（Ganymede），希腊神话中的特洛伊王子，因其美貌而成为宙斯的侍酒师。

**　皮洛士（Pyrrhus，公元前319/318—前272），希腊化时代著名的将军和政治家。

***　亚里士多德逻辑学中的五种谓项（quinque voces），指"类""种""特异性""固有性""偶然性"。

****　中世纪大学中开设的四科，是对文科七艺的更高层划分，包括算数、几何、天文和音乐。

喜好评定优胜的人"的好感。新教师在晋升之前，还应该确保有足够的财力在第一年养活自己，鉴于有些人因贫穷不得不乞讨；还有人有必要雇用学生，以便教室有足够上座率。因此，手册最后一章不得不探讨"教师的庄严权威"和指导他们行为的原则，特别是在他们职业生涯的最初几年，明智审慎的老师必须轻手轻脚，容忍迟到的学生打断他的课堂。

马蒂诺·达·法诺的《关于学生学习管理与规范》（*De regimine et modo studendi quem debent habere scholares*）更为简明扼要，也毫不刻意仿古。他在博洛尼亚时是阿佐的学生，1225 年在阿雷佐和摩德纳任法学教授。[3] 他在开篇写道：如果你正在探寻学习方法，我很乐意给你指点。首先你要找个合适的教师，他教授必要的知识，并欣然而令人满意地回答问题，心甘情愿地忍受反驳，并能基于《圣经》为他的主张提供合理理由。尽量融汇案例和课文，尽可能全面地理解课文。找出案例的原因，回应疑议，寻找类似案例。针对每一个案例，仔细记住一两条最合适的法条。不要把时间浪费在死记硬背上，而是要理解法条的意义；当你走路时或在睡前，一定要在脑海中回顾法条，心里默念："今天我学了这么多法规，从某某条开始。"

我的孩子们，崇尚公平，热爱正义；参见法典 *De Pactis* 中 "Hac lege" 起头的法条。[4] 你当远离恶行，以免你在立法者眼中显得不值当；参见 *De triente et semmisse* 原文中 "Sin autem" 起头的一条。[5] 敬重贞节，因为皇帝已经下令永远敬重贞节；参见 *Consultum Orfitianum* 中 "Si qua mulier" 起头的法条原文。[6] 因为唯有贞节才能把人的灵魂带到上帝面前；参见 *De lemonibus* 中 "Sancimus" 起头的一条。[7] 我们若不贞洁地活着，就是不爱自己的灵魂；参见 *Quomodo oportet episcopos* 原文中 "Haec de Deo" 起头的一条。[8] 实行仁慈，因为只有仁慈才能赢得上帝的青睐；参见法典

De Nuptiis 中，"Imperialis"起头的法条。[9] 戒骄戒躁，因为"神阻挡骄傲的人，赐恩给谦卑的人"。[10] 不要贪得无厌，因为"贪财是万恶之根"[11]，会受到法律的惩罚；参见第二辑中 Ut iudices sine quoquo suffragio 原文。[12] 如果你能做到所有这些事，学识之光就会在你的内心闪耀，因为正如所罗门所说，"智慧永远不入任何诡诈者或罪奴之家"。[13]

针对每一条普通的道德戒律都精确地引用了法律权威文献，还有什么比这更像律师呢？我们与博洛尼亚大学的距离并不遥远，在那里，若在教室用弯刀进行人身攻击，会被指控损害在场学生的时间和金钱。[14] 奥多弗雷德*在法律讲座上举的案例[15]是学生闲暇生活的最好体现，他们甚至会给警察起假名，尽管《法典》的规定与此相反。[16]

加兰的约翰所著的《学者道德》（*Morale scolarium*）带我们回到巴黎大学和 13 世纪；的确，这本书明确地定位在 1241 年。作者是一个自诩诗人的迂腐的语法教授，他写了很多不同主题的诗，内容从词源和词素到圣母的神迹和信仰的奥秘。[17] 约翰的作品用词和风格晦涩难懂，他的众多作品中有些包含那个时代里大学生活的有趣素材，例如巴黎学生对主教监狱狱卒说的话，[18] 或是一份引人注目的传单，上面详尽说明了新近建校的图卢兹大学[19]的种种优势，能造福所有现代教育的推崇者。约翰对巴黎的学生生活有一定了解，我们能期待从这篇六百六十二行的专论《学者道德》中获取一些有关知识，毕竟在"穿插神学之谜和对某些自然现象的解释"之余，他"承诺在讽刺性的谴责中，用美德战胜邪恶，用礼貌战胜粗野，从而消除学术生活中原先的粗鲁"。然而，这首诗显然令人失望。这种所

---

* 奥多弗雷德（Odofredus, ？—1265），博洛尼亚大学的法学教授。

谓"新式讽刺"不仅完全是泛泛之谈，"以免激起愤怒"，而且我们很快就可以清楚地看出，"讽刺"一词实际上是在各类诗歌合集的意义上使用。我们没有"一本供巴黎学校里那些没教养、难管控的年轻人使用的礼仪手册"[20]，但从加兰的约翰的诗行里，我们时不时能找到许多不连贯的描述。与更受欢迎且有利可图的学科相比，文科和神学的衰落，新版语法学教科书出现的错误，托钵修会的耐心以及未来等待他们的冠冕，高阶教士的恶习和美德，父母和高尚的捐赠者的慷慨，富人在饥荒时的吝啬，草药的药用价值，对罗马的赞美，圣路易斯、主教和巴黎议长的个人优点，以及诚实效仿的榜样，约翰·勒·布伦德，"曾经的巴黎之花，现在的约克之花"——当所有这些都获得颂扬之后，能够给予学生忠告的空间就很小了，更不用说解释关于教区长职位、司法裁定和新生"遭受欺侮"等引人好奇的早期典故。学生在巴黎时应该学习，以免去罗马时发现知识不够用：

Parisius discas ne Rome forte deiscas.*

"他不应该是个淫徒、强盗、杀人犯、虚伪商贩、掷骰子的冠军。"最好的行为模范是教堂中的雕刻图像。穷学生们的境况并没有那么艰难：生命可贵，甜菜、豆类，也许还有一夸脱酒，就可以为一桌学生做一顿丰盛的晚餐。你若设摆筵席，就当用微笑的面容和尊重的态度接待你的客人，给他们干净的座席和崭新的桌布。在你们开始品尝美味的食物之前，准备一把干净的刀，用来熟练地切肉。口中有食物时不要喝酒。饭后洗手，续满酒杯，但首先需饭前祷告。学会在吃饭时不要说话，注意不要伤到自己。

---

* 大意：在巴黎学习，以免在罗马失败。

《学者道德》中有关餐桌礼仪的两章使约翰和他的学生们在中世纪有关礼仪的众多书中占有一席之地。[21] 这些礼仪手册介于伪加图的道德对句和"完美管家"、烹饪书籍之间，特别关注餐桌礼仪。如果手册用途不仅限于执事，其实质已在 12 世纪早期的学者礼仪手册——圣维克多的休所著《新生训练》（De institutione novitiorum）和彼得鲁斯·阿尔冯斯所著《教士培训》（Disciplina clericalis）——中有所体现。早在加兰的约翰所处时代之前，此类教导就在一首二十三行短诗中得到集中体现，该诗是这类长系列论著的开篇词：[22]

Quisquis es in mensa, primo de paupere pensa:

Nam cum pascis eum, pascis, amice, Deum.

Nescit homo plenus, quam vitam ducat egenus.

Nemo cibum capiat, donec benedictio fiat,

Nec capiat sedem, nisi quam vult qui regit edem.

Donec sint posita tibi fercula mandere vita,

Et mundi digiti tibi sint unguesque politi.

In disco tacta non sit bucella redacta.

Non tangas aures nudis digitis neque nares.

Non mundes dentes ferro acuto ad comedentes.

Sal non tangatur esca quo vase locatur.

Si potes hec repeto in mensa ructare caveto.

Esse scias vetitum in mensa ponere cubitum.

Lege mandatur ne parapsis ad osque ponatur.

Oui vult potare debet prius os vacuare

Et sint illius labia tersa prius;

Nec tacere possum, ne dentibus laceret ossum.

Non dicas verbum, cuiquam quod ei sit acerbum,

Ne possit quis irasci vel discordia nasci.

Vultu sis hilaris, nullum tamen irridearis.

Si pauce loqueris, gratior sodalibus eris.

Mensa submota, manus ablue, postea pota

Privetur mensa, qui spreverit hec documenta.[*]

这种简洁的文字建议很容易在拉丁语和方言中进行扩展和改编：到14世纪初，伦巴第人邦维西·达立瓦（Bonvesin da Riva）写了一首二百零四行的诗，即《餐桌礼仪规则五十条》（De quiquaginta curialitatibu ad mensam），每条规则各四行。[23] 到16世纪，这种诗的长度达到数千行，几乎涵盖所有欧洲方言，有法语、普罗旺斯语、意大利语、德语、瑞典语、波兰语以及英语，其标题不言自明，如"宝宝之书""要么学习要么无知""亚里士多德ABC""礼仪之书"等。这些书都有些相同之处，更不必说都很浅白。"早上要洗手，如果有时间，还要洗脸；[24] 使用你的餐巾和手

---

*　大意：无论谁在桌旁，首先顾念穷人：因为当你为他提供食物，你是在为朋友提供食物。饱腹的人不知道，穷困的日子是什么模样。没有人开始就餐，直到开口祝福完成，没有人入位就座，直到主座的人示意。餐食摆放完毕，才能开始进食，洗净双手，指甲必须修剪并清洁。不可将餐食掰成小份，不可用手触碰眼睛和鼻子。不可用桌上锋利的刀具剔牙。盛汤器皿中的食物不可放盐。如果可以的话请重复一遍，避免在餐桌上打嗝。你应该知道禁止将肘部撑在桌上。还有明文规定不要把甜品果蔬摆在眼前。想喝酒的人必须先清空嘴里的食物，在喝酒前擦净双唇；我不能保持沉默，以免我用牙啃咬骨头。不要对人说不友好的话，这样就不会有人生气，也就不会产生不和。你应该兴高采烈，但不要嘲笑任何人。如果你话不多说，你会得到在座人的赞赏。离开餐桌后清洁双手，然后再喝一杯。快离开那张桌子吧，藐视这些规则的人。

帕；只用三根手指吃饭，不要狼吞虎咽；吃饭时不要吵闹或争吵；不要盯着你的邻座或他的盘子；不要挑剔食物；不要用刀剔牙，也不要用桌布擦拭牙齿；不要用手指在面包上涂黄油；不要小声说话或打盹；不要随地吐痰。"通过这些规则我们随时能加深对那个时代的理解："用你的刀刮骨头，但不要啃咬骨头；吃完之后，把它们放到碗里或扔在地上！"

在对中世纪学生的建议和忠告中，餐桌礼仪占了其中一小部分，但它往往是最具体、最具启发性的部分，因为关于学生整体义务的建议大都非常笼统且迂腐。因此，邦维西·达立瓦就餐桌礼仪写了五十条大多很有趣的规则，但他却写了一篇平庸无奇的《经院生活》[25]，"其中包含了智慧的五把钥匙，即敬畏上帝、尊重老师、刻苦读书、时常提问和训练记忆。"到 15 世纪末，我们得以更好地看到时代，有大量的学校规章制度以对句的形式印刻在德国青年的记忆中。[26] 智慧的开始是铭记上帝、遵从老师，但学生也必须注意自己在教堂的行为举止，提高唱诗的声量（强制去教堂、在诗班唱歌是这些学校的常规），保持书本干净，并及时支付学费。早上应该洗脸洗手，但未经允许不得去洗澡。男生也不应该在冰上奔跑或扔雪球。星期日是玩耍的日子，但只能在教堂的院子里玩，而且男生必须注意不要玩骰子，不要把墙的石头打碎，也不要朝着教堂扔任何东西。而且无论是在玩还是在家，都要一直说拉丁语。

Ne graventur nimium per studium scolares,

Ipsi solent ludere dies per solares.

Ludus his permittitur causa recreandi,

Et idioma sedulo latinum usitandi.

In nullo loco tu debes ludum exercere,

Quam in cimiterio, hic debes manere.

In hoc ludas, ut decet, omni abs clamore,

Nullum malum a tuo audiatur ore.

Non ludas pro re aliqua talos neque tractes,

Non rumpe muri lapides nec supra templum iactes.*27

加兰的约翰所著《字典》（Dictionarius）28 是另一部能帮助我们理解中世纪学生的作品。据说我们所用的现代单词"字典"是在这部作品中首次出现。这是一部描述性的词汇书，按主题编排，其中大量篇幅用于描述步行在巴黎街头会见到的物事。读者能从一个方位走到另一个方位，从一个行业看到另一个行业，从巴黎圣母院前院的书摊和毗邻的新街（Rue Neuve）的家禽市场，到大桥（Grand-Pont）上的货币兑换商和金匠铺，再到圣拉扎尔门（Porte Saint-Lazare）的制弓师，不要忽略学生最有可能认识的工人阶级。马鞍工和手套工、裁缝和皮货商、鞋匠、修鞋匠和药剂师，修士可能会用到上述商贩的所有商品，还有桌子、蜡烛和书写材料等这些职业所需的特殊工具；但与其关系更加密切的是供应食物酒水的商铺，商人在拉丁区的大街小巷中卖力经营，向学生和学仆兜售他们的次等商品。这其中有卖葡萄酒的街头小贩，叫卖着酒馆不同品质的酒类样品，每杯四便士、六便士、八便士或十二便士；有卖水果的，哄骗修士们买莴苣、水芹、樱桃、梨和青苹果；晚上，卖糕点的小贩们拿着他们小心盖好的篮子，装

---

* 大意：为了避免让学生感到学习负担过重，他们常常在星期日度过游戏的一天。游戏不仅是为了让他们通过玩耍来恢复体力，也是鼓励他们日常仍勤勉练习拉丁语。并不是在所有的地方你都被被允许玩耍，就像在墓地里，你就必须停下来。在那里，玩耍不宜大声喧闹，从你嘴里不能说出恶言恶语。不要玩骰子，不要破坏墙上的石头，也不要向教堂的顶部投掷石块。

有薄饼、华夫饼和炸肉饼——这是学生掷骰子游戏中的常见赌注，他们的惯例是掷出六点为胜，赢得的奖品用篮子通过窗户吊上来。馅饼师有着更多符合修士口味的产品，有以（好的坏的）奶酪和鸡蛋为馅料的馅饼，用胡椒充分调味的猪肉、鸡肉、鳗鱼肉派。而吸引学仆们的烤肉摊，不仅有插在扦子上烤的鸽子、鹅和其他家禽，还有用大蒜和其他浓酱调味的生牛肉、猪肉和羊肉。然而，这样的食物并不适合较穷的学生，干瘪的钱袋只能让他们吃猪肚、牛肚和各种各样的香肠，为此很容易爆发争吵，"屠夫自己反要被愤怒的学生给宰了"。

学生词典很容易就发展成为学生对话录，实际上对话录和描述性词汇书都与中世纪流传下来的希腊 - 罗马传统密切相关。因此，在多纳图斯的《小技艺》（*Ars minor*）、中世纪晚期的《你是学者》（*Es tu scolaris*）等简短的语法介绍中，以及在罗杰·培根的希腊语法书和赫里索罗拉斯的《埃罗特马塔》（*Erotemata*）等希腊语概略中，语法解说采用了对话问答的形式。还有针对商务或非商务旅行者的谈话手册，无论是在意大利的德国商人，还是君士坦丁堡的西方航海家，[29] 或是有机会学习法语的各类英国人，无论学的是巴黎法语还是斯特拉特福法语*。[30] 以及在中世纪早期也有的当时的拉丁对话录，如《皮平和阿尔昆的辩论》（*Debate between Pippin and Alcuin*）[31] 和阿尔弗里克的《学术研讨会》（*Colloquium*）[32]。要学习语法课程里的的词汇，最自然不过的方法就是参考日常生活。在一个重视道德教诲的时代，在日常道德义务中也很容易增加一些宗教内容。因此，讲语法教学的《你是学者》从 be 动词 sum 开始，那是"一切动词之源"，三个字母代表了三位一体；但很快问答的关注点转移到在校义务上，即早

————————————

* 该地位于伦敦以东，此处指带英国口音的法语。典出乔叟《坎特伯雷故事集》之总引。

上起床、穿衣、梳头、洗手、祷告和自觉上学。[33]这样的学院对话录绝非中世纪独有，而是传承自希腊 - 罗马教育的一个众所周知的特色，[34]并受到 16 世纪人文主义者的欢迎，其中之一是弗朗西斯科·塞万提斯·萨拉萨尔。他漂洋过海着这一类型的拉丁语作品到美洲最早的大学，该大学于 1553 年[35]在墨西哥城建立。他们那个时代的对话没有太多特色。如果萨拉萨尔带我们去查普特佩克散步，他的大多数前辈们都在教室里，教室在任何年代都大同小异。古希腊 - 罗马学院对话录中大部分内容仿佛是在昨天写就的，甚至是今早写成的，1467 年为未来的皇帝马克西米连一世编写的小册子也可能是这样，手册上写着"早上好，老师，你好吗？"，其中对话穿插着《圣经》引文。[36]彼得·莫塞拉努斯（Peter Mosellanus）的《儿童学》（*Paedologia*）中许多内容也很现代。该书于 1518 年由莱比锡的一位希腊语教授撰写，现在由西博尔特教授译成白话英语。[37]人文学者的对话录中的信息可作为基础，以重建 16 世纪学术状况，[38]从中我们可期待获得一些关于前一时代的材料。[39]让我们举两个例子，都来自 15 世纪的德国，一个描述大学的条件，另一个来自一个较低层次的学校。

这类手册中最有趣的《学者手册》（*Manuale Scholarium*），题为"给将要上大学并从中获利的学生建议的学者手册"。[40]它最常见的形式是在 1480 年左右为海德堡的学生设计的，稍加改动就可以适用于任何一所德国大学。我们可以称之为"海德堡的石幢"。全书十八章，从入学考试到学位获取等方方面面对学生进行指导，顺便告知学生许多不相关的闲事。当一个来自乌尔姆、家境普通的年轻人来此求学，不出所料他会遭到德国风尚的"戏弄"。这个来此攻读学位的学生（beanus）被视为一头长着犄角獠牙的肮脏野兽，须得从多管闲事的同学中清除出去。同学嘲笑他是"妈妈的小宝贝"，以粗言秽语和暴力恶作剧对待他；他们还听了他的忏悔，逼他受苦受累为众人做一顿好晚餐；但同学们最后还是上前祝他好运。他每天参加三场关于亚里士多德著作的讲座，并开始他的研究；学会捍卫唯名论，反对实在论；学习泰伦斯喜剧对抗法律；讨论各所大学的优势和大学城里的食品价格和啤酒质量。因此有了如下对话：

卡米勒斯：你从哪里来？

巴托尔德斯：从埃尔福特。

卡米勒斯：你带来了什么新消息？

巴托尔德斯：什么都没有，完全没有。

卡米勒斯：我以为埃尔福特是所有新闻的港湾。

巴托尔德斯：我忘了还有这么回事。其实我不喜欢听流言蜚语。

卡米勒斯：你要去哪里？

巴托尔德斯：去海德堡。

卡米勒斯：你打算在那里做什么？

巴托尔德斯：常听人说那里的文科教学很好，所以我想体验下那里的大学生活。幸运的是，我遇见了你。告诉我，你们学校有什么风俗？

卡米勒斯：我会告诉你。但是先回答我的问题。

巴托尔德斯：什么？

卡米勒斯：告诉我你们大学的教学方式。

巴托尔德斯：我很乐意告诉你。首先，他们敬畏唯名论者的方法；任何实在论者都不被接受，也不允许他们讲课或举行讲诵。

卡米勒斯：为什么？

巴托尔德斯：因为会引发争吵，煽动起纷争，产生敌意和仇恨。为了避免这种争议，他们认为最好只有一种方法。

卡米勒斯：那不是正确的方式；因为如果能有不止一种方法通行，学生会变得更敏锐，更精明，更善于辩论。

巴托尔德斯：确实如此。

卡米勒斯：但是你让我向你解释我们大学的风格。据我所知，我们大学和你们大学很不一样。第一，我们不排斥唯名论者；如果我们能从他们那里能得到什么益处，我们完全愿意这样做。第二，我们承认持各种方法的老师。每个人都被允许陈述他的论证内容。的确，在我们中间有些人追随阿尔伯特，有些人崇敬托马斯，有些人钦佩那最有洞察力的约翰·斯科特*，并跟随他的脚步。所有这些博学之士的教导都有助于领悟能力的训练。

巴托尔德斯：说实话，你现在激起了我对学习的强烈渴望。对我来说，没有什么事情能比听到最优秀的人的思想更甜蜜、更愉快了。尊敬的赞助人，请好心地指引我去一个尊重学习的寄宿家庭。[41]

然后我们就看到我们的学生和他的室友为一本放错地方的书争吵；一听到饭点的铃声，他们就蜂拥而至，就牛仔肉和豆子的相对价值开展辩论；或者走在内卡河对岸的田野里，也许这条著名的哲学家之路吸引了海德堡的许多代年轻人，他们一边走一边用拉丁语评论沿途所见鸟类和鱼类。然后是更加简短的对话：某某被举报违反校规；某某家里传来坏消息，没有汇款过来；某某向室友借钱；某某坠入爱河，又恢复过来了；某某去听肥胖的意大利修士布道，或者去看杂耍演员表演和到市场围观马上长枪比武；某某知道三伏天就要到了——他能在头脑中感觉到！最后，学生被父母告知，他该拿学位回家了。在这时他感到非常不安：他很少去听课，他须得发誓

---

* 指约翰·斯科特·爱留根纳（John Scotus Eriugena），爱尔兰的哲学家与神学家。

他有按时上课；他不好好学习，招致了许多教授的厌恶；他的导师劝他不要参加考试；他害怕考试失败的耻辱。但他的对话者引用了奥维德的一段中肯的话来安慰他，并建议他慎重合理地送礼，这可能会大有帮助——花费一些弗罗林*将赢回所有人的青睐。让他写信叫家里寄来更多钱，请教授们吃饭；如果他好好招待教授们，他就不必担心结果。这个建议表明了当时教育水平不同寻常的一面。学生遵行了建议，因此手册以学生邀请老师们参加宴会并享受免费沐浴作结，在结尾部分以前还有如下一段话：[42]

尊敬的老师，请允许我们请求您不要拒绝，接受 N 硕士的便餐款待，并请您在学术辩论中能留意我们，我们将永远勤奋用功，令您欢欣顺意。

尊敬的老师，沐浴是否能令您顺心满意？我会替您支付费用。此外，我祈祷您能善意地接受。事实上，如果我能带给您更多崇敬或荣誉，我会极致热诚地遵照而行。

15 世纪萨克森临近地区的学校手册则更为系统，保存在巴黎法国国家图书馆的一份手稿中。[43] "由于学生很愚钝，他们不能仅仅通过理论来提高拉丁语的水平。"作者为帮助他们，准备了一套模板，其中包含了修士最常使用的表达方式。[44] 从学校生活礼仪开始（因为对老师的服从和应有的尊敬是智慧的开端），学生学会如何问候老师和如何告假，如何为自己的错误辩解，如何邀请老师和他的父母一起用餐或小酌——这样的模板足有半打！[45] 手册还教导学生如何以诙谐又严肃的方式，恰当地回应试图测验他知识水平的人，"这样他就不会在父母面前显得像个白痴"。[46] "如果

---

* 一种货币。

老师问：'你这么长时间去哪儿了？'"，他必须做好准备，不仅能辩称自己突发惯常的头痛或未能听到铃声，还要说出一些乡村少年都知道的延误理由：他在家很忙；他被派去办事；他得照看房子、喂牛、饮马；他洗了个澡；他因婚礼、采摘葡萄、染色或做账，或者（因为他们来自德国，所以要）帮忙酿酒、沽啤酒或招待客人喝酒而耽搁了。[47]

在学校，早晨"精神修行"结束后，紧接着是让身体修行的音乐课。[48]音乐课被安排在学习时间之后，是因为"人刚吃饱，想象能力通常受阻"。[49]"在餐桌上或操场上的谈话"，修士们很容易改用母语，而不再说拉丁习语。针对那些讲德语，而不能像个理性人一样说话的人，老师自作主张发明了一种叫"蠢驴"的傻瓜标志，拿到这个标志的人要竭尽全力将其传给另一个人。下面来看一则对话：

"谁要买支笔？"（Wer wel ein Griffel kouffe[n]?）"我要买支笔。"（Ich wel ein Griffel kouffen.）"蠢驴是你的啦。"（Tecum sit asinus.）"啊，你个骗子！"（Ach, quam falsus es tu!）

有时，受害者会在晚祷后把欺骗他的人叫出来，双方像一般小学生一样叫阵吹嘘，直到老师来让他们闭嘴。[50]由于在学校里禁止争吵打斗，男生们被教导着要消除敌意，并用拉丁语对话来表达他们的怨言。

"天黑后你还在城外。你星期日和平信徒一同玩耍。你星期一去游泳了。你星期二在市场上到处跑。你逃晨祷了。你在弥撒中睡着了。你错过了晚祷。你打了好几个男生，挑起了不少麻烦。你把我的笔丢了，还顺走了我一本书。"

"尊敬的老师，他弄脏了我的书；无论我走到哪里，他都跟着我大喊大叫，骂我，拉我的腿，他从不让我安静待着。"[51]

除了正式的争论之外，学生们还会讨论些时事，诸如街头斗殴、堂亲婚礼、萨克森公爵即将到来的战争，或是他们当中有人在十六岁的时候要途经哈雷去埃尔福特，在那边的大学学习。[52]一天中最艰难的考验是老师的拉丁语语法测试，到时候每个人都被依次询问（auditio circuli）。学生们在默记词形变化、动词变位，随着时间的临近，怠惰的学生开始瑟瑟发抖。他们希望老师不要来了。

"他有客人。""但是他们会准时离开。""他可能去洗澡了。""但是距他上次去洗澡还不到一个星期。""他来了。你说到他，他就立时出现。"

最终瑟瑟发抖的学生只好转投他唯一的希望——答应给他提示的邻座同学。[53]

"当背诵结束，讲课完毕，回家的时间临近，年轻人就开始欢欣鼓舞"，他们纵情于闲谈家常，"此处将之省略，以免成为冒犯的手段"。然而，喜悦之情被解散前的竞赛蒙上阴影。"这是一场事关 palmiterium 一词的严肃而激烈的争论"，直到有人拿到了奖品，而有人得把蠢驴标志戴到第二天。[54]

放学后，男生们去教堂庭院中玩耍，项目包括投篮、弹珠（显而易见）、球类运动（四旬斋期间的春季学期）和一种数数游戏。作者区分了投篮运动中，投掷的铁环和滚动的铁环、木球和石球，但是这个话题对他的拉丁语水平来说太过困难，因此文章就在这个话题打住了。[55]

第四章
中世纪的思想传播 [1]

　　在思想的整个历史中，有一个重要部分是论述将思想从一个人传递到另一个人、从一个群体传播到另一个群体的手段。这是一个漫长的故事，故事的一头有棍棒、刀剑以及其他类似的"通情达理"的用具，另一头有头条新闻、飞机以及广播，中间是速度较慢但可能更有效的事物。中世纪是这个主题中的一个特殊阶段，它将静态的乡村环境以及落后的传播方式与一种社会结构结合，这种社会结构要求遥远分散的相同类型群体之间保持一定程度的交流。因此在某些方面呈现的极端地方主义与另外一些方面呈现的共同欧洲文明共存。据此，一些历史学家强调了中世纪文化中的区域性因素，另一些历史学家则强调了其中的普遍性因素；一方倾向于模糊与神秘的民族精神（Volksgeist），另一方又倾向于同样模糊与神秘的时代精神（Zeitgeist）。通过简要思考思想传播的常见方式以及注意一些可能有助于调查的问题，可能会实现对中世纪社会更现实的观察。本章无意直接给出具体研究结果，而是引用一些任何人都能轻易列举的示例，进行启示和说明。由于没有更好的词，本章采用"思想"这一词，不仅表示抽象的观念，而且表示各种各样的新信息、文学中的新主题和新模式，以及艺术中的新类型。

　　众所周知，罗马帝国的交通与通信十分便利。发达的公路与桥梁系统，军队、官员、信使的不断往来，远方省份之间的自由货物贸易，以及海陆长途旅行习惯，这些都使得那时的旅行要远比 19 世纪前发现的要多。[2] 至于具体的例证，我们只需要回忆使徒保罗的旅行；西方学生热衷于前往安条克、雅典、亚历山大港的风尚；前往罗马七十二次的佛里吉亚商人；还有一个来自加的斯的人，他千里迢迢来到罗马，又从罗马回来，只为看一眼历史学家李维。结果，整个罗马世界形成了一种极其统一的文明。这种文明明显缺乏地方精神，却能够让思想极其便捷地进行传播，例如"无所不在的教授"（ubiquitous professor）、基督教以及其他形式的东方宗教的传播。

在西方，这种生活和思想上的统一随着日耳曼人的入侵而结束。在地中海地区，这种统一则随着萨拉森人的征服[3] 而结束。道路年久失修，商业枯竭，教育衰落，书本知识几乎消失。中世纪早期，地方主义在整个欧洲盛行，起初是部落和庄园的地方主义，后来逐渐发展成中世纪社会赖以存在的封建和领地单位。无论是政治上还是社会上，这些单位几乎都处于独立状态，因此它们之间几乎没有什么产品与思想上的交流。在这种环境中，文化在最大程度上变成了地域性的。我们见证了那些地方主义缓慢的形成过程，它们现在仍然顽强生存着——各种类型的农舍屋顶、各种流派的教会建筑、地方土特产和美食、地方服饰和习俗、地方圣人和信仰、地方方言、民间传说和文学传统——所有这些根深蒂固、饱满浓厚的地方主义使得欧洲人的生活变得丰富多彩、别具风味，并与本土有着历史悠久的关联。思想和信息只能缓慢地从一个地区传播到另一个地区，且阻力很大；地方习俗决定一切，且随着时代的更替，其区域特征几乎不会发生多少改变。如果这就是中世纪生活的全部，那么我们的主题很快就无话可说了。

事实上，中世纪思想传播的媒介受到地方风俗习惯抵制，导致思想扩散缓慢只是历史的一部分。它主要涉及另一种类型的分散中心之间的关系，可以比喻为高压电站与其他同类站点进行的传输，相对而言与距离或中间空间的性质关系不大。这些代表不同层次的中心主要由修道院、主教座堂、法院、城镇和大学组成。

教会是中世纪社会团结的主要原因，这是一个不争的事实。然而，当我们超越法律、信条和仪式的基本原则，而转向教会影响的文化方面时，我们必须做出某些区分。教会吸引人们前往罗马，但在 12 世纪之前，这个数目仍然很小。到了 12 世纪，教会法的发展和教皇君主制的集权开始迫使或鼓励越来越多的诉讼人、请愿人以及其他访客"拜谒宗徒圣所之门庭"（ad limina sanctorum apostolorum）。教会派人走上遥远的朝圣之旅，朝圣者通过明确的路线到达特定的地方，其所具有的意义我们现在才开始认识到。教会促使了教会建筑的发展，但建筑和装饰风格除受地区性因素影响外，还通过朝圣者、旅行教士和建筑师（如维拉尔·德·昂内库尔，他留存下来的素描本展示了他在沙特尔、洛桑、匈牙利以及家乡皮卡第的生活）等媒介模仿了远方地区的风格。宗教旅行的历史可以教会我们很多东西。

中世纪早期，各种修道院是精神生活的主要中心，它们就像散落在无知和野蛮海洋中的知识孤岛，知识主要是从一个这样的中心传播到另一个这样的中心。当然，这种交流大部分仅限于地方性交流，但也有不少属于远距离交流，只不过我们至今还未完全了解远距离交流的途径。例如，有一支盎格鲁 - 诺曼人的编年史是以从莱茵河起源，经勃艮第，最后抵达比德（Bede）*的复活节餐桌（Easter-table）的编年史为基础的。有关奥托三世在亚琛开启查理曼大帝陵墓的详细记录出乎意料地出现在塞尼斯山口的

* 诺森布里亚的比德，英国盎格鲁撒克逊时期编年史家及神学家，有拉丁文著作《英吉利教会史》，获尊称"英国历史之父"。

诺瓦莱塞修道院。[4] 发现于威尔士边境的马格姆年鉴中有一份值得注意的报告，它记载了法王腓力二世宫廷对英王约翰的谴责。[5] 1181 年到 1182 年期间，挪威大主教埃斯泰因在伯里圣埃德蒙兹待了六个月。[6] 来自圣奥尔本斯的马修·帕里斯有关于鞑靼人的详细资料。[7] 诺曼底圣米歇尔山的修道士与意大利东海岸蒙特圣安杰洛的修道士保持着密切的联系，因为圣米迦勒也是蒙特圣安杰洛的主保圣人。诺曼底的圣埃夫鲁尔修道院将女修道士派往意大利的米莱托、韦诺萨和圣女欧斐米堂。此后，属于圣埃夫鲁尔当地仪式的圣歌曲调《乌提卡圣歌》（*Cantus Uticensis*）在意大利的这些地区经久传唱。[8] 在宗教戏剧史上具有十分重要地位的圣尼古拉奇迹，从东方传入，经巴里的圣尼古拉，一直传到吕贝克和希尔德斯海姆，不仅传到供奉这位主保圣人的教堂，也传到了沿途的其他教堂，如卢卡的萨尔瓦托雷，[9] 从其大门的装饰我们就能看出。修道院的兄弟会（confraternitates）经常加入相隔甚远的社区，亡者卷轴*也会经历长途跋涉。特劳贝（Traube）**对所谓"国家书体"（national hands）的研究很好地证明了纯粹区域性观点是一种谬误。他在研究中证明，并没有什么梅罗文加字体或伦巴第书写体之类的东西，只有几个修道院缮写室（scriptoria）留下来的字迹，偶尔由一个僧侣传播给另一个僧侣。因此，相较于法兰克邻区的手稿，高卢地区的科尔比手稿与意大利北部的手稿更为相似。[10]

随着时间的推移，克吕尼、西托等庞大组织，这些组织的分会，视察制度以及系统殖民化逐渐形成，这使得修道院之间的交往不断扩大，并

---

* 在中世纪，亡者卷轴（mortuary rotuli）指的是在一名神职人员去世后，传递在修道院之间的羊皮纸。卷轴所经过的修道院会为其增添几行向已逝的神职人员致意的文字，许多长达数尺、收集到数十间教堂文字的卷轴因而形成。这个传统在中世纪结束之前很常见，它巩固了各个教会之间的联系。

** 特劳贝（Ludwig Traube，1861—1907），古字体学者。

朝着系统化方向发展。这些修会在法国文化向德国和西班牙传播的过程中起到的作用早已被艺术史学家所认可。在方济各会和多明我会中，地方元素在强调统一和迁移的欧洲组织中几乎消失了。在修道士手中，历史编纂变成了一件全局性而非地方性的事务。神学和博学著作，以及例证集（exempla），在他们新的研究和教学中心之间自由流通。多明我会宗教法庭对异端的镇压也间接地推动了教义和程序标准手册的广泛和快速传播。

主教座堂作为学术中心的重要性可以追溯到 9 世纪。当时，加洛林王朝立法规定了要维持教堂学校和依教规生活。尽管主教和全体教士之间的利益分歧日益扩大，但他们在大多数情况下会组成一个单一的知识分子群体，一方面与修士群体有着密切关系，另一方面又与封建王朝保持着密切联系，并且这个教会组织确保了每个区域都维持着·定数量的交流。大教堂中心的思想影响在 12 世纪复兴时达到了顶峰，这一点可以从托莱多大主教雷蒙组织下的阿拉伯语作品的译本传播中，大主教西奥博尔德和托马斯·贝克特领导下的坎特伯雷与大陆的关系中，以及欧洲各地的人对法国北部主教座堂学校的经常性造访中可以看出来。

无论是封建王宫，还是主教教区廷或皇室宫廷，它们都在以中世纪吟游诗人、叙事诗人和放纵派吟游诗人（教士界的吟游诗人）为媒介的宫廷类文学的传播过程中起着十分重要的作用。这些作家和书商需要赞助人，只有富有的宫廷才能为他们提供长期的支持。因此，他们经常从一个宫廷游走到另一个宫廷，或与其赞助人一起四处迁徙，如大诗人*在"红胡子"腓特烈大帝崛起的时代跟随科隆大主教。就这样，法国诗歌的主题开始传遍西欧；法语和普罗旺斯语原文诗词在意大利流行起来；法语成为大部

---

* 大诗人（Archpoet，1130—1165），12 世纪一位著名的吟游诗人，真名不详，哥利亚德诗人中的杰出代表。

分拉丁基督教国家的宫廷语言。甚至在更大范围内，宫廷也分享着这些文人：布洛瓦的彼得与英格兰和西西里的统治者们是"亲密朋友"。[11] 来自法国阿夫朗什的诗人亨利获得了英格兰王亨利三世赏赐的津贴和葡萄酒徽记（a livery of wine），另外，他也曾用拉丁语为腓特烈二世写过诗。[12] 当整个宫廷都处于不稳定状态，如十字军东征或德国皇帝赴罗马受封（Römerzüge）*时，这些情况更有可能出现。宫廷之间的交流也不仅限于纯文学交流。奥托三世受到母亲影响采取拜占庭式的治理理念，拜占庭皇帝曼努埃尔一世将托勒密的《天文学大成》（Almagest）作为礼物送给西西里国王，而腓特烈二世则与各位萨拉森君主保持着科学上的交流。西西里国王鲁杰罗（King Roger）吸引世界各地的学者来到巴勒莫，他的一位名叫托马斯·布朗的官员后来去管理亨利二世的国库了。[13] 亨利的《武备条例》是法王腓力二世（Philip Augustus）[14] 模仿的行政权宜手段之一。勃艮第国通过模仿法国王室机构来建立自己的中央政府。后来，当马克西米连（Maximilian）**将有能力的官员从低地（Netherlands）***招纳到维也纳时，勃艮第国却反过来成为了哈布斯堡王朝所模仿的对象。在另一个不同的领域，存在着一个众所周知的事实，即威克里夫（Wiclif）的学说是通过理查二世的婚姻而传播到波希米亚的。历史学家应时常注意拉维斯的提醒，即国王和其他人一样都继承母亲的影响。另外他们还需注意一个事实，那就是国王和王室人员都受其妻子、妻子的亲族和属下的影响。

在这种情况下，中世纪城镇和修道院一样，像散落在农村束缚海洋

---

* 指胜选的德皇如得到"罗马人的皇帝"称号资格，赴罗马请教皇册封其为"神圣罗马帝国皇帝"。

** 指神圣罗马帝国皇帝马克西米连一世。

*** 当时还没有形成荷兰这个国家。低地部分区域由勃艮第国统治，因此能沿袭勃艮第政体。

中的一座座岛屿，享有政治和社会自由。虽然它们在一定程度上是靠吸收邻近乡村的逃亡农奴（free air serfs）*而成长起来的，但它们的对外交流还是主要集中在与其他城镇的交流上。正如早期基督教从一个城市传播到另一个城市一样，地理上的邻近并不是产生交流的唯一因素。如果说苏瓦松（Soissons）**的城市结构主要被其邻近地区和勃艮第所模仿，那么鲁昂的体制（Établissements）则经由金雀花王朝的领地一直传播到西班牙边境，而位于布雷特伊地区的诺曼村镇的习俗甚至传播到了威尔士边境和爱尔兰地区。[15] 城镇之间的交流多半属于商业性的交流，很难辨别商品交换与思想交换之间的繁复联系。[16] 工业人口将阿尔比派教义从意大利带到了法国和低地国家——在北方，织布工与异端常被视为同义词——意大利城市通过居住在君士坦丁堡的意大利人（比萨的勃艮第奥、贝加莫的摩西、威尼斯的詹姆斯等）推动了拜占庭思想在西方的传播，这些都是十分重要的例证。然而，在十字军东征的背景下，城市的思想方面的作用很难被理解，因为随着经验和传奇故事主题的广泛传播，几乎没有任何东西可以阻碍东方新科学知识的传入。当然从本质上讲，十字军战士既不是学者也不是很有思想的人：巴勒斯坦和叙利亚地区的阿拉伯语作品极少有译本，新的地理知识渗透进 13 世纪指南书中的速度也非常缓慢。[17] 集市是城市交流中一个特别重要的部分，而到中世纪末期，伦敦、巴黎等首都和大都会的市场产生了一种新型关系，其思想影响还需进一步研究。[18] 到了这时，城镇之间也开始进行世俗文学和艺术的交流。

人们可能理所当然地认为中世纪大学在知识传播中具有十分重要的

---

* 按照中世纪农奴制度，如果逃离庄园的农奴能够躲藏至少一年零一天而不被领主抓到，就能获得自由，成为城镇劳动力。有谚语"town air makes free"描述这种现象。
** 法兰克王国的发祥地，首都之一。

作用。根据其定义，中世纪大学（Studium Generale）向各国学者开放，学生和教授可以携带书籍、课堂笔记和头脑中的知识自由地从一个大学转到另一个大学。在这种情况下，远距离学府之间也能够通畅地进行交流，同时依靠知识阶层，知识也能够快速地进行传播。此外，据我们所知，大学是最早的图书交易中心，具有一定水准的作品复制、出售和租赁方面的供应至少可以帮助它们以自身的动力进行传播。在这些方面，中世纪晚期的大学生活非常接近现代早期的条件；它们之间的区别，用肖（Shaw）的话来说，主要在于图腾（iconography）。从 13 世纪起，我们开始能够获取比较有确定性的有关大学方面的知识，并且开始对主要的学术作家进行仔细研究。更难以理解的问题在新亚里士多德、新医学、新欧几里得和新托勒密的起源和演进之前相接的时期；意外出现在西班牙和西西里的北方翻译家的起源和生涯；其作品向北传播的路径，以及 12 世纪时期的修道院和主教座堂学校对这些作品的接受情况。1217 年，米夏埃尔·斯科特突然出现在托莱多；他之前的职业是什么？大约 1200 年时，莫利的丹尼尔带着"大量珍贵书籍"从西班牙返回英国，这些书里包含些什么东西？第四次十字军东征与希腊学术的传播有什么关系？[19] 阿拉伯人对基督教音乐有多大贡献？

　　书籍的流动始终是思想传播的一个重要部分，中世纪尤其如此。当时的学术研究在很大程度上依赖于以前的学术权威。各个时代的优秀精神穿越时空相互影响着，这种精神通过书面媒介从一个时代传到另一个时代；在中世纪，书面的传输全面开启。"柏拉图可能已经和安色莫握过手了。"库尔顿说。[20] 但实际上这不可能，因为除了一部分《蒂迈欧篇》外，安色莫无法接触到任何其他柏拉图作品。由于各种原因，书籍本身几乎没有独立运动。书籍既不被视为家具也不被视为燃料，它们与思想活动的中心密切相关，而它们的流动在很大程度上是这些中心之间交流的一个重要部分。

我无意宣称上述积极传播思想和信息的中心名单详尽无遗，更不能声称这些中心之间都相隔很远且完全处于互相孤立的状态。人们曾一度认为同一区域的寺院教士和在俗教士不可能产生任何关联，[21] 世俗和教会也不可能在艺术、音乐和文学上相互渗透，但最近的研究将这些相互关系揭示了出来。然而，问题的关键在于要弄清楚这些不同类型的中心之间的联系，思想从一个地方传播到另一个地方的途径。我们需要立马对这些未知的主题展开比以往更彻底、更全面的研究。在详细的研究之外，我们需要对作为沟通途径的中世纪道路以及其与知识和文学的中心之间的关系了解更多。"太初有路。"贝迪埃说。[22] 我们已经知道中世纪道路的大致路线，[23] 但还没有对有关的历史事实进行足够的分类和分析，也没有对"行旅生活"进行充分的探索。[24] 我们还需要更仔细地研究"手稿的漫游与生息之所"、中世纪图书馆的藏书目录，以及位于明晰阶段的欧洲思想内容。

在对知识传播进行实际研究时，我们还必须考虑其传播的速度，包括行速快慢和路途远近。"红胡子"腓特烈在小亚细亚去世的报道需要四个月才能传到德国，而"狮心王"理查一世在奥地利被囚禁的消息在大约几周后便传到英国。当时，（消息）从罗马到坎特伯雷正常情况下需要花七周时间，但紧急消息的行程时间能缩短至四周。[25] 书籍在欧洲的传播速度真的像勒南认为的那样惊人吗？[26] 一本书或一位学者的实际旅行速度到底是多少？我们对邮递业务出现前的信件往来了解多少？

我们还需要对这时期的拉丁语文献进行更多的关于起源和关系方面的研究，就像研究本国语言那样深入透彻，同时也要认真思考拉丁语与本国语言之间的关系。另外最重要的是，我们需要把历史学家、地理学家、哲学家、语文学家和考古学家联合起来，共同应对这其中的许多问题。这些专家经常在隔间中孤立地工作，这一现象在美国尤其突出。

我能否引用两项综合研究来加强这一论点？虽然这两项研究是由传统历史领域以外的学者所做的，但其产生的结果却对历史学家有着十分重要的意义。一个是贝迪埃对中世纪史诗的研究，另一个是亚瑟·金斯利·波特对罗马式雕塑的最新研究。[27] 从文学、历史、地形学和考古学中提取大量证据后，贝迪埃开始用一种全新的方式来解读法国史诗，不仅把它们当作文学作品，还把它们当作历史文献。这些诗歌并非基于中世纪早期的歌曲和传奇故事，它们属于 11、12 世纪，并反映了那时期人们的思想和生活状况。它们代表特定的信息来源，而不是民间传说中模糊而难以捉摸的"世传"（tout le monde）。它们在很大程度上是为朝圣者和集市常客等旅行人群创作的，并且在很大程度上由那些与特定圣地（尤其是朝圣路途上的圣地）和遗迹有关的地方材料构成。罗马道路上有大量的古罗马遗址，史诗中的很多虚构场景都是在那里发生的。这些史诗由旅行者创作，也是为了旅行者而创作，因此必须将它们与罗马和孔波斯特拉联系起来理解。同时，它们展示了僧侣和吟游诗人之间最密切的合作，人们一直认为他们属于完全不同的阶级。另外它们也展示了方言与神圣文学之间的自由渗透。甚至查理曼大帝，撒克逊人和阿瓦尔人的残酷征服者，北方史诗尚不知他的事迹，而他的故事经由朝圣者和十字军，向南方和沿着朝圣者的道路传播，说他保护罗马免受萨拉森人的袭击，然而萨拉森人在他那个时代从未去过罗马；彰扬他曾在西班牙度过了长达十四年的三次旅程，然而他只去过一次；把他前往君士坦丁堡和耶路撒冷的旅途刻画在沙特尔大教堂的花窗上，然而他根本没去过。艾因哈德（Einhard）对罗兰的描述，被认为是一种补充叙述，可能成为《罗兰之歌》的起源，赞美了朝圣者和十字军前往西班牙路途上的特定圣地——是骑士风格与教士风格、拉丁语与方言的结合，打破了传统中所有密不透水的孤立状态。

波特的研究表明，在流动的文学材料中，只有区域性和传统性的解释是不够的，这是一种坚于金石的推论。在这里，罗马式建筑的守旧派理论已承认拜占庭对佩里戈尔的影响与比利牛斯山脉两侧雕塑之间具有的明显关系。通过对朝圣道路沿线遗迹的仔细研究，波特展示了拜占庭的影响力和圣墓样式向北传播的过程。但他做过的最充分的展示是克吕尼艺术的传播过程：首先在勃艮第，然后是英格兰、加利西亚、德国、阿普利亚和巴勒斯坦。在通往位于孔波斯特拉的圣雅各圣地的大道上，"克吕尼修道院、圣徒遗物和纪念性雕塑都有明显的聚集趋势"。

当然，这种特殊研究方式并不是在任何地方都能够被模仿。阿拉伯人的科学源自托莱多，而非孔波斯特拉；圣方济各的宗教思想并非源于他年轻在俗时喜爱的法国歌曲；《坎特伯雷故事集》在老肯特路旁的车站无法寻踪！对于思想传播来说，常见的有效方法是强调惯常的交流途径，重新审视所有可用材料，采取现实的、多方面的方法，陆海空联合进击！

最后，也许有人会说，即使是现在，旧的思想交流方式也并没有完全消失，而是经常以一些容易被人忽视的方式存在着。如果最新的心理学在现代人的思维中发现了中世纪的思想交流方式，那么人们或许也会注意到它们在我们社会思维中的持久性，即思想从一个群体传递到另一个群体的机制。我们太容易忘记智力分层和非沟通群体的普遍存在。思想在一定程度上仍然是根据社会和思想的单元而局部传播的。因此，大学和学院在某种程度上（当然程度已经大大降低）仍然是无知海洋中的一座座孤岛；科学家、教授等同行之间交流，不需要经过中间媒介。因此，格林威治村内的人互相交流，而三K党则会在知名大学的庇护下同流合污。切斯特顿曾在某个地方说过，如果英国人能去国外见一见不同民族的人，他们一定会更对自家的饮食文化感到惊讶。所谓的高格调政治运动很容易只考虑那些文化修养高的人，而忘记占多数比例的"低格调"选民。这样的例子可以无限列举；我只是想说，通过了解早期的思想史，我们能够更理解现代的一些情况。

第五章
拉丁语的体育文学 [1]

　　就其组织而言，美国中世纪文化研究院（Mediaeval Academy of America）的研究关注中世纪文明的方方面面：文学、语言、艺术、考古、历史、哲学、科学、宗教、民间传说、经济和社会状况以及我们司空见惯的日常琐事等都有涉及。美国的研究院所涵盖的中世纪学术领域非常广泛，唯一的不足在于它的发展是历时性的。然而，虽然研究院为自身的发展开拓了大片的领域，但它并不想排斥或干扰前人的研究。它的目的是在可能的情况下开辟新的领域，补充现有的机构，成为研究者的交流中心和会面地点。尤其是在中世纪研究中，存在需要历史学家、语言学家、考古学家、艺术生、文学生和哲学学生相互协作、共同努力的方面，研究院为联结各个机构与组织做出了一定的贡献。研究院欢迎新的研究材料，鼓励对旧问题提出新的看法，期待新的观点以及新的综合性意见。

　　说到研究院的主要关注对象，就不可避免要提到中世纪拉丁语。不仅研究院本身就是一个中世纪拉丁语研究委员会的产物，而且也只有拉丁语能更好地表达和阐释研究院以多角度研究中世纪文化的关注点。没有拉丁语，我们就不可能了解中世纪。拉丁语是那个时代的国际标准语言，它是条约协定以及正式国际往来的官方语言，是国际教会的所有关系条例用语，也是西方许多国家举行宗教仪式时使用的语言。在整个西方基督教世界中，人们用拉丁语祈祷，用拉丁语唱歌，用拉丁语布道。它是一种教育语言，在教科书和讲座、学生对话以及受教育人士的人际交往中都有体现。人们很早以前就学会了拉丁语，因为拉丁语如此频繁地被使用，所以几乎不可能会被遗忘。

拉丁语是哲学、神学和严肃文学的主要传播语言。到 13 世纪，拉丁语几乎是历史的唯一使用语言，也是法律领域（无论是在法律制定还是在现行记录）的专用语言，同样也是宪章、令状和财政账目的行政语言，为皇家司库和地方长官所使用。如果说拉丁语是科学的语言，那么它也是纯文学的语言，是诗歌和民间仿作的语言，是神话和传记的语言，是戏剧和传奇故事的语言。尽管拉丁语最终将这些更受群众欢迎的主题让位给了通俗的方言，但长期以来，拉丁文学与方言文学并行不悖，拉丁文学在许多领域都领先于方言文学。中世纪生活的方方面面都存在拉丁语的痕迹。

尽管拉丁语严肃作品的涵盖范围很广，包括神学、哲学、宗教、法律以及道德说教，但也正是它的庞大体量使它陷入了一种危机，让人过于严肃，甚至过于哀伤地看待那个时代，也容易使我们陷入一种沮丧的情绪，就和去年总统演讲时希望帮民众摆脱的情绪差不多。[2] 我不奢望自己能够像兰德（Rand）教授一样成为一个能驱除沮丧的人，但我也许可以通过另一个领域——体育文学——来强化他的观点。如果我们能够像中世纪人一样时不时带着轻松的态度地看待中世纪，我们可能会对中世纪有一个更深入全面的了解；同样，我们如果能够回想到他们即使在欢乐的时刻也没有丢弃他们原有的罗马基因，也许就能够更好地理解拉丁语的意义所在。如果他们用拉丁语游乐，也用拉丁语祈祷的话，那我们就要做好最坏的准备了。如果严肃清醒的人认为我的主题不值一提，那我会请求他酌情宽恕我，毕竟现在是四月——乔叟的四月——的一个星期六。

哥利亚德诗人（同样是用拉丁语）唱道：

这个季节花开浪漫，

鸟儿的歌声在我们的耳畔响起。

（Tempus instat floridum,

Cantus crescit avium.）

从体育文学的长远发展来看，从希腊人对胜利者的颂歌和系统的论述，到当代对大型猎物和大型比赛的赞颂，我们必须要为此类拉丁语作品找到一个定位，因为没有一种国际语言能够在这项人类的普遍爱好面前保持不变。奇怪的是，这一阶段的拉丁语文学是中世纪的，而不是罗马的。罗马人有很多精彩的体育表演，但并没有参与正规的体育项目；他们在赛场边上间接地体验运动，为那些取悦他们的职业角斗士和战车手摇旗呐喊。在这种情况下，他们自然不会创作出品达风格的颂歌，也不会作出希腊人自然创作出的有关狩猎捕鱼的颂歌，更别说对希腊作品产出什么重要译本了。狩猎——在塞勒斯特（Sallust）看来，是一个卑屈的行当，而在贺拉斯看来则是个令人打寒战的工作——在帝国各省都很受欢迎，但除了格拉提乌斯（Grattius）和内梅西亚努斯（Nemesianus）等一些名不见经传的作家写过一些关于狩猎的拙劣诗句之外，再没有其他相关创作。[3]后来罗马帝国的"骡子医学"多用于农业而非体育运动中，体育运动未曾在农业文学中占据一席之地，无论在散文还是诗歌领域都没有。因此，瓦罗（Varro）写的关于野猪的章节仅仅是为了描述捕获野猪以后如何养肥它们，并引出了关于养肥蜗牛的章节，这最多只能算是个缓慢的运动！罗马人没有写过关于田径运动的书；尽管他们沉迷赌博，却也没有创作出关于赌博的书。这群坐享其成的体育爱好者们在读过了普林尼（Pliny）

《博物志》*后，就得被迫阅读希腊语。

　　甚至在中世纪君士坦丁堡的生活中非常重要的马戏团和盛大表演也在西方社会消失了。西方教会抵制这些表演，认为这是魔鬼之作。相关作品的文学记忆主要保存在伊西多尔的《词源学》一书中，以及德尔图良的《论表演》一书的强烈谴责中。圆形剧场变成废墟或改建成了城堡，人们也都去了教堂。中世纪的体育运动是从格斗，从狩猎和鹰猎，从各种小众娱乐活动中重新兴起的，是属于贵族而不是平民的体育运动。这些在当时的新宫廷文学中都有所体现，但在早期的中世纪文学中几乎没有留下什么记录。[4] 到了12、13 世纪，体育运动开始有了自己的文学作品，首先当然是以当时的主要语言拉丁语写成的。总的来说，这些拉丁语作品比 14、15 世纪人们所熟知的方言作品要诞生得更早，但是某些习语也会出现很多与方言用法重合，或在不同语言间来回翻译之处。尽管如此，在英国和法国的那段时期，体育文学仍存在着一个拉丁语时期。但我们决不能由此就推断拉丁语在实际的体育术语中具有类似于英语在现代体育领域中的地位，或者说在更有限的程度上，类似于法语在更早前时候的地位。那些最懂拉丁语的神职人员被禁止参加大多数形式的体育活动，而主要参与体育的骑士阶层却基本不懂拉丁语。如果人们用拉丁语记录体育活动，那他们通常会用方言记录打猎和打仗。拉丁文的论著通常会记录一些地方性的体育运动。当一个既懂拉丁语又懂体育的人（如学者型皇帝腓特烈二世）出现时，他会抱怨说找不到合适的拉丁语对应词来表达驯鹰术的术语。因此，当更具古典思想的人根据《埃涅阿斯纪》中描写的特洛伊的比赛项目，衍生出马上比武（Troiana agmina）时，就会发现维吉尔的词汇中存在着大量空白与缺口。

---

* 《博物志》（*Natural History*，又译《自然史》）是罗马学者老普林尼在 77 年写成，被认为是西方古代百科全书的代表作。

　　中世纪的主要体育运动是战争，以及附属产物如马上比武、马上长矛比武和司法决斗。战争有开战期和休战期，这取决于气候条件，也取决于圣诞节、复活节和耶稣升天节等重大节日，有时也因神命休战*的限制度过平静的周末。而私人战争的权利是中世纪贵族最珍贵的体育特权；但战争毕竟是一项残酷的职责而不是运动，是军事阶层的职业而不是业余爱好，战争支配着他们的生活，同时也给他们的生活增添了一些趣味。无论是职责还是体育，战争除了英勇事迹和军事实力记录外，并没有产生其他的原创文学作品。维吉提乌斯**的作品在修道院中被复制、摘录、模仿，但没有任何新的中世纪军事科学著作能够将之取代，[5] 无论是拉丁语还是西方方言，都无法与这部伟大的拜占庭战术著作相媲美。正如人们只会在封建主义开始走向衰落时才会开始记录它一样，关于马上比武的相关文章也只有在这个项目即将消亡时才被撰写出来，由文艺复兴时期的赞助人、普罗旺斯的"好王"勒内（good King René of Provence）的《关于马上比武比赛的形式和预算》（*Traité de la forme et devis d'un tournoi*）就是最好的例子。这本由法语写成的书对于这项法国特有的体育运动（ludi gallici）来说已经够用了。[6]

　　司法决斗则是司法竞技理念的最佳诠释，它确实生成了一种拉丁语文学，因为它很早就进入以拉丁语写作的律师的业务范畴。这一古老的制度不仅将当时人们的某种好战天性引入合法范畴，而且还为那些始终关注决斗者的资格、装备和身体残障程度的体育技术人员提供了广阔的发展空间，特别是在决斗士雇佣制引入后，还引出了决斗者参赛资格和专业性等复杂问题。因此，在 13 世纪这个充斥各类"全书"的时代，平民出身而颇有

---

* 　中世纪欧洲天主教会对封建领主之间在某一特定时间内停止战争的规定。

** 　维吉提乌斯（Vegetius），公元 4 世纪末至 5 世纪初的罗马作家，以其著作《军事事务》（*De Re Militari*）而闻名，该书是一部关于罗马军事战术和战争策略的经典著作。

名气的贝内文托的罗弗雷多（Roffredo of Benevento）创作了一部《决斗大全》（*Summa de pugna*）。书中探讨了决斗赌注的一些适用范围，以及因年纪过小或过大、疾病、性别、阶级卑贱或教职人员身份限制等原因无法决斗时，允许决斗士代替出战的情况。决斗作为一项体育运动，其不足之处在于当参赛一方在战斗中失去武器时，没有合宜的流程规定应该采取什么样的应对策略（c.9）：

有人认为，如果武器损坏，就应该再给他一把，因为战斗必须要用武器才公平合理，但如果武器掉到地上，则不得提供其他武器，谁把武器掉在了地上只能怪他自己运气不好。因为如果一个人输了第一次还把武器还给他，那就相当于给了他一次重新比赛的机会，这是不公平的。另一些人则认为，无论武器是折断还是掉在地上，都不能归还。在这件事上，我们认为应该尊重当地的风俗习惯，如果没有这样的风俗，那么法官认为什么样是公正的就应该怎样行。[7]

司法决斗则已经开始衰落。与罗弗雷多同时代、他当时的主人，被誉为体育之皇的腓特烈二世认为决斗只是"一种与自然理性、普通法以及公平背道而驰的占卜而已"。[8]

紧随战斗而来的是狩猎运动，这是一项在何时何地都很受欢迎的运动，被认为是王公贵族们专享的娱乐运动。关于狩猎运动的方言文学很是出名，从 14 世纪开始就有了相关作品：《莫杜王与拉蒂奥王后之书》（*Livre du Roi Modus et de la Reine Ratio*）；爱德华二世的猎手威廉·特维西的《狩猎的技艺》（*Ars de venerie*）；加斯·德·拉·比涅的《狩猎的乐趣》（*Roman de déduis*）；还有那位养了六百条爱犬的卓越猎人、弗罗萨特的赞助人、富瓦伯爵加斯顿·腓比斯（Gaston Phébus），那本出名的《狩猎之书》（*Livre de chasse*）。[9] 相关的拉丁文学则出现得更早，可以追溯到 11 世纪，而且显然早于援引了这些文献的 13 世纪大型百科全书。这本书从头到尾都非常实用，其中首先介绍了一些帮助猎人捕猎的动物，比如马、狗、鹰、隼，尤其还介绍了这些动物的常见疾病及其治疗方法。要否认这与古代兽医学存在某些联系显然过于草率，但大体上它只表现出古老且不甚起眼的源头，书中规则更是从当时盛行的治疗方法和当前通用的医药品总结而来的。各类型疾病都有涵盖，甚至连寄生虫都得到了细致的关注，其关注程度之深不禁让人想起了美国一所农业学院开设的"家庭昆虫学"课程。巴思的阿德拉德（Adelard of Bath）说：[10] 那些从事这种技艺的人，不仅要冷静、耐心、朴素、机警、吐气若兰，而且还必须学会如何避免老鹰接触到会感染寄生虫的事物，为此有专门的治疗方法。这些主要关于猎鹰的书籍，其源头可追溯至"阿奎拉、叙马库斯和狄奥多西给托勒密国王的信"和"西班牙人希罗修斯给狄奥多西皇帝的信"等书信，它们与拜占庭文学也有相似之处。从东获得猎鹰驯养技术无疑可将其源头追溯到东方，但是在那个存在多种假设的时代，没有必要假设每年供应给英王亨利二世[11]的挪威猎鹰和马可·波罗描述的大可汗宫廷里的鹰来自同一个地方。当然，12 世纪早期，巴思的阿德拉德根据"哈罗德国王的著作"和他的自身经验编撰的这部论述与东方没有关联，[12] 格里马尔德斯（Grimaldus）的著作《神圣宫殿的伯爵》（*Count of the Sacred Palace*）显然也是如此，我们在现存普瓦捷的 11 世纪抄本中发现了它。[13] 到了 13 世纪，我们已经有了阿拉伯语著作的译本，特别是穆阿明有关鹰隼疾病方面的著作，大约在 1240 年由腓特烈二世的宫廷哲学家狄奥多译成了拉丁文，他还翻译过某部雅特里布（Yathrib）的类似著作。另一部比较有名的拉丁语论述则是托名某位虚构的丹库斯国王（King Dancus），但书中引用了西西里国王鲁杰罗二世的驯鹰师威廉的教导，威廉是最早研究此领域的专家之一。尽管这本书对鹰和隼的不同种类做了一些简短的描述，但它仍然是一部有关鹰隼疾病治疗，而非关于鹰猎运动本身的书。另还有一部中世纪最早有关马的书籍也是如此，这本拉丁语著作由卡拉布里亚的焦尔达诺·鲁福为腓特烈二世撰写，继而不久又被译成意大利语和其他语言的版本。[14] 因此，同时期的大阿尔伯特（Albertus Magnus）的《论动物》一书中，虽然大部分篇幅都是对马和鹰的描写，但也只集中在疾病方面的内容。[15]

　　驯鹰运动最先是在皇帝腓特烈二世的《猎鸟的技艺》一书中有了全面的描述。我在其他章节探讨过，腓特烈是一个崇尚科学的人 [16]——他拥有自由探究的精神，对动物有着浓厚的兴趣，喜欢对鸟类进行观察和实验，作为收藏家而进行广泛活动，会豢养来自其他气候地区的珍奇动物。如果在另一个时代，他可能会像西奥多·罗斯福那样怀着充沛精力，在非洲追踪大型猎物，或是探索亚马孙河上游地带的动物种群，但缺少罗斯福总统那股要改善同胞生活的笃定和热情。不管怎样，他的确是中世纪乃至任何时代里的一位伟大体育运动员，是一位不知疲倦地热衷于飞鸟的双翼、奔马的力量和人类健壮双腿的狩猎爱好者。作为一个热衷于户外运动的人，他的体育生活可以从他行政通信的只言片语中了解，但更能从他的这篇关于猎鹰驯养的著作中体现，该著作是他花费三十年的业余时间创作出来的。他告诉我们，"我们一直热爱着并不断实践着"这项技艺，在他对理想驯鹰师的描述中我们可以看到他对这项运动的高标准要求：

　　凡是想学习、实践鹰猎技艺，学会如何喂养、驯服、携带猎鹰一同狩猎鸟类，并在必要时治疗猎鹰疾病的人，都应该掌握这本书的知识，包括现在正在讲述和接下来将要补充的知识。当他从驯鹰前辈那里获取足够的猎鹰驯养知识，就可以获得驯鹰师的称号。（无论他体格、体重如何，）他都不能对驯鹰狩猎这门技艺以及所需付出的劳动感到厌烦，需要怀有一颗热爱的心，并坚持不懈地学习。这样即使等他老了，他还是会继续致力于这门技艺，他做的一切都要源于对这份技艺的热爱才行。因为一门技艺只有在长期不懈的追求中才会推陈出新。我们不能停止实践，而应终生坚持，在实践中不断完善。驯鹰师还需要有一定的天生悟性，因为尽管他能从驯鹰专家那里收获很多知识，但驯鹰师仍要根据所学针对情况得出新的发现并做出应对。由于每只鹰的个性与特点不同，书中难以列举出并考虑到所有好坏情况，因此就需要每个驯鹰师同时运用书本上的知识和自己的想法……在学习这门技艺的人中，有些人既不是为了满足自己的食欲，也不是为了获得利益，更不是为了赏心悦目，而是为了拥有最好的猎鹰，这将给他们带来超越名望和荣誉的满足感，也有的人只是为享受拥有一只优秀的猎鹰给他们带来的快乐。[17]

　　腓特烈的《猎鸟的技艺》原稿没能流传下来，其原稿包含关于老鹰以及猎鹰疾病的资料，这些资料在现存的手稿中并有存留。腓特烈关于其他类型狩猎活动的著作也可能失传了，毕竟他曾承诺"如果生命允许"，他还会继续创作。在1248年帕尔马战败前，人们缴获了他的一部关于猎鹰和狗的书，随后书稿在1264年传到了米兰的威廉·博塔图斯（William Bottatus）手中，之后这份珍贵的手稿就不知所踪了，曼弗雷德国王在修订上述著作的前两卷时也只得到他父亲的一些不完整的文本和零散的笔记。印刷版则以曼弗雷德的修订版为基础，尽管这批手稿不像梵蒂冈手稿那样配有异常美丽且忠实呈现的鸟类装饰画。其他四部尚未出版的著作则保存在一份不同系列的手稿中，但我们必须重申，我们所得到的几份手稿并非腓特烈原先所设想的那样，甚至可能并非他所完成的那样。[18]

第一部关于驯鹰术的完整论述《猎鸟的技艺》正如其作者所说是一本巨著（单是马扎林图书馆所藏手稿就有五百八十九页），同时也是一部内容详细的书。这是一本科学著作，它从亚里士多德的观点出发，但始终以观察和实验为基础。用序言的话"分类和好学"（divisivus et inquisitivus）来说，本书既是一部学究型的书，书中各个章节分类细致入微，近乎机械；同时也是一本非常实用，甚至是技术性的书，由驯鹰师为想要学习驯鹰术的人而写，把长期以来积累的经验浓缩成系统文字，供他人学习使用。令现代读者感到遗憾的是，书中文字风格并不流畅，不带有叙事的性质，很少涉及具体的时间或地点，也没有有关狩猎的故事。我们只能在字里行间得知皇帝为参加上午在阿普利亚河道边的狩猎运动而提前起床；有关西西里的苍鹭的栖息地和出没地；以及在冬季的天空下，漫游于古比奥外的乡野，追捕那些肥硕的鹤（在给他的某个南方的驯鹰师的信中，腓特烈描述过这些肥鹤）。[19]本书的各个方面都说明了这是一部体育爱好者的著作。

在一篇赞扬驯鹰术的序言之后，第一卷是关于动物学的知识，且是非常优秀的动物学论述，介绍一般鸟类的身体结构和习性，然后着重介绍了猛禽。第二卷接着讲述了如何饲养、喂食、缝合猎鹰眼睑以及这项技艺所需用具，包括皇帝在十字军东征时从阿拉伯人那里借鉴，后经改进为西方人所用的兜帽。第三卷讲述了各种各样的诱饵及其使用方法，特别讲到了用鹤的翅膀制作的诱饵，可以用来诱捕最高贵的鸟类——矛隼，还有对敏捷猎犬的特殊训练，以便在狩猎其他大型鸟类的必要时能协助猎鹰。第四卷是最让人兴奋的环节，那就是如何用矛隼追捕鹤，因为"鹤是猎人训练猎鹰追捕的最有名的鸟类，而矛隼是最高贵的猛禽，比其他鹰种更会捕捉鹤，也是最能追逐鹤的鹰种。"[20]

当驯鹰师带着矛隼猎鹤的时候，为了让自己行动起来更加敏捷，他的着装应要短一些，而且颜色要单一，最好是灰色或者农民穿的土色，因为这种衣服最不容易因天气和地点的变化而暴露。如果他的穿着色彩鲜艳，他的猎物就会更快飞走。他应该头戴一顶宽大的帽子，这样就可以把脸藏起来，尽量避免让鹤受到惊吓，如果需要的话，还可以给猎鹰遮挡阳光和风雨。他也需要厚重的护腿，用以防水和荆棘。他应该选择脾气温顺的马，只按骑手的命令奔跑，当驯鹰师的手忙于指挥猎鹰时，把缰绳放在马脖子上，马也不会加快步伐，并且顺从听话，脚步敏捷，行动迅速，需要时能够及时向右或向左拐。马需要能保持安静，不能因突然或陌生的声音而受惊，也不能随意嘶鸣，因为这样会吓到鸟儿。马嘴绝对不能僵硬，或不易受勒马绳控制，免得在疾驰上前帮助时伤了猎鹰；马笼头和胸甲上也不可系戴铃铛，以免使鸟受惊。[21]

书中详细介绍了鹤的习性，它们的觅食习惯会根据气候、季节和一天内不同的时间而变化，介绍了各种地面的优缺点，介绍了将一只、两只或三只鹤从鹤群中分离的方法，各种袭击它们的方法，以及矛隼会被鹤击退的六个原因。最后对猎鹰和其他鹰种进行了总结性的比较。剩下两卷的写作方法非常相似，分别介绍了圣隼（sacred falcon）捕猎苍鹭和游隼捕猎河鸟的方法。因此书中说，由于苍鹭会在灌木丛和靠近水面的树上筑巢，那么苍鹭筑巢季节是训练猎鹰较早的最佳时机，猎杀苍鹭的最佳地形就是低洼开阔的地方和蜿蜒曲折的小河边。苍鹭尤其喜欢以鱼、蜥蜴和青蛙的幼虫为食（"那些有着大脑袋和小尾巴的蠕虫，据说长大后会变成青蛙"），[22]

并随着冬季河道结冰而向南迁徙，不过有一些也会留在北方的温泉附近。书中地根据季节讨论了苍鹭的迁徙，书中还特别提到苍鹭在埃及的数量最多。以上这些都是为后文详尽讨论捕猎苍鹭而做的前期铺垫，这一部分的末尾照例比较了圣隼与其他鹰种的特征。

13世纪见证了拉丁语体育文学随着《猎鸟的技艺》这本书发展到了顶峰，又目睹其随后逐渐衰落，让位于方言文学，除非我们能够创造出一个位置，专属于16世纪意大利的拉丁语诗歌。[23] 13世纪初诞生了由多德·德·普拉达斯（Daude de Pradas）用普罗旺斯语创作的传奇故事 *Romans dels auzels cassadors*，在本书之前可能还有其他的方言作品。腓特烈二世的儿子恩齐奥（Enzio）是把穆阿明和雅特里布著作翻译成法语的赞助人。到13世纪末，腓特烈的《猎鸟的技艺》一书已经翻译成了法语，由法语和意大利语写作的简短作品为14世纪更多更好的论述奠定了基础。[24]

同样在13世纪，似乎还有一篇未曾发表的关于捕猎牡鹿的简短文章，题为《猎鹿术》（*De arte bersandi*），文章署名是圭塞纳斯（Guicennas），[25] 德国王公们、腓特烈皇帝手下猎人都可证明他是最优秀的猎人。本书是这样开头的：[26]

Si quis scire desiderat de arte bersandi, in hoc tractatu cognoscere poterit magistratum. Huius autem artis liber vocatur Guicennas et rationabiliter vocatur Guicennas nomine cuiusdam militis Theutonici qui appellabatur Guicennas qui huius artis et libri materiam prebuit Iste vero dominus Guicennas Theutonicus fuit magister in omni venacione et insuper summus omnium venatorum et specialiter in arte bersandi, sicut testifcabantur magni barones et principes Alamanie et maxime venatores excellentis viri domini

Frederici Romanorum imperatoris. Dixitque ergo hic dominus Guicennas quod qui vult scire et esse perfectus in arte ista primo debet apponere cor et etiam voluntatem, et debet esse levis et non piger. Debet etenim cogitare ad occidendum bestiam quam venatur.

Audiatis ergo de ista venacione que quasi domina omnium venacionum reputatur. Primum oportet quod bersator sciat bene trahere et bene menare bestias, et cum istis continentur bene multe alie, ut videlicet quod bersator debet scire aptare brachetum ad sanguinem, et sciat bene stare ad arborem et habeat bonam memoriam rememorandi ubi posuit archarios, et hec est res que magis convenit bersatori quarn alii venatori....*

在进一步描述了猎人所需具备的资质之后，作者接下来告诉我们猎人应如何制作弓箭和皮带、如何吹响号角以及如何处理捕获的牡鹿。猎人的装备应该包括绳索、打火石（petra focalis）以及锤子和钉子，以便必要时为他的马钉上马蹄铁。在用几章介绍如何训练猎犬追逐牡鹿后，作者最后讲述了一次猎捕的实操过程，记录得非常详细，甚至包括了弓箭手的部署以及轻拍狗头等细节：

---

* 大意：如果有人想了解有关捕鹿的技巧，那么他就能认出写作这篇论述的师傅。本作以"圭塞纳斯"为名，之所以叫"圭塞纳斯"，是因为一位叫圭塞纳斯的条顿骑士为这门技艺和这部论述提供了素材。这位猎鹿师傅是位狩猎高手，是所有猎人中的佼佼者。他在猎鹿技巧方面有很深的造诣，德国贵族王公，尤其是神圣罗马帝国皇帝腓特烈麾下最优秀的猎人都公认这一点。然后，圭塞纳斯师傅说，想要了解并精通这门技艺的人必须首先运用自己的心灵和意志，必须轻盈而不懒惰。他必须想着杀死他正在狩猎的这头野兽。因此，请听我说说这项被誉为"所有游戏之母"的狩猎游戏。首先，猎鹿人必须知道如何很控制、治疗野兽，这其中还包含许多其他事情。很明显，猎鹿人必须知道如何配合血液流动拉弓，知道如何倚靠树站立，还需具备优秀的记忆力记住他把箭射在哪里，这是与其他猎手相比，猎鹿人需要具备的资质……

Postquam vero bersatores viderint bestias, illi qui debent menare debent equitare quasi ante faciem bestiarum et debent facere similitudinem quasi non videant eas, et postea circum eas, si bestie expectant, pone archatorem quasi contra primam spalam bestiarum et alium archatorem quasi ad pectus et tercium archatorem quasi ad alteram spalam sive ad pulmonem, et taliter sint ordinati quod unus non possit ferire alterum cum archabunt ad bestias. Si vero unus archator esset qui libentius trahat aliis, pone illum retro pectus bestie. Si vero recedunt bestie et fugerent multum a longe et non videres illas et velles ire retro illas, tunc pone brachetum in terra et reinvenies eas cum bracheto, et quando videbis eas surgere brachetum attira retro te et frica caput leviter cum manu et monstra ei bonam voluntatem, et istud est quare brachetus multum se letificat. Postea equita circumgirando bestias sicut superius diximus archatoribus ordinatis, et si bestie sunt bone pone archatores deprope et fac trahere taliter ut bestie non videant eos, quia si bestie viderent eos ipse irent tam solitarie quod non posses taliter facere alia vice quod ipse bestie non viderent te. Item debes equitare cum bestii quamdiu potes, quia quanto cum illis equitabis tanto meliores erunt et quando equitabis post bonas bestias. Explicit liber Guicennatis de arte bersandi.*

---

* 但是在猎鹿人看到猎物时，逼近的猎手当着猎物的面，必须做出没有看到猎物的姿态骑行。弓箭手要做好准备，猎手的站位须确保当他们包围猎物时不会误伤彼此。但如果有一位弓箭手比其他人更乐于放箭攻击，那么需要让他绕到猎物的胸部方位。如果猎物逃跑并跑远了，跑出了你的视线范围，但你又想追赶它，那么就让猎犬追踪。猎犬会引着猎物再次出现。当你看到它们时，你要用手轻轻抚摸猎狗的头，以表示赞许，这样猎狗会感到心满意足。然后你要骑行包围猎物，正如我们上文所说，所有猎手需各就各位。你需要尽可能长时间地与猎物同行，追捕时间越长，猎物就会好，这样你就能捕获上好的猎物。

然而这个时期却没有留下什么与我们时代类似、有关捕鱼的文学遗存，因为捕鱼不被视作上层社会的体育运动。当然，有一圣彼得的事例是关于捕鱼的——难道教皇们不是用他们的渔人权戒（sub annulo piscatoris）*在谕令上加封盖印吗？——并且鱼肉在四旬斋期间必不可少，但无论是城堡和修道院的鱼塘，还是北方的大型鲱鱼船队，都没能吸引哪位中世纪的艾萨克·沃尔顿**将之作为一门高超技艺来论述。中世纪人好像也不喜欢描述其他水上运动，没有人写过关于游泳的文章，尽管拉丁编年史家记下了一些英勇事迹，诸如彼得罗尼拉夫人（Lady Petronilla）在圭内斯鱼塘所做壮举，[27] 或一位名叫"鱼人"尼古拉斯（Nicholas the fish）的潜水员在腓特烈二世的命令下挑战锡拉岩礁和卡律布狄斯旋涡。[28] 倒是有一篇讲述沐浴的文献，是关于波佐利公共浴池的诗作，[29] 但这是医学方面而不是体育方面的著作。在中世纪沐浴洗澡是一件很严肃的事情！

同样被严肃对待的，还有佩特鲁斯·德·克雷申蒂斯（Petrus de Crescentiis）对叫卖、打猎和捕鱼的描写，他的《乡村农产商品之书 XII》（Ruralium commodorum libri XII）约于 1300 年写成，并以拉丁文和方言被多次印刷。[30] 虽然作品风格严肃，但算不上是体育文学，因为对他来说，野兽要么是食物，要么就是在物尽其用后需要被铲除的麻烦。对于一个用渔网、生石灰以及最可怖的带饵鱼钩来捕鱼的人，我们该怎么评价呢？不知为何，我们想象不出这位严肃的博洛尼亚农学家能够在塞纳河畔与耐心的垂钓者一起放一天假，也没法想象格雷子爵***能够遵守自己的禁欲承诺，

---

* 渔人权戒是一枚印戒，是教皇佩戴的饰物之一。每位教皇都会铸造一枚新权戒，刻上在位教皇的拉丁名。教皇去世时，其权戒会被礼仪性压碎，以防被用于伪造旧日文件。
** 艾萨克·沃尔顿（Izaak Walton，1593—1683），英国作家，著有《钓客清话》。
*** 爱德华·格雷（Edward Grey，1862—1933），英国作家、外交官，著有《飞蝇钓鱼》（Fly Fishing），讲述了作者用飞蝇钓鳟鱼和鲑鱼的经历。

在 1 月 1 日之前不去想象中的鳟鱼溪捕鱼。尽管如此，克雷申蒂斯的书在体育文学书籍收藏家们的列表中仍然占据着比较重要的位置，这与我们当前的研究目标密切相关，因为本书向我们表明了中世纪关于农业最古老的文章都是用拉丁语写成的，就像他们的榜样瓦罗和帕拉狄乌斯（Palladius）一样。

就像中世纪的其他所有事物一样，狩猎也可能成为一个布道主题，就如保存在格拉茨的那篇拉丁文训诫。经上说"拿弗他利是被释放的母鹿"（《创世记》49∶21），基于拉丁教父的权威，此处经文被解释作基督的象征。文中有许多比喻段落将基督比作被狩猎的牡鹿，并大量使用狩猎追捕的通用词汇，由此，拉丁语使用人群再次触及了方言词汇。[31]

在中世纪所有的室内游戏中，国际象棋轻松成为最受欢迎的项目。的确，有人说"特别是从 13 世纪到 15 世纪，国际象棋在西欧很受欢迎，其受欢迎的程度从未被超越，或许在之后任何时代也不会有其他能与之匹敌。"[32]象棋作为贵族和淑女最喜爱的消遣方式，在中世纪的编年史各处留下了相关记录，在封建传奇故事中更是大放异彩，关于国际象棋产生了大量文学作品，主要都是由拉丁语书写。H.J.R. 默里先生在《国际象棋史》（History of Chess）中对这些文本进行了仔细认真的研究，我们将仅做简短摘录，以示说明。有关象棋的论著主要有三种类型，"第一种是教学类作品，通常是以韵文写作，旨在教导初学者如何走棋和最基本的游戏原则，或对象棋游戏做简要的介绍"；第二种是说教类作品；第三种是象棋难题集合。[33]其中第一种和第三种类型都有现代作品的一些影子，尽管亚历山大·内克姆（Alexander Neckam）在一篇论述国际象棋规则的拉丁文章（约 1200 年）中认为，有关象棋的介绍要由"这是尤利西斯发明的游戏"作为开头，而在结尾，要援引传奇故事《雷诺·德·蒙托邦》（Renaud de Montauban）

来展现象棋选手的热情与付出："有数以千计的人因为埃蒙德的儿子雷金纳德的那场象棋而被送进了地狱，当时他在查理大帝的宫殿里与一位尊贵的骑士下棋时，用一枚棋子杀死了他的对手。"[34] 但即便如此，对那些被阿喀琉斯送进地狱的英雄们，荷马还是为他们不终天年的英勇灵魂唱起颂歌。

"伦理"说教类作品则更具中世纪特色。那是一个会以寓言诠释一切（无论是《圣经》还是掷骰子）的时代，当然不会错过象棋带来的机会，这个深受欢迎的游戏从表层揭示了战斗进程、社会阶级以及世上一切虚荣浮躁的东西。因此，我们读到了一部名为《纯洁的道德》（*Innocent Morality*）的著作，很显然源自英国：

世界就像一个棋盘，黑白相间，两个颜色代表生与死、褒与贬。棋子是这世上的人，他们有着共同的起源，却在这一生中身居不同地位，拥有不同头衔，他们相互斗争，但最终走向共同的命运，而且国王经常会被压在袋子的下面。

国王可以往所有方向移动和吃子，因为国王的意志就是法律。

皇后只能斜着移动，因为女人是如此贪婪，她们只会通过掠夺和不公来获取。

战车代表巡回法官，他们在整个疆域移动，但他们的行动路线总是笔直的，因为法官必须公正处理一切事物……

兵卒代表穷人。除非吃子否则他们只能直线行走；因此，穷人只要不怀野心，也会做得很好……

在游戏中，若有人犯罪，魔鬼会说"将军！"；如果他不能够迅速悔改，以免被"将军"，魔鬼就会说"将死！"，并把他带进地狱，在那儿他便无法逃脱。魔鬼有各种各样的诱惑手段去抓捕不同类型的人，就像猎人有多只狗去抓不同的猎物一样。[35]

伦巴第的多明我会修士雅格布·达·切索莱（Jacopo da Cessole）那部极受欢迎的作品则描述得更为详细，单拉丁语抄本就有差不多一百份，更不用说早期的版本和方言版本的了，其中包括一份由卡克斯顿*的英文出版物。当我们了解到这二十四章的内容其实是一篇扩展后的布道文时，我们就会发现国际象棋是次要的，道德说教才是主要的，副标题"关于人的社会行为及贵族义务之书"（*Liber de moribus hominum et officiis nobilium*）才是对本书内容更为准确的描述。全书以巴比伦——这座巨大而四方的耶利米的城市——为开篇和结尾，为了国王以未米罗达能够向善，设计了最初的象棋游戏，书中以二手插图的形式描述了社会各个阶层，插图主要来自索尔兹伯里的约翰（John of Salisbury）和《圣经》。因此，骑士就成为军事道德和骑士美德的范本，书中援引了"执事"保罗（Paul the Deacon）**和许多异教徒作家，并提到亚历山大、大卫、科德鲁斯、苏拉、达蒙和皮西厄斯，以及吕库古的法律。骑士在棋盘上的胜利之路表明："自卑的，必升为高。"***

最后要记住的是，至少在英国，国际象棋应该还另有用途，即清算皇家国库。阿拉伯棋盘的名称早在阿拉伯数字出现之前就在皇家国库中运用。毫无疑问，国库（exchequer）之名源自方格（checquered）棋桌，或说棋盘（scaccarium）是皇家清算的场所****。我们很容易就发现这一皇家游

---

* 威廉·卡克斯顿（William Caxton，约 1422—1491），英国第一位印刷商。

** "执事"保罗（Paul the Deacon，约 720—约 799），意大利伦巴第历史学家、诗人。

*** 出自《路加福音》14∶11。

**** scaccarium 既指棋盘、棋桌，又指财税法庭。

戏与象棋的共通之处：国王永远不会被"将死"。因此，《财政的对话录》（*Dialogue on the Exchequer*）一书中说：

正如在国际象棋中，存在某些等级不同的战斗棋子，他们会根据特定的规则和限制前进或停止，有些棋子统筹指挥，另一些前进攻击；因此，在这场游戏中，一些人扮演着指挥的角色，一些人在其职能下扮演着协助者的角色，没有人可以随意地超越既定规则；从接下来的事情中将清楚显现。此外，在国际象棋中，战斗是在两个国王之间进行的，因此冲突和战争也主要是在两个国王之间发生，而司库大臣，即坐在那的长官负责报账；还有剩下那些作为法官坐在旁边的人，负责旁观和审判。[36]

引用《财政的对话录》[37]的这段对话是为了提醒我们自己，英国国库也有自己的拉丁文献，本书是最早详细说明中世纪时期西方政府财政运作的文献，书中描述对 12 世纪或其他任何世纪而言都很精彩非凡。后来，国库甚至还激发了诗歌创作，尽管水准很平庸，诗歌呈现了约 1400 年国库官员的职能，以及其中的腐败行为：

O scacci camera, locus est mirabilis ille;

Ut dicam vera, torotres sunt ibi mille.[*]

****

Dici miranda scacci domus ergo valebit,

---

[*] 大意：噢，国库所在的那个房间，真是个神奇的地方！实话告诉你，房内有上千条腿在走动。

In qua si danda desint chekmat que patebit.*38

当拉丁语诗歌发展到这一阶段，也是时候停下来了，"将死"！

本章无意完全阐述所有的拉丁体育文学，即使是其系统形式也没有说完，当然从那个时代的拉丁语编年史、故事和诗歌中还能收集到许多散碎的文献。然而，我相信我所说的已足以证明我的主要观点，即此类拉丁语文献体量可观，我们必须始终将中世纪生活中较轻松和较严肃面向的拉丁语文献纳入考虑范畴。《万物都有定时》（*Omnia tempus habent*）据说是一部在中世纪拥有众多读者的作品，而传道者随后便说"笑有时"（tempus ridendi），"跳舞有时"（tempus saltandi）。**无论是在拉丁语还是方言中，都有针对休闲时间消遣玩耍的作品，就如抄写员的提醒：想要清楚说明，作者要亲身游戏（Explicit expliceat, ludere scriptor eat）。

---

* 大意：我要说，那个主管财政的房间强大有力，若他们缺钱，就喊一声"将死"向人索要。

** 典出《传道书》3：1-4："凡事都有定期，天下万务都有定时。……哭有时，笑有时。哀恸有时，跳舞有时。"

第六章
腓特烈二世统治下的拉丁文学 [1]

　　皇帝腓特烈二世的性格和他对后世的影响长期以来一直是历史学家关注的问题。[2] 对和他同时代的人来说他是"当世的耀眼人物"（Stupor mundi），对尼采来说他是一个"人类之谜"（Rätselmensch），与亚西比德*、凯撒和达·芬奇一起被称为"就我个人趣味来说的第一批欧洲人"[3]——将缺席基督教天堂的有趣的人之一。[4] 他似乎是一位全才，是诗人、哲学家、动物学家、观察者、实验者、运动员、进步的立法者、异端的迫害者、犹太人和伊斯兰教徒的亲密朋友、多种语言的师傅和各种学问的热衷研究者。[5] "如果他爱上帝，爱他的教会，爱他的灵魂，"同时代的萨林贝内（Salimbene）说，"那将几乎没有与之匹敌的人。"在早年，他也已成为传奇故事中的题材，他被教会作家视为敌基督者，因此，连但丁也使他与伊壁鸠鲁派异教徒一同在地狱之火中被焚烧，而在大众传统中，他形成了德国帝王传奇（Kaisersage）的核心，因为他睡在被施了魔法的山洞里，等待着命运之日，他和他的骑士将降临收复帝国和拯救被压迫者。因此从帝国或天主教会、德国或意大利、怀疑论或信仰、政治或文化的不同角度对这一多面人物进行了不同的评判。学者仍在讨论他属于中世纪还是文艺复兴，是属于一个时代的开始还是结束，是属于他自己的时代还是属

---

*　亚西比德（Alcibiades，前 450—404），古希腊雅典城邦将军、政治家。

于永恒、普遍的所有时代。

总的来说，对腓特烈的了解是随着对中世纪的了解而增长的，尤其是当我们将他置于他祖父鲁杰罗二世（Roger II）的西西里传统、他与他所处时代的阿拉伯文化的关系以及 13 世纪意大利的背景下来看待他时。[6] 在试图填补更多意大利背景的时候，我们必须小心不要将这位皇帝仅仅视作一个意大利现象；同时还有其他人误解了他，认为他只是日耳曼统治者。腓特烈的西西里出身让他一出生就成为地中海政治和文明的中心，而帝国尊严和日耳曼王权也使他在阿尔卑斯山以外的欧洲占据一席之地。这位世界性人物不可避免地留下了多种语言的记录。因此，腓特烈在他那个时代的阿拉伯作家笔下中，以及在他自己与伊斯兰君主的科学交流和外交通信中，都是一个响当当的人物。犹太翻译家雅各布·阿纳托利（Jacob Anatoli）称赞腓特烈是"智慧及其信徒的朋友"并希望救世主能在腓特烈的统治时期到来。[7] 他王国的法律必须发布一个希腊语版本，以造福于国内讲希腊语的臣民，这很可能会受到意大利南部希腊诗人的颂扬，如奥特朗托的约翰（John of Otranto）和加里波利的乔治（George of Gallipoli），[8] 而在帝国东部希腊人为悼念他逝世而举行的葬礼上，狄奥多·拉斯卡里斯（Theodore Lascaris）* 发表了演说。[9] 在西方方言中，他受到普罗旺斯和日耳曼的吟游诗人的歌颂，在他自己的御前宫廷（Magna Curia）里创作的西西里语诗歌中也有呈现，其中部分诗篇显然出自他手。[10] 然而，在腓特烈的时代，拉丁语仍然是历史法律、教育和学术的主要语言，甚至是富有想象力的写作语言，我们可以期望在他那个时代的拉丁文学中找到这种多方面个性的最充分反映。腓特烈本人亦是文学多面个性的践行者和鼓励者，作

---

* 狄奥多一世（约 1204－1221），拜占庭帝国尼西亚流亡政府的统治者（1205—1222 年在位）。

为他的宫廷或其他组织的一员；他的部分作为间接成了敌人的攻击目标，然而更多的人则他视作那一时代的杰出人物中的一员。[11] 我们将试图收集一些关于他积极鼓励文学的史实，特别是在他的王国南部，并参考相应激起的敌对反应，以更好了解 13 世纪，与腓特烈本人其之后时代相关的意大利拉丁文学的状况。

把腓特烈二世说成是文学和学术的赞助人，很容易给人留下错误的印象，好像他代表的是梅塞纳斯（Maecenas）＊类的普通存在，通过雇用作家和学者而不是个人努力，以替代的方式满足其知识兴趣。无论腓特烈做了什么，他都是凭借自己的力量去做的，他的主动性和参与性在讨论和实验中[12] 同在战争和体育中一样突出。他的专制政府和巨额收入为他的探索提供了资源，但这些资源并没有多到能够使他脱离他的帮手和助手。一切都表明腓特烈是宫廷中最活跃的力量，也是其中智慧最为出众的一员。

因此，我们必须从一开始就记住，腓特烈本人就是一位拉丁作家，与他可能指导或启发的任何拉丁作品不同。拉丁风格或许是他青年时在威廉·弗朗西修斯（Willelmus Francisius）教导下学习的科目之一，[13] 正是在他笔下有了我们后来了解的拉丁演说[14] 以及拉丁写作。我们无法判断他自己在多大程度上受到了南部巴洛克拉丁语的影响，因为他制订的法规中的华丽辞藻无疑要应归功于他的法学家和秘书而非皇帝本人；他与教皇间的通信往来是由他的秘书处（chancery）发送的，教皇称赞信中体现出的"信函写作者的能力"（dictatoris facunditas），[15] 而我们同样也无法确切判断其中有多少他的个人成分。在一部明确出自腓特烈之手的作品，关于驯鹰术的论作《猎鸟的技艺》（De arte venandi cum avibus）中，[16] 其文字处

＊　盖乌斯·梅塞纳斯（Gaius Maecenas，前 70—前 8），罗马帝国皇帝奥古斯都的谋臣外交家，同时还是诗人、艺术家的赞助人。诗人维吉尔和贺拉斯都曾蒙他提携。

理方式据实中立，风格简单朴素，语言略带松散、重复，以及明显来自方言的影响，因为他难以找到与之对应的拉丁术语，然而，对真实腓特烈的一窥并不足以证明他在其他场合没有沉迷于优美文字，又或者他本人并不喜欢他的立法团队从《查士丁尼法典》中借鉴拉丁表达。事实上，一个因误拼他的名字[17]而砍掉公证员大拇指的独裁者不太可能容忍一种不合他口味的风格。除了《猎鸟的技艺》之外，我们无法将这位皇帝的拉丁语与皮耶罗·德拉·维格纳（Piero della Vigna）*、宫廷里其他法学家和公证员区分开来。

关于腓特烈对学术的鼓励，一位署名为"扬西拉的尼古拉斯"（Nicolas of Iamsilla）的编年史家可能是曼弗雷德（Manfred）的公证员，[18]他告诉我们，腓特烈即位时，西西里王国内少有或根本没有学者，他便是通过慷慨报偿吸引来自世界各地的大师。在文学作品中，但丁的《论俗语》（De vulgari eloquentia）[19]中有一段描述很经典，其中颂赞了腓特烈和他的儿子曼弗雷德，两位统治者在思想史上同列，都是杰出的英雄，他们在命运允许的情况下，蔑视低劣行当，追求高尚事业，因此，那些心地高尚、禀赋宽厚的人试图追随他们的威严，"因此，无论拉丁语族人的优秀思想者在他们的时代努力创造什么，首先都在宫廷内的统治者身上看到曙光。"然而，但丁是从方言书信的角度来考虑的，而腓特烈的御前宫廷作为意大利诗歌摇篮的最高荣耀，也得到了在腓特烈治下任职的西西里诗人的充分肯定，更不用说他对日耳曼和普罗旺斯诗人的特殊帮助了。在拉丁语方面，腓特烈的宫廷不太为人所知，但它是我们研究的起点。让我们先粗略地列出已知的献给皇帝或由他的宫廷成员写的拉丁语作品：[20]

---

* 皮耶罗·德拉·维格纳（Piero della Vigna，约 1190—1249），神圣罗马帝国皇帝腓特烈二世的首席大臣，法学家、诗人和文学家。

1. 米夏埃尔·斯科特（Michael Scot），宫廷哲学家，自约 1227 年起，至他在 1236 年前不久去世，其间题献给腓特烈的作品有（a）1232 年之前的《阿维森纳论动物学的删节本》（*Abbreviatio Avicenne de animalibu*）；以及 1228 年之后的三篇关于占星术和相关问题的论文（b）*Liber introductorius*；（c）*Liber particularis*；（d）*Physionomia*。参见我的 *Mediaeval Science*, ch. 13; "Michael Scot in Spain," in *Homenaje á Bonillay San Martin*（Madrid, 1927-29），ii; "The Alchemy Ascribed to Michael Scot," 参见本书第七章。

2. 安提阿的狄奥多（Theodore of Antioch），宫廷哲学家和阿拉伯语文书，可能接替斯科特，从 1238 年起被提及，直到他在 1250 年或之前去世，献给皇帝（a）一篇关于卫生学的论文，内容提炼自伪亚里士多德的《关于秘密的秘密》（*Secretum secretorum*）；（b）穆阿明（Moamyn）著作的译本《论鸟类狩猎的科学》（*De scientia venandi per aves*），皇帝于 1240—1241 年修订。参见 *Mediaeval Science*，pp. 246-248, 318 f. 安提阿的狄奥多与他同时代年轻一辈的多明我会修士加泰罗尼亚的狄奥多里克（Theodoric the Catalan）是有区别的，后者的医学著作参见 Louis Karl, "Recherches sur quelques ouvrages scientifiques du moyen âge," in *Revue des bibliothèques*, xxxviii. 49-62(1928).

3. 皮耶罗·德拉·维格纳，御前宫廷的法官（1225—1247），行政官员、首席书记员（1247—1249 年）。大致上给皇帝一些仍存疑的信件，包括一篇颂词（Epp., iii. 44）。参见 Huillard-Bréholles, *Vie et correspondance de Pierre de la Vigne* (Paris, 1865)；以及下文引用的文献。

4. 泰里西奥·迪·阿蒂纳（Terrisio di Atina），那不勒斯大学修辞学教授。他给皇帝献诗，要求改革司法滥用的弊端。参见由 E. Winkelmann

参与部分编辑的 *De regni Siculi administratione* (Berlin, 1859), pp. 55-56; G. Paolucci, "Documenti inediti sulle relazioni tra chiesa e stato nel tempo Svevo," pp. 21-23, in *Atti* of the Palermo Academy, 3d ser., v (1900); F. Torraca, "Maestro Terrisio di Atina," in *Archivio storico per le province napoletane*, xxxvi. 251-253 (1911).

5. 彼得·德·埃博利（Petrus de Ebulo），亨利六世的宫廷诗人，他题献了《致敬奥古斯丁之书》（*Liber ad honorem Augusti*）（参见 E. Rota 在新版本 Muratori's *Rerum Italicarum scriptores*, xxxi 中的版本，以及 G. B. Siragusa's in *Fonti per la storia d'Italia,* xxxix），可能他还是腓特烈提到在 1220 年前已经去世的"诗人彼得大师"；献给腓特烈的《世界的太阳》（Sol mundi，1211—1220），这是一首关于波佐利浴场的诗。一部他曾提及，后已散佚的史书《腓特烈伟大事迹》（*mira Federici gesta*）是一段失落的历史，内容似乎关于"红胡子"腓特烈。参见 R. Ries, *M. I. O. G.*, xxxii. 576-593, 733 (1911)，以及其中引用的作品。

6. 亚当（Adam），克雷莫纳吟唱弥撒的神父，*Tractatus de regimine iter agentium vel perigrinantium*，约 1227 年将序言献给腓特烈。参见 Ed. Fritz Hönger, *Aerztliche Verhaltungsmassregeln auf dem Heerzug ins Heilige Land für Kaiser Friedrich II. geschrieben von Adam von Cremona* (Leipzig diss., 1913).

7. 比萨的伦纳德（Leonard of Pisa）*，1225 年（？）献给腓特烈的《平方数书》（*Liber quadratorum*），此外还与皇帝及宫廷成员讨论的其他数学

---

* 比萨的伦纳德（Leonard of Pisa，1175—1250）绰号为非斐波那契，中世纪意大利数学家，是西方第一个研究斐波那契数的人，并将现代书写数和乘数的位值表示法系统引入欧洲。

著作。参见 *Mediaeval*, p. 249.

8. 阿夫朗什的亨利（Henry of Avranches），三篇致腓特烈的六步格颂文，通篇溢美之词，约 1235—1236 年。参见 Ed. E. Winkelmann, *Forschungen zur deutschen Geschichte*, xviii. 482-492 (1878). 关于作为国际诗人的亨利，见 J. C. 罗素未发表的哈佛论文和他的概要载 *Speculum*, iii. 34-63(1928) ；以及本章后文。

9. 理查德（Richard），韦诺萨的法官，一部喜剧《保利诺与波拉》（De Paulino et Polla），献给治理雷纳尔多斯时期的腓特烈，1228—1229 年：

Hoc acceptet opus Fredericus Cesar, et illud

Maiestate iuvet atque favore suo!

Cuius ad intuitum venusine gentis alumnus

Iudex Ricardus tale peregit opus.*

Ed. E. Du Méril. *Poésies inédites du moyen âge* (1854), pp. 374-416. 其中提到的六份手稿，有两份由 R. Peiper 所加，参见 *Archiv für Litteraturgeschichte*, v. 540 (1875); 另外两份在罗马的瓦利切利亚纳图书馆（Vallicelliana），MS. C. 91, ff. 45-67 v. 关于内容和日期，参见 W. Cloetta, *Beiträge zur Literaturgeschichte des Mittelalters and der Renaissance*, i.(Halle, 1890), pp. 94-96, 157-159; W. Creizenach, *Geschichte des neueren Dramas* (2d ed., Halle, 1911-23), i. 35-37 ；以及本章后文。

10. 洛迪的奥尔菲诺（Orfino of Lodi），法官，*De regimine et sapientia*

---

* 大意：腓特烈皇帝将接受这部作品，陛下将以他的恩宠帮助这部作品！理查德法官作为这美丽国度的学生，完成了这部作品。

potestatis 是一首关于意大利城镇执法官的长诗，全诗约一千六百行，在安提俄克的腓特烈*赞助下写作于1244年后，长诗开篇赞美腓特烈二世和他的宫廷。Ed. A. Ceruti, in *Miscellanea di storia italiana*, vii. 27-94 (1869); 参见 F. Hertter, *Die Podestàliteratur Italiens im 12. und 13. Jahrhundert* (Leipzig, 1910), pp. 75-79 和 V. Franchini, *Sagio di ricerche su L'instituto del podestà nei comuni medievali* (Bologna, 1912), p. 255.

11. 卡拉布里亚的焦尔达诺·鲁福（Giordano Ruffo of Calabria），皇帝的元帅，在腓特烈的指导下筹备，并在他死后完成了一部关于马的疾病的论作；这是关于这一主题的第一部以拉丁语写作的中世纪作品，被广泛复制、翻译和模仿。Ed. H. Molin (Padua, 1818); 参见 *Mediaeval Science*, p. 256, 以及其中引用的著作。

12. （？）"圭塞纳斯"（Guicennas）（？），一位日耳曼骑士，精通各种狩猎技巧，尤其得到腓特烈皇帝的猎手们的认可，著有《猎鹿术》。该作未出版。参见 *Mediaeval Science*, p. 256；本书第五章。据汉佩（Hampe）教授所言，圭塞纳斯可能与康拉德·冯·吕策哈特（Konard von Lützelhard）是同一个人，他在一封 1230 年的信中被称为 "圭泽纳杜斯"（Guizenardus），该信收录于 Acta pacis ad S. *Germanum initae* (M. G. H., *Epistolae selectae*, iv, 1926), pp. 52-53.

13. （？）西班牙的彼得（Petrus Hispanus）（后来的教皇约翰二十一世），如果我们接受作者归属存疑的哈莱茵（Harleian）手稿 MS. 5218, f. 1 为西班牙的彼得所作：Epistola magistri Petri Hyspani missa ad imperatorem Fridericum super regimen sanitatis.** 参见 L. Thorndike, *History of Magic and*

---

* 安提俄克的腓特烈（Frederick of Antioch）是腓特烈二世的私生子。

** 大意：彼得鲁斯·伊斯帕努斯师傅就卫生管理问题致腓特烈皇帝的一封信。

Experimental Science (New York, 1923), ii. 489, 尤 其 还 有 M. Grabmann, "Mittelalterliche lateinische Aristotelesübersetzungen und Aristoteleskommentare in Handschriften spanischer Bibliotheken," pp. 98-113, Munich S. B., 1928, no. 5.

14.（？）科尔托纳的伊莱亚斯修士（Elias of Cortona），在 1239 年从方济各会的领导位上被罢免后，他转投了皇帝的阵营；某部疑为他所著的炼金术作品自称献给腓特烈。参见 *Mediaeval Science*, p. 260; Thorndike, *op. cit.*, ii. 308, 335; G. Carbonelli, *Sulle fonti storiche della chimica e dell' alchimia in Italia* (Rome, 1925)；并参见本书第七章注释。

15.（？）维迪登努斯（Vididenus）（？），《献给腓特烈皇帝的七个实验之书》（*Liber septem experimentorum ad imperatorem Fridericum*）。参见 Thorndike, *op. cit.*, ii. 803.

16.（？）"城堡领主戈埃特致腓特烈皇帝关于老年的一份信"（Epistola domini castri dicti Goet de accidentibus senectutis missa ad Fridericum imperatorem）。这是一篇作者不明的论文，是在克吕尼修道院院长伊沃一世（Ivo I，1256—1275）指导下复制的手稿第 49 号。参见 L. Delisle, *Inventaire des manuscrits de la Bibliothèque Nationale: Fonds de Cluni* (Paris, 1884), p. 379.

这样一份清单肯定远远不能完全列举那些可以称自己受腓特烈赞助的作家，但无论从其存在的内容还是遗漏的内容来看它都很重要，并且在某种程度上都具典型。这些著作中的大部分都应该是关于科学，或在当时被认为是科学的话题，这当然与我们所知道的皇帝的品位和思想习惯是一致的，这在他自己关于猎鹰的论文和科学交流通信及调查表中得到了更充分的展示。[21] 关于猎鹰和狩猎的书籍表明了他对运动的热爱。我们不再赘述他在这两方面的兴趣，因为已经在其他地方对其有过阐述。[22] 因此，我们准备寻找有关科学和哲学著作的翻译，事实上，腓特烈推动阿拉伯语翻译的声誉使我们本期待能找出更多可以追溯腓特烈影响的译本，即使我们加上米夏埃尔·斯科特和雅各布·安纳托利的译本，以及在曼弗雷德国王的命令下在西西里转译为拉丁语的伪亚里士多德和占星术的著作。腓特烈的宫廷作为翻译中心的重要性显然被夸大了。[23]

此外，没有任何有关历史的书籍，这令人感到惊讶。最近的研究调查表明，在腓特烈统治时期一个重要的吉柏林派（Ghibelline）* 文献来源中，与腓特烈及其宫廷关系密切的马伊纳尔迪诺·达·伊莫拉主教（Bishop Mainardino da Imola）的作品散佚了，可能还有其他令人惋惜的同类损失。[24]然而，没有证据表明腓特烈二世对官方历史编纂学的倡导与"红胡子"腓特烈时期繁荣的官方历史编纂学有任何意义上的相似之处，吉柏林派的历史记录匮乏，不但主要归因于资料来源对腓特烈的敌意，还因为他统治期间的许多重要阶段都缺乏记录。与他的同时代人相比，腓特烈不仅有一个"糟糕的新闻报道媒体"，有时甚至根本连"报道媒体"都没有。在他的职业生涯中段他的光芒突然熄灭了，正如他未完成自己的鹰猎作品，我们可以看到在他统治的最后一段时间里没有可以平静的休息时间，而他统治时期的记录或许已经得皇帝本人的认可。下一任皇帝也未填补这一空白，因为腓特烈一支很快就以曼弗雷德和科拉迪诺（Corradino）时代终结，他们的安如敌人及其继任者也不想让其死后名声大振。在随后的几代人中，腓特烈的名声因没有任何官方传记而受损。此外，正如汉佩指出的，[25]腓特烈在教会中的反对者仍然占据着历史舞台，塑造了方济各会和多明我会数量庞大的归尔甫派的记录编纂，在这些编纂记录中，皇帝化身路西法和

---

* 中世纪意大利两大较大的政治派别，一个为归尔甫派（Guelfes），即亲教皇派；另一个为吉伯林派（Gibelins），即亲罗马神圣帝国皇帝派。

敌基督者，他晚年的激烈论争影响了对他整个一生的评价。腓特烈对历史写作的影响主要源自反对派的刺激，史家言论可以回溯到格里高利九世和英诺森四世以及他们那个时代的檄文执笔者的严词谴责。[26]

这些问题如有答案的话，就在腓特烈自己的国事文书中，它们大多数是由他的法官和书记员皮耶罗·德拉·维格纳起草的。[27] 在但丁广为人知的描绘塑造中，皮耶罗手握腓特烈心脏的钥匙，随心所欲地锁上和打开它，[28] 这与皮耶罗的朋友尼古拉·德拉·罗卡（Nicola della Rocca）早先的拉丁语悼文相符。[29] 他说，当皮耶罗关闭时，"没有人能打开，他打开的没有人能关闭。"他是将律法从山上带回的另一位摩西，被皇帝交托掌管整个地球的另一位约瑟，以及另一位彼得，一块没有背弃其主的磐石。皮耶罗的信件是腓特烈统治时期知识领域和政治领域主要资料来源，事实上，正是由于文学的原因这些书信稿得以保存下来，作为拉丁风格的典范，在长达两世纪时间里被不断复制、再复制。这批文献收藏（其中可能有一百五十份已知的手稿）至今仍在等待一次全面而又具有批判性的整编。它们在内容和谋篇布局上差异很大，包括许多皮耶罗的私人信件和草稿，以及大量以皇帝的名义写的官方文件，更不用说皮耶罗朋友们的信件和一些显然是在他 1249 年去世后的作品了。

无论在内容上是文学性的还是法律性的，这些信件都带有皮耶罗的印记，这种风格同样出现在皇帝宪章的正义中。"皮耶罗，"奥多弗雷德（Odofredus）说，"说话晦涩，气势恢宏"，[30] 使用卡普阿学派（Capuan）矫揉造作的华丽辞藻。汉佩等人的研究已经证实了这个卡普阿团体的重要性，他们为霍亨斯陶芬王朝（Hohenstaufen）的宫廷输送了秘书和其他官员，但关于它的文学史仍有待撰写。[31] 若真要撰写这部历史，那么凭借皮耶罗的个人地位和对本人及后代的影响，他将毫无疑问是最重要的成员。坎托罗维茨（Kantorowicz）甚至称他为中世纪最伟大的拉丁文学家和拉丁语言的最后创造者；[32] 至少他的风格受到了同时代人的赞赏，并且在被西塞罗风格支持者们驱逐之前一直在信函写作学领域占据一席之地。无论如何，皮耶罗是腓特烈统治时期拉丁文学的中心人物，当时"他使宫廷秘书处成为一个正式文体风格的学派"。[33]

皮耶罗的两位同事同样代表着相同的风格和学派。其中一位尼古拉·德拉·罗卡是该文献收藏中十多封信的作者（包括上文引述的对皮耶罗的悼词），他与多名高级官员有来往，他本人获得任命，在宫廷中作为公证员。[34] 他还请求获许开设一门关于信函写作的公共课程，地点或许是在那不勒斯。另一位是阿蒂纳的泰里西奥师傅，他创作了各种各样的作品，不仅与皇帝有关，还与那不勒斯及其新大学有联系，有写给已故的哲学教授加泰罗尼亚的狄奥多里克师傅的悼词，和一封书信，信中表现了学生借四旬期赠送合宜的礼物以平息学校的"恐怖"（Terrisius）：

> Est honestum et est bonum
>
> Ut magistro fiat donum
>
> In hoc carniprivio.*[35]

相对我们的研究目标而言，这些卡普阿学派书信的日期有的太早[36] 有的太晚[37]，但也有一些书信呈现了腓特烈时代的各个方面。[38] 尽管卡普阿的红衣主教托马斯（卒于 1239 年）属于教皇派而不是皇帝派，他被多次复制的信件对整个时代来说仍然相当重要。[39] 汉佩在巴黎保存的一封卡普

---

* 大意：在这个节日，给老师赠送礼物是光荣而美好的。

阿书信中发现了关于腓特烈早年的新资料，[40]包括对这位十三岁的年轻君主的描述，"外表上已经是一个男人，性格上已经是一个统治者"。[41]另有一系列收藏于兰斯的资料，已有多位学者做过研究，[42]还有一系列波默斯费尔登收藏。[43]

波默斯费尔登收藏手稿的有一份约1400年的副本保存在吕贝克，尽管瓦滕巴赫在1853年对其做了描述，但这份手稿副本仍有待详细的研究。[44]这些信件属于腓特烈二世和格里高利九世时期，集中于那不勒斯、伊斯基尔和加埃塔，而伊斯基尔的公证员和法官（notarius et curialis）约翰内斯·德·阿古萨（Iohannes de Argussa）的名字频繁出现，足以表明他参与了这一系列手稿的创作。我们还见到了某位那不勒斯的语法教授R以及格律体和散文体的信函写作（dictamen tam metricum quam prosaicum）教师，[45]而这正是约翰内斯为儿子们寻求的训练，与他的兄弟R.皮克图（R. Pictus）一同，为学习"物理科学"做初步准备：[46]

Meritissimo d[o]ctori carissimo fratri suo plurimumqae ad omnia diligendo R. Picto egregio magistro studii fisicalis magister Iohannes de Argussa eius frater valde devotus salutem et videndi desiderium. Si personarum absencia et diversorum locorum distancia nos sequestrant, mens eadem viget in nobis et dilectio permanet illibata. Licet enim pro variis et diversis negociis desiderabilem personam vestrarm videre non possim, in sompnis et viglliis ymaginando vos video ot intrinsecus affectibus intuemur. Unum tamen semper et incessanter expecto, de salnte vestra et iocundis successibus rectati, ut autem mei status integritas vos letos efficiat et iocundos. Noveritis me divini muneris gratia, a quo bona cuncta procedunt, iocunda corporis alacritate potiri et optatis eventibus iocundari, quod de vobis semper prestolor et expecto. Verum quia R. et N. filii mei, quos litterali scientie proposui penitus exhibendos, sine vestro auxilio ad optatum nequeunt pervenire effectum, dilectionem vestram, de qua plenam gero fiduciam, attentius deprecor et exoro quatinus inveniatis eis, si placet, magistrum ydoneum qui eos promoveat in grammatica et rethorica, quibus sufficienter indictis ad fisicalem scientiam eos inducere valeatis. *

　　某些纯粹幻想的内容强化了这一系列作品的虚构性，话题往往可以追溯到 12 世纪的奥尔良信函写作教师。[47] 因此，我们在这里发现了生与死、灵魂与身体、宇宙与造物主 [48] 之间的通信，在格里高利九世写给其高级教士的虚构书信中，称呼语中出现了个更具讽刺意味的转折："fornicacioni vestre"取代了常规的 "fraternitati vestre"。** [49] 其中一个例子将说明这些书信的文学风格和一般形式，在这里我们可能会留意到 "ubi sunt" 母题 *** 的运用：[50]

Corpus separatum scribit anime

Corpus miserum omni solacio destitutum anime olim sue consocie et sorori

---

* 大意：阿古萨的约翰内斯热情地问候他那最受人爱戴的医生、最亲爱的兄弟、物理学研究的伟大学者 R. 皮克图的健康，并渴望与他见面。如果人因不同地方的距离相隔而无法在场，只要他占据了我们的内心，并且思念充盈在我们心中，那么爱就会保持不变。事实上为各种各样不同的事务，我见不到我所爱的人，但在夜晚梦中或者白天行走时，我在幻想中看到你，我们带着内心的爱仰望。无论如何，我总是希望听到关于你健康和成功的消息。我乐意领受神的恩赐，从恩赐中得着一切美好的事，因为我常怀着身体健康的喜乐，等候盼望你们的消息。我鼓励我的儿子们 R 和 N 学习文科。没有你的帮助，他们是不可能取得任何成果的。如果你乐意，请求你为他们选择一位能给他们教授语法和修辞的老师，这样他们就能得到充分的教导，以备未来学习物理知识。

** fraternitati vestre 意为 "致您的兄弟"，fornicacioni vestre 意为 "致您的通奸者"。

*** ubi sunt 指一种诗歌形式，其诗句或诗节以拉丁语词 "ubi sunt" 或其他语言的同义词开头（意为 "……今何在？"），感叹万物的短暂易逝。

pro salute tristiciam et merorem. Pene terribiles et tormenta varia me cohercent, bonis omnibus exuor, et humo glaciali frigore contremisco dum me video nudum terre humatum quam dum modo foreneam（？）conculcavi. Heu me, ubi est gloria mea? Ubi est dies nativitatis mee valde iocunda? Ubi sunt dulcissima matris ubera que sugebam et basia patris mei in puericia dulciter explorata? Ubi sunt iocunda parentum gaudia in meis nupciis feliciter dedicata,in quibus diversi cantus exiterant et varia genera musicorum? Ubi est uxor pulcherrima velud stella cum qua cottidie lecto florido amplexibus et basiis delectabar? Ubi sunt equi arma et indumenta serica deaurata quibus cummilitibus decorus cottidie apparebam? Ubi sunt varia fercula et vinagratissima quibus cottidie dulciter epulabar? Nunc autem me video miserum putridum sub terra iacentem variis plenum vermibus et fetentem. Sufficit ergo mihi ingens tribulacio mea. Dimitte me, rogo, ut paululum requiescam, nam cum in die iudicii te suscepero pene mi sufficient et tormenta. Si quid enim malum me memini commisisse, te operante et te duce nequiter adimplevi.[*]

---

* 大意：《被分离的肉体致灵魂》
灵魂曾经写信给她的伙伴和姐妹，以求难过悲伤的救赎，可怜的肉体没有得到任何安慰。可怕的事情折磨惩罚我，我被剥夺了所有的好事物，在冰冷中颤抖，而我看到自己浑身潮湿地埋在我曾在森林中踩踏过的土地里。啊，我的荣耀在哪里？我出生时的快乐日子在哪里？成长过程中母亲最甜美的乳房和我父亲在我童年时更甜美的吻在哪里？在我的婚礼上，奏响的欢歌乐曲、我父母的快乐祝福在哪里？新娘在哪里，她像星星一样美丽，我每天都和她一起在花床边拥抱亲吻。我马匹、武器和丝绸服装在哪里，我每天都带着它们与士兵同列。我品尝过的菜肴和美酒在哪里？但现在，我看到我腐烂地躺在地底下，满是虫子，臭气熏天。所以，我所有巨大苦难都已足够。让我走吧，我求求你，这样我就可以休息一下，事实上，在审判日我与你重逢时，我所受的所有折磨都已足够。如果我记得我曾做了什么坏事，我是同你一起犯下的。

在皮耶罗·德拉·维格纳和泰里西奥·迪·阿蒂娜的书信中，我们也看到了这种想象的产物：阿普利亚的野兽庆祝皇帝宣布禁猎季；[51] 那不勒斯的交际花们向大学教授抱怨学生忽视她们；[52] 罗马写信给她儿佛罗伦萨；[53] 描述了理想马的品质；[54] 作家们争论玫瑰和紫罗兰出身和性格的相对优劣。[55] 以下关于金钱力量的讽刺以模仿皇室信件的形式出现：[56]

Epistola nolabilis de pecunia

Pecunia Romanorum imperatrix et totius mundi semper augusta dilectis suis fliis et procuratoribus universis salutem et rore celi et terre pi[n]guedine[57] habundare. Ego in altissimis habito,[58] in plateis do vocem meam,[59] girum celi circuivi sola,[60] feci surdos audire et mutos loqui.[61] Amen dico vobis,antequam Abraham fieret ego sum[62] in vestitu deaurato circumdata varietatibus.[63] Ego, inquam, sum illa preeminens imperatrix per quam genus humanum respirat ad gloriam, per quam multiplicata bonorum fecunditas exhibetur. Esurientes implevi bonis,[64] suscitans a terra inopem et de stercore erigens pauperem.[65] O vos omnes qui transitis per viam, attendite et videte si est honor sicut honor meus;[66] michi enim supplicant omnes reges terre et omnes populi, michi Romana curia famulatur. Ibi est requies mea in seculum seculi, hic habitabo quoniam preelegi eam.[67] Que maior leticia michi posset accidere quam ut cardinales michi colla subiciant et currant in odorem unguentoram meorum?[68] Levate in circuitu oculos vestros et videte[69] quia sacrorum verba pontificum （f. 43 v）sedium suarum per me posuit asti,[70] per me tremit, per me vacillat, per me concutitur orbis terrarum et universi qui habitant in eo.[71] Et quis enarrabit potencias meas?[72] Michi gremium suum non claudit ecclesia, michi summus pontifex aperit sinus suos et quotiens ad eum accedere voluero totiens in sinu suo colliget[73] et dextera illits amplexabitur me.[74] Transite igitur ad me omnes qui diligitis nomen meum et beatitudinibus meis implemini. Transite igitur, dico, ne sitis obprobrium homini et abiectio plebis,[75] non sequentes eos qui Christi vestigia sunt secuti, argentum suum expendebant non in panibus, laborem suum, non in saturitate.[76] Accedite,[77] filii mei, et illuminemini et facies vestre non confundentur. Ego enim sun lux illa que iluminat omnem hominem venientem in hunc mundum,[78] et vos quidem non estis hospites et advene sed estis cives sanctorum, vel nummorum, et domestici mei,[79] quos diu diligere didicistis. Iam non plura loquor vobiscum,[80] sed tamen concludo dum explicit sermo meus quia sinam vos. Dabo vobis de rore celi et de pi[n]guedine terre habundanciam[81] quam vobis conservare dignetur nostra nutrix dulcissima, scilicet avaricia, rerum timidissima dispensatrix. *

---

* 大意:《一封来自金钱的不可思议的信》
金钱,罗马的女皇,令全世界敬畏的存在,致她挚爱的孩子、地上的管家,祝你们身体健康,享受天上甘露、地上肥土。我居于至高处,我在街市上呼喊,在宽阔处发声,独自在天上徘徊,我连聋子也叫他们听见,哑巴也叫他们说话。阿门,我实实在在地告诉你们,还没亚伯拉罕时,我就已身披金线绣的衣服,被众人环绕。我是那卓越超群的女皇,人类因我而得荣耀,由于我的缘故,荣耀的事物成倍增长。我叫饥饿得饱美食,我从灰尘里抬举贫寒人,从粪堆里提拔穷乏人。哦,你们所有过路的人啊,你们留意看,是否有荣耀像我的荣耀一般;因为世上的君王和万民都向我祈祷,罗马的宫廷都侍奉我。这是我永远的安息之所;我要住在这里,因为我选定了这里。比起红衣主教向我俯首称臣,闻着我的香味便奔走相告,在我还有什么更大的欢愉呢?你举目向四方看,看看他们是如何通过我来安放教皇的话语,为我颤抖,为我软弱,世界和所有居于其中的人都为我动摇。谁能谈论我的全部力量呢?教会没有向我关闭大门,最高的祭司向我敞开怀抱,无论我何时去,他都会把我拥入怀中,用他的右手将我抱住。那么,所有爱我名的人,请到我这里来,接受我的祝福。因此,我说,你们要过去,免得成为人们的耻辱,惹百姓憎恶,不要跟随那些效法基督的人。他们花钱买那不足为食物的,用劳碌得来的买那不使人饱足的。上前来,我的孩子们,接受启示,愿你们的面目不至迷惑。我是那真光,照亮一切生在世上的人。你们的确不是外人和客旅,你们是与圣徒同国,或者说是与金钱同国,是我家里的人了,长久以来你们早已学会了爱。而现在,我不再和你们多说话,但无论如何,我已表达得清楚明白,此次发言就此收尾。我将天上甘露、地上肥土多多赐予你们,这是你甜美的哺育者,也就是那最贪婪、怯懦的管家吝啬留给你们的。

这封信引用大量《圣经》经文，其中暗指早期反教士的讽刺杰作《据银色之标记的福音》* [82]，但本信要逊色得多。而下面这一篇则带有强烈的反皇帝的思想：

Fr[idericus] XXXVIIII., divina ingratitudine Remalorum depilator et semper angustus, Ierusalem et Sicilie reus, universis fidelibus suis presentes apices generaliter inspecturis illam quam lupus capre salutem....[83]

泰里西奥师傅和阿古斯萨的约翰师傅的信提醒我们，南方的修辞学家与那不勒斯大学、御前宫廷有着密切的关系，而确实，新大学理应培养公务人才，这是皇帝的目的之一。[84] 成立于 1224 年，并于 1234 年和 1239 年翻新的那不勒斯大学是腓特烈设计的，为他自己的臣民提供学术设施，以免去任何转投北方归而甫派求学（studia）的必要，因为他们会被勒令从北方回来。[85] 虽然这所新大学理论上涵盖了当时时兴的所有研究门类，但它的优势学科在于法律和修辞写作，而博洛尼亚正是在这些学科上取得了卓越的成绩。为此，有必要引进法学家贝尼文托的罗弗雷多这样的博洛尼亚老师；据说皮耶罗·德拉·维格纳本人曾在博洛尼亚学习，[86] 与博洛尼亚的老师们有往来通信；泰里西奥为博洛尼亚大学教授贝内（Bene）去世写了一封吊唁信，贝内可能是他本人的老师。[87] 正如尼泽（Niese）所指出的，[88] 腓特烈的王国的拉丁文化在很大程度上源自北方。

从博洛尼亚到那不勒斯的学术迁移的一个明显的例子在语法学领域

---

* 《据银色之标记的福音》（*Gospel according to the Marks of Silver*）是哥利亚德诗歌运动的作品之一，本诗用以讽刺教皇列奥十世，其因挥霍教会钱财而闻名。

的阿斯科利的瓦尔特（Walter of Ascoli）老师，他编著的一本词源学词典，标题是《起源大全》（*Dedignomium, Summa derivationum*）或《语法学反思》（*Speculum artis grammatice*）。[89] 现存的四份手稿中有一份说"作品开始创作于博洛尼亚，教皇军队进入拉沃罗地区（Terra di Lavoro），当时的皇帝是腓特烈并暂居叙利亚，后来作品在那不勒斯完成"，因此我们清楚地知道了作品日期是 1229 年。阿斯科利的瓦尔特可能与那不勒斯的语法学教授 G 老师［即一份手稿中的瓜特鲁斯（Guaterus）］是同一人，皮耶罗·德拉·维格纳在致老师已故同事的一封颂扬信中缅怀他。拉昂的《起源大全》手稿（约 1300 年）还包含另一位南方语法学家阿涅卢斯·德·加埃塔（Agnellus de Gaeta）老师的语法注释，他显然属于同一时期。

腓特烈时期的南方拉丁诗歌不如其散文丰富，也不那么为人所知，事实上，13 世纪意大利的拉丁诗歌整体都有待详细研究。如果我们不去看上个世纪末更为雄心勃勃的论著，如维特博的杰弗里（Geoffery of Viterbo）的《万神殿》（*Pantheon*），埃博利的彼得的《致敬奥古斯丁之书》，以及塞蒂梅洛的亨利（Henry of Settimello）的《挽歌》（*Elegies*），[90] 还有很多证据表明人们对拉丁诗歌感兴趣。萨利贝涅（Salimbene）的读者会回想起他经常引用的诗句，无论是引自主教所作的哥利亚德式韵文，还是引自他的老师的比萨的亨利和其他人更加严肃的作品。[91] 引用诗歌的习惯也见于创作风格更严肃的作家，如法学家贝内文托的罗弗雷多[92] 和编年史家圣热尔曼诺的理查德[93]，他是一个严肃的公证员，甚至还写下了自己的诗句。因此，南方的信函写作教师很容易变成诗歌写作者，正如我们在皮耶罗·德拉·维格纳和阿蒂娜的泰里西奥的信件中时不时看到的那样。[94] 皮耶罗在西西里方言诗歌中也有其传统地位，不过，正如莫纳奇（Monaci）所指出的，[95] 拉丁语主题的相似性在我们上述某些富有想象力的散文体争论中更加得到体现。[96] 而另一位南方诗人基亚沃·迪·巴里（Schiavo di Bari）的道德格言被雅格布·达·贝内文托（Jacopo da Benevento）翻译成拉丁语，同时期布雷西亚的阿尔贝托诺（Albertano of Brescia）的道德论文很快就被翻译成了托斯卡纳语。[97] 在这个充满变化的时期，主题和形式很容易在拉丁语和方言之间或从一种方言与另一种方言间来回变化。

现在，印刷出版于 15 世纪的基亚沃·迪·巴里说教诗 [98] 的日期已经被明确地归入腓特烈统治时期（1235 年之前），[99] 我们或许有理由将翻译者雅各布斯·德·贝内文托（Iacobus de Benevento）一同归于这一时期。无论如何，13 世纪的拉丁语版本，或者更确切地说是改编版本的存在，使贝内文托的雅各布斯的活动时间确定在 1300 年之前，从而让他区别于约 1360 年 [100] 的同名多明我会修士。在标题页和书尾题署页上清楚表明了他与基亚沃的关系：

Incipiunt Sclavi de Baro consona dicta

A Beneventano Iacobo per carmina ficta.[*]

****

Expliciunt Sclavi huius proverbia Bari

Que Beneventanus composuit Iacobus.[** 101]

诗歌本身则以父子对话的形式开始和结束：[102]

Surexisse patet viciorum viscera flammas

---

* 大意：以下是巴里的基亚沃以辅音韵所作的虚构诗歌，贝内文托的雅各布斯。

** 大意：巴里的基亚沃的格言，由贝内文托的雅各布斯撰写。

Urentes hominum que male corda fovent.

Errant in morum nonnulli cale salubri,

Sectantes miseri perditionis iter.[*]

****

Tu solus rex es nutu qui cuncta gubernas,

Cuncta creas verbo, gloria lausque Tibi,

Ergo Tibi virtus regnum decus atque potestas

Imperiumque salus gloria lausque Tibi. ^{**}

　　贝内文托的雅各布斯或许同样是一部未出版的四百一十六行哀歌体喜
剧（elegiac comedy）《工匠》（*De cerdone*）^{***} 的作者，喜剧的内容保存于某
些意大利手稿，其中最古老的版本出自 13 世纪。[103] 像中世纪大多数类似
作品一样，本作延续了普劳图斯的传统，或更确切地说是后来的伪普劳图
斯的传统，但背景设定是在中世纪，尽管没有作本地化处理——神父通过
老鸨找到了工匠（cerdo）年轻美丽的妻子并智胜了贪婪的丈夫，后者想出
其不意地抓个现行好勒索钱财。目前我们不清楚雅各布斯是否只是做了把
熟悉的主题翻译为拉丁诗歌的工作——他以韵文来叙述这个故事。在开篇
描述了故事中这位女士的魅力后，诗歌主要是对话形式进行：

　　Uxor erat quedam cerdonis pauperis olim

---

* 大意：很明显，滋养着邪恶之心的人邪恶肚肠中升起熊熊火焰，他们混迹于健康人
间，徘徊在悲惨的毁灭之路上。

** 大意：你是唯一君王，统治一切。你用话语创造万有，荣耀和颂赞归于你。

*** 喜剧名应为《工匠之妻》（*De uxore cerdonis*），全剧有四百三十六行，此处应为作
者失误。

Pulchra nimis, nunquam pulchrior ulla fuit.

Huius erat facies solis splendentis ad instar.

Fulgebant oculi sidera clara velut. *

更为人所知的喜剧《保利诺与波拉》的创作日期和地点更为确定，韦诺萨的法官理查德于约 1228 年至 1229 年间将该剧献给了皇帝。[104] 本剧篇幅更长，共有一千一百三十二行，故事主题是关于两个年老的韦诺萨人保利诺与波拉的婚姻，其中夹杂着道德问题的探讨，还有富尔科法官令人忍俊不禁的冒险故事作为支线，富尔科法官在这场婚姻谈判中充当调解员，结果他的晚餐被猫吃了，他本人被狗攻击，还跌进沟中挨石头砸。虽然如此，同所有这些哀歌体作品一样，本剧作似乎并不是为了表演而设计的，尽管至少现存有九个抄本，足以证明它的流行。

腓特烈在大量预言和异象中也占有一席之地，这些预言和异象以散文和诗歌形式，假托梅林、西比尔、菲奥雷的约阿希姆修道院院长 **、托莱多约翰师傅，以及腓特烈自己的占星师米夏埃尔·斯科特，在 13 世纪的意大利广泛流传。[105] 在其中一些预言中，皇帝是启示录意象中的巨大野兽，约阿希姆派的修士在 1260 年就预言了新圣灵时代论的到来，这些预言据称是献给他的父亲亨利六世，[106] 但他在腓特烈一事中的失败在善良的萨利贝涅看来是失望和幻灭。还有一些预言具有占星学背景，可以追溯到 1186 年的行星会合和 1229 年的重现。[107] 另外一些预言则事后聪明地"预言"

---

* 大意：曾经有一位贫穷工匠的妻子，她的美丽无人能及。她的脸庞就像耀眼太阳般明媚，她的双眸就像明亮星星般闪烁。

** 菲奥雷的约阿希姆（Joachim of Fiore），意大利神秘主义者、神学家，他认为历史的发展有三个灵性不断增强的时代：圣父、圣子和圣灵的时代。

了腓特烈统治期间的具体事件，比如 1236 年后伦巴第城市的命运、1241 年海战中俘虏红衣主教。因此，在 1245 年后不久，教皇和皇帝便在互换身份的预言中被如此描述：[108]

Imperator ad papam

Fata monent stelleque docent aviumque volatus:

Totius subito malleus orbis ero.

Roma diu titubans, variis erroribus acta,

Concidet et mundi desinet esse caput. *

****

Papa ad imperatorem

Fama refert, scriptura docet, peccata loquuntur

Quod tibi vita brevis, pena perhennis erit. **

归尔甫派和吉伯林派同样利用了这些预言；1256 年，假托红衣主教托莱多的约翰之名，出现了与曼弗雷德相关的预言，[109] 这类预言没有因霍亨斯陶芬一脉终结而停止。

最后，有一条吉伯林派的注释说，腓特烈曾一度是国际宫廷诗人阿夫朗什的亨利（Henry of Avranches）的赞助人。作为教皇和皇帝、英法两国国王以及基督世界许多地区的高阶教士和世俗领主的赞颂者，亨利作为拉

---

* 大意：皇帝致教皇 命运的预警，星星的引导，飞翔的鸟儿：突然间，我会成为世界之锤。长久以来风雨飘摇的罗马，将在各样错误的驱使下覆灭，不再是世界的领袖。

** 大意：教皇致皇帝 历史之鉴，圣书教诲，原罪出言：你的寿数短暂，将承受永恒无尽的惩罚。

丁语诗人的生涯是 13 世纪智识生活中一个有趣的篇章。[110] 在写给腓特烈的三首诗 [111] 中，他以至高的诗人的身份致以至高的国王，[112]

Simque poesis ego supremus in orbe professor. *

他也毫不犹豫地 [113] 将西西里、罗马、阿卡和亚琛的主人腓特烈比作圭斯卡德、凯撒、大卫和查理曼，他还敦促皇帝编纂民法，就像格里高利九世刚刚编纂完成的教会法一样。作为一个卓越的和平统治者（Fritherich），腓特烈会不惜代价将最伟大的大师留在他的宫廷里，无论是俄耳甫斯还是柏拉图、欧几里德还是托勒密。[114] 在艺术、文学、物理学领域已鲜有人能胜过皇帝本人的成就，但他仍不满足于统治的艺术，他追求更多知识奥秘，并非借口头传授，而是通过亲身阅读来获取：[115]

Ingenioque tuo non sufficit ars moderandi

Imperium: quin ipsa scias archana sophie,

Consultis oculo libris, non aure magistris.

Nullus in orbe fuit dominans et in arte magister:

In te percipitur instancia. **

这项研究的目的仅仅只是呈现，而非详尽论述，然而也足以说明腓

---

* 大意：而我是世界上最伟大的诗人。

** 大意：而统治帝国的艺术仍不足以满足你的天才：如果你本人未曾亲识智慧，你便以双眼亲身在书中探索，而非用耳朵听老师教诲。这世上，无人是艺术的主导和大师：在你，艺术被首先感知。

特烈统治时期南方多方面的拉丁语文学活动。在这一切中，诗歌和散文一样都有其地位，都是想象力的创造、精确科学的成果，是文学、法律、行政的成就，是拉丁语和方言的产物。地方性的活跃中心出现了，特别是那不勒斯，但最活跃的文化中心地似乎是在皇帝的御前宫廷，而在那里或许没有人比皇帝本人更活跃。特别是在宫廷内，我们必须小心地将一种写作与另一种写作区分处理，好像我们面对的是一个知识专业化的时代，将其细分为不同门类。西西里学派的许多诗人也以公证员、法官或驯鹰师的身份出现；安提阿的狄奥多除了起草阿拉伯字母之外，还从事占星术；皮耶罗·德拉·维格纳在法律和文学上也有一席之地。法律和书信之间的联系特别密切，任何对那个时期拉丁语相关的研究都必须留意法学领域。此类拉丁文献不仅大部分是由律师写作，而且腓特烈立法和官方书信的风格也是刻意文学化的。许多措辞也是有意罗马化的，比如 1231 年的宪章是以"罗马皇帝腓特烈二世，意大利西西里、耶路撒冷、阿尔勒的合法征服者和凯旋者"（Imperator Fredericus II Romanorum Cesar semper augustus Italicus Siculus Hierosolymitanus Arelatensis felix victor ac triumphator）的名义颁布的。我们无法判断这种头衔在多大程度上代表了腓特烈在事实上试图复兴罗马传统，除非我们对此进行更加全面的研究。仅从措辞上判断总是容易引发争议，[116] 尤其是当我们面对腓特烈这样一个务实的对象，如此判断也总是不牢靠的。但是比较明确的是，拉丁经典的复兴并不存在统筹一致的努力，这让我们回归本章的特殊主题。当然，皇帝宫廷中的拉丁语创作者并非不知道他们的罗马前辈（如奥维德），但他们尚未像彼得拉克和萨鲁塔蒂那样系统训练，模仿古人。无论人们如何看待皮耶罗的风格，皮耶罗·德拉·维格纳都不是西塞罗风格，西塞罗风格的支持者也不会承认他。

　　然而，13 世纪拉丁文化在 12 世纪文艺复兴和意大利文艺复兴之间有着承前启后的作用。如果说，这种连续性在希腊语到阿拉伯语的科学、哲学传播中表现得最为明显，那么在信函写作学和想象的虚构书信、哥利亚德诗歌，尤其是散文的哥利亚德主题、哀歌式喜剧和反教士讽刺文学中也同样明显，当这些体裁在阿尔卑斯山以北衰落之后，南方继承了前一个时代的传统，而对修辞和语法的关注则预示着14、15世纪的人文主义。在任何关于15世纪文艺复兴起源的研究都必须考虑南方拉丁语研究的连续性意义。

最后要指出的是，无论从什么角度来看待这个话题，腓特烈王国的文学有一个显著特征就是其鲜明的世俗性。它关注的是现在的世界，而不是未来的世界。我们的文献清单中缺少教化作品或教会历史，即使充分考虑到研究文献的缺失和遗漏，这一特点仍然显得异乎寻常；宫廷诗人阿夫朗什的亨利关于圣徒生活的描写，针对的是他的另一个受众群体，这一例外恰恰反证了规律的存在。腓特烈领导下文学的世俗化与他国家的世俗化并行不悖，从这方面来说，腓特烈宫廷预示着15世纪文艺复兴的智识气质和治国之道。

第七章
米夏埃尔·斯科特的炼金术[1]

中世纪科学中最著名的莫过于炼金术，而人们对它却知之甚少。诚然，中世纪欧洲从古典时期继承了丰富的炼金术传统，这种传统部分是直接传播的，部分是通过阿拉伯作家传播的；但这只是西方炼金术的开始。在传播过程中，阿拉伯人添枝加叶了多少，又有多少是出自中世纪后期的拉丁实验者，限于目前的知识水平，这些问题我们都无法回答。只有对希腊炼金术专著进行系统清点后，研究才能进一步向前推进，国际学术联盟已经开展了此项工作。[2]其他要做的工作还包括对个别阿拉伯作家进行专题研究；[3]对中世纪后期的拉丁语和方言论著进行全面考察。[4]鉴于有尚未出版的文本问世、新的传播渠道被发现以及先前未知的实验者之间的关系被揭露出来的可能情况，因此对拉丁炼金术士的研究并不是一成不变的。

米夏埃尔·斯科特是皇帝腓特烈二世的占星家，也是亚里士多德、阿威罗伊和阿维森纳的翻译者。[5]他写了几本炼金术著作，这在一些中世纪手稿中都有记载。以斯科特的职业和所处环境来看，他撰写炼金术著作是一件顺理成章的事。实际上，他在 1227 年至 1235 年间撰写了一部占星术著作，其中有一章对炼金学说进行了简要总结，成为了此类材料的早期拉丁语范例。[6]该章提出了金属的硫汞理论，并提到了所谓的长生不老药，其内容如下：

Metallum est quedam essentia que dicitur secunde compositionis, cuius species sunt 7, scilicet ferrum, plumbum, stagnum, ramum, cuprum, argentum, et aurum, sciendo quod generantur compositione argenti vivi, sulphuns, et terre. Et secundum umtam materiam eorum quibus componuntur sunt ponderis et coloris. Aurum plus tenet sulphuris quam argenti vivi; argentum tenet plus argenti vivi quam terre et sulphuris; ferrum plus tenet terre quam argenti vivi, etc. Valet quodlibet ad multa ut in compositione sophystica et in aliis virtutibus. Verbi gratia : aurum macinatum valet senibus volentibus vivere sanius et iuniores esse sumptum in cibo, et per eum comparantur multi denarii argenti causa expendendi, fiunt multa monilia, decorantur vasa, et pro eo acquiruntur femine ac multe possessiones. Argentum emit aurum et ex eo multa acquiruntur ut ex auro et fiunt ut denarii, vasa, etc. Stagnum valet ad faciendum vasa et aptandum ferrum laboratum et ramum. Idem dicitur de plumbo ramo etc. Sophysticantur metalla doctrina artis alchimie cum quibusdam additamentis pulverum mediantibus spiritibus quorum species sunt 4, scilicet argentum vivum, sulphur, auripigmentum, et sal ammoniacum. Ex auro cum quibusdam aliis fit plus aurum in apparentia, ex argento et ramo dealbato cum medicina fit plus argentum in apparentia, etc. De argento leviter [fit] azurum. De plumbo leviter fit cerusa. De ramo leviter fit color viridis cum aceto forti et melle. De plumbo et ramo etc. fit aliud metallum. De stagno et ramo fit peltrum cum medicina. Argentum vivum destruit omne metallum ut patet in moneta quam tangit et stagno cuius virgam rumpit tangendo, etc, De plumbo fiunt manubria lime surde quo sonus mortificatur. Argentum vivum interficit edentem et tollit auditum si cadat in aures. Metallorum aqua, ut ferri arsenici vitrioli calcis et virideramini, corodit et frangit calibem. Ex vilibus et muracido ferro fit ferrum andanicum, et ecce mirrabile magnum.[7]

　　我们仍需谨慎看待其他各种署名为斯科特的炼金术专著，因为有些并非为斯科特所著，且我们对拉丁文炼金术著作仍然存在着很多疑惑和不确定性。我们在这一领域的研究还没有站稳脚跟。与此同时，本章拟更深入地分析被认为是斯科特所作的一至两篇文章，是以引起人们对意大利炼金术士和犹太、萨拉森实验者之间合作的关注。由于其文章篇幅太长，就不在此全文展示了。[8]

　　作者被认为是米夏埃尔·斯科特的《炼金术》（*Alchemy*）有两份现存手抄本。一份是卡里尼所描述的著名的 14 世纪炼金术作品集，当时由斯佩恰莱家族拥有，[9] 现收藏于巴勒莫市立图书馆。这本内容丰富的拉丁炼金术文集是一个未开发的信息宝库，它还包括 [10] 博洛尼亚一个修道士普罗库洛的七十二篇炼金术文献的目录。它的小尺寸（133 毫米×94 毫米）表明它是一本袖珍版的技艺手册（vade mecum）。另一份手抄本来自 15 世纪早期，现存于牛津大学基督圣体学院图书馆的 MS. 125。[11] 两位抄写员似乎都没有理解他们所抄写的内容，而且文本中有一些地方存在着很大的问题。以下摘录主要基于巴勒莫版本的手抄本（P），因为它通常更为正确。但有时为了帮助读者更好地阅读，也会给出牛津手抄本藏品（C）。然而，尽管文本质量较差，但牛津版本似乎更接近原文，因为在牛津版本中，米夏埃尔·斯科特用的是第一人称，而在巴勒莫版本中，他用的是第三人称。文章的开头如下：

Incipit liber magistri Miccaellis Scotti in quo continetur magisterium.

Incipit liber magistri Miccaellis Scotti de arte alchimie secundum quem in diversis provinciis cum phylosophis huius artis est operatus. Incipit liber magistri Miccaellis Scotti. [12]

(I) Dum animadverterem nobilem scientiam apud Latinos penitus denegatam, vidi neminem ad perfectionem posse pervenire propter nimiam confusionem que in libris philosophorum reperitur, extimavi secreta nature intelligentibus revelare incipiens a maiori magisterio[13] et minori que inveni de transformatione metallorum et de permutatione ipsorum qualiter substantia unius in alteram permutetur. Hoc enim nullis vel paucis erat cognitum. Reperitur autem in libris philosophorum de permutatione et transformatione metallorum, sed[14] in eorum philosophia tanta erat obscuritas et oculi hominum caligine obfuscati et corda eorum velamento ignorantie oppilata quod ars alkimie[15] nullis vel paucis posset[16] revelari. Multi erant operantes ignorantia et obmittebant in operibus eorum et tempus eorum preteribat in obmissione[17] operum. Non potest aliquis sine magistro esse peritus, maxime is qui ignorat illud quod facit, si non est expertus, obmittit in eo. Cum prius enim animadverterem et perquirerem in libris philosophorum ut predictum, volui ipsam obscuritatem meo animo declarare gradiens et perquirens undique et ultramarinis partibus cum viris philosophis et sapientibus latinis iberiis[18] harabicis saracenis armenicis theophilis grecis et undique partibus provinciis et linguis, hiis omnibus perquis itis eorum prophetiam[19] meo corde notavi.

(II) *Item prologus in quo demonstratur secretum philosophorum.* Creator omnium Deus, qui ex nichilo[20] nova condidit universa, ante[21] ipsarum generationem de rerum[22] statu iudicans hoc quidem de universitatis sue tesauro largiri[23] dignatur et singulis distribuit unde omnis creatura eidem exibet obedientiam, ymaginavit[24] priusquam fierent cunta habens eorum notitiam arcana cordis qui suum spiritum cum intellectione[25] infundit habite tandem creature. Hic motus existit ut summentes et venientes[26] scriptorum instructiones huius compositionis industriam quasi quadam compagine sociaret, ut ablata totius alterationis rixa rationale animal positivamque iusticiam[27] nexu equali adinvicem federaret, universos itaque stolidos tamquam sapientes ad probandos facere contigisset quod nos eruditorum prudentium secreta computanda alkimie artem rationandi secreta nature[28] mentis arcano revocans, loca fixa[29] directos gradus ortus occasus permutationes et etiam distillationes et que sunt in eis alterationes admiranda vestigia attendens alchimie statum minus prudentium[30] deprehendendi[31] errores. Hac igitur permutatione ratione cogente compendium hoc certissimum ex hiis omnibus prudens invenit antiquitas. Deinde aput omnes filosoficas permutationes ratum arbitror[32] quicquid in hac arte conditum subsistendi vicem alkemiarum[33] vel alkemistarum. Est autem difficile exemplar[34] in libris antiquis philosophorum contineri[35] quia[36] artificium alkimie antiquius forte antiquitas refert. Ego vero[37] magister Miccael Scottus interpretationem aggredior et tibi magistro Teophilo gayto Saracenorum tecum Tunixe[38] huius munusculum apporto et secreta nature et verba philosofica que audivi tecum volo alchimiam translatare. Hec est solutio caliditatis et roritatis et balneum aquosum et locus roridus et humidus et vaporosus. Hie est puteus solutionis et fimi acervus, et hie est fons in quo latet anguis cuius venenum omnia corpora interficit, et hoc est secretum omnium secretorum huius scientie, et hec est res quam in libris suis semper occultaverunt phylosophi ne facile possit ab aliquo tantum secretum haberi. Hie enim est[39] tesaurus rei et in hac arte et in re est omne secretum, et hec est res que erigit de stercore pauperem[40] et ipsum regibus equiparat et hec est res per quam pater Tholomeus et Hermes dixerunt[41] se super omnes mundi circulos esse exaltatos. [42] Te ergo, quicumque es, ad quem tantum secretum nature[43] pervenerit, per fedus[44] Dei te rogo et coniuro ne ostendas hoc et si ostenderis non aperias cuiquam in aliquo vel nescio vel stulto aut avaro vel regi vel[45] potenti, ne socies tibi in hoc opere quempiam malum,[46] prius referens gratias[47] Deo qui hoc te habere concessit operare, tum[48] secretissime perveniens ad illud quod amas et desideras cum auxilio Dei et potentia domini nostri Ihesu Christi qui vivit et regnat per omnia secula seculorum. [49]

(III) *Quomodo metalla assimilantur planetis. Septem sunt planete,* scilicet[50] Saturnus Iupiter Mars Sol Venus Mercurius et Luna. Signa planetarum sunt duodecim, scilicet[50] Aries Taurus Gemini Cancer Leo Virgo Libra Scorpio Sag ittarius Capricornus Aquarius Pisces.

(IV) *De naturis planetarum et metallorum.* A Sole incipiamus qui est nobilior et dignior omnium planetarum. [51] Sol est calidus et siccus in quarto gradu, id est aurum.[52] Luna est[53] frigida et humida in quarto gradu, id est argentum. Iupiter est[53] frigidus et humidus in tertio[54] gradu, id est stagnum. Venus est [53] frigida et humida in quarto gradu, id est es. Saturnus est [53] frigidus et siccus in quarto gradu.[55] Mars est calidus et siccus in quarto gradu, id est ferrum. Mercurius est calidus et humidus in quarto gradu, id est argentum vivum.[56] Omnia ista sunt firmata et alligata quatuor elementis et inde retinent suam naturam et proprietatem in calido et sicco in calido et humido in frigido et humido in frigido et sicco.[57]

(V) *De maiori magisterio qualiter venus mutatur in solem.* Diximus superius de planetis et signis eorum cuius naturam et proprietatem habent, et in alio libro a nobis translato dissimus de naturis salium quomodo et qualiter in arte alkimie operantur maiori magisterio.[58] Ad presens qualiter venus in solem mutatur et quomodo et qualiter fit artificialiter et que in hac arte sunt necessaria, tibi, Frater Helya, diligenter et subtiliter enarravi. Accipe sanguinem hominis ruffi. et sanguinem bubonis ruffi comburentem croceum vitriolum romanum colofoniam calcum bene pistatum allumen naturale vel[59] allumen romanum idem[60] allumen zuccherinum allumen de Castiglio tart arum rubeum markasidam[61] auream allumen de Tunixe quod est rubeum et salsum. Omnia ista pista simul in mortario eneo et subtiliter cribra cum panno subtili vel cum straminea.[62] Postea accipe pulverem istum et inpasta cum urina taxi vel cum succo cucumeris agrestis,[63] et ilia urina sit bene cocta cum sale et optime per filtrum distillata et sucus similiter sit distillatus et optime coctus, et cum pulvis inpastatus fuerit ad celestem ignem fac ipsum bene siccare vel ad vehentissimum calorem si non esset estas, et cum siccatus fuerit optime iterum tere ipsum et subtiliter cribra. Postea accipe de pulvere isto et mitte in crucibulo cum venere et statim sufHa cum manticello per unam horam et cum liquefactum fuerit prohice superius de urina vel de suco cucumeris ut dictum[64] et iterum abde in fortem ignem per horam maximam prohiciendo in crucibulo de comburente satis[65] et de arsenico rubeo si haberes. Postea extrahe ipsum de crucibulo et si non erit bene coloratum funde iterum[66] cum tuchia et arsenico[67] rubeo et parum de predicto[68] pulvere et tribus salibus que operantur in sole donee erit bene coloratum, et iste sol postea poterit substinere omne iudicium. Si vis scire si est perfectus,[69] pondera ipsum postea[70] funde ipsum fortiter ter vel quater et si tantum erit quantum erat in principio bonus et perfectus erit.

(VI) *De salibus.* Isti sunt sales qui in sole operantur: sal acrum, sal picrum de Poncto,[71] sal nitrum foliatum, sal alkali, sal rubrum,[72] sal nacticum, sal alembrot vel de marrech.[73] Ponas loco unius istorum salium de alumine rubro vel romano.[73] Hoc est documentum magistri Miccaellis Scotti quod ipse super solem fecit et hoc documentum ipse docuit Fratrem Heliam et ego vidi Fratri Helie multis vicibus operari et hoc est experimentum a me probatum; verax inveni. [74]

紧接着，第七章有一篇十分类似的文章《绝学》（*Minus magisterium*），其中介绍了如何将水银转化为银，在牛津手抄本的结尾写道："正如推测的那样，迈克尔似乎教过我们的教友海尔雅。"而巴勒莫文本中也提到"这是米夏埃尔·斯科特老师关于水银的教程。"第八章也十分类似，介绍了如何将铜转化为银，但并没有透露作者身份。然后是第九章《凝结》（congelatio），其开头为"来自马略卡的贝西斯·萨拉塞尼的教程"。第十章介绍了将铜转化为银的过程，"根据阿拉普的萨拉森人巴巴努斯的说法，（把铜）变白之术（Dealbatio）臻于完美，他在此技艺上非常智慧而娴熟"。结尾写道：

Nota quod dealbatio ista est perfecta et ego paucos inveni qui scirent ipsam facere sed ego vidi ipsam facere Fratri Helie et ego multotiens sum expertus et ipsam omnibus modis veracem inveni.*

第十一章介绍了用锡制银的过程，其开头和结尾如下：

Hoc est documentum Theodori Saraceni de Tunixe[75] qui valde sapiens et peritus fuit in hac arte, operatio stangni ad stridorem perfecte tollendum et ipsum perfecte dealbandum. Accipe sucum jusquiami sucum sorbarum sucum malorum granatorum ...

Nota quod pulvis iste est tesaurus pretiosus in arte. Ipse laborat perfecte in sole et optime constringit mercurium et ultra modum dealbat erem et defendit ipsum a suis superfluitatibus. Apud Sarzanum vidi ipsum facere a quodam Iudeo qui vocabatur magister Iacobus,[76] et ipse me docuit, et ego multotiens sum expertus hoc experimentum et ipsum veracem inveni. (Injunction of secrecy.)

第十二章介绍了"非洲的萨拉森人莫迪法尔二世（secundum Modifar），或（C）麦地巴巴兹（Medibabaz）"[77] 用铅炼金的方法。在此处，巴勒莫手抄本上的证明是以 G 师傅的名义进行的，但牛津手抄本中却有一段这样的内容："而我，米夏埃尔·斯科特，已经操作过很多次，总是能证明这是正确的。"

第十三章和第十四章分别讲了树胶和根茎（tuchie）。第十五章则介绍了盐：

---

* 大意：请注意，这样操作是完美的，我找到了一些知道如何做的人，我看到伊莱兄弟多次这样做，我也已经尝试过，发现它在各个方面都是正确的。

(XV) De salibus ad hoc magisterium. Hec est affinatio salium qui in arte alchimie operantur. Accipe alba rotunda et in vase mundo mitte ubi sit aqua et postea pone ad ignem et fac subtus ignem donee sint dure et postea ipsas extrahe et optime munda ipsas album per se et rubeum per se et mitte album in petia subtili vel straminea et super turbidum calorem mitte et fac ita quod turbidus non ascendat et fac subtus postea bonum ignem. Accipe urinam tassi iuvenis et plenam manum[78] salis communis prohice ibi intus et fac ipsum totum liquefieri. Cum liquefactum fuerit totum prohice super alba rotunda et illud quod cadet prohice post in ea.[79] Postea stringe petiam et fac aquam exire[80] de alba substantia et aquam illam serva et cum aqua ista facta poteris affinare sales tuos qui in luna operantur, et de rubea substarrtia idem fᴀcies et poteris cum ista alia aqua quam extracseris de rubea substantia affinare sales qui in sole operantur. Explicit tractatus magistri Michaelis Scoti de alk.[81]

牛津手抄本从此篇结束，而巴勒莫手抄本则接续了另一篇类似的论文，并在结尾注明了该文作者是米夏埃尔·斯科特，他的名字在文中也被提及过一次。[82] 第一章标题诱使我们将其与上面引用的第五章内容 "alio libro a nobis translato ... de naturis salium" 联系起来，但关于盐的内容相对较少，提及的内容可能更多地与《光之书》（*Liber luminis luminum*）有关。[83] 第二篇文章与第一篇的长度大致相同，开篇如下：

(I)De salibus qui operantur ad solem. Maxime in alkimia invenitur ad convertendum venerem in solem, mercurium in lunam,[84] martem in lunam. [84]

In permutando ista tria non indiget sublimatione nisi (?) fictio opening Multi autem solverunt et sublimaverunt et cum difficultate invenerunt, multi autem non solverunt et melius invenerunt. Potest autem quelibet substantia in alteram resolvi, in oleo, aqua, et sale, et per resolutiones. Sublimationes penitus non commendo sed commendo fictiones. Multa corpora vim amittunt[85] et suam naturam; probaturn est; experto crede magistro. Possunt enim corpora resolvi in aqua et oleo. Omnes autem sublimationes expertus fui sed parum utilitatis inveni nisi in lapidibus faciendis et congelandis. Sublimationes que opportune sunt in arte tibi ad intelligentiam enarrabo.

(II) Capitulum vitri. Tere et ablue vitrum cum aceto sorbarum et mali granati et aceto rubeo octo vicibus et sicca ad solem. Per activitatem illorum acetorum subtiliantur et depurantur omnes superfluitates partium. Deinde funde in fortissimo crucibulo ferreo et extingue in aqua salis communis et m^a. et ar^a. vii vicibus. Iuro tibi quod in septem vicibus erit calcinatum in calce solis cui non est par per activitatem salium.

后续章节的标题为：

(III) Capitulum vitri. (IV) Capitulum vitri quod operatur in solem. (V) Capitulum sublimationis mercurii. (VI) Capitulum sublimationis.

Capitulum distillationis. (VIII) Preparatio vitrioli. (IX) Capitulum olei albi fixi philosofici. (X) De alembrottis. (XI) Capitulum de acetis. (XII) Capitulum lune. (XIII) Capitulum dulcificationis. (XIV) Modus purgandi mercurium. (XV) Capitulum sublimationis. (XVI) Capitulum lune tingende in aurum verum. (XVII) De modo pulverizandi aurum sive calcinandi. (XVIII)

Capitulum grossi de croco ferri. (XIX) De modo margassite. (XX) Capitulum congelationis saturni. (XXI) Congelatio mercurii cum herbis.

第八章和第十二章提到了赫尔墨斯（Hermes），第三章提到了"来自非洲的萨拉森人巴雷克塔"（Barrecta Saracenus de Africa）。而在第六章中，我们读到：

Ego Balac Saracenus de Regis Cibilia Gauco Pogis acc[epi ?] coagulationem tibi Fratri Elie transmisi et ipsam multotiens expertus fui, veracem inveni.

第二十章指出：

Pone in fomacem quam habuimus a magistro Iohanne Alexandrino designatam (?) que habet duos muros, unum de intus et alium de foris, sicut ego designavi discipulis magistri Ratoaldi Mediolanensis.

第九章是米夏埃尔·斯科特之名唯一出现之处：

Nota quod Barac Saracenus et magister Boala de Alap philosophi concordati sunt cum magistro Miccaele Scotto quod terra que invenitur in allumine rubeo valde est bona mutando plumbum in optimum solem et lunam, albedinem perfectam dat eri, et optime constringit mercurium.

第十八章的内容或许与斯科特在托莱多（Toledo）进行的研究有关：

Illud estanum postea vidi Tollecti et contulit ista micchi et eadem contulit cuidam consanguineo suo seni et ille senex cum eodem crocio operati sunt Tollecti[86] secundum modum predictum.

本书不如署名为格柏（Geber）[87] 的那些论文或另一篇较为简短的科隆的西蒙师傅（Master Simon of Cologne）的论文那么全面和系统，[88] 也没有像《光之书》那样对盐和矾进行有序的描述，[89] 而是对特定实验和过程的阐述，就像贝特洛（Berthelot）指出的 13 世纪各种意大利人所做的那样。[90] 对这些过程的任何特殊研究都必须留给那些熟悉其他当代论文的人。总的来说，材料和方法是相当清楚的。除了金属本身，这些作者还涉及泥土、矾、玻璃、果酸和蔬菜汁、树胶和根茎。他们熟悉溶解、熔化、过滤、升华、蒸馏和煅烧等过程。第一篇论文没有使用度量衡，第二篇论文则经常提到具体的量值，通常以磅计算。

除介绍炼金术在 13 世纪的发展进程外，这两篇论文还可能有助于我们了解炼金术的起源。它们既没有给出阿拉伯作品的正式翻译，也没有交代拉丁人在西方的独立实验。相反，拉丁人显然与犹太实验者和萨拉森实验者有密切联系。他们前往萨尔扎纳去拜访犹太人师傅雅各布；他们引用了来自非洲、突尼斯、马略卡岛和阿勒颇等地的萨拉森人的具体实验或教程；他们记录了巴拉克（Barac）和博阿拉（Boala）与米夏埃尔·斯科特所签订的协议。斯科特曾到过托莱多，如果序言可信，他将自己的《炼金术》献给了突尼斯的一位萨拉森官员，并与其他国家的炼金术士有过接触。所有这些都表明了炼金术士之间有大量的合作与交流，这种合作和交流在炼金术领域迄今尚未被注意到，但其成就可以与同时期的其他科学成就媲美。

人们只需要回顾一下腓特烈二世宫廷中的犹太学者和伊斯兰学者，以及皇帝写给包括突尼斯在内的伊斯兰教统治者宫廷的信件和问卷。[91]

根据这种社会环境和这些联系，对腓特烈的占星家米夏埃尔·斯科特的著作归属问题就没有任何矛盾之处了。此外我们知道，斯科特熟悉炼金术的原理和实践；他有一种实验性的思维习惯；"我，米夏埃尔·斯科特"（ego Michael Scottus）的习语出现在他的真实作品中。[92] 与他的其他作品相比，《炼金术》的归属尚无定论，因为其形式不系统，而且很明显被他人重新改写过。此外，关于斯科特的名字和他作为巫师的名声也有许多错误的归属，而他同时代的修士科尔托纳的埃利亚斯（Friar Elias of Cortona）也出现在上述实验中，这成为这些炼金术文献中最让人质疑的地方；[93] 因而，在发现进一步的证据之前，我们最好先暂停对作者的判断。而比弄清楚作者身份更重要的是找到在西方与犹太实验者和萨拉森实验者一起合作的证据。

需要补充的是，斯科特与博学的犹太人和伊斯兰教徒的关系不仅限于意大利或腓特烈二世的宫廷。教皇格里高利九世以及斯科特自己翻译的一些阿拉伯语著作证明了他对希伯来语和阿拉伯语的了解。[94] 斯科特在其出版的比特罗吉（al-Bitrogi）的《论球体》（On the Sphere）的末页，[95] 对其1217 年在托莱多受到的某位名叫阿布提乌斯的利未人（Abuteus the Levite）所提供的帮助表示感谢，而罗杰·培根声称，一位名叫安德鲁（Andrew，可能与 Abuteus 是一回事）的犹太人承担了斯科特大部分的翻译工作。[96] 这位安德鲁很有可能被确证为一位安德鲁师傅，他曾是犹太人，后成为帕伦西亚（Palencia）的教士。教皇洪诺留三世（Pope Honorius III）赞扬他卓越的学识，因为他不仅掌握文科"七艺"，而且还精通希伯来语、迦勒底语、阿拉伯语和拉丁语。教皇诏书颁布于 1225 年 4 月 15 日，当时斯科特可能正在罗马，并受到教皇的青睐。诏书具体内容如下：

Magistro Andree canonico Palentino. Ad persone tue dilectionem inducimur et ad exhibendum tibi specialem favorem et gratiam inclinamur. Accepimus enim et venerabilis frater nos ter Palentinus episcopus exposuit coram nobis quod veterem hominem, cum Iudeus fueris, penitus exuisti et, novo perfectius per misericordiam Salvatoris indutus, dimisso iudaice cecitatis errore, conversus ad Ihesum Christum lumen verum sacri unda baptismatis es renatus. Eminenti etiam diceris preditus esse scientia et per hoc, cum in sortem Domini sis assumptus, accessisse ad decorem ecclesie, que consuevit litteratis clericis venustari; septem namque, ut iirtelliximus, es liberalibus artibus eruditus, plenam habens intelligentiam diversorum idiomatum, ebraici et chaldei, arabici et latini. Verum tumorem habes quendam in gutture cuius occasione, siquando ad locum vel beneficium vocaris alicuius ecclesie, quidam te repellere moliuntur. Cum autem bonum tibi perhibeatur testimonium de conversatione laudabili et honesta, nos eiusdem episcopi supplicationibus incli[nati], devotioni tue de speciali gratia indulgemus ut, occasione huiusmodi non obstante, ad beneficia et dignitates ecclesiasticas, preterquam ad episcopa tum, libere valeas, si canonice tibi off er ail tur, assumi. Nulli ergo nostre conces[sionis] etc. Siquis etc. Datum Laterani xvii. kal. Maii anno nono. [97]

第八章
与拜占庭的联系

对于研究中世纪西方文化的历史学家来说，东方希腊世界（the Greek East）* 是一个日益重要的课题。长期以来，拜占庭一直被认为是一个陌生而衰败的文明，而现在则被视为一个巨大的宝库，整个中世纪，文明程度较低的西方不断地从中汲取养料。然而，东西方之间的交流渠道往往隐藏在表面之下，许多接触都是偶然发生的，因此我们往往无法了解传播的过程。一次又一次，我们只找到精美的手工艺品、具有明显拜占庭风格的艺术品、来自君士坦丁堡的神圣遗物、希腊圣徒传或科学文本的拉丁语译本等证据，但却没有任何迹象表明这些东西是如何传入西方的。在这种情况下，关于拜占庭影响力的故事就必须通过个别细节的逐步积累来建立。以下所印的文本，从三个较为显著的方面阐明了这个过程，即部分朝圣者寻找圣物、两个教会之间的神学争论以及希腊圣徒传和"伪科学"的翻译。[1]

君士坦丁堡的坎特伯雷修士，约 1090 年 [2]

以下关于访问耶路撒冷和君士坦丁堡的记录，是在现收藏于梵蒂冈图书馆的罗切斯特经文选的最后一页上找到的，其文本在页脚处突然中断。

---

* 东方希腊世界与西方拉丁世界是罗马帝国疆域内两个主要文化区，在罗马帝国一分为二之后，东方希腊世界所属区域大多归属于拜占庭帝国。

文本提到兰弗朗克*之死，能将成文日期定位于 1089 年 5 月后不久。³作为故事主角，朝圣者约瑟夫似乎是基督教会的一位重要人物：⁴在安色莫**为罗切斯特大教堂所颁的特许状中，叫此名字的修道士排在修道院副院长之后，爱德玛***之前。在大主教拉尔夫为同一教堂所颁的特许状中，他排在领班神父之后，且同样在爱德玛之前，⁵据此推断，他最晚在 1114 年可能还活着。他很可能就是 3 月 27 日被基督教堂载入死者名册的约瑟夫。⁶前往耶路撒冷的旅程上有许多同伴，从叙述中可以推断出来，他们并没有遇到什么特别的困难。这些修士在君士坦丁堡君主家中结识的朋友无疑是诺曼征服后进入皇家瓦良格卫队的英国人（English Varangians），他们被亚历克修斯任命为王宫和国库的负责人。⁷公元 4 世纪从亚该亚带来的圣安德鲁遗物，经常出现在对中世纪君士坦丁堡的描述中，⁸另外它也出现在一些转移告示里，一部分曾在贝拉基二世时期被转移到罗马，一部分 8 世纪时转移到苏格兰，而在第四次十字军东征后，又一部分被转移到阿马尔菲。⁹约瑟夫想得到圣物是为了罗切斯特大教堂。¹⁰就在近期，冈多夫主教还在罗切斯特大教堂介绍了本笃会修士，如果罗切斯特的祈祷书中有记载，则表明他的行动是成功的。尽管有证据表明坎特伯雷有圣安德鲁的圣物，但我在罗切斯特的记录中却找不到它们的踪迹。¹¹也许本文的结论可以从另一份手抄本中得到。

[T]empore quo Rex Willelmus iunior genti Anglorum preerat et ecclesia

---

* 兰弗朗克（Lanfranc, 1005—1089），生于意大利帕维亚，为伦巴第人，天主教神父，曾任坎特伯雷大主教。
** 安色莫（Anselm, 1033—1109），意大利中世纪哲学家、神学家，1093 年至 1109 年任天主教坎特伯里总教区总主教。他被尊称为最后一位教父与第一位经院哲学学者。
*** 爱德玛（Eadmer, 1060—1126），英格兰历史学家、神学家及教会学家，是坎特伯雷大主教安色莫的学生、朋友、传记作者。

Christi Cantuarie morte Lanfranci archiepiscopi desolata fuerat, monachus quidam nomine Ioseph ex eadem ecclesia fuit qui gratia orationum Ierosolimam adiit. Cumque suum ibi desiderium complesset rectoque itinere cum magna sociorum multitudine rediret, rectum iter sociosque deseruit et cum suis tantum quibusdam famulis Constantinopolim secessit. Audierat enim ibi esse thesaurum reliquiarum incomparabilem quarum patrociniis cupiebat se commendare presentem. Cum ergo illuc Deo ducente advenisset et quo in loco thesaurus ille haberetur perquireret, quosdam ibi viros de patria sua suosque amicos repperit qui erant ex familia imperatoris. Hos itaque cum statim recognovisset gaudensque allocutus fuisset, didicit reliquias illas esse in imperatoris capella et quia difficile quisquam illuc ingredi poterat. Imperator enimstudiose volens custodire margaritas illas incomparabiles plures illic deputaverat custodes unumque precipue qui ceteris in custodia preesset. At tamen quia predicti monachi amici noti erant ipsi custodi et amici, factum est ut eorum interventu idem custos monachum in capellam introduceret eique maximam reliquiarum partem demonstraret. Cumque has atque illas sibi ostenderet reliquias illeque monachus suppliciter adoraret singulas, contigit ut inter alias ei ostenderet quedam beati Andree apostoli ossa. Cum autem has esse reliquias illius apo stolum diceret dicendo affirmaret, monachus, quia semper apostolum dilexer at carius, eius reliquias multo adoravit devotius. Mox etenim ut eas aspexit, terre se devotissime prostravit et inter alia hoc quoque oravit: "Placuisset," in quit, "omnipotenti Deo ut has reliquias nunc tenerem quo in loco eas habere desidero." Quod cum custos ille audisset sed, quia Grecus erat, minime intellexisset, quesivit ab uno ex amicis monachi, qui eorum interpres erat, quid esset quod monachus ille dixerat. Interpres vero, quia votum huiusmodi non audebat manifestare custodi, prius a monacho requisivit an vellet ut hoc indicaret illi, cumque ab eo licentiam accepisset dicendi, tum demum ipsi patefecit custodi quia sic et sic monachus ille optaverit. Ille vero hec audiens monacho per eundem interpretem respondit: "Quid," inquit, "mercedis illi reconpensare velles qui ex eo quod optasti desiderium tuum compleret?" Et ille : "Parum," ait, "pecunie mihi de via remansit multumque vie restat adhuc peragendum mihi. Siquis tamen ex eo quod opto meam compleret voluntatem, ex eadem pecunia tantum sibi darem quanto carere tolerabiliter possem. Ipsas vero reliquias illum deportarem in locum ubi eis celeberrimum persolveretur obsequium. Est enim in patria mea sedes quedam episcopalis in qua fundata est ecclesia quedam in honorem beati Andree apostoli ubi noviter adunata monachorum congregatio Deo devotissime deservit. Ad hanc ergo ecclesiam, si Deus meam dignaretur adimplere voluntatem, aliquas ex apostoli reliquiis deportare cuperem." Tum custos, "Vade," inquit, "et ad hospicium tuum revertere, huncque nostrum interpretem et amicum tuum mihi remitte et per eum tuam mihi voluntatem remandans innotesce. Non enim expedit nobis ut ipse huc revertaris, ne de huiuscemodi negotio ani[madvertat?]."

米兰的克里索拉努斯 [12]

12 世纪的神学争论有时是我们对希腊 - 拉丁关系最明确的记录,事实上,此类讨论的记录往往是我们证明君士坦丁堡存在西方学者的唯一证据。我们发现米兰大主教彼得·克里索拉努斯(或称格罗索拉努斯)

于 1112 年从圣地返回时，与尼西亚的尤斯特拉提乌斯等人在亚历克修斯皇帝面前就圣灵流出这个问题进行了争论，这在各种希腊文本和拉丁语《宣道会创会初期史》（*libellus*）中都有记载。[13] 向皇帝进行演说的希腊文稿只是《宣道会创会初期史》早期的部分片段，它由巴罗尼乌斯在瓦利切利亚纳（ad an. 1116, no. 7, 附带拉丁语版本）找到，与阿拉提乌斯（*Graecia orthodoxa*，i. 379-389）和米涅（*Patrologia Graeca*, cxxvii. 911-920=P.L., clxii. 1005-16）合作出版它的现代拉丁文版本。至于其余更长的部分，蒙特卡西诺修道院（MS. 220, f. 149）有一个不完整的中世纪拉丁语版本，其印于 *Bibliotheca Cassinensis,* iv, florilegium, pp. 351-358。这两段似乎相互补充，构成了全部文本，除了中间遗漏了一个共十九行的段落，因为我们从布拉格大学和公共图书馆的约 1200 年手稿中看到了完整版的拉丁文文本，MS. 233，ff. 50-53 v。[14] 该版本的开篇和结尾如下：

Munere collatum divino pontificatum

In Mediolano constat quondam Glosulano.

Hic fidei clarę cupiens Grecos revocare

Ad rectam formam scriptisque piis dare normam

Orthodoxorum directo calle virorum,

Nurnine de Trino quę sint credenda vel Uno

Hunc per sermonem monstravit eis rationem,

Quam qui sectatur bene credulus esse probatur.*

---

* 大意：格罗索拉努斯曾在米兰，接受了上帝赐予他的神圣职位，他渴望带领希腊人回归信仰，赋予虔诚以正确的形式，让信徒走正统的道路，通过这次演讲，他向他们解释了神圣的三位一体，使追随他的人容易接受他说的话。

Audi et intellige que ego Deo inspirante loquor ad te, sapiens et patiens potens et humilis imperator Alexi ... Vale, bone imperator. Sit tibi pax et prosperitas. Concedat Flamen Sanctum quod poscimus. Amen.[*]

12 世纪以后，翻译开始变得一板一眼，我们可以很容易地复原希腊文本。在布拉格手稿中尚未出版的部分文本如下：

[nisi alia fortass dicatur] (f. 50 v). Ego certe agentis nullam adhuc huic similem rationem audivi, quamvis improprie ratio dicatur per quam nihilesse rectum[15] monstratur. Verum tamen de eadem nuper causa loquebar cum quodam sapiente Greco, et audivi aliud ab illo et ego[16] aliud respondi illi. Volo itaque hic ponere illius opinionem et meam respon- (f. 51) sionem, ut bonus imperator bene possit discernere et quid de supradictis debeat iudicare. Grecus licit: Si Spiritus ita procedit a Filio sicut procedit a Patre, ergo duo sunt principia Pater et Filius, et si duo sunt principia incidimus in heresim illorum qui dicebant unum principium esse ęternalium et alterum principium esse temporalium. Ad hęc ego respondi: Sancta et catholica ęcclesia dicit Spiritum procedere a Filio sicut a Patre, et dicit Patrem esse principium et Filium esse principium et[17] Spiriturn Sanctum esse principium, nec tamen dicit esse tria vel duo principia sed unum principium, sicut ipsa dicit Patrem Deurn et Filium Deum et Spiritum Sanctum Deum nec tamen dicit tres Deos vel duos Deos sed unum Deum. Si autem vis dicere Patrem esse principium Filii et Spiritus Sancti, consentio

---

* 大意：请听并理解我在上帝的启发下对您说的话，睿智而耐心、强大而谦逊的亚历克修斯皇帝……再见，英明的皇帝。愿您享有平安与繁荣。愿神圣的祭司赐予我们所求。阿门。

quidem, verum tamen aliter non intelligo [ipsum esse principium Filii et Spiritus Sancti nisi quia ipse genuit Filium et ab ipso procedit Spiritus...].*

罗马人帕斯卡尔 [18]

在 12 世纪君士坦丁堡的意大利人中，最稀奇古怪的人物之一就是某个名叫帕斯卡尔的罗马人（Paschal the Roman）。据我所知，那时期的叙述和文献资料中都没有提及过他，但我们可以从他本人在 1158 年至 1169 年间的各个时期在拜占庭首都所作的序文来追溯到他的事迹。这些序文并没有告诉我们他最初因何来到君士坦丁堡，也没有透露他在西方的祖先和同伴，而只提到了格拉多的宗主教（patriarch）亨利·丹多洛（Henry Dandolo，大约 1130—1186 年间任职）。丹多洛曾去过东方，并与特奥里安努斯（Theorianus）在神学上有过友好的争论。[19] 帕斯卡尔曾翻译过一段一个犹太教徒和一个来自西奈、名叫阿纳斯塔西乌斯的基督教徒之间的对话，并于 1158 或 1163 年将该译本题献给了丹多洛，至少有十二份手抄本 [20] 保存了下来。其中维也纳国立图书馆 MS. 590，日期为 1158 年的这一份抄本标题如下：

---

* 大意：（如果别人说了什么，）我肯定没有听到任何类似的推理，即使这个推理是不恰当且错误的。在你所在的这个地方……我正在和一位希腊智者交谈，我从他那里听到一件事，我回应了他另一件事。因此，我希望将他的意见和我的回应放在此处，以便好皇帝能够了解和判断他应该如何处理上述问题。希腊人说：如果圣灵从子出来，如同从父出来一样，那么父和子就是两个开端；那么，我们就陷入了异端。对此我回答说：圣公会说圣灵从子而来，如同从父而来，父是开始，子亦是开始。子是神，圣灵亦是神，不应该说有三个或两个开端，而是一个开端，是一体的。就像对圣父、圣子和圣灵那样，不应该说有三个或两个神，只有一个神。但如果你要说圣父是圣子和圣灵的开始，我确实同意，但我不明白，他是圣子和圣灵的开始，除非圣子，圣灵由他而出……

Pascalis de Roma hoc opusculum[21] disputacionis Iudeorum contra Sanctum Anastasium abbatem ad honorem venerabilis patriarche Gradensis Hainrici Deadoli[22] fideliter ac devote transtulit. Anno Domini Mo. co. lviiio. [23] *

文章的开头和结尾如下：

Interrogavit Iudeus: Cum Deus precepit ligna non esse adoranda, quare vos Christiani ea colitis vel adoratis facientes ex illis cruces et ymagines? Christianus dixit: Die mihi et tu quare adoratis librum legis cum de pellibus immundis paratus sit ... Christum verum Deum et hominem confitentes cui gloria et imperium simul est cum Patre et Spiritu Sancto in secula seculorum. Amen. **

该论文由一组不同顺序的摘录组成，摘自麦[24]出版并由米涅[25]重印的《争论》（Dispulatio）一书。科隆巴赫（Krumbacher）[26]认为《争论》不可能是西奈的阿纳斯塔西乌斯的作品，因为书中说道，距耶路撒冷被摧毁已有八百多年了。在这一点上，我们需要进一步的手稿证据，因为拉丁文译本的抄写员似乎试图将这一陈述的时间更新，而希腊抄写员可能也进行

---

* 大意：罗马的帕斯卡尔忠实而虔诚地翻译了这篇犹太教徒反对萨内图斯·阿纳斯塔西乌斯的文章，以纪念可敬的格拉多·海因里克·戴多利（Grado Hainric Deadoli）宗主教。公元 1158 年。

** 大意：犹太教徒问：神既吩咐不可敬拜那树，你们基督徒为什么敬拜树制作十字架和它们的图像？基督徒说：上帝，你们为什么崇拜这本书？既然律法书是用不洁的皮毛制成的，你为什么还要崇拜它呢？……但事实是，基督是神，荣耀和统治权与父和圣灵同在，直到永远。阿门。

了类似的修正。因此，在三份拉丁文手抄本中，有 1281 年的，[27] 有 1283
年的，[28] 还有另外三份为"1300 年之后"。[29]

有了这条线索，我们将不难进一步了解牛津大学贝利奥尔学院图书馆
手抄稿 MS. 227 中帕斯卡尔作品的内容。他将这份作品题献给同一位宗主
教，讲述了伊皮法尼乌斯（Epiphanius）版的圣母的生活[30]。其序言写道：

Incipit prologus in ystoria Beate Virginis Marie. Domino H. Dei gratia
Dandolo patriarche dignissimo de Grado P. de Roma. Ex diuturna conversatione,
carissime pater et domine, in omnibus liberalibus artibus vos optime studuisse,
maxime etiam circa divinam scripturam curam[31] habere percognovi. Nunc,
etsi parum in greco studuerim, tamen, ne latentem vitam silentio subducam,
honore sancte Dei Romane ecclesie et vestro Christi Genitricis vitam et
educationem, sicut a Beato Epiphanio archiepiscopo Cypri descriptam inveni,
vobis fideliter transtuli. Quod si in aliquo forte a quibusdam scriptoribus
discordat, quoniam non omnia exemplaria in manus omnium incidunt, non est
meum tanto viro commendare vel exprobrare sed vestro [et] sancte Romane
ecclesie iuditio illam relinquo. Sufficiat itaque mihi in uno verbo dumtaxat
vestre sapientie posse placere.*

---

* 大意：下文是圣母玛利亚在历史上的序幕。蒙上帝恩典，致尊敬的大主教丹多洛，
来自罗马的帕斯卡尔。亲爱的父和主，从日常的交谈中，我知道你鼓励人文科学，你特
别关心对《圣经》的研究。现在，我正以希腊语致力于同样的研究。为了使我不至于在
沉默中度过一生，为了神圣的罗马教会的荣誉，我重述了蒙福的塞浦路斯的大主教圣伊
皮法尼乌斯所讲述的基督之母的生活，我将这份忠实的翻译呈现给您。如果译本在某些
方面与作者的版本有所不同，那是因为不是所有人都能获得全部的手稿。我无权指责、
批评他，我将评判的权利留给您和神圣的罗马教会。对我来说，只要是用智慧说出的话
就足够了。

　　第三个也是更重要的译本为希腊神秘书籍《基兰尼德斯》(*Kiranides*)[32]
的 1169 年拉丁文译本，几乎可以确定为罗马人帕斯卡尔所作。这本奇异
的纲要收集了关于动物、石头和植物功效的古老传说，其在希腊家喻户晓。
梅利和鲁埃尔编辑并翻译了它，但其拉丁语版本并没有人专门研究过。我
们知道至少有六份序言相同的拉丁文手稿，时间署为 1169 年，写给某位
师傅 Ka，署名为 Pa。在其中一份手稿（即梵蒂冈的帕拉廷 MS. 1273）中，
最上面花押署名"PASGALIS"。[33]

　　《基兰尼德斯》的译者还了解一些关于草药和行星的魔法功效的其他
希腊著作，而且他甚至把这些著作排在《基兰尼德斯》前面。这些著作的
拉丁文版本有时和《基兰尼德斯》[34]一起出现在一些手稿中，[35]但都没有
标明译者，而罗马人帕斯卡尔很可能就是译者。

　　与此同时，在 1165 年，罗马人帕斯卡尔利用他旅居君士坦丁堡，切
身接触神秘学知识的机会，以《神秘学宝藏之书》(*Liber Thesauri Occulti*)
为题，编撰了一部关于梦的著作。序言吹嘘梦的科学优于占星术，其开头
和结尾如下：[36]

Incipit liber thesauri occulti a Pascale Romano editus

Constantinopolis anno mundi .vi.dc.lxxiiii. anno

Christi .m. c. lxv. *

Tesaurus occultus requiescit in corde sapientis et ideo desiderabilis, set

in thesauro occulto et in sapiencia abscondita nulla pene utilitas, ergo revelanda

---

*　大意：由罗马人帕斯卡尔编辑的《神秘学宝藏之书》一书开头，君士坦丁堡的创世
纪元 6674 年，基督纪元 1165 年。

sunt abscondita et patefacienda que sunt occulta. Quare de plurimis ignotis et occultis unius tantummodo elegi tegumentum aptamque revelacionem describere, videlicet sompnii secundum genus et species eius quo res profunda et fere inscrutabilis ad summum patenti ordine distinguatur. Eius namque doctrina philosophis et doctis viris valde necessaria est, ne forte cum exquisiti fuerint muti vel fallaces inveniantur. Nam omnis homo, ut ait Aristoteles in libro De naturis animalium,[37] a quatuor annis et supra sompnium conspicit atque ad contemplacionem mentis excitatur, et in sompno quidem fit sompnium et sompnus nichil est aliud quam quies et hebetacio animalium virtutum cum intensione naturahum (f. 41)...(f. 43) Collectus autem est liber iste ex divina et humana scriptura tam ex usu experimenti quam ex ratione rei de Latinis et Grecis et Caldaicis et Persis et Pharaonis et Nabugodonosor annalibus in quibus multipharie sompnia eorum sunt exposita. Fuerunt enim Pharao et Nabugodonosor amatores futurorum et quia prophetas non habebant velud gentiles dedit eis Deus per tegumentum sompnii futura conspicere. Nam in sompniis vita et mors, paupertas et divicie, infirmitas et sanitas, tristicia et gaudium, fuga et victoria levius quam in astronomia cognoscuntur, quia percepcio astronomie multiplicior est ac difficilior. Preterea sompniorum usus et cognicio maxime oraculorum vehemens ac aperta demonstracio est, contra eos qui dubitant de angelis et de animabus sanctis utrum sint vel non. Si enim non essent, quomodo eorum oracula vera essent? Nam quecunque anima sancta vel angelus aliquid in sompnio dixerit, absque omni interpretacione et scrupulo ita fiet ut predixit angelus vel anima. Non itaque longitudo prohemii nos amplius protrahat nee responsio aliqua impediat, set omni cura seposita succincte ad thesaurum desiderabilem aperiendum properemus.

Sompnium itaque est figura quam ymaginatur dormiens...*

这部著作的引言和正文奇异地混淆了西方和东方的来源，如《圣经》中提到的梦、马克罗比乌斯评注的《西庇阿之梦》（the *Somnium Scipionis* of Macrobius）**、"我们的加图"（Cato noster）、亚里士多德的《动物志》、希波克拉底、《临终圣餐》（*Viaticum*）和《圣徒受难记》（*Passionarius*）（可能分别是康斯坦丁和加里奥庞图斯的作品***）。还有一些不太确定的东方文献，1176 年托斯卡纳的利奥翻译成拉丁文的艾哈迈德的《解梦学》（*Dream-book* of Achmet）可能也包括在其中。[38] 这些作品看似都不涉及阿拉伯作家，但包括亚里士多德《动物志》[39]在内的许多希腊资料还无法在西方阅读到，且关于梦的主题在东方被研究得更为充分。[40]

很有可能我们对帕斯卡尔文字事业的记载还远远不够完整，而且随着对手抄本的进一步探索，我们可能还会得到其他新发现。

---

* 大意：智者心中的宝藏是可慕的，但被藏匿的宝藏和被藏匿的智慧几乎无利。因此，要把隐秘的东西揭示出来，把掩藏的东西公布出来。在众多未知和秘密中，我只选择梦来阐释。梦是一个非常深刻的东西，几乎是不可预知的。而学者对此的研究和教导显然是必要的。正如亚里士多德在《动物志》一书中所说，事实上每个人到 4 岁及以上都能做梦，并被唤醒对心灵的沉思。在睡眠中人变成梦中人，而睡眠本身只不过是动物自然属性的休息……这本书是根据人和神的著作收集出来的，既来自实验的经验，也来自拉丁语、希腊语、迦勒底语、波斯语、法老和尼布甲尼撒的历史推理，其中以多种方式记录了他们的梦。法老和纳布科多诺索尔是未来世界的追求者，但他们没有先知，所以上帝给了他们梦来了解未来。事实上，在梦中，生与死、穷与富、疾病与健康、悲伤与快乐、失败与胜利都比天文学更容易学到，因为天文学需要的理解力是多方面的，而且更复杂。此外，梦境的经验和知识，尤其是神谕，是对那些怀疑天使和圣洁灵魂的人存在与否的有力而公开的证明。如果不存在，神谕怎么可能是真的？事实上，圣人的灵魂或天使在梦中所说的一切，都是灵魂或天使的预测。因此，不要让这一事件持续更长时间，也不要阻碍任何答案，我们会很容易地揭示出来。因此，梦是睡眠者所想象的形象……

** 《西庇阿之梦》原书为西塞罗所著。

*** 康斯坦丁（Constantine the African）和加里奥庞图斯（Gariopontus）均为 11 世纪著名医学家。

第九章
意大利早期的信函写作学

在 12、13 世纪，信函写作在西欧的学术生活中占据了很大的位置。由于信函写作在中世纪早期一直作为法律文件草稿的主要附件，在 12 世纪文学和学术的复兴中获得新的发展动力，这与法律研究和拉丁书信的培训都有关系。事实上，在之前的一段时期内，法律几乎是修辞学的一个分支，因此，将法律确立为一门独立的教学学科并不能够完全割断它与起草官方法令的密切联系；而现在对拉丁风格的更多关注反映在更自由的信函写作形式。无论在修道院、主教座堂学校，还是在最早期的大学和当时代的文书院，其中写作的书信都值得历史学家关注，不仅因为信函写作是修辞学和文学发展的一个阶段，还因为书信集可以呈现叙事历史，特别是展现那个时代社会和智识的状况。[1]

当然，古代修辞学家并没有立即被这一时期的教师和作家抛弃。西塞罗和昆提利安仍然被仿效，也能引发高水平学生的思考，但我们发现，早在更直接、实用的信函书写手册出现之前，他们已逐渐被淡忘。为了便于直接使用，随后的相关论著把注意力集中在书信本身及其结构，很少在意语句的修辞形式和修饰问题。其中经常附有范例，通常是一些精心收集的公开和私人信件，与当时社会的主要阶层和生活中主要场合相匹配。有时，这些书信范本集与理论部分分离，以手写稿的形式单独传播。书信范本集经常包含真实的历史文献，以及为了在现实生活中使用或模仿而编写的信件，一些专有名称或首字母能够帮助我们准确定位它们的时间和地点，可以作为特定的历史来源的依据，还可以用于追溯这一时期信函写作的发展和传播。这些手册和信件集的定位追踪也有助于我们研究西欧几个国家之间的知识流动。新修辞学起源于 11 世纪末的意大利，在接下来的一个世纪中，它跨越阿尔卑斯山，在奥尔良地区建立了自己最稳固的地位，那里的信函写作教师与他们在意大利的学校和文书院中的博洛尼亚同辈分庭抗礼，在德国也有相当大的影响力。对约 1160 年以前意大利的信函写作学论著和书信集做一番研究，将有助于我们了解这一发展的本质和过程。[2]

1. 卡西诺山的阿尔伯里克（Albericus of Monte Cassino）

据我们所知，[3]新信函写作学的第一个倡导者是阿尔伯里克，他是11 世纪后期的卡西诺山的修道士，后来成为罗马红衣主教，直到他于1079 年去世。[4]作为一部《信函写作概要》（*Breviarium de dictamine*）的作者，阿尔伯里克具备相当深厚的古典学养，代表了古罗马修辞学和语法学的广泛传统，因此他处于中世纪修辞学的转折点上。他曾写过一部关于修辞点缀的著作，名为《修辞之花》（*Flores rhetorici*）或《信函写作之光》（*Radii dictaminum*），以三份手稿的形式保存下来，[5]还以《有关粗鄙与语法谬误，比喻与谋篇布局》（*De barbarismo et solecismo, tropo et schemate*）为题，[6]写过一组短篇论文。此外，修辞学和语法学并不能代表阿尔伯里克的全部文学活动，因为他圣徒式的生活，神圣的诗作，布道，备受争议的神学研究手册，信件，关于辩证法、音乐天文学的论作都享有盛誉。罗马晋升体系*的复兴也可归功于他，他的学生加埃塔的约

---

* 晋升体系（Cursus honorum），意为"荣耀之路"，是在罗马共和国和罗马帝国初期时，政治家就任政府职位的次序，包含军队及政治行政职位。

翰（John of Gaeta）——当时的教廷议长以及后来的教皇格拉西乌斯二世（Pope Gelasius II，1118—1119 年在位）——似将该体系引入教皇罗马宗庭。[8]

在严格意义上的信函写作领域，阿尔伯里克为我们所知的教导只留存于《概要》，保存在两份抄本中，其中一部分已经出版；[9] 在他逝世半个世纪后，以他的名字署名印刷的《信函写作缘由》（*Rationes dictandi*）目前存放在博洛尼亚。[10]《概要》和后来信函写作书籍相比，具有更多语法和文体方面的内容，因此可见，新信函写作学尚未与语法学和旧式修辞学明显区分开。因此，阿尔伯里克在书中凝集了他另一篇论文中对"演说缺陷"（vitia orationis）的讨论，还涉及构思押韵（consideratio rithmorum）这一无关信函写作的内容。而新兴趋势则体现在对招呼语形式的强调，以及正式文件中会出现虚构案例，因此格里高利七世和亨利四世都被借用来以阿尔伯里克的风格说话，这使某些现代评论家都感到困惑。[11]《概要》显然不是一部完全关乎技巧的论作，它是用来补充阿尔伯里克的口头指导，题赠给他的两个学生甘德弗里德和圭多。但《概要》的影响，以及它与后续发展的关系却可以从随后博洛尼亚信函写作家的援引中体现出来。[12] 博洛尼亚的乌戈指出，虽然阿尔伯里克并没有提供每一种信函写作形式的样本，但他在写信写作方面被公认为优于其他人，并享有盛誉。[13]

2. 阿吉诺尔夫斯（Aginolfus）

被博洛尼亚的乌戈提及，[14] 曾批评阿尔伯里克轻率地标新立异，但尚未发现阿吉诺尔夫斯本人的作品。[15]

3. 撒玛利亚的阿尔伯特（Albert of Samaria）

曾以"阿吉诺尔夫斯"署名评论阿尔伯里克。[16] 在博洛尼亚，信函写作这门新技艺于 12 世纪早期确立，[17] 而阿尔伯特是第一位与博洛尼亚有关联的信函写作教师。我们对阿尔伯特的认识是基于两份，或说三份手稿，一是莱因哈德斯布伦手抄本，现保存于波默斯费尔登的私人图书馆里，包含带序言的《信函写作规则》（*Precepta dictaminis*），"Adalbertus Samaritanus superno munere monachus Ti. suo discipulo amantissimo"，以及一系列显然是出自同一篇论作的书信称呼语，因此与《规则》一同由克拉博（Krabbo）印刷。[18] 即使有了这些补充，论作似乎仍不完整，[19] 因为行文不连贯，缺乏初步的分类，也缺乏此类作品中很常见的与修辞相关的讨论。如果我们从称呼的形式来判断，其年代是公元 1111—1118 年，在帕斯卡尔二世、亨利五世和阿莱克修斯·科穆宁*的时代；其中的专有名词指向意大利北部——帕尔马、摩德纳、雷焦、费尔莫、比萨、卢卡——但并不特别指向博洛尼亚。卡西诺山修道院院长之职和"阿尔伯里克弟兄"（Albericus frater）[20] 的称呼似乎已经从阿尔伯里克接手。除了经常出现的"撒玛利亚的"或"来自撒玛利亚"以外，没有其他关于作者及其家乡的相关信息，在意大利或相邻的国家中也没有已知与这个名字相关的地方，我们可能要从《圣经》撒玛利亚人的记录推断获得某些参考，显然这么做在某种意义上是不充分且令人遗憾的。[21]

第二份手稿[22] 是 12 世纪柏林的一部古抄本 Cod. Lat. 181 (Phillipps, 1732), ff. 56 v-73，其包含一篇简短的论文和一个有四十五封信件的附录。论文开头没有标题和作者，如下：

De dictamine tractaturus primum eius diffinitionem ostendere decrevi,

---

* 这里指阿莱克修斯一世·科穆宁（Alexius Comnenus），拜占庭帝国科穆宁王朝皇帝（1081－1118 年在位）。

quatinus ea cognita convenientius tractare queam. Dictamen est animi conceptio et recta oratione aliquid componere. Dictaminum duo sunt genera principalia. Omne namque dictamen aut est prosaycum aut metricum ... Sub qua divisione sunt multe alie species ... quibus omnibus in eo opere quod de metrica arte facere intendimus Deo nobis vitam tribuente tractabimus. Nunc de epistolari prosayco videamus.*

　　这种处理方法不同于《规则》，两者绝大部分内容涉及不同方面。而它们重叠的部分，如 epistola 和 cola 的词源上，两者的共同观点很接近，但并不完全一致。在乌戈、亨利克斯·弗朗西赫纳和伯纳德等后期的博洛尼亚论作中有相似之处，但并没有完全复制。作者将讨论限制于散文体书信，并承诺会写作另一部关于格律技艺（de metrica arte）的作品。为了解释说明，在这份手稿中"撒玛利亚"被提到了三次（ff. 60 v-61）。

　　从 f. 61 v 开始是附录中的信件，其中前六封内容如下：

　　（1）Alberto doctori eximio divina sapientia referto morum honestate perspicuo G. scolarium infimus discipularem subiectionem. Tue sapientie ac probitatis fama, renovande[23] doctor, longe lateque diffusa a multis veridicis mihi relata me vehementer monuit ac tibi scribere persuasit et de fonte tue doctrine mellifluos haustus petere. Te namque nobili prosapia ortum, sapientia

---

* 大意是说：我现在要讨论信函写作，而我决定先呈现其定义。一旦我了解了定义，我才能更恰当地讨论它。信函写作是以正确的言辞写作内心的构想。主要有两种表达方式。一篇书信要么是散文体的，要么是格律体的……这一分类下还有不同类型……所有这些我们将凭借上帝赐予的生命，在讨论格律技艺的作品中加以说明。现在让我们来看一看散文体书信。

illuminatum, bonis consuetudinibus adornatum ut audivi in re cognovi.
Magistralem igitur benivolentiam ad nostram[24] accedere urbem humiliter
deprecor ac proxima hyeme cum .1. scolaribus vel eo amplius docere, qui dato
pignore reddent te[25] securum per annuale[26] spacium tecum permanere et tui
laboris ac doctrine debita reddere.

（2）Albertus superno munere siquid est G. Cremonensi scolastico
carissimo socio et ceteris sociis semper meliora proficere.[27] Vestrę dilectionis
litteras, carissimi socii, ovanter accepimus ac benigna mente perlegimus.
Quarum peticionem cum magno desiderio adimpleremus si qua ratione
convenienter possemus. Pignoribus namque acceptis ac fide data nos per annum
Bononie morari ac studium indesinenter regere proposuimus. Eapropter quod
postulatis ad nos venire, vobis si libuerit ut carissimos filios suscipiemus et ut
dilectos filios docebimus.

（3）Dilectissimo socio et precordiali amico L. indissolubile dilectionis
vinculum. Amicitia inter nos a cunabulis fere inchoata una cum etate incrementata
magnam mihi fiduciam prebet a te necessaria petere et te monet postulata
concedere. Quicquid enim usque modo habuimus una communicavimus sed
quod fuit dignum dono alter alteri non denegavit. Quamobrem nimium confisus
te multimoda prece deposco ut divinarum sententiarum excerptum[28] quod
nuper de Francia detulisti per harum latorem mihi mittere necesses. Vicissim
vero meis utaris ut propriis.

（4）Necessariorum precipuo O. individue dilectionis unionem. Tue littere
per Stephanum mihi delate in exordio me vehementer letificaverunt et in extremo
mestificaverunt. Per eas enim tui animi affectionem circa me animadverti et

per earum portitorem salutem cognovi; hac de causa ultra quam dici possit letatus sum. Quod autem tue peticioni inpresentiarum satisfacere nequeo omnimodo doleo. Nam librum querm a me petisti[29] iam transacto mense Land. nostro accomodavi amico, sed tuo presente latore meum direxi ut sine dilatione mihi mittat. Querm postquam habuero tibi absque ulla cunctacione mittere curabo.

（5）U. Bondinensi archiepiscopo[30] dilectissimo consanguineo Ada[lbertus][31] Samaritanus superno munere si quid est voluntatis identitatem. Nulla mea precesserunt officia pro quibus tua debeam flagitare beneficia, sed quia caritatis zelo te fervere cognovi qua non modo notis verum etiam ignotis es[32] subve nire, confidenter tibi meum pando infortunium et tuum deposco suffragium. Bononiam kalendis Augusti divino iudicio igne crematam et in eius combustione meam supellectilem me amisisse sciatis et vix inde nudus evasi. Itaque tue propinquitatis dilectionem humiliter deprecor quatinus tua copia mea sublevetur inopia, vel aliter, tua opulentia aliquantisper mea sustentetur indigentia.

（6）A. Samaritano adprime liberalibus disciplinis erudito carnis propinquitate coniuncto U. divina favente clementia Bonidinensis ecclesie archipresbiter licet indignus salutem et eternam in Domino consolationem. Inspectis et superspectis et perlectis tuis litteris ob nimiam tristiciam a lacrimis abstinere nequivimus. Cum enim divina scriptura precipiat etiam extraneis compati, multo magis condolere tibi debemus qui consilium et subsidium in nostris negotiis semper dedisti. Quo circa pro nostra facultate tibi subvenimus et per nostros legatos unum fulcrum et pulvinar linteumque atque duo plaustra honerata unum vino alterum frumento tibi mittere curamus. Quę munuscula humiliter tuam deprecamur dilectionem benigne suscipere sicut de promtuario karitatis tibi studuimus mittere.

以上这些以及意大利类似形式的信件，我都已经发表于 *Mélanges Pirenne*，[33] 即该信集的前十七封信，而之后关于法国北部的奥尔良、兰斯、桑斯地区的两部分（年代约在 1130—1150 年间），则由霍尔兹曼进行分析和研究，其中至少有一封在 1135 年之前，是表明博洛尼亚修辞集传播到法国的最早例证。从信函写作技艺的角度来看，书信集的第一部分是最有趣的，即阿尔伯特本人的信，在第 1、2、5、6 封信中被特别提到，并且明确定位在博洛尼亚。他与他的前辈的关联性在第 11、12 封信中有所呈现，那是关于博尼佐（Bonizo）作为苏特利主教（1076—1082）的两封信，显然出自与意大利中部相关的一部更加古老的书信集——很有可能出自与博尼佐同时代的卡西诺山的阿尔伯里克之手，《信函写作规则》从阿尔伯里克那里取了一个称呼语。

阿尔伯特的信件是至今从博洛尼亚学校中发现的最早的书信。迄今为止，只在博洛尼亚的乌戈的《缘由》（*Rationes*）中找到了这一时期博洛尼亚信函写作学研究的证据，[34] 年代在约 1119—1124 年间。然而如果我们遵照《规则》所指的日期，阿尔伯特属于 1111—1118 年。阿尔伯特认可乌戈在整体上重视三艺，特别强调信函写作，以及忽略所有有关法律的研究。他有关帮助、谴责、请求借阅书籍或获得书写材料的信件（第 4、7、8、13、14、15 封信），都能从乌戈以及之后的书信集中找到相似之处。[35] 其中也不乏一些新的观点。第 1、2 封信展示了博洛尼亚学校和克雷莫纳学校之间关于一位信函写作教师的协商；这些学校似乎与主教座堂没有联系，在信中所说的这两种情况下都有依照惯例订立的年度合同，以保证学生支出费用。[36] 更加意义重大的是第 3 封信中的 "divinarum sententiarum excerptum quod nuper de Francia detulisti" * 一句，不仅显示了博洛尼亚和法国北部学校之间的早期沟通，也提供了证据，尤其表明了新兴句式文学的早期传播，首先由拉昂的安塞姆（Anselm of Laon）** 及其学校推行，后在阿伯拉尔 *** 手中成形，对格兰西 **** 和博洛尼亚神学家的研究方法产生了一定的影响。[37] 因此我们可以看到，神学从法国传到意大利，其时间甚至早于书信写作学从意大利传到法国（如我们这本信集后半部分中所呈现的那样）的时间。

4. 亨利克斯·弗朗西赫纳（Henricus Francigena）

《黄金宝石》（*Aurea gemma*），约 1119—1124 年，帕维亚，这部作品保存于以下抄本中：

A. 沃尔芬比特尔，MS. 5620, ff. 66-80

B. 莱比锡，大学图书馆，MS. 350, ff. 132-146

C. 法国国家图书馆，MS. lat. n. a. 610, ff. 27-52 v（12 世纪，结尾不完整）

D. 牛津大学博德利图书馆，MS. Laud Misc. 569, ff. 178 v-190 v（13 世纪早期），佚名且无序言

E. 埃朗根大学，MS. 396, ff. 47-54 v，有来自 13 世纪莱茵河谷的信件，尤其是雄高地区。参见 Hans Fischer, *Die lateinischen Pergamenthandschriften der Universitätsbibliothek Erlangen* (Erlangen,1928), pp. 472-473

---

* 大意是：最近从法国带来的圣言录。

** 拉昂的安塞姆（Anselm of Laon），生于 11 世纪，卒于 1117 年，法国神学家，在早期的经院哲学上颇有建树。

*** 彼得·阿伯拉尔（Peter Abelard, 1079—1142），法国神学家、哲学家。

**** 格兰西（Gratian），意大利教会法学家。

抄本A摘录的印刷由Rockinger, *Q. E.*, ix. 41-46, 68-71, 90-91, 93-94; 参阅 H. Fitting, "Ueber neue Beiträge zur Geschichte der Rechtswissenschaft im früheren Mittelalter," in *Zeitschrift der Savigny-Stiftung für Rechtsgeschichte*, vii, romanistische Abtheilung, 2, p. 66 (1886) ; 同上, *Die Anfänge derRechtsschulezu Bologna* (Leipzig, 1888), pp. 80, 105。参见 Bütow, pp. 30-43, 其中只采用了抄本 A 和抄本 B，并对整篇论作做了分析。

该论作题献给 S. 塞韦里诺的彼得，提到了作者已故的老师安塞姆——一位在其他方面籍籍无名的信函写作教师。理论部分则随意地借用阿尔伯里克和撒玛利亚的阿尔伯特。案例主要围绕帕维亚；由菲廷（Fitting）[38] 出版，旨在借此举确立帕维亚在当时作为法律研究中心的重要地位。

抄本 C 开头如下：

Petro divino munere Severiane domus .M. sacerdoti glorioso Henricus Francigena amicorum eius amicissimus salutem et peticionem cum humanitatis familiaritate. Crebris vestre dilectionis, dilectissime Petre, fatigatus precibus, honestissime vestre peticioni opere precium duxi nullatenus denegare, quod meam parvitatem dudum scilicet opuscula dictandi componere promisisse recolo. Scribam itaque non invitus cum rogatu vestro querm sinceritatis brachiis Deo teste et consciencia mea complector[39] et in communi utilitate dictancium raciones dictandi prosaice, non tamen ex armariolo nostri ingenii verum etiam diversorum sentencias in unum colligendo .... Quocienscunque aliquis prosaice sine vicio egregias componere litteras desiderat, opere precium est ut primum dictandi originem deinde ordinem et materiarum distinctionem perfecte noscat, ut recto tramite vel ordine incedere per altos dictaminis montes leviter valeat. Legat igitur studiosus dictatur [sic] hunc libellum qui Aurea gemma intitulatur quern Francigena Henricus ad utilitatem desiderancium dictare Papie conposuit....

我在 1898 年就注意到抄本 D，开头没有赠言，[40] 而是有一段模仿西塞罗和拉丁教父们的序言[41] :

(f. 178 v) Incipit ecce liber qui dicitur Aurea gemma. Librorum sicut Cantica canticorum per excellentiam liber iste dicitur eo quod maxima utilitas et maior quam in ceteris contineatur in eo. Intendit enim dictandi doctrinam perficere et construere et quodlibet imperfectum formare, Tullium in rethorica arte imitando, Gregorii, Augustini, Ieronimi, atque Ambrosii vestigia in dictaminis varietatibus sequendo : Tullium in faceta locutione et verborum compositione, Gregorium in dulcedine et suavitate, Augustinum in callida et subtilissima argumentatione, Ieronimum in sententiarum pondere, Ambrosium in theorica disputatione. Quanto ergo aurum cunctis metallis preciosius et gemma naturalis ceteris lapidibus clarior et splendidior, tanto liber iste omnium[42] auctorum abreviatior libris invenitur. Aurum itaque et gemma potest dici, sed aurum gemme adiungas et utramque coniunctione qui[d]dam dulcius et pulchrius et decentius idem auream gemmam facias. Vocetur itaque Aurea gemma eo quod ex fontibus doctorum quasi ex auro et gemma sit compositus et informatus. Sociorum assidua pulsatione coactus naturalis et rationis incitamento astrictus aggressus sum rem arduam sed professionis officio non invictam et prosaycas oratiores fingere cupientibus satis idoneam, opus difficile sed tamen pro utilitate.

在《修辞色彩》（*colores rethorici*，f. 183）中，某位彼得师傅的学说备受尊崇，[43] 这些称呼语［卡利克斯特二世（1119—1124 年在位），亨利五世（1106—1125 年在位）］与其他手稿一致，但有在法国修订的迹象：巴黎主教 W（f. 185 v），"加利亚诺教堂"（f. 187 v），以及某座以梅涅西斯、维安西斯、韦南西斯（Menensis, Viensis, Venensis）等各种名称出现的教堂。因此，在其他版本中从帕维亚写信的学生，这里正在兰斯学习法律或辩证法（f. 187）："Remensi studio legum—vel dialetice—alacriter et sane die noctuque adherere."[*44] 论作以一位名为皇帝 H 写给亚历山大教宗的信结束，信中解释说世界由四种元素组成，人由四种体液组成。[45]

亨利克斯·弗朗西赫纳似乎是一部现存于慕尼黑、写自帕维亚的信件合集的作者，其中一篇攻击阿尔伯里克的文章是由亨利克斯口述而成（Bütow, p. 22）。然而，信中皇帝是腓特烈而教皇是亚历山大（Wattenbach, "Iter", p. 51）；没有相应的理论部分。

5. 乌戈（Hugh）

博洛尼亚的教士和教师，《散文体信函写作缘由》（*Rationes dictandi prosaice*），约 1119—1124 年。该作品有如下已知的抄本：

A. 萨尔茨堡圣彼得修道院，MS. V. 13

B. 沃尔芬比特尔，MS. 5620, ff. 1-4 v，不完整（以麦森的主教本诺署名）

C. 波默斯费尔登，MS. 2750，ff. 56 v-68 v

---

* 大意：我正致力于研究法律——或辩证法——勤奋而自然地日夜坚持。

D. 格拉茨，MS. 1515, ff. 20 v-45（参阅 *Neues Archiv*, xxii. 299）

抄本 B 印刷见 B. Pez, Thesaurus anecdotorum, vi, I, coll. 264-278；抄本 A、B、C 印刷见 Rockinger, *Q. E.*, ix. 49-94. 参阅 Bütow, pp. 44-46.

论著题献给费拉拉的 D，他是一位帝国法官。作者声称自己是阿尔伯里克的追随者，批判阿吉诺尔夫 * 和撒玛利亚的阿尔伯特，但他随意地借鉴阿尔伯特，其中还有一封以阿尔伯特名义写作的信。[46] 其写作观点与亨利克斯·弗朗西赫纳相近，但形式集中博洛尼亚的风格，其中有一封学生信件，信中强调哲学和信函写作（dictamen），而不是法律。在另一封没有被罗金格（Rockinger）印刷的信中，学生对某部普里西安 ** 著作和一本《白银之言》的需求表明了他的文学兴趣。[47]

6. 威廉（Willelmus）

《黄金宝石》（Aurea gemma），约 1126 年。手稿来自魏森堡，现为私人收藏，其中的七封信的印刷见 K. Höfler, "Böhrnische Studien," *Archiv für Kunde österreichischer Geschichts-Quellen*, xii. 314-316 (1854)；引用于 Wattenbach, "Iter," pp. 38. 关于该信集的内容以及它们之间的关系所知甚少。[48] 在贺夫勒（Höfler）出版的信件中，四封与博洛尼亚有关，三封与米兰有关。

7. 伦巴第收藏

约 1132 年，维也纳，MS. 2507 ff. 27-63；相关分析见 Wattenbach, "Iter," pp. 39-51。这些信件涉及伦巴第和罗马涅间的帝国关系和地方事务。其中一些

---

* 即阿吉诺尔夫斯。

** 普利西安（Priscian），生活于公元 6 世纪的拜占庭语法学家，其《语法基本原理》是中世纪标准拉丁语语法著作之一。

信件与威廉的《黄金宝石》关系密切（"Iter," pp. 47-49）。

　　一个学生写给他父亲的信引起了我们对法国 - 意大利间的关系产生好奇，信中表明这个年轻人正在法国沙特尔学习，师从伯纳德，他希望通过来孔波斯特拉的朝圣者收到寄款：

Miserere itaque pater, miserere, porrige manum egenti filio, subeat tibi paternus animus, non te deserat pietatis affectus, et per oratores qui veniunt ad Sanctum Iacobum saltim .iiii. marcas argenti Carnotum ubi ego sub discipna domini magistri Bernhardi dego mihi mittere studeas. In proxima vero Resurrectione sentenciis illis pleniter instructis repatriare studebo.*

父亲回答：

Tribus namque vicibus per peregrinos qui ad Sanctum Iacobum ibant pecuniam misi. Quarto fratrem tuum Grandulfum ad te direxi, cui querenti et diligenter de te investiganti a multis relatum et confirmatum est te obiisse. Post quod tempera in merore[49] et luctu erumpnosam vitam duxi et nullam consolationem accepi. Sed nuper tuis litteris consolatus et quasi ab inferis resuscitatus et ante divinam faciem deportatus pecuniam quam postulasti per Stephanum fidelissimum vernaculum nostrę domus integram tibi mandare curavi. Quam cicius igitur potest expedire te cura, et si meam faciem ulterius videre

---

* 大意：因此请发发慈悲，父亲，请发发慈悲吧，向您穷困的儿子伸出援手吧，让父亲的心顺从于您，让怜悯之情不要离弃您，至少通过来圣雅各布的使者，试着寄银马克给我。我正在师傅伯纳德先生的教导之下，在下一个复活节前，我将努力学成而归。

desideras cum eo reddere matura.[*]

8. 佚名著《信函写作缘由》(*Rationes dictandi*)

约 1135 年。慕尼黑，Cod. Lat. 14784。假托为卡西诺山的阿尔伯里克的作品，第一册见 Rockinger, *Q. E.* ix. 9-28。然而，更合理的创作背景指向较晚的年代和博洛尼亚地区，体现了后来发展比较全面的信函写作学说，首次提出书信的五部分：致意、祈怜、陈述、请愿、结语（salutatio, captatio benevolentie, narratio, petitio, conclusion），五部分划分方式如此具体，后来演化为博洛尼亚的伯纳德手册中的内容（见下文第 10 点）。参见 Bütow, pp. 58-59；Bresslau, pp. 251 ff。

9. 赫曼努斯 (Hermannus) (？)

博洛尼亚的伯纳德曾提及一位缩写作"赫"的师傅，卡尔布富斯（Kalbfuss, Quellen und Forschungen, xvi, 2, p. ii）由此认为这位老师就是在 Vienna MS. 2507 f. 85 v 中提到的那位："Incipiunt alię pulcrę posiciones magistri Heremanni"[**]。事实上，"alię"[***]这个词可能意味着他是同类作品《修辞之花》的作者，《修辞之花》的时间较早，主要观点出自教父们（见下文第 12 点）。"主张"（posiciones）中许多内容来自沙特尔的伊冯（Ivo of Chartres）的信件。

---

* 大意：我曾三次通过前往圣雅各布的朝圣者寄钱。第四次，我让你的兄弟格兰杜尔夫斯去找你，许多人向他报告并证实了你已经去世的消息，他悲痛不已，仍孜孜不倦地寻访你的消息。但最近，我从你的来信中得了安慰，仿佛从地狱中复活，被带到了神圣面容之前。我慎重委托我们家最忠实的艾蒂安 把你要的钱寄给你。如果你还想再见到我的面，就快些与他一同来。

** 大意是说：以下开始是赫尔曼（即赫曼努斯）师傅的其他精彩主张。

*** 意为"另一、其他"。

10. 博洛尼亚的伯纳德（Bernard of Bologna）

《散文体信函写作指南》（*Introductiones prosaici dictaminis*），约 1145 年，已知的手稿如下：

A. 格拉茨大学，MS. 1515, ff. 46-127（12 世纪）

B. 梵蒂冈，MS. Pal. Lat, 1801, ff. 1-51（12 世纪）

C. 罗马涅的萨维尼亚诺（Savignano di Romagna），MS. 45（约 1200 年）

D. 曼托瓦，MS. A. II. I，ff. 73-122 （12 世纪）

E. 普瓦捷，MS. 213, ff. 1-32（约 1200 年）

F. 布鲁日，MS. 549, ff. 57-105 v（13 世纪初）

G. 布鲁塞尔，MS. 2070, ff. 92-104（12 世纪）

H. 梵蒂冈，MS. Vat. lat. 9991, ff. 97-104 v（12 世纪晚期）

I. 维也纳，MS. 246, ff. 51-57 v（13 世纪）

J. 哥本哈根，MS. Gl. kgl. S. 1905, f. 123 及背面的佚名片段

K. 牛津大学博德利图书馆，MS. Laud Misc. 569, ff. 190 v-191 v, 195 v-196 v. 为适应西多会修士（Cistercians）的使用对简短的佚名摘录做了调整。

参见 H. Kalbfuss, "Eine Bologneser Ars dictandi des XII. Jahr hunderts," in *Quellen und Forschugen aus italienischen Archiven und Biliotheken*, xvi, 2, pp. 1-35 (1914), 基于抄本 D，文中发表了大量书信; Haskins, "An Italian Master Bernard," in *Essays History Presented to R. L. Poole* (Oxford, 1927), pp. 211-226，其中分析了诸手稿，并归纳了如下描述。

这些抄本展示了 1144—1145 年间，罗马涅一位名叫伯纳德的老师所写的一篇关于散文体信函写作论文的各种修订（抄本 A、B）。该作随后在 1145—1152 年间于同一地区再次修订，修订可能出自作者本人（抄本 C、

D、E、F、G），至少早在第二次修订时，萨维纳诺（抄本 C，ff. 87 v-112）和曼图亚（抄本 D）的抄本就提供了模板。伯纳德这个名字表明，这本合集是该论文作者的作品，其中地名指向同一地区，同这类藏书中很常见的那样，学生书信重点围绕博洛尼亚地区。不久之后的第一个修订本（抄本 B）已吸收了来自阿尔卑斯山东部的元素，第二个修订版本早已跨越阿尔卑斯。到阿德里安四世（1154—1159 年），可能在 1152 年以前就已经流传到法国（抄本 E、F）；到 1159—1167 年，也许在法国广泛流传后，在科隆本地化发展（抄本 G）。伯纳德的影响力一直持续到抄本 I 所在的英诺森三世时期，该抄本是修改程度较大的一个法国版本。伯纳德自称信函写作职业教师（dictaminum Professionis minister）、教士以及图利乌斯的效仿者（Tullianus imitator）；除了在提及赫尔曼师傅时（第 9 点），他只字不谈自己所受的训练。某篇题献给亨利的文章绪言显示出伯纳德在某种程度上依附于法恩扎主教座堂，而其他篇目则显示他与阿雷佐有关。伯纳德手册的主体基于《信函写作缘由》（第 8 点），但他对内容有更深入的发展，绪言则做了更加详细的处理。

该论文的某一本抄本（也可能是被混淆其中的另一位伯纳德所著的论著），讨论了格律体信函写作，这个话题通常由博洛尼亚一派的作者传承下去。相似的名字与同样创作信函写作论著的法国伯纳德们发生进一步混淆。[50]

11. 阿德里安四世时期（1154—1159）和托斯卡纳区相关的模板集

罗马涅的萨维尼亚诺，MS. 45, ff. 115-134 中写道："Mirę commoditatis epistolę a pluribus sapientibus editę incipiunt quę secundum dictatoris industriam multis negotiis accommodantur." *

12. 博洛尼亚的圭多（Guido of Bologna）

约 1160 年，维也纳的奥地利国家图书馆所藏 MS. 2507（12 世纪）包含一篇简短的佚名著《信函写作技艺》（Ars dictandi），开篇是 "Introducendis in arte dictandi dicendum est primo quid sit dictare..."**。瓦滕巴赫指出（"Iter Austriacum," p. 39），f. 4 v 中提到了 "红胡子"腓特烈和对立教宗维笃（the anti-Pope Victor）***，将该作年代定位于 1159 年至 1164 年之间。但他没有注意到，维笃（Wido）是作者在信的称呼语中常用的名字。博洛尼亚的伯纳德的萨维纳诺抄本 MS. 45（前文第 10 点），有一部分的开头如下："Incipiunt epistolę secundum rectum et naturalem ordinem a Guidone non inutiliter composite" ****，写作背景是在 "红胡子"腓特烈时期的博洛尼亚地区。

其后的论文（MS. 2507, ff. 7 v-13）与上文非常相似，同样也是佚名的："Alius tractatus de dictamine. Epistola grecum nomen est ..."*****。老师给学生的例子是以 "G. Bononiensis ecclesię canonicus et sacerdos humillimus solo nomine magister"******（f. 11 v）的名义写的，之后的一页提到了博洛尼亚。

该卷集收录了其他相同类型的佚名论文和书信集，时代仍然都在 12 世纪，此外还有由瓦滕巴赫分析的伦巴第书信集（ff. 27-63；参见前文第

---

* 大意是：信件模板便利得令人惊叹，由几位智者基于信函写作学所作，可针对不同情况进行调整。

** 大意：在介绍信函写作技艺时，我们必须首先说明什么是信函写作。

*** 即对立教宗维笃四世，于 1159—1164 年在位。

**** 大意：以下开始是照正确、自然的顺序排列的书信，圭多此举并非徒劳无功。

***** 大意：这是另外一篇关于信函写作的文章。书信（epistola）是一个希腊语词……

****** 大意：博洛尼亚教堂的教士、仅以老师为名的谦卑的神职人员 G。

7 点）、赫尔曼师傅的"主张"一作（ff. 85 v；参见前文第 9 点）。因此，ff. 13-14 v 是 "Tractatus qualiter materia debeat ordinari in dictamine. Primum autem omnium..."*。ff. 14-27 是与博洛尼亚的伯纳德类似的绪言。f. 68 是 "Qualiterverba venuste ponantur."**。f. 68 v 的《修辞之花》主要承自拉丁教父们，但《总论之书》（*Liber Pandectarum*，f. 72）部分带有些博洛尼亚的风格。

13. 圣马蒂诺的阿尔伯特（Albert of San Martino）

阿斯蒂的教士和教师，《修辞之花》（*Flores dictandi*），约 1150 年 MS. lat. n.a. 610, ff. 1-25 v（12 世纪），年代早于亨利克斯·弗朗西赫纳。本作题献给日内瓦的教士 L：

Incipiunt flores dictandi quos Albertus Astensis de Sancto Martino ex multis locis collegit et nonnullis insertis in unum redegit. Venerabili domino et amico suo L. Dei gratia Gebenensi canonico ceterisque sociis eius Al. de Sancto Martino sancti Astensis ecclesię eadem gratia qualiscumque canonicus salutem et Tullianam eloquentiam. Inter cetera, Latine ęloquentię precipua summum utile arbitror....***

致敬用语和模板中频繁提及阿尔伯特［f. 8 v，"suis scolaribus"（至

---

* 大意：论文的质量必须在信函写作中调整。首先……
** 大意：如何优雅地措辞。
*** 大意：以下开始是圣马蒂诺的阿尔贝图斯（即阿尔伯特）·阿斯滕西斯四从各地收集、整编、增补而成《修辞之花》。圣马蒂诺的阿尔（贝图斯）给他尊敬的主人和朋友 L.，以及其他同伴，致以问候。除此之外，我认为用拉丁语表达特别有用……

他的门徒）］，其中教皇是尤金三世（1145—1153），还有皇帝康拉德三世（1138—1152），其他专有名词（ff. 6 和 7）与阿斯蒂地区有关，即阿斯蒂主教（1148 —1167）安色莫、"Saonensis"［或许是"萨沃纳（？）"］主教 Ar、帕维亚主教（1132—约 1145）阿方索，阿尔巴主教 O、弗鲁图阿里亚（Fruttuaria）修道院院长 M，以及托尔托纳教堂（f. 23）和"Astenses Albensibus"（f. 23 和 24）。大部分笔墨用于说明书信的类型（modi epistolarum）（ff. 13-20 v），书信例子（ff. 22-25 v）相对较少。全文戛然而止。

14. 佚名著《根据图利乌斯的散文体信函写作规范》(*Precepta prosaici dictaminis secundum Tulliun*)

约 1138—1152 年，大英博物馆，Add. MS. 21173（12 世纪），ff. 61-73，另附文档附录（ff. 74-82），而且看起来很清晰。论文开头如下：

Tulliane florem eloquencię prosaici scilicet dictaminis industriam verumne an falsum constet sub leporis volubilitate congrua debere tractari mecum multotiens cogitavi sollicitus, atque aliquotiens sic meditando reperi plures contextionum series tali super[51] modulo promtula verbositate formatas potius repulsum iri nichilque proprie dignitatis habentes quam ob id pedulcum commovere auditorem. Ceterum cum earum dignitates commodas Tulliana constitutas modestia considero, non modo de omni de quo agitur negotio placabilis et mansuetus redditur auditor, verum etiam ad cuncta petita seu petenda mellifluę rationis eloquio plane tractabilis invenitur....

阿斯蒂主教偶尔会在敬语问候中出现："A. Astensis servus ecclesie"（教会的仆人、阿斯蒂的 A），因此本文与阿尔伯特的论文（上文第 13 点）有某种明显的联系；但本文专有名称涉及的范围更广，而且显然是以博洛尼亚为中心。皇帝仍然是康拉德（1138—1152），但以目前形态来已无法辨认教会显要人物的首字母：卢卡的长官（prepositus）G 还有 B、米兰大主教 P 还有 G、比萨大主教 R、维琴察主教 V 还有 G、皮亚琴察主教 D。在 f. 71 v 有一封来自博洛尼亚学生写给维切里主教 P 的信。[52]

15. A 师傅（Master A.）（？）

佚名的意大利论文，约 1138—1152 年，附录是 13 世纪早期的法国书信模板。瓦朗谢讷，MS. 483, ff. 90-97 v（13 世纪早期）；M. 亨利·奥蒙提醒我注意到一个事实，有一份 13 世纪晚期的副本源自 MS. lat. 8566A, ff. 106-125 中的这份抄本。论文开头没有标题，如下所示：

Ad plenam scientiam dictaminum habendam et si quis expeditus esse voluerit in scientia versificandi, optimum est prenosse quid faciat sermonem gravem, quid prolixum, quid levem, quid ornatum et iocundum reddat sermonem. Ad gravitatem orationis valent emphasis et translatio...

文中有许多修辞术语的定义和对西塞罗的引用，紧随其后的是敬语问候的例子，但很少有对信件的分析。在学生给老师的信件的称呼中的首字母 A 透漏了作者的名字，例如 "A. Dei gratia Tulliani leporis industria prefulgenti"*。皇帝是康拉德；书中提到比萨主教 C；在祈怜（captatio

---

* 大意：A.，蒙主恩典，天兔座星闪耀夺目。

benivolentie, f. 92）的部分，本文重复了《信函写作缘由》的一部分（前文第 8 点），包括一个关于阿普利亚的鲁杰罗（Roger of Apulia）与安科纳（Ancona）联合对抗贝内文托的段落。[53]

在这篇意大利论文的后面，还附有一组英诺森三世和腓力·奥古斯都 * 时期与北部法国相关的信集，显然是以奥尔良为中心。下面这个关于佛兰德斯学生在奥尔良学习古典经典的例子，引起了普遍的关注：[54]

（f. 96 v, no. 34）Venerabili et discreto viro tali magistro tales scolares salutem et debitam magistro reverentiam. Arbitrari debet cum diligentia vir fidelis et providus qui pro contentionibus sopiendis arbiter est electus. De Flandria provincia recedentes scolas Aurelianas elegimus expetendas ut actores[55] nobis cum attenta sollicitudine legerentur. Sed quia magistri graves erant et mimus instructos minus sollicite quam expediret singulis instruebant, frequentare scolas eorum sumus reveriti, semiplenam nostram scientiam attendentes non posse lectionum sufficere gravitati. Talis vero scolaris Ovidianos sub certo precio repromisit nobis secundum possibilitatis exigentiam se lecturum, sed quia promissionem suam non est efficaciter prosecutus, inter nos et dictum scolarem contentio pullulavit propter quod in discretione vestra hic inde nostra sedulitas compromisit. Nos igitur de vestre discretionis abundantia confidentes dilectionem vestram dulciter imploramus quatinus utriusque partis diligenter rationibus intellectis sine dilatione rectum arbitrium proferatis. Questionem debet vero iudicio decidere qui super dubiis electus fuerit iudicare. In commissum

---

* 腓力二世·奥古斯都（Philip Augustus，1165—1223），法兰西卡佩王朝国王。

ins debet arbiter caute procedere : ne iuris transgressio possit ipsum aliquatenus
excusare.*

　　毫无疑问，这一系列意大利的手册和书信模板集到约 1160 年时，已经远不够完整。有几个信函写作教师虽为人所知，例如阿吉诺尔夫斯、安塞姆、彼得，也许还有赫尔曼，但却没有对应上他们的作品，而很可能还有一些人，我们甚至连名字都不知道。我们能够接触到的这些论作内容不完整，而另一些被引用的著作已经散佚了。事实上，信函写作学兴起这个事件而言，细节记载极其贫乏，但整体发展过程相当清楚。显然，新兴信函写作学随着阿尔伯里克始于卡西诺山，但是没有其他来自卡西诺山的写作教师为人所知，随后被确认身份的写作者是撒玛利亚的阿尔伯特（1111—1118），他与博洛尼亚有关。曾有人试图将将阿尔伯特与克雷莫纳联系起来，而与他同时代的年轻人亨利克斯·弗朗西赫纳在帕维亚教书和写作。但从阿尔伯特和乌戈（1119—1124）的时代开始，博洛尼亚写作教师创作的系列作品就没有中断过，几乎每一本手册或书信集都与博洛尼亚有一定的关系。这些论著在内容、时间、地点都有紧密联系，因为他们从前人和同时代人进行了大量的借鉴。因此，阿尔伯里克和阿尔伯特为亨利克斯和乌戈提供了材料，他们相应地有其他共同的部分，《缘由》（第 8 点）影响了第

＊　大意：对于这样一位可敬而谨慎的老师、这样一位学者，我们应该向他致敬。理应甄选一位忠实严谨之人，谨慎仲裁以平息纷争。我们离开佛兰德斯后，选择了奥尔良的学校，期待接受精心的训练。但是学校老师很严肃，教导滑稽剧时不够细心，我们不敢去上学，认为我们半生不熟的知识不足以应付严肃的课程。有一位学者承诺我们，针对当时的紧急情况，以一定费用为我们朗读奥维德，但他没有切实履行诺言，我们与这位学者产生了争执，我们双方达成妥协，希望交由您来判断。我们相信您的判断力，恳求您在仔细了解双方陈情后，不加延宕地做出正确的判决。被选作仲裁的人必须对问题做出判断，仲裁人应谨慎行事，以免在某些方面违反法律。

15 点抄本和伯纳德，《缘由》（第 12 点）和《缘由》（第 14 点）似乎从他们身上获得借鉴。很明显，人们试图通过改变专有名称和姓名首字母来保持手册的更新，这在伯纳德的例子中最为明显，但这一举动很少能持续到 1200 年以后，这一系列论作的抄本几乎都来自 12 世纪。

这些手册的修辞原则不需要耽搁我们太长的研究时间，因为比托[56]已经基于第 1—5 点抄本和第 8 点抄本做了详细的分析。写作者通常从区分三种书信开始，散文体、格律体、韵律体（prose, metrical, rhythmical），并声明他只致力于散文体，特别仅关注信文撰写。然后，书信被定义为几个部分，这一划分方法很明显可以回溯到那位托名的赫壬尼乌斯（Auctor ad Herennium）[57] 提的六分划法，但为适应中世纪的实践做了调整。在一些不确定性因素之后，我们在《信函写作缘由》中见到了一种五分划法，这种划分贯穿了整个中世纪：致意、祈怜（或开场白）、陈述、请愿、结语*。一直到伯纳德时期，开头称呼语的部分都最受关注，伯纳德会尤为翔实地处理开场白（exordium）。书信各部分都提供有大量例子，这是所有这些早期写作家的特点。更古老的修辞传统一直保留到世纪中叶，在《修辞之花》和对西塞罗、拉丁教父的引用中体现，而独立分离的书信、文书集随着时间的推进变得更加普遍。然而这些文集中有许多虚构的信件，但还比不上那些纯粹幻想的书信——比如皮拉缪斯和忒斯彼**、灵魂和肉体间的通信，来自维纳斯和恶魔的书信，等等——这类书信在奥尔良学派和 13 世纪的意大利书信教师的写作中比比皆是。[58]

从现有的证据可以判断，1160 年以后的意大利人在关于信函写作学的论著上没有多少进展。人们显然满足于抄袭早期的论著（比如伯纳德的

---

* salutatio, captatio benivolentie (or exordium), narratio, petitio, conclusio.

** 古希腊神话中的巴比伦情侣。

作品），并把他们保存的书信模板集进行更新。[59] 在博洛尼亚，这种差距显而易见，直到世纪之交，在那儿出现了一个新的流派，布翁孔帕尼奥和他的继承者[60] 开始创作更个人和更有趣的作品。与此同时，贝内文托人莫拉的阿尔贝托（Albert de Mora）早在 1157 年担任罗马教廷副秘书长（vice-chancellor），1178 年至 1187 年任秘书长（chancellor），当他成为教皇格里高利八世时，制定了教皇制度晋升体系的规则，[61] 而他的公证员特兰斯蒙德斯（Transmundus）也编写了一部《信函写作大全》（summa dictaminis）。而到了英诺森三世时期，重组教廷文书院则是形成一系列重要的教皇制度宗教礼节汇编的起点。[62]

在 12 世纪，意大利修辞学在德国传播但进程缓慢，事实上，我们不能确定这一时期的德国是否产生了任何独特的信函写作学说。满足德国信函写作教师的需求的是不带任何理论介绍的书信集，比如从泰根湖和希尔德斯海姆留存下来的版本，或者在赖恩哈茨布伦（Reinhardsbrunn）保存的版本还附有某些意大利论著的副本。[63] 亨利克斯·弗朗西赫纳和博洛尼亚的乌戈的一些早期手稿很可能是德国抄写员的作品，但是仍保留了意大利的专名，除了下述这个令人迷惑的例子，即一些信件是以主教麦森的本诺（Benno of Meissen，卒于 1106 年）[64] 的名义写成的。然而，在"红胡子"腓特烈统治初期，意大利的伯纳德（第 10 点）的两篇手稿含有德国专名，即梵蒂冈的 MS. Pal. 1801，在 1144—1145 年的修订中，我们发现"雷根斯堡"替代了"米兰"，还有萨尔茨堡大主教埃伯哈德（1147—1164）[66]；布鲁塞尔的 MS. 2070，其中显示一份 1145—1152 年间的文本在雷纳尔德大主教时期（1159—1167）被带到科隆。在一部保存在格拉茨、由某位鲍德温（Baldwin）所著论作（MS. 151565，ff. 1-20）中发现了意大利修辞学流传到阿尔卑斯山东部的一个早期例子，论作中皇帝是康拉德三世（1138—

1152），教皇是尤金三世（1145—1153），我们还发现了萨尔茨堡大主教埃伯哈德[66]（1147—1164）和古尔克主教罗马努斯（1131—1167）。这本为僧侣所著的论作显示出博洛尼亚而来的影响，但未能引起广泛的兴趣。论作开头如下：

Incipit prologus Baldwini in librum dictaminum. [D]ilectis in Christo fratribus suis M. et A. tam docentium quam discentium minimus B. cum omnibus sarcinulis suis se ipsum. Amicorum peticio pretendit que equitati non repugnant amicum retundere non decet si tamen obsequendi facultas amico est. Quare cum vestram peticionem considero me quod petitis estimo debere, sed item in me reversus ac ipsius mei propius ruditatem intuitus et de promisso fere penitentia teneor et suscepte rei diffidentia confundor. At certe quoniam nobis semel promisso defixus [!] tenere licet, difficile id mee fuerit incurie, si non pro velle tamen pro posse, amicorum peticioni cum ne satis saltem aliquid temptabo facere, ut cum fecero quod potero et de neghgentia erga tam desiderabiles amicos excuser et illud sapientis elogium in promissores stultos prolatum declinem, Est qui pre confusione promittit amico et lucratus est eum inimicum gratis.[67] Quia igitur vestra peticio est ut aliquam per me dictandi noticiam habeatis, eam vobis quam brevius ac lucidius potero tradere curabo. Pretermissis itaque illis dictandis speciebus que claustralem curiositatem minus spectare videntur, rithmo videlicet et metro, de ea tantum specie que prosa dicitur, quod etiam vestra videtur querere peticio, dicamus. Explicit prologus.

另一方面，法国在 12 世纪发展出一所学校，确切地说是两所学校，[68] 到了下一个世纪，在意大利能感受到来自法国的影响，而法国的论作和模板也传播到德国。[69] 我们已经看到，撒玛利亚的阿尔伯特的书信在 1130 年后不久即流传到法国，[70] 亨利克斯·弗朗西赫纳的抄本之一有在兰斯附近重新修订的痕迹，[71] 虽然亨利就如他的名字显示的那样具有法国血统，但这不能理解为他在帕维亚所著学说带有法国的影响。在 1150 年之后不久，博洛尼亚的伯纳德的论作（抄本 E 和 F）已经使用了法国的专名。[72] 我们听说，大约在同一时间图尔的一所信函写作训练学校与伯纳德·西尔维斯特（Bernard Silvester）有着某种联系，[73] 尽管这种联系很模糊。到本世纪末，奥尔良地区出现了另一所学校，卢瓦尔河畔的默恩（Meung-sur-Loire）则出现了更多学校。有几篇专著和几组书信可以追溯到腓力·奥古斯都时代的奥尔良人，其中主要的作品是由默恩的伯纳德所著，许多书信，无论是真实的还是虚构的，都与在奥尔良和弗勒里盛行的拉丁文学研究密切相关。在这一时期的论作中，教廷晋升体系的内容占据了一定的篇幅。

在英格兰还没有出现有关新兴写信技巧的手册，不过人们将布洛瓦的彼得（Peter of Blois）归于英格兰。他关于信函写作的简短论著（1185—1189）试图取代伯纳德师傅和图尔信函写作学派的地位。彼得也用一简短篇幅讨论了教廷晋升体系。[74] 梅尔克利的杰维斯（Gervase of Melkley）的论著《关于写作技艺和信函写作方式》（*De arte versicandi et modo dictandi*），[75] 写于国王约翰的统治时期，他几乎完全专注于诗歌创作，追随旺多姆的马修（Matthew of Vendôme）、文索夫的杰弗里（Geoffrey of Vinsauf），尤其是伯纳德·西尔维斯特的脚步，"散文中的鹦鹉，在诗歌中却是一只夜莺。"[76] 只在一个简短的结束章中讨论散文体信函写作。

在意大利对法国产生的所有这些影响中总体都相当明显，但之间具体的联系却被我们忽视，尤其是在 12 世纪下半叶。此外，两国之间的知识传播是双向流动的。法律和信函写作从意大利传播到北方，而神学，尤其是以安塞姆和阿伯拉德所接受的形式，影响着意大利的宗教法学者和神学家。信函写作教师时不时地让我们得以一窥这种智识交流。因此，在撒玛利亚的阿尔伯特的书信中，一个博洛尼亚学生要求借阅一套最近从法国带来的神学圣句集，divinarum sententiarum excerptum quad nuper de Francia detulisti，——是在拉翁和巴黎学校中兴起的新句式文学早期传播的有趣证据。[77] 收藏在伦巴第的约 1132 年书信集中，我们发现一个在沙特尔学习、师从伯纳德师傅的意大利学生，他希望自己能在下一个复活节以前能完全领悟老师所写的句子。[78] 在博洛尼亚的伯纳德的论作（约 1145 年）的最早修订中，一位显然是修辞学专业的学生从法国来到博洛尼亚。[79] 另一方面，沙特尔的一本早期书信手册显示，有一些比萨人师从安塞姆（卒于 1117 年）在拉昂学习。[80] 这样的证据很少见，充其量也都只是只言片语，但其他这类材料也许值得进一步研究。

第十章
罗伯特·勒·布格雷及法国北部宗教裁判所的开端[1]

　　近年来，没有什么历史研究领域像中世纪宗教裁判所的研究那样取得这么大进步。宗教裁判所历来是一个充斥激情与偏见的战场，主要由争议派和小册子作者们所占据。宗教裁判所的历史研究已开始向现代历史科学方法和精神让步；虽然它所涉及的问题与我们今天所遇到的问题有很多关联，但它在揭示宗教法庭真实运作的批判性知识积累方面以及运用历史精神方面都已经取得了显著的进展。它既不寻求认可也不谴责某个制度本身，而是根据它所处的时代来理解它。许多国家的学者都对这一研究结果做出了不少贡献，尤其令美国学生感到自豪的是，尽管在其出版后的四十二年间研究不断，他们的同胞亨利·查尔斯·李的著作，[2] 仍然是"我们所拥有的最广泛、最深刻、最彻底的有关宗教裁判所的历史著述"。[3] 与此同时，也没有人会比作者更晚地宣告这部作品的终局，因为尽管这本书对宗教裁判史进行了大量的研究，但当时作者无法利用许多现今可获取的资料，也无法从 1887 年才开始出现的关于宗教裁判所的专题研究中获益；没有人会比他更乐见宗教法庭历史的研究成果丰硕。这些最近的研究，有些涉及宗教裁判所的整体特点，例如组织架构和裁决程序、与诸如巫术魔法之间的牵连，有些则更多地讲述了宗教裁判所在欧洲和美洲各国的变迁。

　　这些整体性和地方性的研究永远不可能相互独立，它们之间的联系在宗教裁判所这样的机构中更显紧密。宗教裁判所发展较为缓慢，在一定意义上是同一时期在不同地区进行实践的结果，因此如果不考虑它在不同国家受到不同条件的影响，我们就无法从整体上了解它。尤其是在 13 世纪的形成时期更是如此。本章所涉及的正是这一时期以及相对被忽视的法国北部地区宗教裁判所的发展历史。与朗格多克教会所面临的严峻形势相比，北方宗教裁判所存在的必要性一直是微不足道的，其历史自然也就远没有那么重要。异端邪说在南方普遍存在，而且出于消灭异端之需采取的极端措施在一定程度上都是非正常手段，因此这很容易会使人们对教皇宗教裁判所成立的情势产生一种错误的印象。如果在一个旧体系运作并未造成特殊困难的领域中，在相对正常的条件下对教皇宗教裁判所的兴起进行研究，它的自然性，甚至可以说它的必然性，就会显得更加明显。关于北方宗教裁判所早期历史的一些记载可以在李的一般性著作、塔农对法国宗教裁判程序的有益研究、[4] 弗雷德里希对荷兰宗教裁判所历史令人钦佩的研究中找到。[5] 要在此等前人成果之后拾穗是很困难的，但是上述学者对法国北部所作的一些附带性论述，以及有关这一课题目前可获取的额外材料，也许值得进行更特定的研究。我先简要介绍一下教皇宗教裁判所成立之前的那段时期，再详细地介绍在第一任教皇裁判官多明我会修士罗伯特·勒·珀蒂［Robert le Petit，他更广为人知的名字是罗伯特·勒·布格雷（Robert le Bougre）］[6] 管治下宗教裁判所的通史和裁判程序。

与朗格多克现有的资料相比，法国北部宗教裁判所的历史资料少得可怜。这里的记录远少于南方的记录，也缺乏一定的系统性，甚至曾经存在过的资料也在这样或那样的破坏中基本消失了，这给 13 世纪的法国档案记录造成了严重的破坏。北方没有像多阿收藏（Collection Doat）* 那样大量教

---

* 由让·德·多阿组建于 1664 年至 1670 年间，收藏了大量朗格多克的档案，特别是宗教裁判所的档案副本，这些档案原件多在法国大革命期间被损毁。

会档案的副本珍藏；没有像卡尔卡松和帕米耶法庭或裁判官伯纳德・德・科（Bernard de Caux）那样的诉讼登记册；也没有像伯纳德・圭（Bernard Gui）那部著名的《实践》（Practica）*那样的程序手册。[7] 关于北方研究所能收集到的最为细致的资料包括一些零散的地方宪章、大量的教皇诏书，还有海斯滕巴赫的凯撒利乌斯（Caesar of Heisterbach）[8]、波旁的艾蒂安[9] 和托马斯・德・坎蒂普雷（Thomas de Cantimpré）[10] 敬虔的宗教集中的那些具有启发意义的案例，以及当代编年史家对当地事务一些很具价值的记述。圣王路易**统治时期的王室行政记录中，一定曾经包含过有关迫害异端的重要信息。现在除了王室记录中的一些零散的通告外，已经没有任何与宗教裁判所有关的内容；行政信函不见了，甚至圣王路易颁布的惩罚北方异端的一般法令也不见了。[11] 幸好 13 世纪的教廷文件得到了较好的保存，这主要归功于地方档案馆中大量的原始文件，以及自英诺森三世即位以来由教廷文书院（Papal chancery）精心保存的登记册。我们对教皇宗教裁判所早期历史的大部分了解，正是从上述这些资料而不是从其他任何单一资料中获得的。由于有关异端邪说的地方文献很少，我们后来对主教宗教裁判所历史的了解，也有很大一部分来自这些资料。近年来出版的登记册对于研究13 世纪的学生帮助极大，[12] 但有时在我们最需要的时候我们的期待却无法满足。所有的教皇诏书都没有被记录，教廷行政部门的许多重要法令都是通过使节或下属机构发布的，而这些记录大部分也已经消失了。[13]

法国北部的异端可以追溯到 11 世纪早期，当时异端在奥尔良、阿拉斯和马恩河畔沙隆被发现并受到惩罚。随着时间的推移，北部的大部分地区，甚至像布列塔尼这样遥远的地区[14] 都发现了异端。这些异端是摩尼

---

* 全称是《针对异端邪说的裁判实践》（Practica inquisitionis heretice pravitatis）。

** 法王路易九世（1214—1270），于 1297 年由教宗博尼法斯八世宣布封圣。

教信徒，他们从意大利和普罗旺斯沿着贸易路线向西、向北迁徙，就像他们的先辈可能沿着巴尔干贸易路线进入意大利一样。[15] 人数最多、最常迁徙的阶层中，比如城镇里的商人和工匠，法国勃艮第和尼维尔内、香槟区是他们在北方的主要中心地，这些地区的集市构成了 12、13 世纪的国际大市场，聚集了大量来自意大利和北方的商人；[16] 在佛兰德斯，制造业的发展吸引了大批来自远方的工人，他们挤在城镇里，但古老的教会组织却没能提供足够的宗教福利。[17] 二元论教义在织布工中间如此流行，以至于 textor* 这个词本身成了"异端"的同义词。[18] 弗拉芒商人很容易受到怀疑，因为他们与南方有来往，而且异端经常和高利贷联系在一起。[19] 瓦勒度派（Waldensian）在法国北部的起源比摩尼教晚，重要性也小得多。瓦勒度派信徒分布在罗马帝国的几个周边城市，如梅茨、图尔、斯特拉斯堡和贝桑松。[20] 一位后世作家说，一个瓦勒度派教徒从安特卫普到罗马的旅途中，每晚都有可能与有相同信仰的人在一起，[21] 但是在法国，人们对他们所知甚少。最明显的例子是兰斯一个名叫埃沙尔的面包师在公元 1230 年或 1231 年被烧死，在此之前省议会给他定了罪，并同时认为有必要禁止罗曼语版本《圣经》的流通。[22]

在中世纪早期，发现和惩罚异端是主教的职责，由开始的副主教以及后来的公职人员协助执行这一职责和其他司法职能的实施。[23] 为了获得信息，主教可以利用从加洛林政府承袭下来的地方调查机构进行调查，该机构在每个教区安排了一个七人团体供他差遣，通常由七个教会议会证人（testes synodales）组成，他们发誓会揭露他们可能知道或听到的任何在主教管辖范围内的违法行为。异端很自然地在众罪中居突出位置，并格外受

---

* 拉丁语"织布工"。

到各种宗教会议的关注，特别是盛大的 1215 年拉特兰会议*。有人以公开或私下举报的方式向主教提出了异端的指控——编年史家在这一点上的含糊不清，使我们很难确定在特定案件中采用的是何种方法——在随后的程序上仍有可能出现相当大的困惑。异端案件并不常见，虽然教会法规中有一些原则可以适用于此类案件，但几乎没有什么先例可以指导当地的主教要遵循何种程序以及施加何种惩罚——事实上，除了神学专家，任何人遇到像何为异端这种先决问题都会觉得很棘手。因此，法国的主教们向他们同为高级教士的同行寻求建议也不足为奇，[24] 如果教廷使节碰巧在附近，他们也会向其求助，甚至还会向教皇本人咨询。[25] 这一过程是经过深思熟虑的——但有时太过于深思熟虑，以致使有些人难耐不已，因为在某些情况下，有人会对主教们想要保护的人处以私刑 [26]——显然，人们努力试图对被告执行当时认为是公平的审判。审讯通常有很多主教 [27] 甚至是有组织的教会委员会参加，[28] 有时还会有经验丰富的法学家或神学专家参加。[29]

当教皇首次提出遏制异端传播的问题时，上述体系并没有得到根本改变。卢修斯三世和英诺森三世的立法，除了更清晰明确地定义异端，要求世俗力量的积极协助外，更主要的是为了增加主教的责任，授权他们凭借自己的官方权威主动对嫌疑人进行起诉，无须等待正式指控。[30] 最终，这一新的审判程序的法规制定在追捕异端和非专业法庭的刑事程序方面具有极其重要的意义，但它并没有创立新的法庭，而且在当时只影响到了主教机构。在英诺森三世时期，主教判决产生的上诉案件数量显著增加，在朗格多克，教廷使节偶尔也会被派去辅助地方机构，但此举没有引入任何新

---

* 即第四次拉特兰会议（1215）在教皇英诺森三世任内于罗马拉特兰教堂召开。英诺森三世致力于教会改革，颁布教规天主教徒每年应认罪一次，批准变体论为正统教义，并为再次发动十字军东征做准备。

的组织。在格里高利九世之前，主教宗教裁判所一直是唯一正规的用于镇压和惩罚异端的机制。

12 世纪后期和 13 世纪早期，法国北部的主教宗教裁判所的实际工作经常受到考验。[31] 兰斯教省*界内是北方主要的工业和商业中心，早在 1157 年，就有委员会开会立法限制摩尼教的织工，说他们是"最底阶层的人，经常从一个地方迁徙到另一个地方，并随着迁徙不断改名"。[32] 在接下来的半个世纪，这一教派的许多信徒在这一地区被判有罪，特别是在佛兰德斯，那里的异端逃到了科隆，甚至逃到了英国。[33] 纪尧姆一世大主教（他同时还是红衣主教和教廷使节）和佛兰德斯的菲利普伯爵在这些迫害中表现尤为突出。然而 1204 年在苏瓦松、1208 年在阿拉斯、1217 年在康布雷又再次出现异端。[34] 1230 年至 1231 年，人们发现有必要召开一次省议会来禁止罗曼语版本《圣经》的传播，并判罚面包师埃沙尔的瓦勒度派谬论。[35] 1210 年，主教在巴黎对阿毛里·德·本尼（Amauri de Bène）的追随者提起了诉讼，这些追随者随后被省议会审讯、判刑，并被腓力·奥古斯都当局烧死。[36] 同一议会宣布反对阿毛里等人的教义，几年后，该省的另一议会也遵循了这个先例。[37] 早在圣王路易统治时期，一位在巴黎宣扬异端的方济各会修士被教廷使节判了罪。[38] 1200 年和 1220 年的特鲁瓦，[39] 以及大约同一时期的奥尔良，[40] 在惩治异端的火刑记录中并没有提到教会机构。那些 1206 年出现在布列塔尼的异端被堂区神父直接上报给了教皇，教皇将此事交给了圣马洛的副主教和两位修道院长。[41]

在东部的欧塞尔和纳韦尔教区以及邻近的朗格勒和欧坦教区，异端案件则出现得更加频繁，主教们不得不始终保持警惕。该地区最早的异端案

---

* 基督教教会管区制度中的一种行政区划，位阶在教区之上，通常由数个教区组成。

出现在 1167 年的维孜莱，几个异端人士因修道院院长的建言而获罪。[42] 异端很快就在法国勃艮第和尼维尔内等邻近地区传播了他们的教义，他们的信徒中有骑士、有富有的资产阶级，也有下层阶级的男女，甚至在纳韦尔，连圣马丁修道院院长、大教堂教务长和一位教士也疑似归信。主教宗教裁判所的整个体系都在针对这些异端——纳伊的福尔克（Foulques de Neuilly）的讲道、桑斯大主教和地区主教们的不断努力、省议会当局以及世俗势力的帮助[43]——欧塞尔的于格主教不遗余力迫害异端的热忱为他赢得了"异端之锤"的称号。[44] 然而，尽管有人因叛依异端而受到惩罚甚至被处刑，异端的影响仍然存在。[45] 曾有一段时间，异端活动的主要据点卢瓦尔河畔拉沙里泰遭受重创。然而 1206 年于格主教死后，[46] 逃亡者们又回来了，许多异端人士再次故态复萌，因此，在不到两年的时间里，教皇不得不派欧塞尔的新主教和特鲁瓦的主教去对付他们。[47] 新的裁判官工作勤勉，颁布了一套法规来"整治异端的泛滥并强化正统信仰"。[48] 通过他们的不懈努力，此地其后几年都没有异端的动静。然而在 1231 年，格里高利九世发现异端再次在拉沙里泰抬头，在该地区某些贵族的保护下，他们公然与镇上的修道会会长和世俗领主抗争。[49] 这一次是以出色的异端迫害者闻名的布尔日大主教受命与教区主教一起共事。[50] 这些裁判官的活动轨迹可以在教廷记录的各种文件中找到。[51]1233 年 1 月，教皇发现有必要号召地方当局对拉沙里泰的一名骑士采取行动，因为他的兄弟们都是异端，而且骑士本人也因为涉嫌与在附近修道院攻击纳韦尔伯爵而受到怀疑。[52] 几个星期后，教皇替修会会长敦促法国国王，要在周围领主的敌意面前勇敢地维护正统信仰。[53] 尽管格里高利九世早前曾盛赞法国教会为"信仰之基"，[54] 但在 2 月末他也不得不承认一些异端正在"王国周围的某一地区"蔓延。[55] 同年（1233）4 月，罗伯特修士的报告指出，拉沙里泰的情况比预想的更糟，于是在北部开始建立教皇宗教裁判所。

主教宗教裁判所虽然反复努力，最终也没能镇压住拉沙里泰的异端。虽然我们无法知晓香槟区和佛兰德斯情况是否相同，但从第一个派往这些地区的教皇裁判官裁定的众多判决书中可以清楚地看出，主教们在北部其他异端盛行的地区也并没有取得更大的进展。主教们的冷淡态度以及对俗务的过度关注毋庸置疑是导致这一结果的一个原因。但是，当像努瓦耶的于格（Hugues de Noyers）那样精力充沛、坚持不懈的人都无法根除他所管辖地区的异端信仰时，我们似乎必须，至少在某种程度上，要从别处寻找答案了。首先，主教事务非常繁杂，没有哪个主教能够持续调查异端。[56]而且如果某个主教在没有其他辅助下展开迫害，异端人士很容易在另一个教区找到暂时的庇护。[57]就算某个异端教义被彻底赶出某一地区，可能随即就会被来自伦巴第或朗格多克的流浪者重新引入。事实上，异端已经不仅仅是一个地方性的问题了，到了13世纪，如果要压制异端，就必须采取一些地方性以外的手段。审判程序为时很长也很繁琐，因为罪行的处理程序大多沿袭诉讼实践，需更慎重考虑被告的权利，采用常规手段很难取得令人满意的证据。而且向罗马上诉或征询教皇意见的势头日益增长，又进一步拖延了审判时间。我们从拉沙里泰的某些居民案例中可以看出现行程序存在的弊端以及英诺森三世想要伸张正义的强烈意愿。比如1199年被欧塞尔主教逐出教会的嫌犯在教廷使节加普亚的彼得（Peter of Capua）面前成功地维护了他们的正统性。彼得在第戎的一次议会上宣布解除将他们逐出教会的惩罚，并安排他们进行苦修，其中还包括去罗马朝圣。然而有些人因为年纪老迈或者身体虚弱，无法踏上这段旅程。英诺森三世指示欧坦和马孔的主教以及克吕尼修道院院长宣判他们的案件，并对已经完成赎罪任务的人进行保护，以免他们受到更多的骚扰。但欧塞尔主教仍然坚持他的指控，并把这个案件移交给了另外两组法官，最后还请桑斯大主教及其下属某位副主教到拉沙里泰参与审讯。就像主教以前访问这个小镇时一样，被告没有出席，也没有出席欧塞尔为他们举行的听证会，大主教便判定他们为异端。案件随后被提交给了教皇，教皇将此案交给了布尔日大主教、纳韦尔主教和克吕尼修道院院长，并指示除非这些受审的人公开承认自己的错误并保证今后信仰正统，否则就将他们判为异端，并移交给世俗权力。[58] 几个月后，大主教和修道院院长——此时纳韦尔主教已经去世——向教皇报告了他们的调查结果，同时把三名被大主教判定为信仰正统的被告送往罗马。1203 年 5 月，也就是诉讼开始后的第四年，教皇将当事人送回，授权法官执行苦修处罚，并继续审理其他案件。[59] 这一案件可能比普通案件持续的时间更长，[60] 因此，在此类案件持续时间可能很长的情况下，如果想要把这种视异端为滔天大罪并需要彻底消灭的中世纪传统继续延续下去，就须采取更加行之有效的手段。显然需要一批能够将全部时间和精力放在侦查和惩罚异端上的裁判官，他们行动迅速，不受教区限制，在本地势力强大却不受当地势力控制，自愿执行教皇政策，且不受被告向罗马频繁上诉掣肘——简而言之，这正是教皇最终在多明我宗教裁判所（Dominican Inquisition）建立起来的机制。

我们要常常提醒自己，教皇宗教裁判所"并不是一个经由明确规划后确立的机构，而是利用就近合手的资源，一步步搭建成形"。作为一位内心极度仇视异端的教皇，他发现旧方法并不能消灭异端；"传道托钵会[*]是他达到目的极佳工具"；他尝试任用他们，结果大获成功，随后便诞生了一个"扩大化的常设性机构"。[61] 但主教宗教裁判所并没有因此被废除，实

---

[*] 即多明我会。

际上，多明我会接到命令要与主教一起行动，直到很长一段时间后，才出现一种有着自己独特组织和程序规则的新的异端审判法庭。[62] 这种发展是如何发生的以及它与教会内部的集中化趋势是如何相关联的，这不是我们目前研究的目的；唯一与我们的研究直接相关的是那些导致多明我宗教裁判所介入法国北部的事件。1227 年 6 月，建立独特的教皇宗教裁判所的大幕在神圣罗马帝国境内揭开。当时格里高利九世派遣狂热的马尔堡的康拉德（Conrad of Marburg）自主选择副手，审判德国的异端分子，[63] 并把佛罗伦萨的某些异端案件交给当地的多明我会修士处理。[64] 然而，直到 1231 年初，格里高利九世才开始认真地着手于统一和明确制定教会法规和世俗法律以压制异端，并在神圣罗马帝国皇帝的支持下，在整个罗马基督教世界强制实施。[65]

就像教会历史上其他关键时刻一样，让教皇决定采取行动的直接原因似乎来自罗马。离开罗马几个月后，格里高利回来发现罗马城里到处都是异端分子，为了方便对异端进行审判，他收集整合了教规中关于惩罚异端的各项规定，并做了一些修改，在 1231 年颁布了所谓的"新法令"。他同时批准了由元老院与罗马人民 * （the senator and people of Rome）起草的一系列章程，使针对异端的世俗惩罚更加严厉。在接下来的夏天，新法典的副本被分发给整个教会的大主教和主教，要求每个月公开宣读一次教皇法令，并将世俗章程写入当地法律书籍。同年 11 月，在卡林西亚的弗里萨赫，新法令的执行委托给了多明我会。[66] 在 1232 年早些时候，从事宗教裁判工作的传道托钵会就受教皇和皇帝的特别委派去保护德意志王公。[67] 同年教皇还向塔拉戈纳大主教推荐任用多明我会修士，[68] 在伦巴第 [69] 和勃艮第 [70]

---

* 罗马帝国的官方名称，缩写为"SPQR"，罗马帝国衰亡后渐渐成为城市世俗权力的象征，此处指罗马市政当局。

也有许多明我裁判官受教皇的委任行事。在法国，尽管该修会成员组成的裁判机构此前曾在南方行使过一些宗教裁判权，[71] 但多明我会宗教裁判所确切的成立时间是 1233 年 4 月，当时格里高利九世告诉法国主教，考虑到他们的极度关切和担忧，他决定派遣"传道托钵会"来对付国内的异端以减轻他们的负担。[72] 他在命令多明我会省区会长指派布道者对付普罗旺斯异端的同时，[73] 还委托罗伯特修士和他在贝桑松的裁判官同僚对拉沙里泰的异端进行审判。[74]

对于这位被格里高利九世选任法国北部第一位教皇裁判官的多明我会修士，他早期生活的有限资料来自对他后来职业生涯的记述中附带的只言片语。从他这个广为人知的名字"罗伯特·勒·布格雷"就可以清楚地看出他曾经是一个异端（bougre*），这一点得到了编年史家的普遍认可；但除此之外，也有一些不同说法，[75] 我们不确定这些故事中有多少是事实，又有多少是源于对他名字的想象。人们最近才发现，他的真名是罗伯特·勒·珀蒂，[76] 因此他似乎像是法国人，但我们对他的出生时间和地点一无所知。马修·帕里斯（Matthew Paris）的一部作品中说他是一个异端人士的儿子，[77] 但是根据阿尔伯里科斯的说法，他在大约在 1215 年拉特兰议会的时候背离了正统信仰，跟随一个摩尼教女人来到当时以虚假教义主要滋生地而闻名的米兰。据说他加入这个教派[78] 好多年——编年史家提供的是一个十到二十年的整数——并在教派中升到了"使徒"的位置。可以肯定的是，他早年的经历使他对异端及其行径熟稔于心，再加上他的狂热和野心，让他成为一名特别可怕的裁判官，并因此获得了"异端之锤"的名号。[79] 据说仅仅通过言语和手势他就能够分辨出异端，[80] 格里高利九世

---

* 法语中有"流氓、恶棍"之意。

曾宣称上帝赐予他"特别的恩典，以至于任何猎兽都畏惧他锋利的角"。[81] 这似乎也说明他掌握那个时代的某些学识，因为马修·帕里斯宣称他受过良好教育，是一个能力充分、行事有效的讲道人，[82] 而里歇尔（Richer）则称他为师傅（magister），还特别提到了他的学识和口才。[83] 至于罗伯特修士的人品，我们只获得了一些他倒台后人们对他的一些不太友好的评价。然而，马修·帕里斯无疑不尊崇鼎盛时期的托钵修会，认为他是一个虚伪、腐败，善于欺骗诱导，堪比"牧人起义"（Pastoureaux）*的领导者——此人的罪行罄竹难书，到最后人们视他为"翻背的弓**"而避而远之。[85] 阿尔伯里科斯说他看似信仰虔诚，实际并非如此。[86] 里歇尔则认为他是伪善的化身，是披着羊皮的狼，完全沉溺于世界的污秽与名利之中，毫不犹豫地利用法术使人屈从于他的意志。[87]

　　我们发现，罗伯特修士的传记中第一个明确的时间点大约出现在1232 年前后，当时他已经是一个传道托钵会的成员，和贝桑松的多明我会会长、一个叫威廉或沃尔特的修士一起调查勃艮第的异端。[88] 由于我们掌握的材料有限，不太可能追踪到弗朗什 - 孔泰地区的宗教裁判过程。[89] 帝国的这一地区从未是臭名昭著的异端活动中心。按照教皇的诏书，罗伯特修士的权力仅限于勃艮第地区，但早在1233 年他就在尼维尔内的拉沙里泰找寻更有深耕价值的土地，对此我们并不意外。在贝桑松，罗伯特代表教会高层，开始宣扬真正的信仰，成效如此卓著，于是他向教皇报告说，许多犯错的人都是自愿到他那里，脖子上戴着锁链准备接受惩罚，并主动提供证据控告他们的同伴甚至家人。他发现这个小镇是异端的"肮脏巢穴"，

---

*　1251 年在法国东北部爆发的农民起义，起义者自称是上帝的"牧人"，以救出被俘的法王路易九世为名组织十字军，号召惩治神父和封建主。

**　指扭歪了的坏弓，语出《圣经·何西阿书》，比喻悖逆上帝、敌我不分的人。

比人们想象的还要肮脏。他还发现，这里的居民已经把可怕的异端毒药撒遍了整个法国北部，特别是邻近的省份和佛兰德斯。他还补充说，在地方镇压异端时总会遇到一个难题，那就是被追捕的异端分子会逃到另一个司法辖区。[90]

由于拉沙里泰不在他的职权范围之内，罗伯特只好把他的工作放在布道上，他写给教皇的报告很明显是想让教皇把他裁判官的管辖权扩大到法国全境。格里高利九世也并不反对采取更有力的措施，所以在1233年4月19日的诏书上，他命令罗伯特和他在勃艮第的裁判官同僚遵照主教的建议和先前的指示，"铲除上述城镇和邻近地区的异端"，必要时还可以请求世俗武力的援助。他们有权根据1231年的法令起诉异端的庇护者，还要警惕异端假装回归正统信仰。[91] 在给法国多明我会省区会长写了同样的信后，[92]教皇通知王国的大主教和主教，他已经决定派遣传道托钵会去镇压法国和邻近省份的异端，并希望神职人员能为他们提供一切必要的帮助。[93]

这些诏书使得教皇宗教裁判所的工作能够定期在法国北部展开，不久正统的火焰就在拉沙里泰熊熊燃烧起来。[94] 我们不知道当时有多少人被处死，但是从随后的反应和流传下来的因他的判决而上诉的案件来看，显然罗伯特修士工作十分积极。其中一个案例可以用来说明他的行事手段。苏维尼克莱蒙教区有一个叫皮埃尔·沃格林的人，1231至1232年主教宗教裁判所时期曾在拉沙里泰，用涤罪誓（canonical purgation）* 在裁判官面前为自己洗脱了罪名。第二次被敌对者指控时，他又成功地让克莱蒙主教和其他高级教士相信他是无辜的。罗伯特修士担任裁判官后又向他发出第三次传唤。皮埃尔来到他们面前，同意服从他们的审判。罗伯特修士和克莱

---

* 指允许被控有罪的被告人通过发誓以否认指控的罪行的一种诉讼程序。

蒙主教也向他保证，不会强迫他单独与他们中的任何一人见面，一切都将遵照法律程序。尽管如此，罗伯特并没有等他的同僚，就在约定的时间之前把皮埃尔传唤到了一个危险的地方，公开威胁要把他带走，并现场带了一支武装队伍。但是皮埃尔谨慎地避开了，并向教皇提出了上诉，托他的侄子代表他把上诉告知罗伯特。随后罗伯特裁判官旋即将他的侄子逐出教会，并暂停了其作为神父的圣俸，直到他放弃为他叔叔辩护。皮埃尔随后动身前往罗马。尽管提出了上诉，皮埃尔还是被罗伯特和某个临时受命代替克莱蒙特主教之职的方济各会修士逐出了教会。[95]

　　这种对主教的公然漠视和对前人调查结果的蔑视，自然会激怒高级神职人员，因为他们嫉恨托钵修会日益增长的特权和影响力。此外，罗伯特似乎也并没有把他的势力局限在拉沙里泰地区。我们还看到他和另一个修士雅克一同，在香槟伯爵领地上与普罗万的圣基里亚斯的教众发生了冲突，因为在桑斯教区他曾把某个外号叫"女修道院院长"的吉莱（Gile）[96]判作异端关进了监狱。他们自诩为"教皇委派的法官，负责制裁法兰西王国的异端"。[97]从随后发生的事情可以明显看到，他们还在其他教区寻找异端审判的受害者，这些教区并不是如欧塞尔教区那样出名的异端活跃中心。这种"恶毒的行为"直接激发了法国主教的热忱和效率，毫无意外，他们中的一些人很快开始向教皇申明，声称他们的教区里没有异端。虽然这些文件早已丢失，但教皇后来的信件多少间接提到了主教文书誊本中的大致内容。[98]这些反对意见也一定受到了有力的支持。因为在 1234 年 2 月，教皇宣称（其中夹杂着意想不到的隐喻），他从未有意授权多明我会修士在没有异端污染的地区进行审判，并命令他们全部终止裁判官的工作，除非大主教及其属下的主教让他们参与其中，[99]而教皇积极建议大主教们采取这一处理方式。

因此，1234 年初，罗伯特不得不停止对异端的追捕。被他监禁的人仍然需要公费供养，[100] 但也没有证据表明有哪位主教听从了教皇的建议，任用了这位可怕的裁判官。[101] 在这段被迫的休假期间，罗伯特修士做了什么，我们无从所知。我们知道的是 1234 年初，一位皇室信使受遣到访，让他赴任"布尔日的邑长 *"。[102] 同年 11 月，格里高利九世在巴黎与他对谈。显然，罗伯特仍然深得教皇和圣王路易的宠信，因为教皇要求他利用他的影响力来确保法兰西国王和英格兰国王之间的和平，[103] 并代表被指控为异端的佛罗伦萨商人给他写信。[104] 次年，他便被委以更重要的职务了。

除了泰鲁阿讷教区保留的一条主教训诫外，[105] 现有的记录无法向我们证明多明我会成员的撤离是否对主教宗教裁判所起到了刺激作用。当然，无论地方如何努力，都不能让格里高利九世满意。因此，1235 年 8 月 21日他在法国各地重新建立了多明我宗教裁判所。对于那些抱怨裁判官行为、声称某些省份没有异端的人，格里高利九世几乎无法抑制愤怒。他宣称，邪恶的异端如同爬行动物一样在王国内四处横行，让人再也无法忍受和包庇。为了对付他们的欺瞒，他命令罗伯特，要像十字军的老兵一样准备为这个伟大的事业赴死，并在高级教士、其他多明我会和专家（sapientes）的建议下，"在桑斯省、兰斯省和法兰西王国的其他省"放松对宗教裁判所的管控，这样无辜的人就不会被迫害，有罪的人也不会逍遥法外。他要求省区隐修院会长任命其他修士来协助罗伯特，桑斯大主教——当然还有其他大主教——都要积极配合这些修士以及其他参与此事的人。[106] 自此教皇宗教裁判所在法国北部得以重建。罗伯特担任总裁判官，他受到教皇的

---

* 邑长（Bailli），中世纪法国一种领薪的王室官员，源于 12 世纪。他是皇室在一地的主要代表，位于王室地方法官与中央王室法官之间，拥有司法权、行政权、财政权、军事权等，是国王反对地方封建领主的主要工具。

特别委任，主教们则被迫充当他的助手。裁判官的新委任没有地域限制，权限覆盖了整个法国，并赋予他按照拉特兰会议法令和 1231 年法令进行审判的一切权力。

凭借新权力，罗伯特修士开始了一场在社会各阶层大力反对异端的运动。根据一份编年志记载，他的势力延伸到"法兰西的各个市镇，佛兰德斯、香槟、勃艮第和其他省份"。[107] 除了拉沙里泰，[108] 我们还有一些关于马恩河畔沙隆地区的具体资料，那里有许多异端被烧死了，值得注意的是一个名叫阿诺利努斯（Arnolinus）的理发师，"完全献身于魔鬼，极其令人讨厌"，[109] 还有一些关于北方地区的资料，那里的迫害似乎最为严重。[110] 显然，罗伯特在这一地区的工作始于他在康布雷建立的总部，康布雷不在法国境内，但属于帝国领土。[111] 我们还了解到他身边有一支国王派来的武装队伍，和他一起的康布雷主教戈德弗鲁瓦（Godefroi）也有武装护卫。他们在这一地区的工作始于佩罗讷，他们在那里烧死了皮埃龙·马尔卡森（Pieron Malkasin）、马蒂厄·德·洛万（Matthieu de Lauvin）、他们的妻子以及罗伯特·德·洛万（Robert de Lauvin）。连马蒂厄怀有身孕的女儿也被带走了，但在法国王后的介入下，她以公开立誓信仰正统而保住了性命。[112] 皮埃龙的儿子逃到了瓦朗谢讷，但又被抓住送回康布雷。在返回康布雷的路上，四位领主在厄迪库尔被烧死。[113] 和罗伯特一起在康布雷的还有兰斯大主教、阿拉斯主教、康布雷主教、图尔奈主教和努瓦永主教。在四旬斋期的第一个星期日，[114] 一个名叫爱丽丝的著名女巫和其他二十多人被烧死了——"这些人都很愉快乐观，谦恭有礼，"穆斯凯（Mousket）说，"只有一点，他们不相信上帝。"[115] 这些知名受害者里有三人曾被选为该市的助理法官（échevins）。另有十八人被扣押在监狱里，三人公开放弃异端信仰，则被判处佩戴十字架的刑罚，还有一些人被带到了杜埃，那里有许多被捕的异端分子在等待裁判官的到来。杜埃的审判并没有延期太久，3月2日，即在康布雷执行处决后的第二个星期日，十个老年男女异端被带着"出了橄榄山的城门，走在通往朗布尔的麻风病人大道上"，并在佛兰德斯女伯爵、兰斯大主教、阿拉斯主教、康布雷主教和图尔奈主教面前被烧死。[116] 一些公开承认叛依的异端分子被剃光了头，被判处佩戴十字架的处罚，还有一些人被关进了监狱"留下来忏悔"。[117] 在里尔和邻近的阿斯克、莱尔（Lers）和图夫莱村庄，[118] 将近二十个异端[119] 被烧死，还有一些人被关进了监狱。里尔的迫害似乎特别针对商人和一个叫罗伯特·德拉·加利（Robert de la Galie）的人，据说罗伯特修士因为一个米兰女人而对他深恶痛绝。[120] 在两三个月的时间里，总共大约有五十人被烧死或活埋。[121]

我们缺乏之后两年迫害异端的资料。1237年10月，教皇宣布，异端在"上帝的葡萄园"里肆意生长，与正统信仰相对抗，[122] 但这一年并没有判罪记录留下。[123] 要是这一年的王室记录尚存，我们或许能从中获得更多的信息。1238年的王室记录就有效地显示，在耶稣升天节的卷宗里，一些异端分子在佩罗讷附近的米罗蒙被判了罪，他们价值八十里弗的财物被收缴进了王室国库。[124] 马修·帕里斯说这一年罗伯特实施了更大范围的迫害，但这很可能是与两年前的类似记录弄混了。[125] 夏末时节，罗伯特出现在了巴黎，他在尼维尔内审问马泽尔修会会长一案的一个证人，此人在异端代理人的管控之下。[126] 一位17世纪的作家声称，这一年阿拉斯的宗教裁判所在一所多明我会的女修道院建立。[127] 可以肯定的是，在1244年之前的某个时间，罗伯特在阿拉斯对该市富裕的羊毛商人亨利·胡克迪厄（Henri Hukedieu）进行了审判。[128]

1239年5月，罗伯特修士的裁判官生涯在香槟区一个古老的异端拘留地艾梅山达到巅峰。[129] 从全国各地搜捕来的摩尼教嫌犯被关押于此，其中有些人可能是普罗万五月集市上的商人。[130] 对他们的审讯持续了将近一个星期，兰斯大主教和他属下十个主教，还有奥尔良、特鲁瓦、莫城、凡尔登、朗格勒的主教以及"许多修道院院长、修道会会长和教长"都参与了其中。[131] 审判在 5 月 13 日星期五的一场"合神心意的盛大屠杀"中结束，超过一百八十名清洁派教徒在接受了他们的"大主教"安慰圣礼（consolamentum）后被烧死。[132] "所以，"阿尔伯里科斯总结道，"就像某种预示未来的预言一样，很多狗从四面八方赶来，在一片混乱的争斗中把自己撕成了碎片，所以为了神圣教会的胜利，这些比狗更坏的恶棍（Bougri）在一天之内就被消灭了。"教会显要在最后的处决前就离开了现场，但香槟伯爵、纳瓦拉国王蒂博四世（Thibaut IV）和他的男爵们，以及围观的各阶级男女老少都在现场，阿尔伯里科斯估计人数大约有七十万，明显具有中世纪典型的不精确。[133]

1239 年这场大规模火刑之后，人们就很少听到罗伯特修士作为裁判官的事迹了。和同时代的德国教皇宗教裁判所的先驱——马尔堡的康拉德一样，罗伯特也近乎癫狂地追捕受害者。[134] 因此不奇怪有人反对这位修士以及他的行事手段，但这并非出于怜悯那些坚持异端信仰的人的悲惨结局；他们比狗还坏，他们的毁灭是讨神喜悦的，特鲁瓦方丹的僧侣宣称，13 世纪是属于罗伯特修士的时代。[135] 如果仅限于迫害那些确实有罪的人，也不会产生如此强烈的抗议。然而，根据马修·帕里斯的说法，罗伯特越过了适度和正义的界限，在他引以为傲的权力和由此引起的恐惧下，他惩罚恶人的同时也惩罚了很多普通且无辜的人。"那些无辜的人受他迷惑，最后被他害死了"，[136] 直到最后他被教皇断然免去了职位，"当他的罪行——在此就不宜再提及了——被公之于众时，他被判处了终身监禁"。至于圣·奥尔本斯的僧侣不愿提及的那些阴暗行为，我们也没有充分的资料确定其真假。有关罗伯特判决案的少量上诉案只涉及裁判过程的早期阶段。这些上诉案显示出他对异端嫌犯穷追不舍，专横跋扈，除此之外并无其他。然而，当时有一位八卦的编年史家写了一个不起眼的故事，这个故事流传了下来，可能会对罗伯特修士的行事方法有了新的解释。因此，这里我们将引用其中的一些篇幅。[137] 故事是这样的：

罗伯特凭借魔法写下一些文字（cartula[*]），这些字放在任何人的头上，都会迫使他说出修士想要他说的东西。有一天，他在布道时被人群中一个女人的美貌所吸引，当她拒绝屈从于他时，他威胁说要把她作为异端烧死。于是他当众接近她，并抓住她说："你不是异端吗？"她回答说："我确实是。""你愿意回归天主教信仰吗？""不。""你宁愿被烧死也不愿意悔改吗？""是的。"于是他说："你们都听到了这个女人是如何坦白她的卑鄙行为了。"旁观者很惊讶，说他们从来都没有听说过她这件事，然后她便被关进了监狱。这个女人有一个儿子，是个好青年，也是个书记员。他非常担心母亲的危险处境，在邻居和亲戚中四处打听如何才能把她救出来。一个熟悉修士的人很同情这个年轻人，对他说："你明天去参加公众集会，你母亲将在那里接受第二次审讯。你站在她身边，当罗伯特师傅把手放在她身上，开始询问她的信仰时，你抓住他的手，因为你比较强壮。你会发现他手里的字条，你把字条拿走，自己收好它，并大声要求他再次审问你母亲。"书记员照做了，他从修士手中拿走了字条。当他母亲又像以前一样被审问时，她发誓说她从来没有接受过罗伯特修士关于她信仰的审讯，她也从来没有给过他任何答案，她甚至没有听说过异端。然后这个年轻人向

---

[*] 拉丁语，意为"字条，小短笺"。

大家展示了这些字，并解释了罗伯特是如何通过这些字来欺骗他想欺骗的人，并把他们处死的。人们听了之后，都想杀了修士，但他被教士带走了，关在一个石牢里，永世不得出来。因为他为了掩盖自己的罪恶，也用这样的手段烧死了他的父母和许多无辜的人，所以上帝在今生给他施加了这样的惩罚，除非他在有生之年能改邪归正。

　　我们很难判断这是否是罗伯特修士垮台的真正原因，但如果我们用催眠暗示来代替这张字条的话，那这个故事就有可能是真的，而且它在总体上与马修·帕里斯关于无辜者"被他迷惑"的说法一致。关于罗伯特修士被监禁及其后来的命运，还有另外两种说法被保存了下来，因为这并不是宗教裁判所历史的一部分，所以被后世的作家忽略了，[138] 在这里特此说明。从马修·帕里斯所作的编年史中，我们了解到，在佛兰德斯烧死数千人后，"最后根据托钵会成员的判决——他们没有判处任何人死刑——只有罗伯特被关进了监狱，为他可怕的罪行做永久的忏悔。但他最终用一大笔钱成功地获得了教皇的豁免，为防止流言四起，他被安排成为圣维克多修道会的修士。"[139] 一本编撰至 1260 年、流传于修道会成员内部的多明我会修士传记集证实和补充了这一点，书中将罗伯特描绘成一个"叛教者得恶果"的负面案例：

　　在法国还有一个人，他担任了裁判官的职务，名声显赫，几乎整个法国都在他面前战战兢兢，就连大人物也对他肃然起敬。凭借自己的声望，他变得傲慢无礼，不愿听从前辈的劝告，于是巴黎的修士把他囚禁了很长一段时间，直到他的朋友成功地说服教皇释放了他，让他加入另一个修道会。他先是加入了三一修道会，然后又加入了圣维克多修道会，但因为他的恶行又被逐出了这些修道会，最后他到了克莱尔沃。一开始他在那里还很有名望，但当他的邪恶——上帝不会任其长期隐瞒——被发现后，他在修道院的地位就一落千丈。就这样，他被当众羞辱，不久后就在巨大的羞愧和悲伤中死去了。[140]

我们目前所掌握的资料，还不能准确地确定罗伯特·勒·布格雷停止行使其裁判官职权的日期。如果他的权力是被教皇撤销了的话，教廷记录上没有相关的诏书的记录；如果他是被一位使节或多明我修会的会长免职的话，[141] 那文书记录被保存下来的可能性就更小了。1239 年那场声势浩大的火刑之后，就没有罗伯特的审判记录了，因此李[142]和塔农[143]认为他在那一年倒台了，而弗雷德里希[144]则认为"大约是在 1241 年"。总的来说，我倾向于相信他至少在 1244 年或 1245 年仍然在位。一部严密的同时代编年史指出，对异端的迫害一直持续到 1241 年以后。[145] 1242 年夏天，圣雅克的一位传道托钵修士罗伯特作为一份遗嘱的执行人出现在了佛兰德斯。[146] 我们发现，第二年 1 月，在巴黎的一份文件中了提到"传道托钵会的书记员罗伯特修士"。[147] 逝世于 1244 年或 1245 年的穆斯凯没有提及罗伯特的倒台。[148] 事实上，在这两年里的某个四月，阿拉斯的主教已经宣布罗伯特将胡克迪厄逐出教会了。[149] 另一方面，我们知道这位修士在 1263 年之前去世了，[150] 而且从他加入其他修道会的记录来看，很明显他在几年前就离开了多明我会。

在追溯罗伯特修士作为裁判官的职业生涯时，我们几乎没有机会谈论那些与他一起追捕迫害异端的同僚。受教皇的委任，他在"高级教士、其他多明我会修士以及专家的建议下"行事，[151] 因此，他很少单独行动。的确，少有人提到其他多明我会的裁判官，他们要么独立行动，要么作为他的助手[152]。唯一已知任用"专家"的一个例子是在沙隆出现的巴黎大学校长菲利普，他是一位杰出的神学家和正统性的坚定支持者；[153] 有大量的证据表明法国北部的主教们都积极参与了宗教裁判所的工作。在康布雷，除了该教区的主教以外，和罗伯特一起的还有兰斯大主教以及阿拉斯、图尔奈和努瓦永的主教。[154] 除了最后一位，所有这些人都出现在了杜埃。[155] 在艾梅山出现的高级教士非常多，阿尔伯里科斯列举了十六位，一位目击者说，"几乎所有的法国主教"都在场。[156] 此外，从编年史的字里行间我们也可以清楚地看出，主教们的出席不仅仅是形式上的，他们还对被告进行了审讯。对于康布雷和艾梅山的迫害，我们找到了相关的有效陈述。[157] 圣梅达尔德年谱准确地总结了整个事件，"在某个传道托钵修士罗伯特的帮助下，大量的异端分子被大主教、主教以及其他等级的高级教士带走、审讯并定罪。"[158] 无论在那些不甚出名的案件中发生了什么，可以肯定的是，在法国北部和香槟区对异端大肆施以火刑的责任既在于那个可怕的修士，也在于法国神职人员的领袖。

主教追捕异端所采取的独立行动，即主教裁判所，无论是在罗伯特修士时期还是后来，在法国北部都很少见。[159] 记录的缺失可能是因为最初没有什么值得注意的诉讼，但至少教皇裁判官积极行动的时候，主教们也忙碌于考量裁判官提交给他们的案件；然而，如果资料足够充足，能让我们研究教皇裁判所与地方教会机构的关系的话，我们可能可以听到更多地方对多明我会的干预的嫉妒之情，而在当时的教廷文件中这些声音只能隐约可见。[160] 主教镇压异端的职责并没有随着多明我宗教裁判所的建立而终止，并且他们也做出了一定的努力，在发现和惩治错误信仰方面为主教机制注入了新的活力。1239 年，图尔省议会试图恢复宗教议会证人的旧制度，通过在每个教区指定三个人宣誓揭发所有与信仰有关的罪行。[161] 随后，桑斯省的议会便决定将那些顽固不化并被逐出教会的人作为异端带到会议上，以此来胁迫他们。[162] 图尔奈教区保存了一份用罗曼语写的反对异端的公告，每隔一个星期日就会在教区的教堂里宣读一次。[163] 在毗邻的泰鲁阿讷教区，我们发现主教会教导教区司铎如何甄别异端，以确保人们不会因为远离教会而被怀疑为异端。[164] 在特鲁瓦教区[165]和努瓦永教区，我们也发现了一些主教追捕异端的实际案例。1235 年，一位神父被严加禁锢，尽管他极力主张自己观点的正统性并提供了相关证据。[166] 几年后，北部边境康布雷的主教们在安特卫普展露了他们镇压异端和社会不满情绪的热情。[167] 在巴黎，主教和神学专家也都小心翼翼防范着神学过失，[168] 主教监狱则在等待着那些执意支持异端教义的人，[169] 而巴黎大学则即将迎来其取代宗教裁判所，成为维护法国正统信仰代表的时代。[170] 所有已知的此类地方活动的实例都被一一列举，然而与教皇裁判官坚持不懈的努力相比，它们就显得微不足道了。

当我们从罗伯特修士及其副手迫害异端的外部历史转向对他们的程序和所施加的惩罚进行审视时，我们因证据不足和过于片面而感到无从下手。我们仅有的资料也只是个别的传唤记录、一些上诉人向教皇陈述案情的判决上诉书、教皇宗教裁判监狱的一些表格以及编年史家的附带陈述。[171] 这些材料过于零散，无法作为专门研究宗教裁判所运作方式的基础资料，但就其本身而言，它们还是很有价值的，而且很少会被研究该主题的一般作者所使用；[172] 为了比较教皇宗教裁判所在其他地方的进程及其在法国北部的早期实践，将格里高利九世时期北部宗教裁判所的程序的已知资料汇集起来，也许值得一试。

第一次访问拉沙里泰时，罗伯特修士先是以正常的布道开始，[173] 劝说异端回归信仰。至于这么做的效果，他告诉我们，不但那些被特别传唤的人，还有许多没有等到他的传唤的人，甚至一些没有被怀疑的人，都走上前来承认他们的错误，进行忏悔。人们自愿告发他人的罪行，甚至父母"告发他们的孩子，孩子告发父母，丈夫告发妻子，妻子告发丈夫"。罗伯特当时在法国还没有特别的权力，但他很快就获得了教皇的委任，所有参加他布道和协助他工作的人都得到了教皇的特赦。[174] 在没有提出指控的情况下，如果异端人士及时忏悔，就可以使其免受进一步的追捕，只需进行适当的忏悔或苦修即可；[175] 鼓励揭发他人的罪行，即使被判处了死刑，只要答应供出其他人，就可以获得缓刑。[176] 从所有的记录来看，罗伯特对所有的指控都全盘接受，而且他的怀疑一旦集中在某人身上，此人就很难获得释放。在拉沙里泰，我们已经看到了他对皮埃尔·沃格林的无情追捕，这人此前曾两次被主教裁判所宣判无罪；[177] 但罗伯特不愿意接受前人的调查结果，这可以从同镇某个彼得罗尼拉（Petronilla）的案件中看出，此人也立了涤罪誓，但没有成功。[178] 教皇裁判所对商人尤其警惕，商人的漂泊生活以及他们与意大利和法国南部的密切关系使他们自然而然地成为怀疑对象。因此，一个佛罗伦萨商人同几位他误以为信仰正统的异端人士交谈，并给他们的仆人十个苏之后，他先是向特鲁瓦的一位多明我会修士和一位方济各会修士忏悔，对方要求他以苦修来赎罪；接着，商人又向教皇请教，教皇将此事转交给佛罗伦萨主教，主教报告说该商人在意大利本地的名声白璧无瑕，以信仰纯洁闻名。报告得到了一位红衣主教的认可，但教皇认为，尽管商人已经赎罪了，但仍然有必要让罗伯特修士、桑斯大主教和特鲁瓦主教在法国进一步调查他信仰的正统性。[179] 卡奥尔教区的一个人曾与异端结交，并听过他们传教，他向地方当局承认了自己的错误并赎了罪。但一到北方，他就被他的敌人指控为异端，尽管他携带了担保书，罗伯特还是把他关进了监狱。[180] 另一个案子是拉沙里泰的让·舍瓦利埃

（Jean Chevalier），他曾与一个疑为异端的女人交往；尽管他在审讯中证实了自己的信仰牢固，但还是被判公开赎罪，并被威胁说，如果他再放高利贷或访问伦巴第，他就会被当作异端并受到相应的惩罚。[181]

　　罗伯特修士活动后期的一个案子充分地说明了裁判官的传讯方式。阿拉斯主教根据所辖教区神父的证词陈述了事实，这些教区神父通常是裁判官和嫌疑人中间人。[182]罗伯特多次要求被告——一个名叫亨利·胡克迪厄的羊毛商人——在他指定的地点出现在他面前，并在那里回答他提出的问题。后来，在一次公开传唤中，商人被安排在香槟区的某个集市上露面以证明他的清白。但商人并没有按时到场，因此罗伯特就在阿拉斯的一次公开传唤中将他判作异端驱逐出了教会。[183]

　　编年史家常常会陈述定罪之前进行的正式审判，[184]有时他们还会描述异端所持的信仰，[185]但对于诉讼程序的本质就几乎未作多少说明。正如我们看到的那样，通常情况下，主教们都在场并积极参与审讯，但在我们所知的两个案件中，似乎只有罗伯特一人主持了审判。如拉沙里泰那个名叫彼得罗尼拉的女人，如果她想证明自己的清白就必须有三位证人的宣誓，但当她为此出席时，罗伯特修士却直接宣布她自证无效，并把她和她的女婿一起关进了监狱，而她的女婿之前所立涤罪誓已经被正式接受了。[186]在里歇尔所记述的诉讼故事中，我们有一个强迫招供的案件，就是那个受魔法字条影响的女人。罗伯特突然在公共场合走近她，并问道："你不是异端吗？""你愿意回归天主教信仰吗？""你宁愿被烧死也不愿悔改吗？"她承认了指控，于是他叫旁观者见证她的陈述，并把她关进了监狱。同样的问题在同样公开的第二次审讯中又被重复地问了一次。[187]除了以上的例子和马修·帕里斯关于罗伯特既惩罚无辜者又惩罚有罪者的笼统说法之外，[188]我们对审判的严密性和被判无罪的概率一无所知。正是在诉讼程序的这一阶段，在指控和定罪期间，我们看到被告向教皇提出了上诉。对异端的裁判是不可能有这样的上诉，[189] 但我们所关注到的三个案件，都是在宣判前向教皇提出了上诉，而且在这三个案件中，教皇都下令进行进一步调查。在每一个案件中，除了被告无罪之外，其诉讼程序也被指控不合常规——要么无视担保信而将被告监禁，[190] 要么拒绝接受被告的免罚宣誓将其任意监禁，[191] 要么就是在某一案件中，违反了为保证公平听证而达成的协议，并在被告上诉后将其逐出教会。[192]

被教会判了刑后，不知悔改的异端通常都被移交给世俗权力机构，接受他们"应有的惩罚"——火刑。无论中世纪对异端执行极刑的起源为何，不管是从罗马皇帝的立法中继承下来的，还是从日耳曼民族的普遍做法中引入的，[193] 到 13 世纪中叶时，火刑已经成为北部欧洲最常用的刑罚了，据称这种刑罚预示着未来世界的不灭之火。[194]

那些悔过的异端则被教会重新接纳，并以苦修赎罪。[195] 最严厉的惩罚留给那些因害怕死亡而忏悔的人，包括终身监禁，要么是关进监狱墙院内（murus largus）这种相对来说比较温和的的刑罚；要么是被单独监禁在狭窄牢房（murus strictus）里这种严酷的刑罚，许多时候，囚犯还会被锁在墙上。[196] 一种较轻但极具羞辱性的刑罚往往可以代替监禁（poena confusibilis*），那就是佩带某种显眼的耻辱性标志，如胸前和背上佩戴黄色十字架。对于程度较轻的罪行，普通的刑罚如朝圣忏悔或虔诚持守宗教仪式，叮以由法官酌情裁定。在涉及神父的案件中，较严重的惩罚是先要将其降级，但要凑齐执行这一行动所需的主教人数却很困难，因此人们很早就发现有必要简化和加快这一程序，以便管区主教能依照他所属教区的条例单独行动。[197]

---

* 拉丁文，意为"权宜性的处罚"。

罗伯特修士似乎遵守了这些宗教裁判实践的一般原则。一位编年史家说："许多人被他用复仇的火焰烧死，许多人被他永久地关进监狱。"[198] 另一位编年史家更确切地说明了这种区别："有些人被关在监狱里忏悔，其他拒绝放弃异端信仰的人则被火烧死。"[199] 一位编年史家还提到了活埋，[200] 但在北方迫害的记录中，有五十人在沙隆和艾梅山遇害，记录明确指出这些异端是被烧死的。在里尔地区的杜埃，监禁作为一种刑罚被特别提及。[201] 在康布雷，关在监狱里的人数，有的说是十八人，有的说是二十一人，几乎与被烧死的人数完全相等。[202] 在康布雷也采取了权宜性的处罚，三名妇女被罚佩戴"标志"。在杜埃，忏悔者被剃光头并被判处佩戴十字架的刑罚。[203] 在拉沙里泰，罗伯特布道的第一个结果就是，许多人在脖子上戴上了木项圈或锁链，自愿到他面前忏悔。[204] 至于那些不甚严格的忏悔形式，保留下来的案例数量不多，有一个被流放到君士坦丁堡的案件，[205] 还有一个自愿忏悔的人被命令加入十字军，陪同西蒙·德·蒙特福特（Simon de Montfort）*去东方征战，而且一有机会就要参加宗教仪式，余生都不能穿亚麻制的衣服，每个星期五都要斋戒。[206] 在拉沙里泰，罗伯特除了规定忏悔者遵守此类宗教仪式外，还公开禁止忏悔者携带武器、放高利贷或进入伦巴第，否则就会被判为异端。[207]

法国北部宗教裁判所的做法也说明了某些异端判决会有附带刑罚——剥夺民事和宗教权利、毁坏房屋和没收财产等。1231 年的教皇法令禁止异端分子的儿子、孙子担任教职或领取圣俸，[208] 但在图尔奈教区的一个案件中，这项规定被认为不具有追溯力，[209] 处罚可以给予豁免。[210] 针对异端的

---

* 西蒙·德·蒙特福特（Simon de Montfort），第六代莱切斯特伯爵（1208－1265）是法国裔英国贵族，率领贵族反抗亨利三世的统治，成为英格兰的实际统治者。在统治期间，召开了一次直接选举产生的议会，被视为现代议会制的创始人之一。

立法还有另一项原则是，异端的房屋应被摧毁，他们的场地也应被遗弃，但这会大幅减少没收异端财产所带来的财富，所以并没有被严格执行。[211] 没收异端的财产的处罚继承自罗马的冒犯君主罪（lese-majeste）的相关法律，早在英诺森三世时期就成为教会的一项原则。对异端的定罪通常伴随着没收财产，这些财产立即就会被世俗权力机构扣押。[212] 这一原则的各种应用不断诱惑着贪婪的王公贵族，并最终为支持宗教裁判所存续本身提供手段，在此就不再赘述。在法国，路易八世和路易九世立法对南部异端颁布了没收令，[213] 虽然王国的北部地区没有执行类似的法令，但这一地区的习惯法明确规定，被判刑的异端财产归其领主所有。[214] 异端人士的继承人便失去了他所有的财产份额，但国王和教皇都试图保护信仰正统的妻子的嫁妆权利，[215] 而且从罗伯特修士的时代起，就有国王法庭颁布了相关法令，分别规定了领主妻子和领主各自的权利。[216] 我们可以从当时的王室记录中查到国王从法国北部异端所有的财产中获得的财富，[217] 但从北部获取的财富与在朗格多克的没收所得相比，便显得微不足道了。[218]

由于信息的匮乏，任何关于法国北部世俗权力与宗教裁判所关系的考量必然都是轻率的。正如人们对一个基督教信仰如此虔诚和热忱的君主所期望的那样，路易九世公开宣称与异端为敌，认为将他们驱逐出自己的王国是国王的职责。[219] 他甚至宣称，骑士应当用自己的剑杀死一切他所知道的不信教的人。[220] 此外，他还是托钵修会的忠实好友，他曾在那里接受过教育，[221] 他不但对因公务来找他的裁判官特别优待，[222] 还给予了宗教裁判所王室行政部门的坚定支持。从他在王国南部颁布的法令中我们可以看到，国王的官员奉命积极协助追捕异端，将他们送到适当的教会机构，并对迅速执行他们的判决，而且他还承诺对一切协助抓捕异端的人予以奖励，那些试图庇护或窝藏异端的人则受到了没收财物和民事处罚的威胁。[223] 1233

年，教皇特别将拉沙里泰宗教裁判所的事务委托给了圣王路易，[224] 罗伯特修士在那里以及其他地方的工作都是在国王的帮助和授权下进行的。[225] 国王的官员执行修士的判决，国王的士兵作为护卫陪同他，[226] 国王和王后对修士的诉讼和受害者的命运很感兴趣，确切地说是很关心。[227] 没有记录显示国王亲自出席过任何一次对异端的处决，但有几位大封建主出席过，如佛兰德斯的让娜女伯爵（Countess Jeanne）曾在杜埃出现过，香槟区的蒂博特四世（Thibaut IV）也曾出现在艾梅山。[228] 罗伯特修士垮台后，相同的政策似乎还在继续执行。在 1248 年的记录中，北方几个地方修士裁判官的俸禄是由王室国库支付的，[229] 我们发现很多时候囚禁和处决异端的费用都是由国王的代理人支付的；[230] 而且正是在国王的特别要求下，1255 年，教皇亚历山大四世对法国宗教裁判所进行了更有效的整改。[231]

本章研究的目的不是追寻格里高利九世继任者统治下的宗教裁判所的沿革。虽然英诺森四世的立法对宗教裁判所的稳固建立及其程序的发展具有重要意义，但它主要针对的是朗格多克和意大利的异端，对法国北部的异端只是稍加涉及罢了。[232] 亚历山大四世对北方事务给予了更多的关注，在他的教皇任期内，法国宗教裁判所在巴黎的多明我会省区会长的指导下有了明确的组织，而且最终他也对南方进行了控制。[233] "从比斯开湾到莱茵河的这片广阔土地上，这样完善的组织却几乎没有给我们留下什么东西。"[234] 1248 年的王室记录打破了同时代记录中普遍存在的缺失，这些记录显示，在巴黎、桑斯和科贝伊的监狱关押着异端人士，在法国北部的十几个不同地区有国王支持的裁判官。[235] 1255 年，在巴黎提及三名裁判官；[236] 1277 年和 1278 年，"法兰西王国的裁判官"西蒙·杜·瓦尔（Simon du Val）在奥尔良、圣康坦和诺曼底公干；[237] 1285 年，欧塞尔的纪尧姆（Guillaume d'Auxerre）修士作为裁判官出现在香槟区和布里区。[238]

但裁判官的裁判记录却消失得比他们的名字更彻底。1261 年在蓬图瓦兹，有一个女人因被怀疑是异端而被烧死，[239] 1269 年向一个异端的遗孀返还了嫁妆。[240] 1272 年欧塞尔主教和拉沙里泰的修道院副院长之间发生了管辖权的冲突 [241]——这些都是关于 13 世纪后期法国宗教裁判所受害者的零星记录。"裁判官因内心的光明而充满活力并埋头苦干，"李总结道，"但他们本人和他们的行为却被遗忘在了历史的尘埃之下。他们履行的职责引人注目，在于以下两点事实：异端势力在法国微不足道，以及清洁派在朗格多克被缓慢而稳步根除，但他们在北方地区的存在并未随之消失。"[242]

第十一章
兰斯的面包师埃沙尔的异端邪说

在中世纪西欧有两个异端团体，二元论派和瓦勒度派，后者几乎鲜有人知。相比其他教派，这两个教派信众不多，规模很小，以至于当时的文献记载和神学著述很少提及它们。两教派的学说主要在社会底层传播，所以有关其教义的记载寥寥无几，对其地理分布情况也知之甚少。对法国北部的瓦勒度派的了解就更少了；倒是摩尼教在弗雷德里克所著的关于低地国家和毗邻法国区域的异端邪说的大量文献中，占据了大量篇幅。[1] 因此1230 年左右，兰斯发生了一件有关瓦勒度教派的案件，很难不引起人们的关注。这个案件发生在宗教裁判所产生之前，要不是后来牵涉到某个引人关注的省议会，追捕异端信徒这种案件也没那么值得关注。异端信徒中有一个主要人物——面包师埃沙尔，通过他，我们得以瞥见那个时期一个不为外人道的社会阶层。[2]

1889 年 4 月，巴泰勒米•奥雷欧在给法兰西文学院[*]的一封信中，让人们注意 1218 年至 1236 年巴黎大学校长菲利普的布道。布道中，他提到兰斯有一个名叫埃沙尔的面包师，被省议会判为异端后活活烧死。[3] 菲利普的布道发生在圣日星期四，[4] 即"最后的晚餐"纪念日，以面包为主题：面包，有好坏两种。每种面包由三种烤炉烤制。对于好面包，有研习《圣

---

[*] 法兰西文学院（Académie des Inscriptions et Belles-Lettres），是法兰西学院下属的五大学院之一。

经》之炉，有忏悔修行之炉，有圣坛之炉；而相应的面包师是《圣经》学者、告解神父和司铎。"可是，唉，现在魔鬼却在阿尔比*、罗马的领地、米兰这些地方建造他的烤炉。他的第一个烤炉是怀疑主义的秘密据点，面包师是谬误的布道者，烤出的面包则是秘密的谬论……有一个名叫埃沙尔[5]的烘焙师，在兰斯的宗教法庭受到审判，他就是这样的面包师，那些在暗中传播（谬论）的人就是在效法他。"圣伯纳德启示我们，乡下人虽然无知，但也不能小觑他们；"在那里，兰斯议会颁布法令，不可像从前那样，把《圣经》翻译成高卢语言。""第二个烤炉是误导的告解；面包师是那些鄙视教会要诀的人。"一些人完全毁弃了忏悔告解；还有些人限制了忏悔的效用，他们对十字军战士否认赎罪券的合法性；还有些人则扩大告解的范围，他们认为任何人都可以是告解的对象，只要做告解的人自己愿意，那就是合理合法的。"魔鬼的第三个烤炉是那些具有恶劣影响的集会；这类烤炉的面包师播下分裂的种子。兰斯的面包师埃沙尔就是这样的人，他的追随者也是这样的人……这位兰斯的面包师从异端教义、错误告解、有害集会的三重烤炉中出来，被送到现世惩戒之炉，然后就是去地狱的炉。"

附拉丁布道文如下：

Primi panis furnus est studium sive gymnasium sacre Scripture; huius furni furnarii sunt doctores sacre Scripture. Secundi panis est furn us penitentie; huius furni furnarii sunt confessores. Tertii panis furn us est sacrosanctum al tare; huius furni furnarii sunt sacerdotes.

Sed ve nobis hodie, quia contra hos furnos edificavit diabolus suos furnos

---

*　法国南部城市。1145年基督教卡特里派传入此地，故又称"阿尔比派"，受摩尼教思想影响，是持二元论思想、反对教廷的异端，后在十字军的攻伐与宗教裁判所的镇压下灭亡。

in Albigensi, in Romanis, in Medulanis et in partibus istis. Primus furn us diaboli est latibulum suspecte doctrine; huius furni furnarii sunt pseudo-predicatores; panis huius furni est falsa doctrina abscondita; Prov.: Aque furtive dulces sunt, panis absconditus suavior.[6] De istis furnariis erat Hyechardus furnarius, in Remensi synodo condemnatus. Huius imitatores sunt illi qui in abscondito predicant, sicut predixerat Dominus in Matth., 24: Multi pseudo-prophete surgent, et seducent multos; et cet.: Si quis vobis dixerit: Ecce hie est Christus aut illic, nolite credere; et cet. usque ibi: Si ergo dixerit vobis: Ecce in deserto est, noli te exire; Ecce in penetralibus, nolite credere; sicut enimfulgur, et cet .... Suspecti sunt qui querunt solitudines; et propter hocdicit Dominus in Evangelio: Attendite vos a fermento Phariseorum, quod est hypocrisis.[7] Hos docet reprehendere beatus Bernardus, dicens: Rusticales homines sunt idiote; non tamen negligendi sunt, neque cum eis negligenter agendum est; sermo enim eorum serpit ut cancer; et cet. Propter hoc preceptum est in Remensi concilio ne transferantur sicut hactenus libri sacre Scripture in gallicum idioma. [In Actibus, Multi autem curiosa sectati contulerunt libros suos, etc.] [8]

Secundus furnus est furnus confessionis seductorie. Huius furni sunt furnarii clavium ecclesie contemptores, quorum quidam ex toto confessionem destruunt .... Item alii sunt qui confessionis virtutem diminuunt, dicentes quod nihil valent indulgentie crucesignatis .... Itemalii sunt qui confessionem non diminuunt, sed confessionis potestatem extendunt, dicentes quod licet unicuique cuilibet confi. teri, [non intelligentes illud verbum Iac.:[9] Confitemini alterutrum peccata vestra.] Horum imitatores sunt quidam sacerdotes qui nimis potestatem suam extendunt, mittentes falcem in messem alienam. Tales sunt illi qui mulierum que sunt de parochia aliena audiunt confessiones; qui potiusquerunt corruptionem earum quam correptionem .... In hoc ergo maximum est periculum illis qui se ingerunt confessionibus, quod mulieres, proprios sacerdotes relinquentes, querunt alienos, quia sic proprii sacerdotes non possunt suas mulieres cognoscere, cum tamen eis dicatur: Diligenter inquire vultum pecoris tui.[10]

Tertius furnus diaboli est congregatio unitatis perniciose. Huius furni sunt furnarii schismatum seminatores. Talis erat Hyechardus, Remensis furnarius, et eius imitatores tales. Hec est congregatio de qua dicitur in Psalmo: Odivi ecclesiam malignantium.[11] Iste furnarius Remensis de triplici furno, scilicet doctrhie corrupte, confessionis seductorie, et congregationis unitatis perniciose, translatus est ad furnum temporalis pene et deinde ad furnum gehenne.[12]

在这段布道文中，有些事实显而易见。兰斯的面包师埃沙尔确曾秘密传播异端学说，抨击告解制度，他的周围也的确聚集了不少异端者。后来当地的议会审判并烧死了他。与此同时，议会禁止将《圣经》翻译成法语。"我们知道，"奥雷欧总结道，"再没有有关埃沙尔和议会的其他证据；令人惊讶的是，如此重要的事实竟没有一个编年史学家提到。"[13] "遗憾的是，菲利普·德·格列夫并没有告诉我们，究竟是怎样的不敬行为触怒了教会，并把埃沙尔送上了火刑柱。"[14]

由于这里提到的异端者和议会连史学家们也不知，因此埃沙尔这位社会底层的布道者所宣扬的教义和他被判有罪的日期也成了谜题。我所收集到的关于这两个问题的进一步信息，曾在同样出自巴黎大学校长菲利普的两篇布道文中提到，这也充分证明布道文对于历史事件的考据是极具价值的。这些布道文在早期并没有引起注意。奥雷欧对中世纪布道的各方面知识来源仅限于巴黎的手稿，他只知道菲利普的三种布道，即"节日""圣日""圣咏"[15]。可以称之为第四个系列的讲道更驳杂一些，不仅为平常的星期日和教会年庆准备，也为其他特殊场合准备。从一些标题中可以看到："在主显节和圣母行洁净礼日期间对学者的布道——在路易国王反对阿尔比教徒时期"（1226）；"圣马丁节在巴黎圣马丁教堂的集会致词"；"在国王见证下于布尔日的集会向十字军讲话"；"佛兰德斯伯爵夫人出席的在尚贝里（？）举办的耶稣受难日活动致词"；"复活节前夕在奥尔良向学生们致词——关于巴黎学生撤离之事*"；"在罗马向教皇和红衣主教致词"；"在主教和市民之间的分歧时期于拉昂宗教理事会的致词"；等等。[16] 由于这些布道并不构成一个常规的系列，因此没有人将它们整合到一个合集中。其中数量最多的部分似乎是 1099 年于特鲁瓦的九十四篇《巴黎大学校长布道》（*Sermones Ph. Cancellarii Parisiensis*, MS. 1099）。阿夫朗什手稿 MS. 132 中有来自圣米歇尔山的一份手抄本，在这一卷书中收录了这位校长最完整的布道内容，据我所知，其中有几篇属于"圣日"篇和"节日"篇。有些篇目也可以在维特里勒弗朗索瓦的 MS. 69 号文献《巴黎大学校长菲利普老师的布道与训诫》（*Omelie et Sermones Magistri Philippi Cancellarii Parisiensis*）中找到，还有两本可以在法国国家图书馆的手稿馆藏中找到（MS. lat. n.a. 338），曾被奥雷欧使用（ff. 152, 256）。1295 年，在教皇图书馆中曾有两本《巴黎大学校长布道》的抄本，与特鲁瓦抄本的开

---

* 应指 1229 年的巴黎大学撤离危机，当时由于学生与巴黎市民、市政机构的冲突，师生罢课并大批迁往奥尔良等地，后在教皇与国王的干预下才解决争端。本书第二章曾经提到这一历史事件。

头词（incipits）＊相同。[17]

　　在一篇关于司铎职责的布道中，那是圣三一主日（Trinity Sunday）之后的星期二，在拉昂举行的一次会议上，菲利普劝诫祭司们效仿摩西，像摩西带领着叶忒罗的羊群到了沙漠的另一面（《出埃及记》3：1）那样，去带领人民了解《圣经》的内在含义。"犹太人，"他说，"还有异端信徒，并没有'把他的羊群带到沙漠的内部'，而只是肤浅地看《圣经》，《哥林多后书》第三章第6节中有这样一句话，'字句是叫人死'＊＊。他们依附外在世界，因此堕落，比如'里昂穷人派'＊＊＊，追随兰斯的一个公民，面包师埃沙尔，他最近被判了刑，因为他推定说任何情况下宣誓都是非法的，并从浅表意义上引用主的话（《马太福音》5：34），'我告诉你们，什么誓都不可起'。他也断言在任何情况下都不可杀戮，因为《马太福音》（13：29）有言'不要薅稗子，免得连麦子也一起拔出来'。他又说，任意向任何人认罪忏悔都是合法的，遵循《雅各书》的末章之言（5：16），'你们要彼此认罪'，《约伯书》（30：4）上也说，'在草丛之中采咸草，罗腾的根为他们的食物'……"

　　Interiora ergo deserti sunt spirituales sensus sacre scripture. Iudeus vel hereticus non ducit oves suas ad interiora deserti, exteriora solummodo scripture superficialiter attendentes, circa quod dicitur .ii. ad Cor. iii., Littera occidit etc. Unde quidam exterioribus adherentes exciderunt a fide, sicut Pauperes a Lugduno

---

＊　手抄本篇首段首的字母或单词，通常会写得很大，加上繁复华丽的装饰，可用于识别和检索。

＊＊　原句是"他叫我们能承当这新约的执事，不是凭着字句，乃是凭着精意；因为那字句是叫人死，精意（或圣灵）是叫人活。"

＊＊＊　瓦勒度派的别称。

quos sequens Ethardus fornarius, Remensis civis nuper dampnatus, dicere presumebat quod in nullo casu iurare licet, superficialiter inducens verbum Domini, Mat. v., Ego dico vobis non iurare omnino, etc. Asserebat etiam quod in nullo casu licet occidere, propter illud Mat. xiii., Non colligatis zizania ne simul eradicetis cum eis et triticum. Dicebat etiam quod licet cuilibet confiteri, iuxta illud Iacobi ultimi, Confitemini alterutrum peccata vestra. Circa quos dicitur, Iob xxx., Mandebant herbas et harborum cortices, radix iuniperorum erat cibus eorum. Pastores autem boni catholici non dant ad esum arborum cortices sed medullas et fructus dukes, id est sensus spirituales, ut Augustinus, Ambrosius, Gregorius, Ieronimus, et alii, et hoc est oves ducere ad interiora deserti.[18]

　　显然，校长担心面包师的异端教义已经传播开了，需要予以迎击。在此会议后的一天，他在布昌伊埃雷[19]向人们讲述作为教会支柱的七项圣礼，并借此机会一一驳斥异端邪说关于这七项圣礼的误读。他提到异端信徒篡改布道和忏悔，[20]嘲笑圣餐，否定婚姻，否定临终涂油礼的功效，他们还相信把洗礼仪式的主持工作和圣餐的管理工作交由好司铎来做，会比坏司铎做得更好。校长没有提及任何异端分子的名字，直到布道行将结束，在谈到忏悔圣礼和司铎的赦罪权时，他说："那些异端犯了罪，就像兰斯的面包师埃沙尔，他们对'钥匙的权能'＊的意见是错误的。"

Sermo de .vii. sacramentis in episcopatu Laudunensi apud Brueres in crastino post sinodum. Sapientia edificavit sibi domum, excidit columnas .vii.

＊　根据《马太福音》的说法，钥匙的权能，是赋予圣彼得在五旬节迎来上帝王国的责任，也是耶稣赋予其他使徒的责任。见《马太福音》16：19 和 18：18。

[Proverbs, ix. 1]. Hec domus ecclesia, cuius .vii. columpne .vii. sacramenta. Heretici qui sacramenta impugnant ecclesiam subvertere moliuntur ... Cum ergo hec tria sint necessaria predicanti, scilicet scientia, devotionis affectus, et bona opera, oportet autem quod in hiis non sit neophytus ... Quid est ergo quod videmus magis neophitos in hiis sese intrudere ?... Contra mortem nonne necessarium fuit matrimonium ut decedentes per legitimam generationem resti. tuerentur?

Unde Dominus dixit，Gen.[i. 22], Crescite et multiplicamini, etc., qui tamen ad ecclesiam non pertinent, quicquid dicant heretici, nisi renati spiritualiter, unde Ioh. iii. [3] (f. 171) .... Peccant heretici [i.e., contra baptismum] qui vim habere non credunt vel qui melius esse credunt datum ab uno sacerdote quam ab alio. Primi peccant contra potestatem Christi quam auferunt; secundi quia alii quam debent conferunt ... Sciant igitur quod quanto enormius mentiuntur de hoc heretici, tanto effi.cacius capit tinctura (f. 172) .... Peccant heretici qui dicunt melius esse sacramentum a digno sacerdote quam indigno. Alii nichil reputant et hii destruunt potissimum ecclesie remedium et medicamentum, et irridendo dicunt, Si esset mons, totus consumptus esset (f. 173) .... Peccant heretici quorum aliqui nupcias destruunt quas Deus in paradiso constituit sacramentum primum .... Peccant contra extremam unctionem ... heretici qui nullam inesse virtutem credunt (f. 173 v) .... Peccant heretici qui de potestate clavium male sive perperam senciunt, ut Ethardus Remensis civis fornarius (f. 173 v). [21]

后来，有人明确称埃沙尔就是"里昂穷人派"亦即瓦勒度派的一员，是该教派有组织的等级制度下的一名布道者。[22] 传说中他的信念和实践充分证实了这一宣述。由地位卑微、文化程度低的人搞秘密传教，持有方言版本的《圣经》，对《圣经》关于禁止发誓、禁止夺人性命的内容仅从字面理解，否认"钥匙的权能"并被发现进行业余的告解实践，否认司铎赦罪的权威性等等，所有这些都是瓦勒度派的典型特征。无法确定埃沙尔和他的追随者究竟属于瓦勒度派的法国群体还是伦巴第群体。大体上，使他们区分开来的是内部组织与罗马教会的关系，而不是信仰本身，[23] 关于埃沙尔的记述过于贫乏，于我们所探讨的问题助益不多。兰斯的地理位置与贸易路线有关，因此这些新的教义可能来自意大利或罗讷河谷，但是在法国，其传播方向则是往南，而不是向北。而来自伦巴第的影响则辐射到整个德国南部和莱茵河谷。瓦勒度派在邻近地区的活动中心有梅斯、图尔、斯特拉斯堡[24]，他们与 1231 年在特里尔发现的异端也有关联，[25] 这提高了兰斯的异端邪说与伦巴第运动在德国的活动之间存在关系的可能性。

埃沙尔被定罪的日期似乎是 1230 年或 1231 年初。可能的时间范围最早是 1222 年，即努瓦永（Noyon）主教斯蒂芬（Stephen）去世那年，他在布吕伊埃雷（Bruyeres）[26] 的布道中被称为"神圣的记忆"，最晚是 1236年 12 月菲利普校长去世。勒夸·德·拉·马尔什（Lecoy de la Marche）早就指出，[27] 在任何人都能证实的固定或灵活的宗教节日之关联的基础上，奥雷欧第一次发现的这组有关埃沙尔的布道构成了从 1230 年 9 月 8 日到1231 年 8 月 29 日的教会年谱。1231 年的耶稣升天节（Holy Thursday）是在 3 月 20 日，兰斯议会做出的定罪判决，在听说的人看来是件新鲜事；拉昂的布道是圣三一主日之后的星期二，在布吕伊埃雷的布道则是在几天后，这些布道可以确定是在 1231 年 5 月 20 日之后。

至于定罪判决是由哪个议会发出的，不得而知。词组"in Remensi

synodo"* 可能指在兰斯举行的会议，或者仅指在兰斯教区的一次会议；[28] 但是，我们无法知道具体哪一次会议与我们推测的日期完全吻合。如果说是在拉昂的宗教会议，其可能性也不大，因为在那次会议上，菲利普的布道把定罪判决说成是过去发生的事；[29] 也没有什么特别理由把它同努瓦永的宗教会议联系起来。在 1233 年到 1235 年之间，这个省区召开了很多次议会，但所有这些都远远晚于我们论证的日期。[30]

一个坚持异端邪说的人应该被烧死，这是对他来世命运的合宜预备——这在 13 世纪很常见。[31] 在 1230 年，由省议会宣判也是很正常的事情。那时，法国北部的异端事件并不多见，对于虚假教义包括哪些东西没有充分的大致了解，没有几个主教不征求同僚意见就能准备好判定如此重要的问题。不足为奇的是，这一时期议会的官方记录因法国档案的丢失而缺失；事实上，在整个 13 世纪中，议会的行动记录都存在许多严重的缺口。[32]

奇怪的是，议会禁止传播罗曼语《圣经》，如此重要的事件却没有其他任何记录。1191 年在梅斯发生的瓦勒度派动乱与《圣经》片段的方言译本有关[33]，还有 1202 年在列日市[34]，1231 年在特里尔市[35]，以及兰斯市[36]，也都曾出现《圣经》的方言译本；1229 年 5 月的图卢兹议会[37] 和阿拉贡国王及主教于 1234 年颁布的法令[38]，明令禁止这些译本的传播，类似行动的记录在法国北部却没有找到。[39]

---

* 大意：在兰斯的大会。

第十二章
两名美国中世纪学者

亨利·查尔斯·李 [1]

四十多年来，亨利·查尔斯·李一直是美国历史学术界的荣誉人物，他的去世使得美国历史学会的荣誉成员名单上少了重要一员。他生于1825年，是艾萨克·李的儿子，也是马修·凯瑞的外孙，他是费城优良知识分子传统的代表。15岁时就在《美国科学杂志》(*American Journal of Science*)上发表了关于贝类学的文章，反映了他的早期思想天赋；他年轻时身体不好，从未受过正规的学术教育。1851年，他成为李兄弟出版社的合伙人，与该出版社的合作关系一直持续到1880年，在此期间的大部分时期他担任该企业的执行经理。内战期间，他是联邦同盟（Union League）*军事委员会的一名活跃成员并担任赏金专员；1871年，他组织了费城市政府改革第一届联合会，并被任命为主席；他终身致力于以其影响力不断推进城市、州和国家政治环境的改善。

他在历史学领域的第一批出版物是关于早期法律的系列文章，这些文章于1859年开始刊载于《北美评论》，并于1866年以《迷信与暴力》为题汇编成一卷。第二年，接着出版了《基督教会僧侣禁欲史》，随后的版本（1907年版）扩编到两卷，1869年出版了一部《教会史研究》文集。李的研究工作方向从此明确了，但距离他的下一本书问世间隔了十八年。

---

* 南北战争期间宣传支持联邦、共和党、林肯的俱乐部。

这段时间里他一边忙于商务，一边为系列著作做着准备，这些著作为他赢得了历史学家的声誉，也展现了其深厚的学术底蕴。这些书是：《中世纪宗教裁判史》（*A History of the Inquisition of the Middle Ages*，1887）；《西班牙宗教史上关于宗教裁判的片段》（*Chapters from the Religious History of Spain Connected with the Inquisition*，1890）；《教皇宗教裁判所典录》（*A Formulary of the Papal Penitentiary*，1892）；《拉丁教会秘密忏悔和赎罪史》（*A History of Auricular Confession and Indulgences in the Latin Church*，1896）；《西班牙的摩里斯科人》（*The Moriscos of Spain*，1901）；《西班牙宗教裁判史》（*A History of the Inquistion of Spain*，1906—1907）；以及《西班牙属地的宗教法庭》（*The Inquisition in the Spanish Dependencies*，1908）。总的来说，李先生的著作出版物，不计重版共有整整十八卷，此外还有若干篇专题论文，以及 1882 年自费印刷的一本小书《翻译与创作诗集》（*Translations and other Rhymes*）。

　　总的来看，李先生的历史研究主题主要是拉丁教会。对他来说，拉丁教会是"支配现代文明史的伟大存在"，教会制度的发展建立并维持了支配人类智力和良知的权力。他对这些制度感兴趣，不是作为法律或理论的抽象概念，而是因为它们对现实具有推动力量。反映在教会的法理学中，确能提供"特定时期最可靠的调查基础"，但只有通过研究日常生活的具体细节，才能够被人们真正理解。这个细节是历史的真正经纬，不是表面化的，而要超越法典和法令，在零散的编年史、宪章和零散出版物以及法庭尘封的记录中探寻。换句话说，对这些问题的论述，如果要避免肤浅和短视，就需要在法律和神学的大对开本藏书中、在鲜为人知的小册子和书籍中、在欧洲各地的图书馆和档案馆中，花费多年的心血潜心钻研。李先生埋头研究，从不懈怠。在缺乏原始资料，没有受过历史学家的正式专业学习的条件下，这位白手起家的学者专注于探究世界历史上最困难的问题，而这些艰难也证明了他的成功。从一开始，他就养成了直接寻找原始资料的习惯。虽然他从未为了研究而离开费城，但他用个人财富积攒了一个极有价值的印刷作品图书馆，并为他的手稿收藏聚集了一批搜集者和抄写者，这对他完成研究目标至关重要。[2] 在处理长期以来一直存有争议的问题时，他有意避免阅读现代作家的著作，唯恐他们会模糊或扭曲自己对历史的看法，他甚至忽略当代历史学家那些无争议的著作。这种无视现代材料的做法是有待商榷的，不仅表现在他的援引方式笨拙，没有使用最新版本，特别是他对待早期教会的态度上，如果不多参考其他批判性学术成果，这些针对原始记录的研究很难保证不出错；但同时这是一种令人钦佩的"缺点"，难再有人如此仿效。弗雷德里克·威廉·梅特兰，英语国家中最伟大的法律史书写者，曾经说：

这是李博士的成就，他以英语为母语，而勇于探索欧洲大陆的法律和法律档案，这样的学者为数不多。他用自己的眼睛直接观察，而不是透过德国人的眼镜观察他们——虽然这样做容易得多。我们完全信任他，因为他的目光始终聚焦于中世纪，从不环顾四周去关注那些有争议的话题。这样的做法我们并不推崇，除非这位学者能力超强。然而，李博士就是这样一个强干、清醒和审慎的人。[3]

李先生的行文风格清晰，文字充满力度。他的写作生动有趣，但他的书更多地为学者和有识之士阅读，而非普罗大众。对于他的主题，欧洲人自然比美国人更感兴趣，我们很多人没有意识到，几乎没有一位美国历史写作者能像他那样，在欧洲大陆享有如此广泛的知名度和阅读量。即使在他自己的家乡，人们更多地将其看作一个实业家，而非一位学者。当那些热衷阅读的费城人听说住在第二十街与胡桃街路口、优秀的城市房地产专家是那个时代最伟大的学者时，他们很可能会感到惊讶。然而，李先生的声名主要还在欧洲，他的博学也是欧洲式的。但他在实业生涯之外，自我训练成为一名历史学家，这是典型的美国人作风；毫无疑问，他的商业经验帮助自己获得了一种现实感，一种能在纷繁复杂的细节中看清事物的能力，以及犀利的判断力，而这正是所谓专研学术的写作者所缺乏的。[4]

在美国，他最著名的书就是他的《迷信与暴力》，这本著作为许多律师尤其是那些对职业具有超越实用层面兴趣的律师们所熟悉。尽管已经有很多其他人撰写的阐明法律程序早期历史的作品，但这本书历经四个版本，仍是所有语言的著作中叙述有关神明考验、免罚宣誓、比武审判和酷刑等审判方法内容的最佳作品。在欧洲，他最著名的著作是《中世纪宗教裁判史》。宗教裁判所这一研究方向曾被最杰出的法国研究者称为空想，不久这部著作就被公认为这个研究主题的权威著述，尽管随着该专题研究的发展，它的内容不时被加以纠正，但其权威性却不可取代。这本书已被译成法文版出版，德文版已进入出版流程，意大利文版据悉也已在筹备中。[5]李先生最成熟的作品是《西班牙宗教裁判史》。[6]他晚年的所有工作都是关于这本书的。这个研究主题复杂而棘手；大部分资料没有出版，也没有编订；而且，除了作者的某些著作外，几乎没有过任何初步调查或专题研究成果。在这种情况下，一个历史学家既得做建筑师，又要当凿石匠，他创作的四本实体书都采自原始文献，实乃天然"原石"制成。由于作品初稿太长，不能出版，将近八十岁的李开始平静地改写整部作品，这就是他的风范。如此重要的宗教制度，以前从未引起重视，并被加以细致研究。很少有著作如此重视读者的观察角度和体验，使他们通过阅读能够得出自己的结论，而不追求浮华效果。著作更多地体现"神圣办公室"*常规运行的特性，甚于关注历史上那些耸人听闻的事件，它的重要性体现在"不着墨于火刑的可怖仪式，或是几个著名的受害者案件，而是关注它在人民群众中始终进行的秘密活动所产生的无声影响，以及在西班牙对人们的思想所施加的钳制"。叙述清醒、自洽，几乎没有说教，但他指出了这一制度的总趋势，宗教裁判所的历史给我们上了一堂伟大的课，那就是"控制他人的良知，终会反作用于控制者自己"，并且"16世纪政治家和教士所追求的信仰统一，对促进物质和道德进步的良性竞争精神具有致命危害"。

这样的结论无法赢得所有人的赞同。李先生的许多工作都受到了罗马天主教方面的尖锐抨击。宗教裁判所、忏悔室和神职人员的独身问题等等，长期以来一直是充满巨大争议的话题，它们的历史牵涉到很多今日时代的问题。李先生意不在争论，并称他的历史学理想是一项"严肃的尝试，以探求过去时代里最真实的事实，在没有任何惧怕或赞美的情况下阐述它"；在他的研究中，西班牙的宗教裁判所并未如传统记述中描述的那般恐怖；裁判所对女巫的开明处理亦可与欧洲新教对女巫的焚毁之刑进行对照；但是他的调查得出的推论通常是不利于教会制度的，罗马天主教的写作者们指责该研究的准确性，甚至怀疑他的用心。[7]尽管如此，心存公正的天主教徒还是承认他的长处。随着时间的推移，他的作品被公认为是对事实的实质性补充。即使是现在，这些补充也相当有益，新教和天主教历史学家对此的态度基本一致。阿克顿勋爵（Lord Acton）不仅宣称《中世纪宗教裁判史》是"新世界对旧世界宗教史最重要的贡献"，并且认为其基本部分

---

* 神圣办公室也叫信仰理论部，是罗马教廷的"九圣部"中最古老的。它的成立是为了保护教会不受异端的侵害；今天，它是负责传播和捍卫天主教教义的机构。以前被认为是罗马和世界宗教法庭的最高圣会。

"构成了一个健全而坚实的结构，将能够经受住所有批评者的指责。"[8] 瓦康达尔神父（Abbé Vacandard）是天主教眼中写宗教裁判所的最好的作者，他虽然否认李的作品是学术定论，但接受罗伊施（Reusch）把它视为"我们所拥有的最广泛、最深刻、最彻底的有关宗教裁判所的历史著述"的评价。[9] 连李先生的新近批判者，鲍姆加腾主教（Monsignore Baumgarten），都不能不表达"对他的勤奋、耐力和取得的无可争议的成绩的尊敬和钦佩"之情。[10]

私以为，李先生拥有真正伟大学者的谦虚、坦率、宁静和无私的奉献精神。我可以确证，他毫不吝惜把他的时间和学识分享给他人，有许多从事艰巨的研究任务的初学者后来都对他曾给的建议和鼓励表示感谢。他回忆起自己早年学习时的孤寂，欣喜地关注着美国日益壮大且训练有素的学者圈，满怀信心地展望着美国历史学派的未来。这种乐观主义是斯人特有的，也是一种历史观。这种历史观认为，以科学精神研究过去，不仅会使我们对过去的道德标准更加宽容，而且让我们"居于今日不止步，面对来日满怀希望"。[11]

查尔斯·格罗斯 [12]

1857 年 2 月 10 日，查尔斯·格罗斯出生于纽约特洛伊，他是路易斯和洛蒂（沃尔夫）·格罗斯的儿子，于 1909 年 12 月 3 日在剑桥市去世。他从特洛伊高中升入大学，是班中的尖子生，在威廉姆斯学院保持着同样优秀的排名，并于 1878 年毕业。在特洛伊教书一小段时间后，他出国旅行和学习，先是在莱比锡、柏林、巴黎和哥廷根的大学，后来到英国的图书馆和档案馆工作。1883 年毕业于哥廷根，获得哲学博士学位。1901 年获得哈佛大学文科硕士荣誉学位，1904 年获得威廉姆斯学院法学博士荣誉学位。1888 年作为历史讲师来到哈佛大学，1892 年晋升为助理教授，1901 年晋升为历史教授，1908 年后被授予格尼历史和政治学教授的教席。1901 年成为麻省历史学会会员；他还曾担任美国犹太历史学会副会长，也是皇家历史学会的通讯会员。

格罗斯一生孜孜不倦地追求知识。他有一种非凡的力量，能保持高强度持久工作，从不松懈。他对学习的热爱始于大学时期。当时他的室友们晚上都走了，他却仍在书桌旁，直到早上他还在那里。他对历史的兴趣也是在大学时表现出来的，在他师从保利、布雷斯劳和莫诺等欧洲教师，奠定了学术基础后，他开始一心一意地致力于通过教学和研究推进历史学习。他很早选择中世纪英国制度史作为专研方向，并且同他的朋友利伯曼一起，同为保利的学生，把大陆学术的批判性和系统性的方法用来研究数量众多、相对未开发的英语档案。在前往美国从事学术工作之前，他曾在大英博物馆和英国公共档案馆工作过几年，他利用此后的每一次机会回到这些地方寻猎，也在哈佛图书馆收集珍贵藏书。他从不会因为困难或晦涩而回避问题，也不会因为调查困顿而退缩或拒绝努力。他的作品是彻底性和准确性的典范；他也在研究中展现出洞察力、权衡能力，思想和表述的澄明，使他成为其领域中公认的大师。在英国历史学家中，他最钦佩梅特兰，在他身上发现自己缺乏直觉和灵感；虽说他自认缺乏梅特兰那样的聪明才智，但是他的判断力和学识的深厚绝不逊色于梅特兰。

格罗斯一项引人注目的成就是其第一篇历史著作，博士论文《镀金商人》(*Gilda Mercatoria*)，文章分析了当时的主流理论，并把英国的镀金历史置于新的史实研究基础之上。他长期致力于地方记录研究，并将《镀金商人》扩充为一部书稿，于 1890 年出版，该书至今仍是这一主题的权威著作。1897 年，《英国市政史文献注释集》（*A Bibliography of British Muncipal History*）紧随其后出版，这是一部关于英国市政机构的初级综合性著作，未超越关于该主题的一系列文章。格罗斯不是律师，也谦虚地否认对法律有了解，但他为塞尔登学会出版的法律文献贡献了两本重要的书——《验尸官案卷精选案例》（1896）和《商法精选案例》（1908）——两本书都加入了颇有价值的历史综述。简要记述诸如犹太人经济法庭*、国库法院的管辖权、无遗嘱继承法，以及投票的早期历史等主题。他最著名的作品是 1900 年出版的《从远古到 1485 年的英国历史的来源和文献》，这部著作立刻成为该研究主题必备书目和目录学的典范。而后由皇家历史学会和美国历史协会合作，以格罗斯的著作为目录学模范，几位学者共同努力，试图实现格罗斯独立完成的成就。格罗斯的这部作品展现出，作者将本可以用来推进自己的具体研究的时间精力，贯注于帮助其他学者节省多年的辛苦劳动；只有那些关注他工作进展的人，才能体会到他在简洁而充实的评论中所做的充足准备，以及他在核实和查阅大量与他个人无甚相干的材料中所做的数以月计的苦工。在他生命的最后几个月，在家人的协助下，在他的哈佛同事组成的委员会的指导下，他忙于编写该书的新版，该版本已经完成并出版（1915）。

作为一名教师，格罗斯表现出了和他的著书一样清晰、彻底和理智的品质。他高声演讲，反复强调，他的态度和课程吸引着学生之中更优秀的那部分，他吸引的不仅有打算继续研究历史学的大学生，也有期望学习法律的大学生。虽然他还讲授法国历史和中世纪市政机构的历史，不过他最喜欢的课程是"历史 9"，即 16 世纪英国宪法史。他谨慎地阐述了斯塔布

---

* 犹太人经济法庭（exchequer of the Jews），英国财政法庭的分部，处理与犹太人相关的财税和法律事务。

斯的《精选宪章》（Select Charters）以令人钦佩的判断力和精确的方式总结了早期英国制度的主要问题，给学生们留下了深刻的印象，并在他们面前树立了历史学术的最高范式。他把他的工作方法系统地教授给他指导的一小部分学生，用高超的技能和洞察力选择特殊的题目，引导年轻的研究人员在英国继续进行系列研究。他用自己的时间和学识给予这些人最大的自由。每周召开的会议都是寻求善意批评的机会。很难说他创立了一个学派，然而他的学生们在欧洲历史上的教学和出版成就，也许是美国学者中对这一领域贡献最大的一个群体，从麦吉尔大学的科尔比、密歇根大学的克罗斯、布林莫尔学院的格雷、新斯科舍的海默恩、剑桥大学三一学院的拉普斯利、康奈尔大学的伦特、哈佛大学的麦克文、加州大学的莫里斯、俄亥俄州立大学的珀金斯、纽约大学的沙利文和沃尔夫森、密苏里大学的特伦霍姆以及明尼苏达大学的威尔斯等名字就可以看出这一点。他的影响超出了课堂，延伸到像瓦萨学院的鲍德温这些人，他们对国王议会的细致研究都得益于格罗斯。虽然格罗斯从未教过现代史，但像 H. 纳尔逊·盖伊和已故的威廉·加洛特·布朗亦感谢他的教诲。他思考具体问题，而非哲学性问题，他对思想史或文明史几乎没有兴趣，这种局限性在教学内容中极少表现，更明显表现在他对哥特式建筑等学科缺乏真正的兴趣，尽管他仍清晰且有技巧地讲授相关课程。学生们从他身上获得的热情，一部分来自他对制度史的浓厚兴趣，一部分来自他的坦率和对真理的热爱。与他一起学习时间最长的人之一——拉普斯利写道：

　　那时候格罗斯的训练内容主要与道德相关。我想听到这句话会让他感到震惊，因为他很注意让学生获得一些信息和不可或缺的技能。但是所有这些都可以在别处得到。记忆中，他主要是让大家越来越强烈和明确地感受到某些道德需要的压力。他要求自己和别人内心要有真理，却对赞誉和声望毫不在意。他关心的是完成这项工作，而不是谁有资格做这项工作。

　　除了经常参加大学棒球比赛，格罗斯对其他本科生活动没有兴趣，但他对他的大学有着深厚而持久的感情。他积极参与哈佛大学的行政管理事务，在学院管理层任职，参加了很多委员会，还在历史学系和政府学系担任九年的主任。他积极参与了《美国历史评论》和《哈佛历史研究》的建立，协助出版了"哈佛丛书"的前十四卷，并在工作生涯的最后几个小时，修改了学生莫里斯关于"十户联保制"的图书校样。他的大部分时间都花在哈佛图书馆[13]，一项特别基金就是用来纪念他，并用于购买有关英国历史的书籍。

　　在学术之余，格罗斯的生活是沉静而心无旁骛的学者生活。他不太喜欢旅行，直到去世前不久才重返欧陆，那时他访问了诺曼底，在西班牙和西西里岛待了几个星期。他尽可能到伦敦工作休假，在那里他还度过了两个整年的学术假期。他经常住在英国公共档案馆或大英博物馆附近，长期逗留在那，他成了布鲁姆斯伯里熟悉的身影。对他的许多朋友来说，他最常出现的地方就是博物馆和周边地区。W. J. 艾希礼在哥廷根时代就认识他，也是他在哈佛多年的同事，他在谈到他们最后一次会面时写道："当我回忆起那个沉稳、安静、理智、孤独、做事目标明确的工作者时，我想到的不是美国的阳光，而是伦敦灰蒙蒙的一天，不慌不忙，无休无止（ohne Hast, ohne Rast）。"很少有美国人像格罗斯那样了解伦敦，并乐于向朋友或学生展示伦敦的历史名胜。除了在一家安静的餐厅吃顿饭、在工作地点附近喝杯咖啡、下班后在街上漫步之外，他几乎没有别的消遣。他的职业伙伴是伦敦的学者和经常光顾伦敦图书馆和档案馆的人，而不是牛津或剑桥的教授。休伯特·霍尔可能是与格罗斯在伦敦最亲近的人，他这样描述他们的友谊：

我不记得这种共情的纽带是如何形成的，也不记得它是什么时候变得完整。但是从 1892 年开始，我已经习惯于依赖他对中世纪历史某些方面的知识，就像我依赖《历史记录》（Records）一样。除此之外，我习惯于依赖他对历史价值的判断，就像我在世俗事务中依赖我自己的银行代理或经纪人一样。但我能确信的是，在他的历史研究中，无关人类情感，也不是智识力量的展示，而是给我以及许多其他人以安全感。我认为这更像是一种力量的存留，以及一种意识，在必要时，可以用液压的力量和精度来测量它！这种印象符合我作为他的通信者和同伴的经历。他的信大部分都非常简洁明了；但每一句话都审慎持重，每一种情绪都被照顾到。还有和他谈话也很有意思。他会一动不动地坐着，安静地抽烟，任由别人随意谈论一些可能只有他自己才知道如何充分应对的话题。每当有人向他求助时，他会以实事求是的方式提出解决困难的真正办法，丝毫不表现出不耐烦或教条主义。所以当你单独和他在一起，他会像自言自语的人一样，隔一会儿问几个问题。而且在他没有全神贯注工作的时候，他的脑子也在积极地思考学问。

格罗斯生性谦虚，离群索居，很少与学术界交往，妻子长期患病的痛苦使他与世界进一步隔绝。然而，他并不是一个隐士，在剑桥市和伦敦，他喜欢有同事和学生陪伴。尤其是他以前的学生，总能得到他的帮助和友谊，可见他的无私和热诚。在生活中，他承担的工作和责任总是超过他应承担的，即使在最艰难的情形下，他也不退缩，不抱怨。唯一会使他消耗耐心的是肤浅、虚伪和企图欺骗。作为一个伟大的学者，他把学者的奉献精神和纯粹专一带到每一项工作中，他的历史工作只是他真挚深沉的生活和性情的一种表现而已。

注 释

第一章

1. 本章是对 *American Historical Review*, iii. 203-229 (1898) 的修订与扩展。

2. 一个很好的案例可参见 Guido Zaccagnini, *La vita deimaestri e degliscolarinello Studio di Bologna neisecoli XIII e XIV* (Geneva, 1926). 该文献部分取自未出版的材料，在附录中收录皮埃特罗·德博阿蒂埃里（Pietro de'Boattieri）收集的各种学生信件。参见本章后文注释。

   人们常常以一种浅薄、不加批判的方式对待中世纪文明史研究应遵循的正确方法，朗格卢瓦（Langlois）对此问题有精彩见解：*Revue historique,* lxiii. 246 ff. (1897)。

3. Albert of Samaria, in L. von Rockinger, *Q. E.*, ix. 84.

4. 中世纪关于修辞专著以及其他一般的格式集 [《信函写作技艺》(*artes dictaminis*),《信函写作大全》(*summae dictaminis*) 等等]，参见 W. Wattenbach, "Ueber Briefsteller des Mittelalters," *Archiv für Kunde österreichischer Geschichtsquellen,* xiv. 29-94 （他的文章 "Iter Austriacum 1853" 有一附录）; Rockinger, *Ueber Formelbücher vom dreizehnten bis zum sechszehnten Jahrhundert als rechtsgeschichtliche Quellen* (Munich, 1855); 同上, *Ueber Briefsteller und Formelbücher in Deutchland während des Mittelalters* (Munich, 1861); 同上 , *Ueber die ars dictandi und die summae dictaminis in Italien,* S. B. of the Munich Academy, 1861, i. 98 ff.; 同上 , *Briefsteller und Formelbücher*

des eilften bis vierzehnten Jahrhunderts, in *Q. E.,* ix（最完整的单本收录集）；

N. Valois, *De arte scribendi epitolas apud Gallicos Medii Aevi scriptores rhetoresve* (Paris thesis, 1880); *Bullettino dell' Istituto Storico Italiano,* xiv. 85-174; A. Gaudenzi, "Sulla cronologia delle opere dei dettatori Bolognesi," *in Bullettino dell' Istituto Storico Italiano,* xivv. 85-174; C.-V. Langlois, "Formulaires de lettres du XIIe, du XIIIe, et du XIVe siècle," in Notices et extraits, xxxiv, xxxv, 1890-96; A. Bütow, *Die Entwicklung der mittelalterlichen Briefsteller bis zur Mitte des 12. Jahrhunderts, mit besonderer Berüchsichtigung der Theorieen der Ars dictandi* (Greifswald diss., I908); G. Manacorda, *Storia della scuola in Italia,* i, 2(1914), pp. 255-279; C. S. Baldwin, *Medieval Rhetoric and Poetic* (New York, I928), ch. 8.

H. 布雷斯劳（H. Breslou）对这个主题做了一个极好的简明概述，*Handbuch der Urkundenlehre,* ii, 1 (1915), pp. 225-281. 他把参考文献的年份推进至 1915 年。关于随后的德国出版物，参见 K. Burdach, *Schlesisch- Böhmische Briefmusteraus der Wende des Vierzehnten Jahrhunderts* (Berlin, 1926), p. 7; 可以在 *Neues Archiv* 中了解当下的评论。如果想了解意大利信函写作技艺的早期发展状况，参见本书第九章；如果想了解腓特烈二世统治时期的历史，参见本书第六章。

5. 关于这一话题的有趣文章参见 Wattenbach, "Ueber erfundene Briefe in Handschriften des Mittelalters besonders Teufelsbriefe," in the *S. B.* of the Berlin Academy, 1892, pp. 91-123. 此类练习时常出现，参见 Valois, p. 43, from MS. lat. 1093 of the Bibliothèque Nationale; Wattenbach, "Iter Austriacum," p. 92; *Fontes rerum Austriacarum, second series,* xxv. 466; *Rendicontidei Lincei* (1888), iv, 2, p. 404; *Oxford Collectanea,* i. 42-49; 本书第六章。

6. 关于这个问题，特别是在使用任何一篇具体文献前，需要对各个文献集做一个整体性研究，参见 Wattenbach, "IterAustriacum," 和 "Ueber erfundene Briefe"; Pflugk-

Harttung, in *Forschungen zur deutschen Geschichte,* xxiv. 198; Delisle, *Catalogue des Actes de Philippe-Auguste,* p. xxx; Bresslau, ii, 1, pp. 225-226.

7. H. Sudendorf, Registrum, iii. 30-36. 同样 11 世纪、沃姆斯的练习书信，参阅 Pflugk-Harttung, Iter Italicum, pp. 382-389. 之后的希尔德斯海姆的书信，参见 B. Stehle, Über ein Hildesheimer Formelbuch (Sigmaringen, 1878) 和 Otto Heinemann, "Hildesheimer Briefformeln des zwölften Jahrhunderts," in *Zeitschrift des Historischen Vereins für Niedersachsen,* 1896, pp. 79-114.

8. *B. E. C.,* 1855, pp. 454 ff.; Wattenbach, "Iter Austriacum," p. 44. 牛津大学伯德雷恩图书馆的一份抄本（Laud Misc. 569, f. 187）提及了兰斯地区的学校，抄本包含了一篇名为《黄金宝石》（*Aurea gemma*）的论作的 一个版本: Remensi studio legum—vel dialetice—alacriter et sane die noctuque adherere. 其中亨利克斯·弗朗西赫纳原模板中的 "帕维亚" 被替换为 "兰斯"（参见 *Archiv,* ix. 632; *Zeitschrift der Savigny-Stiftung für Rechtsgeschichte, vii, romanistische Abtheilung,* 2, p. 66). 参阅本书第九章第 4 点。

9. MS. lat. 8653A; 14 世纪弗朗什 - 孔泰大区的一本学生笔记中，除了一部格言集和一本词汇表（载 U. Robert in the *B. E. C.,* xxxiv. 33-46）以外，还有大量创作于 1316 年的书信，其中一些信件与阿尔布瓦地区的学校有关，还有一些与来自贝桑松但在奥尔良学习的学生有关，参见 *Histoire littéraire,* xxxii. 274-278.

10. MS. lat. 15131, ff. 177-189 中的书信. 根据 Hauréau, iv. 267 ff.，这些书信由圣丹尼的校长创作，其中一些信提到了奥尔良。

11. 本书第六章；*Mélanges Ferdinand Lot* (Paris, 1925), p. 246.

12. 对于那些能够出入德国和奥地利图书馆的人来说，15 世纪的学生信件可能会成为他们专题研究的基础。

13. 为了以一种精简的方式呈现研究结果，只有那些更具重要意义的信件才会印刷出来，且多数信件只会以摘录的形式出现。从原稿中援引的内容通常都会按它在原稿中的形式来进行刊印；为了使文章更容易理解，偶尔也会进行必要的修改，但修改过的地方都会注明。如某个作品存留不止一份手抄本藏品，则文中所提到的是第一份。为了行文精简，没有对所不同书信模板的性质展开进一步讨论，但每一个例子都会注明日期和地点。对于只被引用一次或两次的手抄本藏品，其信息与引用一并出现。然而，针对一些经常援引的书信集，为了方便起见，在此对它们进行一次性介绍，一劳永逸。它们是：

伯纳德·德·默恩（Bernard de Meung）是一名来自奥尔良的信函写作教师。他在 12 世纪末的时候写了《信函写作技艺》。本书留存了大量手抄本。书中附录通常收录了各种书信模板，不同修订版本的模板各不相同，尽管学生信件的内容从头到尾都差不多。参见 Langlois in *B. E. C.,* liv. 225 ff. (1893). 特别参见 A. Cartellieri, *Ein Donaueschinger Briefsteller: Lateinische Stilübungen des XII. Jahrhundertsaus der Orléans'schen Schule* (Innsbruck, 1898); Delisle, "Notice sur une 'summa dictaminis' jadisconservée à Beauvais," in *Notices et extraits,* xxxvi; Haskins, "An Italian Master Bernard," in *Essays Presented to R. L. Poole,* pp. 211-226.

图尔的鲁道夫（Rudolfus Turonensis）被认为是保存于慕尼黑的一部《信函写作大全》的作者，见 Cod. Lat. 6911. 部分内容载 Rockinger, *Q. E.,* ix. 95-114，并将创作日期确定于 12 世纪末。作品内的学生信件主要与巴黎有关。MS. lat. 14069, ff. 181-204 v. 中不完整的书信集包含许多与前述版本相同的内容，而其他模板主要与美因茨教区有关，并且创作于 13 世纪上半叶。关于慕尼黑藏本的所属时期与作者身份见 H. Simonsfeld in the Munich *S. B.,* 1898, i. 402-486。

布翁孔帕尼奥（Buoncompagno）是一名博洛尼亚的教授。他写了很多修辞学著作，其中创作于 1215 年的《古老的修辞》（*Antiqua rhetorica*）对于学生事务研究来说是一本最重要的著作。其抄本的部分列表参见 K. Sutter, *Aus Leben und Schriften des Magisters Buoncompagno* (Freiburg i. B., 1894), p. 24; 我所使用的抄本是 Munich, Cod. Lat. 23499; MSS. lat. 8654, 7732, and 7731; 以及 B. M., Cotton MS. Vitellius C. viii.《古老的修辞》的目录内容载 Rockinger, *Q. E.,* ix. 133 ff.; 另参阅 *M. I. O. G.,* ii. 225-264.《新修辞学》（*Rhetorica novissima*）曾由 A. 高登齐（A. Gaudenzi）编辑，参见 *Bibliotheca iuridica medii aevi,* ii. 249-297 (Bologna, 1892). 关于布翁孔帕尼奥的生平及其作品，见上文提到的萨特（Sutter）专著，并参阅高登齐的 *Bullettino dell' Istituto Storico Italiano,* xiv. 85ff。

圭多·法巴（Guido Faba）与布翁孔帕尼奥是同一时期的人，但年龄比他更小，并且是他的竞争对手。关于圭多·法巴的生平事迹以及作品，参见高登齐的上述专著。法巴的书信形式没有布翁孔帕尼奥的奇怪，因此被更广泛地复制和模仿；高登齐出版了他的书信集，其中包含关于学生事务的资料，列举如下：*Dictamina rhetorica* (1226-27), in *Il Propugnatore, new series,* v, 1, pp. 86-129; v, 2, pp. 58-109; *Epistole* (1239-41), *ibid.,* vi, 1, pp. 359-390; vi, 2, pp. 373-389; *Parlamenti ed epistole* (1242-43), in *Gaudenzi, I Suoni, le forme e le parole del l'odierno dialetto della Città di Bologna* (Turin, 1889), pp. 127-160. 我也研究了 *Parlament* 的一个抄本（B.M., Add. MS. 33221），而高登齐似乎没有见过该抄本。法巴的模板成为 15 世纪萨拉曼卡的某一书信集（MS. lat. 11386, ff. 55-60）的基础，也是一部奥尔兰的作品集（现藏于阿维尼翁，MS. 831）的基础。

博洛尼亚之后时期的教授，参见 Zaccagnini, "Giovanni di Bonandrea dettatore e rimatore e altri grammatici e dottori in arti dello Studio Bolognese," in *Studi e memorie per la storia dell' Università di Bologna,* v. 145-204 (1920); "Le epistole in Latino e in volgare di Pietro de' Boattieri," *ibid.,* viii. 211-248 (1924); 以及 "Grammatici e dettatori a Bologna," in *Il libro e la stampa,* n.s., vi. 113-132 (1912). 参阅 G. Bertoni, *Il duecento* (Milan, 1911), pp. 145-150, 278 f., 295 f. 来自博洛尼亚的学生信件

频繁地在 14 世纪意大利的抄本手稿中出现，例如：Vatican, MS. Ott. lat. 1848
(Ugoninus Eugubinus); Florence, Biblioteca Riccardiana, MS. 669, ff. 288-307
(Iohannes Odonelli vocatus Batista de Sancto Iohanne Marianensi nativus sed studii
Bononiensis alumpnus); University of Pavia, MS. 176, f. 22-22 v. 另参见 J. Klapper,
"Ein schlesisches Formelbuch des 14. Jahrhunderts," in *Zeitschrift des Vereins für
Geschichte Schlesiens,* lx. 157-177 (1926).

普罗旺斯的庞塞（Ponce de Provence）是一部著名的《信函写作学大全》(*Summa
de dictamine*）的作者，该书包含题献给奥尔良学生的书信集。 现存两个修订
本，一个是 1249 年的版本，一个是 1252 年的版本。我所使用的是以下抄本手稿：
MSS. lat. 18595, 8653 (ff. 1-212), 11385; Bibliothèque de l'Arsenal at Paris, MSS.
3807, 1132; B.M., Arundel MS. 514, f. 54（显然是最佳的文本）; Munich, Cod.
Lat. 22293, f. 278（14 世纪德国的修订版本）; Troyes, MS. 1556. Munich, Cod.
Lat. 16122, f. 11 v-16 v 包含简短摘录；其余抄本来自阿拉斯（MS. 433）、维也
纳（MS. 2512）、佛罗伦萨的老楞佐图书馆（MS. Ashburnham 1545），以及巴
塞罗那的阿拉贡王室档案馆（MS. Ripoll 190）。为图卢兹学生编写的版本的开
篇内容见 MS. lat. 11386, f. 13。

阿奎莱亚（或是阿奎莱亚的隔壁城市奇维达莱，参阅 J. Loserth in *Neues Arvhiv,*
xxii. 300）的劳伦修斯（Laurentius of Aquileia）是普罗旺斯的庞塞式的巡回修
辞学家中最杰出的一位。从他写给学生的大量信件中我们可以知道，他到过博
洛尼亚、那不勒斯和巴黎，他的书信模板中还提到过奥尔良和图卢兹。这些学
生书信辞藻华丽、内容不足为奇，，通常根据不同的大学做出相应调整。我所使
用的抄本有 MSS. lat. 11384 (ff. 1-78 v), 14174 (f. 16 v and foll.), 14766 (ff. 108-
122), 16253 (ff. 5 v-26 v); B.M., Harleian MS. 3593（创作于巴黎，题献给法王"美
男子"腓力四世）. 参见 *Speculum,* i. 102.

特雷吉耶的模板汇编（the Formulary of Tréquier）创作于 1315 年左右的下布列塔尼地区的特雷吉耶教区，现收藏在法国国家图书馆。与奥尔良学生有关的信出版于 Delisle, *Le formulaire de Tréguier et les écoliers Bretons à Orléans,* in volume xxiii of the *Mémoires de la Société Archéologique et Historique de l'Orléanais;* 其中有七封信重印于 M. 福尼尔（M. Fournier）的 *Statuts et Privilèges des Universités Françaises* 第三卷附录。另外参见 *Histoire littéraire,* xxxi. 25-35; 以及 René Prigent, "Le formulaire de Tréguier," in École des Chartes, *Positions des thèses,* 1921, pp. 95-97.

文献 MS. lat. 8661, f. 95 and foll 复制圭多·法巴的一个抄本，其标题为 "Quedam epistola de curtisia quesita a quodam canonic"。这一系列书信主要与 13 世纪中期前、罗马涅和马尔凯地区的城市事务有关。这似乎是高登齐在 *Bullettino dell' Istituto,* xiv. 174 中所指的书信集，他认为它们大约创作于 1245 年。

阿瑟纳尔图书馆（Bibliothèque de l'Arsenal），MS. 854. 朗格卢瓦（M. Ch.-V. Langlois）善意地将我的注意力转移到了 MS., ff. 217-244 中数量众多的学生信件上。这些信可以追溯到 14 世纪早期，并且与图卢兹大学有关。在它们之前，还有一组 13 世纪末、来自奥尔良的信件。

慕尼黑, Cod. Lat. 2649, ff. 34-53. 论著《简短而清晰的信函写作艺术》（De arte dictandi breviter et lucide...）中有一些匿名模板，这些模板属于 13 世纪末期，并且内容主要与图林根有关。

塔拉戈纳, MS. 6, ff. 17-96. 其中书信形式来自教皇格里高利九世时期的法国、英国和意大利，其中学生书信来自奥尔良和博洛尼亚。我希望能够尽早发表关于该手抄本的专题研究。

阿拉贡王室档案馆（Archives of the Crown of Aragon），MS. Ripoll 190, ff. 73 v-84 (of 1326). 其中学生书信来自莱里达以及这个地区的其他地方。

14. Buoncompagno, *Antiqua rhetorica,* in MS. lat. 8654, f. 14 v; MS. lat. 7732, f. 9 v; Munich, Cod. Lat. 23499, f. 8 v.

15. 此类书信的内容具有明显的同一性，这里只列举了其中最有趣的部分。更多稍普通的类型参见 Rockinger, *Q. E.,* ix. 71, 81, 372, 487; 同上，*Ueber Briefsteller,* p. 40; Guido Faba, *Dictamina rhetorica,* nos. 1, 22, 24, 63, *Epistole,* nos. 66 and 67, *Parlamenti ed epistole,* no. 83; Delisle, *Le Formulaire de Tréguier,* nos. 1, 12, 16, 19; S. Günthner, *Geschichte der literarischen Anstalten in Baiern,* i. 217, 230; L. Biondi, *Le Dicerie di Ser Filippo Ceffi* (Turin, 1825), p. 65; 另参阅蒙彼利埃的的圭·德·巴佐什（Gui de Bazoches）的真实信件（*Neues Archiv,* xvi. 76, 77）。我们能从摘录（Add. MS. 18382, f. 59）中看出这批信件中某一份的写作方式，摘录来自大英博物馆的一部佚名论著。我们发现一个类似的例子，见 Munich, Cod. Lat. 2649, f. 38 v., 与之稍微不同的版本刊印于 Rockinger, *Ueber Briefsteller,* p. 40。另参见 Langlois, *Formulaires de lettres,* iv. 14. 对这类简单信件的修辞阐释，参见 Rockinger, *Q. E.,* ix. 487。

诗歌中也经常出现有关中世纪学生日常生活的内容。参见 *Carmina Burana,* p. 50; *Anzeiger für Kunde der deutschen Vorzeit* (1873), xx. 8; 特别是旺多姆的马修（Matthew of Vendôme）诗歌体《信函写作》（*dictamina*）包含了很多 12 世纪学生生活的有趣内容，参见 Wattenbach in the *S. B.* of Munich Academy for 1872, pp. 561-631. 同一作者的另一封祈求信，见 M. Haupt, *Exempla poesis Latinae Medii Aevi* (Vienna, 1834), p. 31.

16. 出版于维也纳的 H. B. Bärwald in *Fontes rerum Austriacarum, second series,* xxv. 455-464. 此类练习，就我所知，最早出现在一部收藏于法国国家图书馆的论作中，见 MS. lat. 16252, ff. 39-41 v. 其他副本，见 MS. lat. 14357, f. 129 v; Munich（14 世纪），Cod. Lat. 5319, f. 182 v（15 世纪）。

教会高层显要收到的祈求信通常是学生为谋取神职而写的申请信，或已享圣俸的神父为求学而写的请假信，诸如此类的请假信无疑往往都带有一种享受生活的愉悦口吻。这种信件及其回信的例子十分常见，例如：Guido Faba, *Epistole,* nos. 25, 26; *Dict. rhet.,* nos. 88, 89; Historical MSS. Commission, *Fourth Report,* pp. 380, 394; *Codex diplomaticus Silesiae,* v. 161; Langlois, *Formulaires de lettres,* iv. 7; *Register of Archbishop Peckham* (Rolls Series), i. 3, 8; *Registrum Palatinum Dunelmense* (Rolls Series), iii. 307; Cartellieri, *Ein Donaueschinger Briefsteller,* nos. 257, 258. 一位贫穷的巴黎学生想要重新赢得坎特伯雷修道院院长的青睐，因此他向院长推荐了一本他有幸获得的有用的书，"一部教会法和民法的总结，书名叫《法律义务》（*tabula iuris*）"，并受到方济会修士极具妒意的监管，参见 Historical MSS. Commission, *Various Collections,* i. 278 f. (1901).

17. 中世纪模板汇编的文本经常错漏百出，很明显很多时候抄写员并不理解他们所写内容的含义。参见 Langlois, *Formulaires de lettres,* v. 26, note.

18. 参阅 Terence, Eunuchus, iv, 5, 6. Quare tum facite ut vobis mediantibus incoatum bene possim terminare. Vale.（大意：我为完成我已开启的使命，在此向您祈求。再会。）参见 B.M., Add. MS. 8167, f. 104（这一书信集的日期可追溯至 1220 年或之后不久）。参阅 H. Kalbfuss, "Eine Bologneser Ars Dictandi des XII. Jahrhunderts," in *Quellen und Forschungen,* xvi, 2, p. 33, nos. xlvi, xlix (Bologna).

19. Angers, MS. 312, f. 18 v.

20. 一个维也纳的学生说："Linea mea vestimenta simul lectisternia, pro studii oprtunitate a vobis mihi longe procurata, iam a vetustate temporis corosa tendunt annichilari."（大意：您为我获得学习机会，从很远的地方给我买来制作衣服的线和床单，随着时间流逝已经不够用了。）他还向其他人索求，为了 "me honesto more cum ceteris bursalibus valeam conservare"（大意：我能用其余助学金，诚实地维持自

己的生活。）Munich, Cod. Lat. 11799, f. 121（15 世纪）. "mutatoria ac pelles"（大意：变化与敦促）是博洛尼亚的乌戈所著模板汇编中的需求，而旺多姆的马修的诗歌体《信函写作》中，学生请求道：

Delegare mihi mantilia, lintea, bracas

Accelera, matrem talia dona decent.

（大意：给我送衣服、毛巾、裤子；快点，这样的礼物才配得上母亲。）

14 世纪时，特鲁瓦的修道院中一位书信作者这样描述巴黎学生的需求（MS. 1992, f. 67）："Parissiensisequiem scolaris non ad victum solum denariis indiget, sed ad multa, sicut libros emendos, ad exemplaria conducenda, ad pergamenum ceteraque necessaria que conveniumt ad notandum"（大意：巴黎的学者不仅需要钱维持生计，还需要很多东西，比如买书、例证集、羊皮纸以及做笔记所需的其他东西）。

21. *B. E. C.,* 1855, pp. 454-455. 参阅 A. Clerval, *Les écoles de Chartres au Moyen Âge* (Chartres, 1895), pp. 194, 195, 216-218; 以及 R. L. Poole, "The Masters of the Schools at Paris and Chartres in John of Salisbury's Time," in *E. H. R.,* xxxv. 321-342 (1920). 哥哥阿诺德是某教堂全体教士的教长，而弟弟雅克在主教座堂学校学习。

22. A. Luchaire, *Études sur quelques manuscrits de Rome et de Paris* (Paris, 1899), p. 120, no. 71.

23. Munich, Cod. Lat. 11799, ff. 4-5（约 1447 年的一部德国书信简集）.

24. "Pro yemali frigore magis expendidi."（大意：因为寒冷，我的开销增加。）B.M., Harl. MS. 4993, f. 19（牛津学者托马斯·桑普森的一篇附有实例的简短论作，其现有版本可追溯到 1420 年左右）。

25. "Cum propter imperatoris adventum, quem Bonoienses trepidanter exspectant, Bononia facta sit cara in victualibus ultra modum. "（大意：由于博洛尼亚市民翘首以盼的皇帝驾临，博洛尼亚的物资供应变得异常昂贵。）Guido Faba, *Epist.,* no. 6. 参阅 Thymo of Erfurt in B.M., Arundel MS. 240, f. 123. 因此，一位法国的外国学生马上写信向家里要钱，因为过了复活节英法即将开战，到时候没有人能联系得上他。Munich, Cod. Lat. 96, f. 38 v.

26. "Per grandiunum et per alias tempestates importunas annone per totam Turingiam (MS. Thuringia) perierunt, ex quo caristia invaluit satis magna."（大意：由于冰雹和其他风暴，图林根全境受灾，当时非常粮食极度紧缺。）参阅 M. Unterlauff in *Zeitschrift für Geschichte und Alterthum Schlesiens,* xxvii. 310 ff. (1893). "Propter ingruentem caristiam temporis que in partibus supra modum invaluit gallicanis, non solum omnem pecuniam quam mihi misistis utiliter iam expendi, sed etiam libros meos coactus sum pingnori obligare nomine usurarum."（大意：由于法国各地物价飞涨，不仅您寄给我的所有钱都花光了，而且我还不得不以利息的名义抵押了我的书。）Vienna, MS. 637, f. 74（奥尔良，13 世纪）.

27. 根据一位意大利学生的信中所说，在 12 世纪早期的拉昂的生活成本很高，"multis clericis Laudunum adventantibus, vixinveniri valde cara poterunt"（大意：教士们来到拉昂，这里的生活开销极高）。*B.E.C.,* 1855, p. 466. 关于 12 世纪末期的巴黎也有类似的描述，见 B. Fez, *Thesaurus anecdotorum,* vi, i, col. 427. 博洛尼亚市民受到谴责，因为隐瞒了上帝赐予他们的富足，从而造成人为的匮乏，见 Guido Faba, *Dictamina rhetorica*, no. 38.

"物价过于昂贵"是一个常见理由，几乎每一个地方的书信中都可以见到。因此，除了刚才引用的段落，我们发现还有博洛尼亚：Guido Faba, *Dict, rhet.,* no. 1；巴黎：Laurentius of Aquileia in MS. lat. 16523, f. 16 和 Rockinger, *Q. E.,* ix.

961；图卢兹：Laurentius in MS. lat. 11384, f. 44 和 MS. lat. 14174, f. 26 v；维也纳：Munich, Cod. Lat. 5667, f. 188（1404 年 的抄本）；法恩扎：*Bullettino dell' I stituto Storico Italiano,* xiv. 173; 弗朗什-孔泰的阿尔布瓦：MS. lat. 8653A, f. 1 v；牛津：B.M., Harleian MS. 670, f. 26（15 世纪）；莱里达：Archives of the Crown of Aragon, MS. Ripoll 190, f. 74；等等。很难说清楚这些描述其中到底有多少实情。高登齐认为圭多·法巴的书信模板（*Dict. rhet.,* no. 1）提到了 1226 年到 1227 年间发生的大饥荒，参见 Gaudenzi, *Bullettino dell' I stituto Storico Italiano,* xiv. 131。

28. Munich, Cod. Lat. 22373, f. 207（15 世纪有关布拉格的书信集）.

29. MS. lat. 14069, f. 194 v.

30. Luchaire, *Études,* p. 135, no. 142.

31. *Floralius* from Modena, 1284, in the Vatican, MS. Vat. Lat. 6297, f. 43 v.

32. Buoncompagno, *Antiqua rhetorica,* in Munich, Cod. Lat. 23499, f. 9 v. 同样见 MS. lat. 8654, f. 16; MS. lat. 7732, f. 10 v; B.M., Cotton MS. Vitellius C. viii, f. 96 v. 在抄本同一页上的信描述了两个不幸的学生，一位在乞讨，另一位躺在医院里。所举的例子很好地体现了布翁孔帕尼奥的风格；显然，他的描述不能完全被视为典型。参阅 Zaccagnini, *Studio di Bologna,* p. 53. 旺多姆的马修也提到了博洛尼亚的泥巴，见 Wattenbach, p. 627。

33. 布翁孔帕尼奥，正如上一条注解所提到的那样。

34. *Summa* of Petrus de Hallis, ca. 1337, in *Fontes rerum Austriacarum,* second series, vi. 117.

35. Ponce de Provence in B.M., Arundel MS. 514, f. 76 v. 同样于 MS. lat. 18595, f. 22 v; MS. lat. 8653, f. 13; MS. lat. 11385, f. 73 v; Bibliothèque de l'Arsenal, MS. 3807, f. 61 v; Troyes, MS. 1556, f. 20.

36. Munich, Cod. Lat. 6911, f. 54 v.

37. 示例见 Rockinger, *Ueber Briefsteller,* p. 41; Guido Faba, *Dict. rhet.,* no. 2; Delisle, *Formulaire de Tréguier,* nos. 2, 5, 14, 17。

38. "Debuisses quidem per biennium primo fecisse moram in scholiss antequam tam importune subsidia postulares."（大意：你应该在学校待上两年，再提出如此多的要求。）对此，学生回信道："Qui remorantur domi iudicant de absentibus prout volunt, et dum sedent super ollas carnium in saturitate panem edentes illorum nullatenus recordantur qui fame, siti, frigore, ac nuditate opporimuntur in scholasticsis disciplinis."（大意：在家里的人随心所欲地评判那些不在家的人，而他们吃着肉和面包，却丝毫不关心那些在求学之路上被饥渴、寒冷折磨的人。）Buoncompagno in MS. lat. 8654, f. 14 v; MS. lat. 7732, f. 9 v; Munich, Cod. Lat. 23499, f. 8 v.

39. Luchaire, *Études,* p. 108, cf. 117.

40. Matthew of Vendôme, ed. Wattenbach, p. 622.

41. Munich, Cod. Lat. 22293, f. 280 v. 另参阅 f. 281; 以及 MS. 2775 of the Bibliothèque Sainte-Geneviève, f. 270 v.

42. MS. lat. 8653A, f. 9 v. 而一份图卢兹的模板汇编中，一对家长由于农产品价格低贱，也没钱寄给孩子："Cum de blado et vino nostro propter multitudinum que nunc est nullam poterimus pecuniam extorquere."（大意：因为我们的啤酒、葡萄酒滞销，我们再挤不出更多的钱。）参见 Arsenal, MS. 854, f. 232.

43. 普罗旺斯的庞塞的模板汇编中，一位学生写道："Mentiti sunt per medios dentes qui de me talia predicaverunt."（大意：那些到处传播我做这件事的人在说谎。）参见文献：B.M., Arundel MS. 514, f. 75; Munich, Cod. Lat. 22293, f. 282 v; MS. lat. 18595, f. 21. 常规的谴责和否认的范例，可见 Guido Faba, *Dict, rhet.,* nos. 3, 4;

Epist., nos. 8, 9. 在 *Epist.* 8 中，父亲用 " 旧约和新约中的诅咒 " 责骂儿子。参

阅 *Mélanges Ferdinand Lot,* p. 246; *Mélanges Pirenne,* p. 206, no. 15; *Zaccagnini,*

pp. 210, 216.

44. *Quellen und Forschungen,* xvi, 2, p. 33 (1914).

45. MS. lat. 8653A, f. 9; 一份类似的信在 f. 13 v。

46. Munich, Cod. Lat. 22293, f. 278 v; Cod. Lat. 16122, f. 11 v; MS. lat. 18595, f. 16 v.

参阅 *Buoncompagno, Munich,* Cod. Lat. 23499, f. 4 v.

47. Munich, Cod. Lat. 2649, f. 49; 在 f. 44，一名埃尔福特的学生对他的周围环境

做了类似的描述。一个大致相同的描述来自布翁孔帕尼奥，参见 Munich, Cod.

Lat. 23499, f. 5; MS. lat. 8654, f. 8. 另见 Guido Faba, *Epist.,* no. 54; 以及 Ponce de

Provence in Munich, Cod. Lat. 22293, f. 279 和 MS. 3807 of the Arsenal, f. 57 v.

48. N. de Pauw, "La vie intime en Flandre au moyen âge d'après des documents

inédits," no. 11, in *Bulletin de la Commission Royale d'Histoire,* lxxxii. 34 (Brussels,

1913).

49. MS. lat. 1093, f. 82 v, 出版于 Delisle in the *Annuaire-Bulletin de la Société de l'Histoire

de France,* vii. 149-150, 141 (1869). 重印于 *Archiviodella Società Romana di Storia

Patria,* xi. 396 (1888).

可将 12 世纪初的某位德国学生对巴黎的描述（Jaffé, *Bibliotheca rerum

Germanicarum,* v. 285）与五十年后圭·德·巴佐什（*Bulletin de la Société de l'Histoire

de Paris et de l'Ile-de-France,* iv. 38; 参阅 *Neues Archiv,* xvi. 72）以及后来的布

拉格大主教约翰于 1375 年或 1376 年对巴黎的描述（*Archiv für österreichische

Geschichte,* lv. 385）相比较。

50. 目录参见 Rockinger, *Q. E.,* ix. 134.

51. Buoncompagno in Munich, Cod. Lat. 23499, f. 5; MS. lat. 8654, f. 8; B.M., Cotton

MS. Vitellius C. viii, f. 93 v. 在旺多姆的马修（ed. Wattenbach, p. 587）的著作中，一位医学生在去萨勒诺的路上也遇到了同样的事。

52. B.M., MS. Royal 8 A. vi, f. 25（一本收录 13 世纪末的巴黎学生书信的简集）.

53. 意大利北部 12 世纪的《根据图利乌斯的散文体信函写作规范》（*Precepta prosaici dictaminis secundum Tullium*），in B.M., Add. MS. 21173, f. 71 v; 见本书第九章第 14 点。

54. MS. lat. 8653A, f. 3 v.

55. Tarragona, MS. 6, f. 34.

56. 本书第九章第 7 点。

57. *Zaccagnini, Studio*, pp. 207-208.

58. 布翁孔帕尼奥甚至提到了一个上了二十八年学的人，见 Munich, Cod. Lat. 23499, f. 13; MS. lat. 8654, f. 21 v; MS. lat. 7732, f. 14 v.

59. Guido Faba, *Dict, rhet.*, no. 53, *Epist.*, no. 84. 参阅 Petrus de Hallis in *Fontes rerum Austriacarum*, second series, vi. 116; 以及 *Bullettino dell' Istituto StoricoItaliano*, xiv. 169.

60. Munich, Cod. Lat. 2649, f. 50; Cod. Lat. 96, f. 38; Cod. Lat. 14708, f. 58, 58 v; *Zeitschrift für die Geschichte des Oberrheins*, n.s., xi. 34; Guido Faba, *Dict, rhet.*, nos. 15, 16.

61. MS. lat. 8661, f. 98 v. 因此，阿尔泰希的沃尔夫冈（Wolfgang of Altaich）的侄子们要求更多时间（Berlin, MS. Lat. oct. 136, f. 112 v），一位领圣俸的学生承诺在春天回到他的教区 (Guido Faba, *Dict, rhet.*, nos. 84, 85）。

62. Munich, Cod. Lat. 2649, f. 50 v; 参阅 Cartellieri, no. 246.

63. Guido Faba, *Parlamenti ed epistole*, nos. 16-19.

64. MS. lat. 8661, f. 98; 而一位学生在信中写道，不久他就要结婚了，因此以后他将不能返校了，见 f. 96 v。

65. 同上，f. 99v.，来自布翁孔帕尼奥；另有兰斯的一个佚名片段（MS. 1275, f. 40 v），出版由 Wattenbach in the *S. B.* of the Berlin Academy for 1892, p. 93；另一见 *Antiqua rhetorica* in MS. lat. 8654, f. 22 和 MS. lat. 7732, f. 14 的副本中，紧接其后的另一份书信也具有类似的特点。 一个儿子向其父亲保证他只学习了《查士丁尼法典》，再没有其他，参阅 Guido Faba, *Epist.*, no. 9。

66. 特雷吉耶的模板汇编中有一封在博洛尼亚读书的法国学生的信件（MS. lat. n.a. 426, f. 17），引用于 Delisle in the *Histoirelittéraire,* xxxi. 30. 德利勒（Delisle）没有提及以下同一信集（f. 3）中另一份来自昂热的信。奥尔良的一名学生也写了一封同样的信（MS. lat. 15131, f. 177 v）。在 B.M., Cotton MS. Vitellius C. viii, f. 141 中，信的作者希望获得 "车和旅费"。参阅 Cartellieri, no. 128。

67. 父亲试图劝阻他，但补充道，如果他仍然坚持成为一名骑士，他最好是在家乡所属的领主手下服务，参见 Munich, Cod. Lat. 22293, f. 281. 在普罗旺斯的庞塞的其他手稿（MS. lat. 18595, f. 19 v; MS. lat. 8653, f. 11 v; Arsenal MS. 3807, f. 59; B.M., Arundel MS. 514, f. 73 v）中，对学生的请求则显得更加普遍："filius patri quod non potest addiscere, et removeat eum ab officio clericali ad aliud aptum officium transferendo."（大意：儿子要告诉父亲他不能学什么，从而好让他远离神职，转而从事更适合他的行业。），对此，学生回复说，如果他回家，他要从事他兄弟们的职业。

68. 见 *dictamina* of Nicholas of Breslau (*Codex diplomaticus Silesiae,* v. 318)。

69. 见本章前注 16。一封来自奥尔良、申请校长职位的信，见 MS. lat. 8350, f. 108 v。

70. 见拉昂这封写于 1117 年不久以前的信，参见 *B. E. C.,* 1855, p. 466.

71. MS. lat. 8653, f. 32 v.

72. *Salutaciones secundum usum Oxonie,* in the Bodleian, Auct. F. 3. 9, f. 423

（15 世纪）. 关于修道院学生的信件往来，参见 V. Schmidt, "Ein Lilienfelder Formelbuch," in *Studien und Mitteilungen aus dem Benediktiner- und dem Cistercienser-Orden,* xxviii. 392-402, 577-595 (1907).

73. Delisle, *Formulaire de Tréguier,* no. 15. 同一模板汇编中的另一个范例则说 "Longe a tumultu hominum sequestratus"（大意：远离人的喧嚣）(MS. lat. n.a. 426, f. 13)。

74. Ponce de Provence, in B.M., Arundel MS. 514, f. 77 v; MS. lat. 18595, f. 23 v; MS. lat. 8653, f. 13; Arsenal, MS. 3807, f. 62 v; Munich, Cod. Lat. 22293, f. 283.

75. 15 世纪末的 *Epistolares quedam formule ... extracte ex maiorum litterarum collectorio scolaribus Lovanii in pedagogio Lilii lectarum,* in Munich, Cod. Lat. 7082, f. 20 v （在剑桥大学的图书馆里，还有一个副本，Gg. v. 37）。参阅 Munich, Cod. Lat. 96, f. 39 v; Cod. Lat. 14708, f. 59 v; Cod. Lat. 22294, f. 42 v. 在 一 份 创 作 于 1230 年前后（参见文献：Langlois, *Formulaires de lettres,* iii. 14）、保存于 鲁昂的奥尔良书信模板汇编（MS. 1468, f. 363 v）中，我们发现："Exoramus quatinus expensis tali filio nostro apud vos ad studium misso vobis placeat[MS. placat] providere et omnia bene computetis; nam parati sumus ad mandatum vestrum persolvere quicquid iustum fuerit cum actione multimoda gratiarum."（大意：请让 我们问您，若要送我们的儿子到您那里学习，资助他多少费用能使您满意，您 会计算得出一个清楚的数目。我们会心怀感恩，随时准备满足您任何公正的要 求，支付您相应的费用。）14 世纪中叶，巴黎的一个西里西亚学生每周都会收 到寄存在主人家（hospes）的钱。(T. Jacobi, *Codex epistolaris Johannis Regis Bohemiae,* Berlin, 1841, p. 58)。若要进一步了解，可参见 Guido Faba, *Dict. rhet.,* nos. 13, 14; *Zeitschrift des Vereins für Geschichte und Alterthum Schlesiens,* xxvii. 354; Wattenbach, "Iter Austriacum," p. 52（约 1230 年的那不勒斯的模板汇

编）；本书第六章。

76. B.M., Harleian MS. 4971, f. 20 v. 这是爱德华三世统治时期的一部用法语写作、附带模板的修辞学专著。参阅 Ellis, *Original Letters,* third series, i, p. x, note; 以及 W. Uerkvitz, *Tractate zur Unterweisung in der anglo-normannischen Briefschreibekunst* (Greifswald diss., 1898). 14 世纪后半叶，曾在布拉格、帕多瓦、博洛尼亚、蒙彼利埃和巴黎等地学习过的布拉格大主教约翰说，在他的学生时代，老师们负责管学生的钱，因此他们没有钱可以花，也从来没有买过甜食（*Archiv für österreichische Geschichte,* lv. 327）。请留意《1248 年巴黎一位贵族的消费册》（*Livre de dépenses d'un dignitaire de l'église de Paris en 1248*）中定期给贫困学生寄钱的记录，出版由 Borrelli de Serres in *Mémoires de la Société de l'Histoire de Paris et de l'Ile-de-France,* xxxi. 93-118 (1904).

77. Rheims, MS. 1275, f. 40-40 v.

78. B.M., Arundel MS. 514, f. 70; MS. lat. 18595, f. 16 v; MS. lat. 8653, f. 9; Arsenal, MS. 3807, f. 56 v; Munich, Cod. Lat. 22293, f. 278. 送儿子上学的父亲写作的书信，还可见 Gaudenzi, *I Suoni,* p. 170; 以及 Hauréau, iv. 271. 一位鲁汶的老师让学生"学成归去"（in artibus graduatus），但希望学生能继续在鲁汶或其他地方的大学深造，参见 Munich, Cod. Lat. 7082, f. 18。

79. B.M., Harleian MS. 3988, f. 49 v（用法语写作的书信模板，内容主要与理查二世统治时期的东部各县事务有关；参阅 Eliis, *l.c.*）。

80. 同上，f. 45 v。

81. 比较 Pez, *Thesaurus anecdotorum,* vi, 2, p. 186 中对某些学生的警告。

82. Munich, Cod. Lat. 6911, f. 53; MS. lat. 14069, f. 201.

83. Arsenal, MS. 854, f. 214 v. 在 *Formulaire de Tréguier,* no. 10 中，普拉校长也在找寻此类《教义原理集》。在同一份抄本（Arsenal, f. 245）中，学生想要

"*Doctrinale* ... et *Grecismum* et ceteros libors gramatice oportunos"（大意:《教义原理集》……《希腊论》以及各类修辞学的书）。在普罗旺斯的庞塞的著作中，学生需要《希腊论》和《教义原理集》，见 B.M., Arundel MS. 514, f. 72; MS. lat. 18595, f. 18; MS. lat. 8653, f 11; Arsenal, MS. 3807, f. 58. 另参阅 *Zeitschrift für die Geschichte des Oberrheins*, new series, xi. 34.

关于亚历山大·德·维勒迪约（Alexandre de Villedieu）的《教义原理集》和埃弗拉德·德·贝蒂讷（Évrard de Béthune）的《希腊论》等 13、14 世纪流行的语法教科书，请参见 D. Reichling, *Das Doctrinale des Alexander de Villa Dei* (Berlin, 1893) 和 J. Wrobel, *Eberhardi Bethuniensis Graecismus* (Breslau, 1887); 并参阅 Thurot in the *Notices et extraits,* xxii, 2, 尤其是 pp. 98-102。也可参考 L. J. 帕托（L. J. Paetow）杰出的研究。带有注解的《希腊论》的部分手抄摹写本见 Prou, *Manuel de Paleographie*, fourth edition, plate xiii。

84. Hugh of Bologna, in *Neues Archiv,* xxii. 300; 参阅本书第九章，第 5 点。

85. Guido Faba, Dict, rhet., no. 61. Ponce de Provence, in B.M., Arundel MS. 514, f. 72 v; Munich, Cod. Lat. 22293, f. 280; Troyes, MS. 1556, f. 16.

86. Ponce de Provence, *l.c.* 下文引用了一封来自奥尔良的信。参阅 *Codex diplomaticus Silesiae,* v. 318。

87. Laurentius of Aquileia, in MS. lat. 11384, f. 36 v; 以及 MS. lat. 16253, f. 12，除了该文本中是 "巴黎的书籍" ［libris Parisiensibus (sic)］。

88. Arsenal, MS. 854, f. 214.

89. Laurentius of Aquileia, MS. lat. 11384, f. 59 v.

90. 同上，MS. lat. 14174, f. 126; MS. lat. 11384, f. 55; MS. lat. 16253, f. 23.

91. A. Starzer and O. Redlich, *Eine Wiener Briefsammlung* (Vienna, 1894), pp. 245 f.

92. Ponce de Provence, B.M., Arundel MS. 514, f. 73; MS. lat. 18595, f. 19 v; MS. lat.

8653, f. iiv; Arsenal, MS. 3807, f. 59; Troyes, MS. 1556, f. 17. 某个俸圣职的学生被要求背诵《诗篇》，参见文献 Pez, *Thesaurus anecdotorum,* vi, 2, p. 185.

93. Ponce de Provence, Arundel MS. 514, f. 73 v 以及上述其他抄本．另参阅 K. Burdach, *Schlesisch-Böhmische Briefmuster,* pp, 89-90, no. 57.

94. 有 关 案 例， 请 见 Valois, *De arte scribendi epistolas,* pp. 25-27; *Archiv,* x. 559; Cartellieri, nos. 287-289. 并参阅阿瑟纳尔图书馆所藏的一份信件（MS. 854, f. 233），其中说: "scolaris studens Parisius significat socio studenti Tholose quod dictator optimus venit Parisius, et ibi ad studendum venire non postponat." （大意：一位巴黎的学生给他在图卢茨的同学写信，告诉他最好的信函写作教师来巴黎，不要拖延速来巴黎求学。）

95. Petrus de Hallis, in *Fontes rerum Austriacarum,* second series, vi. 117.

96. Cartellieri, nos. 274, 275, 279.

97. *Notices et extraits,* xxii, 2, p. 93, note. 有关那不勒斯物理科学的初步研究，请参阅本书第六章。

98. *Die Anfänge der Rechtsschule zu Bologna* (Leipzig, 1888), pp. 80, 105.

99. 本书第九章第 3 点（3）。

100. "Les Écoles d'Orléans au XIIe et au XIIIe siècle," in *Annuaire-Bulletin de la Société d'Histoire de France,* vii. 139-154 (1869). 一些佛兰德学生在信中对他们在奥尔良所受的教育表达不满，参见 Valenciennes, MS. 483, f. 96 v; 本书第儿章。

101. MS. lat. 8653A, f. 16.

102. 因此，根据特雷吉耶的模板汇编，德利勒指出，来自布列塔尼地区的年轻人经常去的地方是奥尔良，而不是巴黎。经常作为参考的阿尔布瓦的信集（MS. lat. 8653A）表明奥尔良是来自弗朗什 - 孔泰地区的学生最喜欢去的地方，尽管这些信里也提到了巴黎、蒙彼利埃、博洛尼亚这些城市。我们发现莱茵河上游

（*Zeitschrift für die Geschichte des Oberrheins,* new series, xi. 34; Archiv, xi. 503）和帝国较偏远的地区（Pez, *Thesaurus anecdotorum,* vi, 1, col. 427; vi, 2, pp. 14, 185; Jacobi, *Codex epistolaris Johannis Regis Bohemiae,* p. 58; 等等）的学生最喜欢去巴黎。德国学生一般喜欢去博洛尼亚上学（*Das Baumgärtenberger Formelbuch,* Vienna, 1866, p. 317; *Codex diplomaticus Silesiae,* v. 318; B.M., Arundel MS. 240, ff. 122-123）。整体而言，这类证据必须谨慎使用，因为书信模板集可能沿用前一版本中使用的大学，或者书信模板有时会直接套用进巴黎或博洛尼亚等知名学术中心（studia），即使书信模板的实际创作地和这些城市没有很近的联系。

103. Historical Manuscripts Commission, *Various Collections,* i. 260.

104. Rockinger, *Q. E.,* ix. 487. 参阅 *Romanische. Forschungen,* xiii. 914 f. (1902). 有关牛津的学位授予宴会，比较这两篇文献: *Literae Cantuarienses,* i. 416 和 *Paston Letters,* iii. 248。

105. Arsenal, MS. 854, f. 215. 参阅 Gaudenzi, *I Suoni,* p. 168 中的意大利模板。

106. MS. lat. 8653A, f. 9 v.

107. Munich, Cod. Lat. 23499, f. 6 v; MS. lat. 8654, f. 11; B.M., Cotton MS. Vitellius C. viii, f. 94 v.

108. 同上。参阅 *Novissima rhetorica* in Gaudenzi, *Bibliotheca iuridica Medii Aevi,* ii. 273, 282.) 接着讲述了一位学位申请人的情况。这位学生很好地回答了别人提出的问题，但令观众感到好笑的是，他竟然解释不清自己提出的命题。

109. Munich, Cod. Lat. 2649, f. 50.

110. Philippe de Harvengt, in *Chartularium Universitatis Parisiensis,* i. 53; Konrad von Mure, in Rockinger, *Q. E.,* ix. 440; Wolfgang of Altaich, in Pez, *Thesaurus anecdotorum,* vi, 2, p. 185, and Berlin, MS. Lat. oct. 136, f. 112.

111. 他在信中描述这个学生不注重自己的外表，参见 Munich, Cod. Lat. 23499, f. 4; B.M., Cotton MS. Vitellius C. viii, f. 93.

112. 在伯纳德·德·默恩的各种修订本中，这些都特别常见。例如：MS. lat. 1093, f. 62; B.M., Add. MS. 8167, f. 179 v; Munich, Cod. Lat. 96, f. 38. 参阅 Cartellieri, nos. 78, 79, 287-304; P. Wolff, *Der Briefstellerdes Thymo von Erfurt und seine Ableitungen* (Bonn diss., 1911), pp. 17-21；以及 Burdach, *Briefmuster,* pp. 85 ff., nos. 54 ff.

113. Ponce de Provence in MS. lat. 18595, f. 24 v. Bernard de Meung in MS lat. 1093, f. 61 v（以及 B.M., Add. MS. 18382, f. 94 v; Cotton MS. Vitellius C. viii, f. 140). *Zeitschrift für die Geschichte des Oberrheins*, new series, xi. 34 还提到了一条来自巴黎的忠告。另见 *Rethorica Poncii* (no place, 1486; Hain, no. 13255), ff. 18, 20. 该文献里面讲了一位朋友被劝说去往巴塞尔。

114. B.M., Arundel MS. 240, f. 122 中有一段书信往来，讲的是两个德国学生打算去博洛尼亚学习教会法。

115. 参见刚刚引用的抄本，f. 123, 尤其参见 Guido Faba, *Dict, rhet.,* nos. 38, 39. 文献中讲了一名学生因生活成本高而被迫离开博洛尼亚，因此他写信询问了那不勒斯这个城市的情况。阿奎莱亚的劳伦修斯则代表那不勒斯的学生同样询问了博洛尼亚的情况，参见 MS. lat. 14766, f. 119，而西班牙修订版本（MS. lat. 11386, f. 56）引用的圭多·法巴的例了，但把"博洛尼亚"换成了"萨拉曼卡"，"那不勒斯"换成了"巴黎"。另参阅 1404 年前后 Burdach, *Briefmuster,* nos. 70-76 中的信件，其中把巴黎、布拉格、维也纳和克拉科夫的学生互换了。

116. Delisle, *Le Formulaire de Tréguier,* no. 18. 另参阅 no. 11 以及一封 1331 年前后，写给牛津学生的佚名信，刊印于 *Literae Cantuarienses,* i. 417。在同一信集（iii. 334）中，有一封亨利七世统治时期的信。这封信是用英语写的，很长但很有

趣，描述了要打包的财产以及要替以前的一位学生完成的诸项任务。参见 the *Rethorica Poncii* (1486), f. 20 v。

117. 藏于法国国家图书馆的一份副本 *Arenge composite a magistro Petro de Loro,* in the *Liber epistolaris* of Richard of Bury, p. 25 (MS. lat. n.a. 1266). 相似内容可见 *Arenge* of Guido Faba , MS. lat. 8652A, f. 30.

118. 这个短语出自布翁孔帕尼奥的作品，参见 Sutter, *Aus Leben und Schriften des Magisters Buoncompagno* (Freiburg i. B., 1894), p. 75.

119. 例如 MS. lat. 1093, ff. 67 v, 68; Agen, MS. 4, f. 190; Valois, *De arte scribendi epistolas,* pp. 41 f.; Cartellieri, nos. 63, 64, 124, 125, 216-225; Delisle, in *Notices et extraits,* xxxvi. 200; Helen Waddell, *The Wandering Scholars* (Boston and New York, 1927), p. x.

120. MS. lat. 1093, f. 67 v.

121. Munich, Cod. Lat. 19411, f. 70.

122. Bernard de Meung, in MS. lat. 8653, f. 32 v; MS. lat. 1093, ff. 61v, 62; MS. lat. 14193, f. 27; Munich, Cod. Lat. 96, f. 37. Ponce de Provence, in B.M., Arundel MS. 514, F. 78; MS. lat. 18595, f. 24; MS. Lat. 8653, f. 13v; Arsenal, MS. 3807, f. 63; Munich, Cod. Lat. 22293, f. 283 v. *Dictamen from Louvain in Munich,* Cod. Lat. 7082, f. 11 v. *Dictamen* 'magistri Johannis' in MS. lat. 16617, f. 224. Formulary from Toulouse, MS. 854, f. 223 v. Stehle, *Ueber ein Hildesheimer Formelbuch,* p. 9. Munich, Cod. Lat. 6911, f. 53; MS. lat. 14069, f. 201. Cartellieri, no. 283.

123. Laurentius of Aquileia, in MS. lat. 11384; 同时，MS. lat. 14174, f. 26, and MS. lat. 16253, f. 14 v中，"巴黎"替换成了"图卢兹"，"奥尔良"替换成了"巴黎"。在 MS. lat. 14766, f. 118 v 和 B.M., Harleian MS. 3593, f. 49 中，学生离开巴黎去了博洛尼亚。另参见 *Bullettino dell' Istituto Storico Italiano,* xiv. 167。

124. Bernard de Meung, MS. lat. 1093, f. 57 v; MS. lat. 8653, f. 31; Munich, Cod. Lat. 96, f. 33 v. 类似地，参见 Ponce de Provence, B.M., Arundel MS. 514, f. 83, and Add. MS. 8167, f. 172 v; MS. lat. 8653, f. 15 v; MS. lat. 18595, f. 28 v. 在 Tarragona, MS. 6, f. 39 v 中，信的"作者们"在与阿尔比教派竞争前要先做出保证。

125. Guido Faba, *Dict, rhet.*, nos. 97, 98; *Epistole,* no. 33. 这一点在《博洛尼亚公民规章》一书中得到证实，参见 *Statuta Populi Bononiae,* ed. Frati, ii. 24, 29-32. 关于博洛尼亚学生债务的书信集，还可参见 Giraldus Cambrensis, iii. 289; H. C. Lea, *A Formulary of the Papal Penitentiary in the Thirteenth Century* (Philadelphia, 1892), p. 124; *Zaccagnini, Studio di Bologna,* p. 67.

126. Munich, Cod. Lat. 6911, f. 54.

127. Formulary from Toulouse, Arsenal, MS. 854, f. 232. 一位学生也有类似的抱怨，说他在巴黎时被赶出了自己的房间，参见 Munich, Cod. Lat. 6911, f. 55；MS. lat. 14069, f. 181.

128. Ponce de Provence, in B.M., Arundel MS. 514, f. 74; MS. lat. 18195, f. 20 v; MS. Lat. 11385, f. 70 v; MS. lat. 8653, f. 12; Arsenal, MS. 3807, f. 59 v; Troyes, MS. 1556, f. 17 v. 同样地，参见 Laurentius of Aquileia, MS. lat. 16253, f. 13.

129. MS. lat. 8653A, f. 10.

130. B.M., Cotton MS. Vitellius C. viii, f. 141. 致奥尔良学生的信，MS. Lat. 15131, f. 180 v. 另参阅 Guido Faba, *Dict. rhet.*, no. 3, 对 14 世纪的波希米亚信集的分析，见 Palacky in the *Abhandlungen der königlichen böhmischen Gesellschaft der Wissenschaften,* fifth series, ii. 259 和 Schlesinger in the *Mittheilungen des Vereins für die Geschichte der Deutschen in Böhmen,* xxvii. 16。另见 Matthew of Vendôme, ed. Wattenbach, pp. 620-621.

131. Bodleian, Auct. F. 3. 9, f. 427. 关于在圣丹尼地区的学校庆祝的圣尼古拉（学者
的主保圣人）节的宴会，见 Hauréau, iv. 276。一封题为 "Scolaris patri significans
se eligendum puerorum" 的信（Stehle, *Über ein Hildesheimer Formelbuch,* p. 9;
Zeitschrift des Historischen Vereins für Niedersachsen, 1896, p. 108）似乎也提及
这一场合。

132. Luchaire, *Études,* p. 103, no. 19.

133. *Liber epistolaris* of Richard of Bury, MS. lat. n.a. 1266, p. 81; 同样在西多会模板
汇编 , MS. lat. 11384, f. 195.

第二章

1. 本章是对 *American Historical Review,* x. 1-27 (1904) 的修订和扩展。

2. J. Klapper, *Exempla aus Handschriften des Mittelalters* (Heidelberg, 1911)，no. 87.
在中世纪文学中，把巴黎美化为伟大的学术中心是很常见的。例证参见文献：教
皇格里高利九世诏书（Parensscientiarum）（*Chartularium Universitatis Parisiensis,*
i. 136）；由奥雷欧编纂的佚名布道词（ii. 105），其中巴黎被称为研磨世界谷物
的磨坊，烘烤世界面包的烤炉。

3. 参阅 Rashdall, The Universities of Europe in the Middle Ages, i. 518 ff.; Valois, La *France
et le Grand Schisme;* Gross, "The Political Influence of the University of Paris in
the Middle Ages," in *A.H.R.,* vi. 440-445; Jean Bonnerot, "L'ancienne Université de
Paris, centre international d'études," in the *Bulletin* of the International Committee
of Historical Sciences, i. 659-681 (1928). A. 布丁斯基研究了巴黎的外国学生这一
有 趣 话 题， 见 *Die Universität Paris und die Fremden an derselben im Mittetalter*
(Berlin, 1876)，但在 *Chartularium* 上发表的资料基础上还有空间进行更深入的

研究。在这所大学的杰出博士中，外国人所占的比例非常高。参阅 Hauréau, iv. 47-48.

4. 在这一同乡会的记录中提到了六十处这种"休闲胜地"，汇集了来自北欧和东欧的学生。参见 E. Chatelain, "Notes sur quelques tavernes fréquentées par l'Université de Paris aux XIVe et XVe siècles," in *Bulletin de la Société de l'Histoire de Paris et de l'Île-de-France,* xxv. 87-109 (1898); 参阅 P. Champion, "Liste de tavernes de Paris d'après des documents du xve siècle," *ibid.,* xxxix.259-267(1912); 以及 G. C. Boyce, *The English-German Nation in the University of Paris during the Middle Ages* (Bruges, 1927). 对于同乡会的其他记录，参见 H. Omont, "Le 'livre' ou 'cartulaire' de la nation de France de l'Université de Paris," in *Mémoires de la Société de l'Histoire de Paris et de l'île-de-France,* xli. 1-130 (1914).

5. 关于博洛尼亚的示例，参见 F. Cavazza, *Le scuole dell'antico studio bolognese* (Milan, 1896) 附录中的文档。关于牛津，有验尸官的勘验记录出版：J. E. Thorold Rogers, *Oxford City Documents,* pp. 145 ff.; C. Gross, *Coroners' Rolls,* pp. 87-91; J. F. Willard, *The Royal Authority and the Early English Universities* (Philadelphia, 1902), pp. 82-85。

6. 见本书第一章。

7. 13 世纪与巴黎大学有关影响最大的诗是鲁特伯夫（Rutebeuf）的诗（ed. Kressner, Wolfenbiittel, 1885）。加兰的约翰（John of Garland）很难被称为诗人，但他所创作的大量散文和诗歌，与大学里的学生状况有很多相关。他的《学者道德》一书，预示了与 15 世纪德国学生手册的关系，经过研究却让人大失所望。参阅本书第三章。经过 L. J. 帕托以极多的耐心和学问予以校订，《学者道德》现已收录于他的书 *Two Medieval Satires on the University of Paris* (Berkeley, 1927). 参阅同一书中收录的他校订的文献：Henri d'Andeli, *Labataille des VII ars.*

8. 参见综合性著作: L. Bourgain, *La chaire française au XIIe siècle,* (Paris, 1879); A. Lecoy de La Marche, *La chaire française au Moyen Âge, spécialement au XIIIe siècle* (2d ed., Paris, 1886)。朗格卢瓦关于这一主题有篇精彩综述 "L'Éloquence Sacrée au Moyen Âge",收录于 *Revue des deux mondes,* January 1, 1893, pp. 170-201。另参见相关文献: G. R. Owst, *Preaching in Medieval England* (Cambridge, 1926)。

9. Caesar of Heisterbach, ed. Strange, i. 205; T. F. Crane, *The Exempla of Jacques de Vitry* (London, 1890), p. xlii, note.

10. Owst, *op. cit.,* p. 186.

11. 示例见奥雷欧编纂的选段,iv. 17 ff.; 引文见 *Histoire littéraire de la France,* xxvi. 417 ff。

12. 但丁《神曲》之《天堂》篇, xxix, 115-117. 蒂埃里堡的戈蒂埃(Gautier de Château-Thierry)在谈到施洗约翰派门徒去见基督时说: "Audiebat verba oris eius, non opera regum vel renardi vel fabulas."(大意: 听他口中直言,而不是听什么国王大业、列那狐的故事或民间传说)。MS. lat. 15959, f. 59, col. 4.

13. 参见布尔甘(Bourgain)和勒夸·德·拉·马尔什(Lecoy de la Marche)的描写,题为 "La société d'après les sermons"。

14. 关于例证及其使用,参见 T. F. Crane, "Mediaeval Sermon-Books and Stories," 收录于 美国哲学协会的 *Proceedings,* xxi. 49-78 (1883);他的 "Mediaeval Sermon-Books and Stories and their Study since 1883",出处同上,lvi. 369-402 (1917);他校订的雅克·德·维特里例证集的导言和注释;以及弗伦肯(Frenken)的版本(见下文);C. G. N. de Vooys, *Middelnedevlandsche Legendenen Exempelen* (The Hague,1900);J. A. Mosher, *The Exemplum in the Early Religious and Didactic Literature of England* (New York, 1911); the *Catalogue of Romances in*

the Department of Manuscripts in the British Museum, vol. iii, ed. by J. A. Herbert (London, 1910)；而今特别可以参见 J. T. Welter, *L'Exemplum dans la littérature religieuse et didactique du Moyen Âge* (Paris, 1927)，维尔特在广泛了解出版资料和手稿材料的基础上讨论了整个主题。这类典型故事的译文已由门罗译成了英语：*Monastic Tales of the XIII. Century,* in the *Translations and Reprints*, published by University of Pennsylvania, ii, no. 4; 由勒夸·德·拉·马尔什译成了法语：*L'Esprit de nos aieux* (Paris, 1888)。13 世纪法国北部和附近地区最重要的收藏文献集如下。雅克·德·维特里（Jacques de Vitry）和波旁的艾蒂安（Étienne de Bourbon）曾为巴黎大学的学生，其资料对大学生活的研究最有价值（所有这些可以参见文献：Welter, *L'Exemplum*）：

Jacques de Vitry, *Exempla or Illustrative Stories from the Sermones Vulgares,* 由克兰（Crane）为民间故事协会编写（1890）；另见 J. B. Pitra, *Analecta novissima spicilegii Solesmensis* (Rome, 1885-88), ii. 443-461. 他的《通俗布道文》（*Sermones vulgares*）节选也收录于 Pitra, ii. 344-442; 哈佛大学图书馆拥有一份这些布道的手稿，它曾经为列日的圣雅克修道院所有（MS. Riant 35）。*Die Exempla aus den Sermones feriales et communes des Jakob von Vitry* 一书已由格雷文（J. Greven, Heidelberg, 1914）收录于 *Sammlung mittellateinischer Texte,* no. 9，还有弗伦肯的更全面的评注版本 *Die Exempla des Jacob von Vitry* (Munich, 1914) in *Quellen und Untersuchungen zur lateinischen Philologie des Mittelalters,* no. v, 1.

Caesar of Heisterbach, *Dialogusmiraculorum,* ed. Strange, Cologne, 1851: *Libri VIII miraculorum* 片段, ed. Meister, Rome, 1901; *Homeliae* 中的故事, ed. A. E. Schonbach, Vienna S. B., cxliv, no. g (另参阅 his review of Meister, *M. I. O. G.,* xxiii. 660 ff.). 关于其生平和作品，另参见 Schonbach, "Studien zur Erzahlungsliteratur des Mittelalters: Ueber Caesarius von Heisterbach," in Vienna *S. B.,* cxliv (1901), no. g; clix (1908), no. 4; clxiii (1909), no. 1; 以及 J. Greven, "Kleinere Studien zu Cäsarius von Heisterbach," in *Annalen des historischen Vereins für den Niederrhein,* xcix. 1-35 (1916).

Thomas de Cantimpré, *Bonumuniversale de apibus.* 有多种不同版本，见 W. A. van der Vet, *Het Biënboec van Thomas van Cantimpré en zijn Exempelen* (The Hague, 1902).

Étienne de Bourbon, *Anecdotes historiques,* ed. Lecoy de la Marche (Paris, 1877).

佚名的 *Compilatio singularis Exemplorum,* MS. 468 of the Bibliothequede Tours. Welter, *L'Exemplum,* pp. 236-244，亦见于伯尔尼和乌普萨拉。

佚名的 *Tabula Exemplorum secundum ordinem Alphabeti,* J. T. Welter 校订 (Paris, 1926)。参阅欧塞尔（MS. 35）的相关合集。

一本方济各会合集，部分来自巴黎。L. Oliger, "Liber exemplorum Fratrum Minorum Saeculi XIII," in *Antonianum,* ii. 203-276 (1927).

剑桥或附近区域的一位不知名的多明我会会士收集的合集，保存在大英博物馆 Royal MS. 7 D. i，分析见 Herbert, pp. 477-503。

15. 特别参看他的 *Notices et extrails de quelques manuscrits latins de la Bibliothèque Nationale* ；以及发表在 *Histoire littéraire* 与 *Journal des savants* 上的许多文章。基于中世纪的布道词与其他拉丁文作品的开头词（Incipits），奥雷欧得出了许多关于作者的结论，其目录现在可以在法国国家图书馆查阅。

16. 奥雷欧的研究主要材料来自巴黎的手稿。除了其他图书馆里的各种手稿外（见下面各个布道者的资料），我还发现了下列各种各样的有特别关系的巴黎布道文集：Bodleian, Ashmolean MS. 757; Merton College, MS. 237; Munich, Cod. Lat. 23372; Library of St. Mark's at Venice, Fondo Antico, MS. 92。另参见朗格卢瓦对 Arras MS. 691 的分析，包括 13 世纪上半叶的巴黎布道：*Journal des savants,* 1916, pp.

488-494, 548-559；还有格拉茨 MSS. of Jacques de Lausanne 档案选段，由 A. E. Schönbach 编纂，"Miscellen aus Grazer Handschriften. 6. Jakob von Lausanne," in *Mittheilungen des historischen Vereines für Steiermark*, xlviii. 120-192 (1900). 参阅 1254 年至 1263 年多明我会领袖亨伯特·德·罗曼（Humbert de Romans）对大学教育的总体评述，见其 *Espositio Regulae S. Augustini, Maxima bibliotheca patrum,* xxv. 632-634。本篇我还未见：*Sermones Parisienses at Erlangen*, MSS. 320, 321, 322。参阅 Hans Fischer, *Die lateinischen Pergamenthandschriften der Universitäts-bibliothek Erlangen* (Erlangen, 1928), pp. 377-380.

17. 参见 Hauréau, "Les Propos de Maitre Robert de Sorbon," in *Mémoires de l'Académie des Inscriptions,* xxxi, 2, pp. 133-149; 又见 F. Chambon 版的《论良知》（*De Conscientia,* Paris, 1903）的序言中提到的罗伯特参考书目和著作目录。索邦大学的图书馆以前拥有"罗伯特师傅在索邦大学关于时间、节日和地位方面相关的布道"（"Sermones magistri Roberti de Sorbona de tempore, de festis, et ad status", Delisle, *Cabinet desmanuscrits*，iii，113），但此手稿似乎已经消失了。现存最重要的他的布道集是在法国国家图书馆 MS. lat. 15971, ff. 68-198，是他在礼拜日和生日的布道集，从固定节日、变动节日的对照表可看出是在 1260—1261 年。这些布道中有很多署了他的名字，还有很多属于他的风格。零散的布道在：MSS. lat. 14952, f. 53 (printed by Hauréau, iv. 69); 15951, f. 374; 15952, ff. 14, 119, 119 v; 15954, ff. 172, 272; 1955, ff. 179; 16482, ff. 309-312, 318; 16488; ff. 437 v, 457 v; 16499, f. 272; 16505, ff. 155 v, 157, 217, 220 v; 16507, ff. 30, 267, 268, 421; 以及 Munich, Cod. Lat. 23372, p. 124.

18. 关于校长的早期职务，参见 Guérard, *Cartulaire de Notre-Dame de Paris.* i, pp. civ-cv; Mortet, "Maurice de Sully," in the *Mémoires de la Société de l'Historire de Paris*, xvi. 150 ff. 关于后期职务的发展，参见文献：*Chavtularium,* i, pp. xi-xix;

Rashdal, *Universities,* i. 305-313, 333-334, 339-342, 393-396, 448-452, 456-458. 472-474.

13 世纪的历任校长，连同他们任职的大致年代，见 *Chartularium,* i, p. xix, note; ii, p. xv. 下面是他们的布道文清单，其中包括了我经过长时间的搜寻后所能找到的所有内容。手稿均来自法国国家图书馆，除非另有说明：

普瓦捷的皮埃尔（Pierre de Poitiers），最早于 1193 年任校长，任职到 1204 年或 1205 年。参见：Bourgain, *Chaire française*, p. 54; Hauréau, ii. 240; iii. 67 ff.; 以及 Lacombe, 见后文。他唯一值得注意的重要布道集是 MS. Lat，14593，其中有几篇布道是重复的。其中一些篇目也见于 MSS, lat, 3563, f. 114; 3705, f. 129; 12293, ff. 99-107; 13586, p. 330; Bibliothéque Mazarine, MS.1005.

普雷沃斯汀（Prévostin / Prepositinus），伦巴第人，从 1206 年到 1209 年左右担任校长。关于他的生平和作品，参见 Hauréau, *Mélanges Julien Havet,* pp. 297-303; 又见 G. Lacombe, *La vie et les oeuvres de Prévostin* (Kain, 1927: *Bibliothqéue Thomiste,* xi), 普雷沃斯汀作品据推断完整版本的第一卷。他的布道内容很少提到当时的生活。

兰斯的艾蒂安（Étienne de Reims），1214 年或 1215 年到 1218 年间的校长。他的布道只有一篇为人所知，即 MS. lat. 16505, f. 190。

格列夫（？）的菲利普［Philip de Grève(?)］，1218—1236 年任职，这一时期最杰出的校长，常被简称为 "校长"。他的诗歌和神学著作与我们此处探讨无关；关于他和他的布道，参见 Oudin, *Commentaries de scriptovibus ecclesiae*, iii. 121; Peiper, *Archiv für Littevaturgeschichte*, vii, 409 ff; *Chartularium* 第一卷的索引；以及 1894 年 7 月奥雷欧发表在 *Journal des savants* 上的文章。H. Meylan, *Positions des théses* of the École des Chartes (1927) 中，把格列夫的菲利普和菲利普校长当成两个人，并把所有的布道和其他著作都归于后者；我们不应轻易

判断，除非证据充分。这些布道分为四类：

（1）节日布道（*Sermones festivales*），用于全年的礼拜日和圣日。MSS. lat. 2516A, 3280, 3543, 3544, 3545, 12416, 15933, 16469（仅系列的最后一部分）; Bibliothéque Mazarine, MS. 1009; MSS. Troyes, 1417; Rouen, 615; Alençon, 153, 154; Bourges, 117; B.M., Royal MS. 8. F. 13; Siena, MS. F. x. 5. 根据奥蒙特（Omont, *Cabinet historique,* 1882, p. 568），这个系列也是在欧坦神学院图书馆（MS. 139B）找到的。这一系列的零散布道文见 MSS. lat. 15951, 15954, 15955, 15959, 16466, 16471, 16488, 16505, 16507; MSS. Amiens, 284; Bourges, 115, ff. 74-84; Arras, 329, f. 54.

（2）主福音的阐释（*Expositiones Evangeliorum Dominicorum*），也被简称为"讲道"（Omelie），确实是对福音书的全年神学评论（参阅 Hauréau, vi. 56）。MSS. lat. 3281, 18175; Vatican, Fondo Vaticano, MSS. 1246, 1247; Lincoln Cathedral, MS. A. 2. 5; Cambridge, Peterhouse, MS. 1. 3. 9; Munich, Cod. Lat. 3740; Erfurt, MS. Q. 97; Troyes, MS. 1100, ff. 206-227 v.

（3）关于大卫诗篇的三百三十次布道（*In Psalterium Davidicum CCCXXX sermones*）。有大量的手稿（参见 Lacombe, p. 156）; 1522 年在巴黎出版，1600 年在布雷西亚出版。

（4）在巴黎和法国北部不同的地区偶尔进行的几次布道，这也具有一定的历史意义。有两篇在 MS. lat. n.a. 338（ff. 152, 236）中，奥雷欧注意到了它们的出现以及它们的重要性（vi. 239; *Journal des savants,* August, 1889）。其他奥雷欧所不知道的，见 MSS. Avranches, 132; Troyes, 1099; Vitry-le-François, 69。阿夫朗什的手稿是菲利普布道最完整的合集，也包含第一和第二系列。更全面的讨论见本书第十一章。

我们没有什么明显的理由将柏林国家图书馆 MS. 403 中的巴黎大学校长布道

文（参阅 Rose, *Verzeichniss,* ii. 237）或埃尔福特 MS. F. 103 中的巴黎大学校长布道文认定是菲利普之作。对于部分由他撰写的关于圣母的法国布道，参见 Valois, *Guillatime d'Auvergne,* pp. 220 if。

拉昂的吉亚尔（Guiard de Laon），1237—1238 年间的校长，当时他是康布雷地区的主教。关于他的作品，参见 *Histoire littéraire,* xviii. 354-356; Hauréau, *Journal des savants,* June, 1893。他众多的布道词，从手稿中我们可以看出有很多都是在巴黎讲的，却没有流传下来一种文集［乌丁在第戎见过的《布道全集》（*Summula sermonum*）好像已经丢失了］，但是能在几种手抄本中找到，散见于沙托鲁的厄德（Eudes of Châteauroux）、奥弗涅的纪尧姆（Guillaume d'Auvergne）等同时代人的手抄本中。MSS. lat. 15959, 15955, 15964 中提供了关于全年礼拜日和节日的一个相对完整的系列布道，同一天常有几篇布道。MSS. lat. 15951, 16741 和 Arras, MS. 329 中包含了大量有关圣徒（de sanctis）的布道。各种各样的布道文见 MSS. lat. 12418（有五篇而非奥雷欧所说的三篇），15952, 15953, 15954, 16488, 16502, 16505, 16507, n.a. 338，还有 Amiens, MS. 284（除了在科耶克的目录中列举的那些之外，还包含一些其他的布道）。在《教会科学杂志》（*Revue des sciences ecclésiastiques*）上刊登了吉亚尔的法国布道，iv. 124 (1861)。MS. lat. 1647 中他的一些布道，奥雷欧认为是蒂埃里堡的戈蒂埃的布道，因为他认为吉亚尔并没有担任过校长，但最终他还是被迫放弃了这一观点。

沙托鲁的厄德，1238—1244 年的校长，后来是图斯库鲁姆的红衣主教。我没有足够的时间去对厄德的众多手稿进行调查，这也证明他是那个世纪所有校长中最多产的布道者。红衣主教皮特拉（*Analecta novissima spicilegii Solesmensis*, ii. 188-343）出版了多明我会在罗马拥有的他的七百六十五篇布道文的摘录，并列举了大量其他手稿；奥雷欧还注意到了他在巴黎地区的许多手稿。另见 Delisle, *B. E. C.,* xlix. 268-272。出版的布道文和我所读到的其他布道文都证实了奥雷欧的说法，其中关于当时习俗和事件的指涉很少。关于厄德，参见皮特拉，ii, pp. xxiii-xxxv；Hauréau, in the *Journal des savants,* August, 1888; in the *Notices et extraits,* xxiv, 2, pp. 204 ff.。

蒂埃里堡的戈蒂埃，1246—1249 年间担任校长，当时他是巴黎主教。他的布道文散见于 MSS. lat. 15951, 15953, 15955, 15959, 16471, 16488, 16507; Arras, MS. 329, ff. 1, 53 v, 72, 152; MS. 691, f. 139 v. 在帕多瓦的安东尼亚纳图书馆中的《神学问题》(*Quaestiones theologicae,* MS. 152)，ff 150 v 和 153 出现了他的名字；在 f. 152 v 中，对于尚未取得主教执照的在读学生是否可以布道的问题，他作为校长适当地发表了一些观点。关于戈蒂埃和他的作品的记载见 *Gallia Christiana,* vii. 100; *Histoire littéraire,* xxvi. 390-395; Lecoy de la Marche, *Chaire française,* p. 95.

艾蒂安·唐皮耶（Etienne Tempier），也叫做奥尔良的艾蒂安，1262 年或 1263—1268 年间成为巴黎主教时担任校长。参见 *Gallia Christiana,* vii. 108-115; Gallia Christiana, vii. 108-115; Hauréau, *Journal des savants,* 1890, p. 255. 他的三篇布道文见 MS. lat. 16481, ff. 77 v, 136 v, 214（参阅 Quétif and Échard, *Scriptoves Ordinis Praedicatorum,* i. 269).

奥尔良的让（Jean d'Orléans），又称莱萨勒的让（Jean des Alleux），1271—1280 年担任校长，当时他是多明我会修士。参见 *Chartularium,* i. 494; Quétif and Échard, i. 499; *Histoire litétraire,* xxv. 270-280. 他的布道散见于 MSS. Lat. 14899, ff. 46, 83, 86, 132; 14947（参见 Quétif and Échard, i. 385）; 14952, f. 188 v; 15005（亦见于 MS. lat. 14947）; 15956, ff. 279 v, 301 v, 313 v; 16481（参见 Quétif and Échard, i. 268）; 16482, ff. 178 v, 204, 275 v（Quétif and Échard、*Histoire litétraire* 认为是他所著）; Soissons, MS. 125, f. 60（莫利尼埃的目录里将之后四篇布道归于他是错误的，其中两篇没有作者名，还有两篇署名为"勒米尔蒙的彼得兄弟"）; Troyes, MS. 1788, f. 82 v；Munich, Cod. Lat. 23372, pp. 8, 15, 19, 29, 39, 47, 53,

88, 129, 130; Bodleian, Ashmolean, MS. 757, ff. 81, 349, 359; Merton College, MS. 237, ff. 32 v, 94 v, no; Venice, Library of St. Mark's, Fondo Antico, MS. 92, ff. 228 ff.(六篇布道文); University of Erlangen, MS. 326, no. 33; MS. 327, f. 3 v。诺南库尔的尼古拉（Nicolas de Nonancourt），1284—1288 年间担任校长。布道见 MSS. lat. 15952, ff. 277 v（亦见 14961, f. 135), 279; 16252, f. 279. 有一篇校长布道词在 MS. lat. 15952, f. 113（还有未署名作品在 MS. lat. 14899, f. 109），都由奥雷欧判断为他的作品。

圣丹尼的贝尔托（Bertaud de St. Denis），1288—1295 年间担任校长。他只有一篇布道文为人所知: MS. lat. 14947, f. 210（亦见 MSS. lat. 15005, f. 113, and 15129, f. 191). 参 阅 *Histoire littéraire,* xxv. 317-320; xxvi. 439; *Journal des savants,* 1889, p. 303; 1891, p. 302.

无法确认身份的校长布道词见 MSS. Lat. 568, f. 190; 10968, f. 104; 12418, ff. 109, 110; 15527, f. 1; 15952, ff. 107-108; 16502, ff. 26, 84 v, 124. *Chartularium* 的编者宣称，1249 年至 1263 年左右担任校长的韦尔的埃梅里（Aimery de Veire）的各种布道仍然存在，但奥雷欧没有发现，我也没有发现。MS. lat. 2516A 中的布道文，勒夸·德·拉·马尔什猜测是埃梅里之作，其实是菲利普校长之作（*Journal des savants,* 1890, p. 249）。

19. Prévostin, B.M., Add. MS. 18335, f. 14; Gautier de Château-Thierry, MS. lat. 15955, f. 429; Arras, MS. 329, f. 3 v; Eudes de Châteauroux , MS. lat. 15959, f. 240 v; Barthélemy de Tours, Hauréau, iv. 35. 参阅 Philip "de Gréve," *In Psalterium,* i, f. 311 (Paris, 1522); Jacques de Vitry, in Pitra, ii. 365.

20. Jean d'Orléans, Munich, Cod. Lat. 23372, p. 39; 不知名的多明我会修士，*Journal des savants,* 1916, p. 553.

21. Henri d'Andeli, *La bataille des Sept Arts,* line 79 (ed. Paetow, p. 43).

22. Philip the Chancellor (?), "ad scolares," Troyes, MS. 1099, f. 38.

23. 参见丹尼弗（Denifle）引用的布道文段落，*Universitäten,* i. 100。

24. Jacques de Vitry, in Pitra, *Analecta novissima,* ii. 368; Lecoy de la Marche, *Chaire francaise,* p. 458, note.

25. Robert de Sorbon (?), MS. lat. 15971, f. 198.

26. Gautier de Château-Thierry, MS. lat. 15959, f. 437, col. 1.

27. Pierre de Poitiers, MSS. lat. 12293, f. 101 v; 14593, f. 146 v, 320 v.

28. Philip "de Gréve" in *Journal des savants,* 1894, p. 430; 不知名的多明我会修士著作，出处同上，1916, p. 555。

29. Guiard de Laon, MS. lat. 16471, f. 221.

30. Jean d'Orleans, MS. lat. 14889, f. 84 v；另见某不知名的多明我会修士，*Journal des savants,* 1916, p. 555. 对于某位杰出哲学家拉罗谢尔的让（Jean de La Rochelle）的不同看法，参见 Hauréau, *Histoire de la philosophic scolastique,* part 2, i. 194. 有一个关于唯名论者和实在论者交锋的有趣例子，见 Greven, *Jakob von Vitry,* no. 105; Frenken, no. 102。

31. Jean de St. Gilles, 见 Hauréau, vi. 234.

32. Guiard de Laon, 见 *Journal des savants,* 1893, p. 370.

33. 雅克·德·维特里，见 Hauréau, *Philosophie scolastique,* part 2, i. 108, note. 关于巴黎各个学科的标准权威，参阅博洛尼亚的巴托罗缪修士（Friar Bartholomew of Bologna）布道中的以下段落："Aristotili creditur in logica, Galieno in medicina, et Tullio in rethorica, et similiter de aliis; et esset opprobrium alicui quod in grammatica aliquid diceret contra precepta Prisciani et in logica contra precepta Aristotilis et sic de aliis scientiis."（大意：在逻辑学相信亚里士多德，在医学相信加里安努斯，在修辞学相信图利乌斯，在其他学科也是如此；如果有人在语法学方面违背普里

希安，在逻辑学方面违背亚里士多德，在其他科学方面违背相应的学者，这对他们来说都是自取其辱。）Bodleian, Ashmolean MS. 757, ff, 367, 403 v.

34. Philip the Chancellor(?), Troyes, MS. 1099, f. 37.

35. Jean de Blois, MS. lat. n.a. 338, f. 110 v. Hauréau, vi. 226, 228; *Histoire littéraire,* xxvi. 394; *Journal des savants,* 1893, p. 368. 参阅但丁《神曲》之《天堂》篇, ix. 133 ff., xii. 82-83; Caesar of Heisterbach, in Vienna *S. B.*, cxliv, no. 9, p. 79. 罗伯特·德·索邦讲述了一个女人的故事，她以为她的儿子在巴黎学习神学，而实际上他正在学习教会法，儿子回来后她泪流满面，说："Credebam quod filius meus deberet esse in servicio Dei et deberet ire ad scientiam Dei et quod esse deberet unus magnus predicator, *e el vay a crotalas* (volebat dicere ad decretales)." （大意：我相信我的儿子应该为上帝服务，应该去认识上帝，应该成为一位伟大的布道者。）MS. lat. 15971, f. 167.

论这一时期对律师的普遍看法，参阅波旁的艾蒂安 , nos. 438 ff.; 格列夫的菲利普的诗 *De advocatis*，载 *Archives des missions* 第二辑, iii. 288 (1866); 不知名多明我会会士 , *Journal des savants,* 1916, p. 556; 以及圣马可图书馆收藏的巴黎讲道集中的以下段落（Fondo Antico, MS. 92, f. 193）："Quondam ecclesia consuevit regi in pace per canones, modo regitur per advocatos, per quos fiunt plura mala quam per hereticos; et student in legibus dicentes quod canones non possunt sciri sine legibus."（大意：曾几何时，教会习惯于接受教规和平的统治，只要教会里都是其拥护者就可以，但其实他们所犯下的罪恶甚至比异端更多。于是他们就开始研究律法，说没有律法就无法了解教规。）参阅 Welter, *Tabula exemplovum,* p. 88.

36. Robert de Sorbon (?), MS. lat. 15971, f. 198. 关于"有利可图的研究"，参阅教皇洪诺留三世诏书（Super speculam），*Chartularium,* i, no. 32.

37. 参见奥雷欧著作中贫富学生之间的争论，vi. 306. 另关于学生书信中所保留的请求圣俸的形式，参阅本书第一章注释第 16 条。

38. 罗伯特·德·索邦，见 Hauréau, iv. 70. 参阅 iv. 38; *Histoire littéraire* xxvi. 436. 兰斯的阿尔伯特如是说："Sic laborat aliquis .xx. annis in studio, et quis est finis eius? Certe ut capiat muscam, id est prebendam."（大意：所以人都在做这样的工作，他们努力学习，那最后的结局又是什么呢？不过是碌碌无为，为了争名夺利而已。）St. Mark's, Fondo Antico, MS. 92, f. 261 v.

39. Guiard de Laon, Amiens, MS. 284, f. 5 v. Robert de Sorbon, *De conscientia,* p. 26; anon. in MS. lat. 16471, f. 118; Arras, MS. 329, f. 86.

40. Welter, *Tabula exemplorum,* p. 131.

41. Hauréau, vi. 209, 210, 213, 214, 230, 233, 237; Guiard de Laon, MS. Lat. 15959, f. 14; Jean de Blois, MS. La. N.a. 338, f. 111.

42. *Journal des savants,* 1893, p. 368; 1894, p. 436 ; 参阅 Welter, *Tabula exemplorum,* p. 134.

43. MS. lat. 15971, f. 198. Hauréau, iii. 243; vi. 58. 12 世纪早期有一个这种做法的例子，记录于弗赖辛的奥托（Otto of Freising）：*SS.,* ix. 610. 1254 年因偷窃而被驱逐出德国的两个美因茨教士，如果在巴黎学习，就可以从他们的圣俸中获得收入。Böhmer-Will, *Regesta avchiepiscopovum Moguntiensium,* ii. 322, no. 78. 参阅向教皇请愿的形式，要求两份圣俸并准许在巴黎或其他地方学习，见鲁昂教务总长办公室的一份简短公式集：MS. lat. 18224, f. 283（有关这篇文献，参见拙作，发表于 *Mélanges Paul Fournier,* Paris, 1929）；还有教皇登记册，随处可见（passim）。

44. Jacques de Vitry, in Pitra, *Analecta novissima,* i. 362; Guiard de Laon, MS. lat. 16488, f. 377 v; Prévostin, in *Mélanges Julien Havet,* p. 302; Lacombe, p. 40.

45. Robert de Sorbon, MS. lat. 15971, f. 167. 他在同一文献中暗指对星星和天体运动的研究，ff. 171 v, 195. 参见 Gautier de Château-Thierry, MS. lat. 15955, f. 429; MS. lat. 16488, f. 410.

46. Idem, MS. lat. 15951, f. 185; MS. lat. 16488, f. 399.

47. Idem, MS. lat. 16471, f. 79; MS. lat. 16507, f. 39.

48. Robert de Sorbon, MS. lat. 15971, f. 198，译文见 Lecoy de la Marche, *L'Esprit de nosaieux,* p. 279. 罗伯特讲述了一位成功硕士的例子，他为讲座做的唯一准备就是每天早上去参加弥撒。

49. Hauréau, iv. 37.

50. Tours, MS. 468, f. 78; B.N., MS. Baluze 77, f. 175.

51. Jacques de Vitry, ed. Crane, p. 12. 有关这一例子广为流传的相关信息，参见克兰的注释; Herbert, p. 30; Hauréau,, "Les Récits d'Apparitions dans les Sermons du Moyen-Âge," *Mémoires de l'Académie des Inscriptions,* xxviii, 2, pp. 239 ff. 事实证明，这个故事的原作者是牛津大学的一位硕士，威尔顿的塞隆，并且这一传说早于 1154 年。参见 Schwob, *Comptes-rendus de l'Académie des Inscriptions,* 1898, p. 508.

   还有一个奇怪的故事，一个愚蠢的学生被撒旦奇迹般地变聪明了。在他早逝后，恶魔将他的灵魂带到了一个深谷，通过与他打球来折磨他，但后来他又复活了，并成为一名神圣修道院院长。Caesar of Heisterbach, ed. Strange, i. 36.

52. Welter, *Tabula exemplorum,* p. 74, no. 278. 参阅 Humbert de Romans, *Maxima bibliotheca patrum,* xxv. 633.

53. *Miscellanea Ehrle,* i. 181. 参阅 *Antonianum,* ii. 213, no. 2.

54. *Histoire littéraire,* xxxi. 54; *Études Franciscaines,* xxx. 662 (1913). 参见 Herbert, p. 660; J. Klapper, *ErzählungendesMittelalters* (Breslau, 1914), pp. 349-350.

55. Robert de Sorbon, *De conscientia et de tribusdietis,* ed. Chambon (Paris, 1903). 比涅的玛格兰（Marguerin de la Bigne）的老版本（*Maxima bibliotheca patrum,* xxv. 346-352）还有杜布莱（Du Boulay）的著作（*Historia Universitatis Parisiensis,* iii. 225-235）全都是非常错误的。多萝西·麦凯小姐（Miss Dorothy L. Mackay）新写了 "Le systeme d'examen du XIIIe siecle d'apres le *De conscientia* de Robert de Sorbon," in *Mélanges Ferdinand Lot* (Paris, 1925), pp. 491-500.

56. 《约伯记》31：35. 对于拉丁文《圣经》的引用自然引出了罗伯特的话题："Librum scribat mihi ipse qui iudicat."（大意：他为我亲自写了这本书。）

57. MS. lat. 16481, f. 154; 圣康坦的阿芒（Amand de Saint-Quentin）在 1273 年四旬斋期的第四个星期日在玛德莱娜教堂布道。参阅 *Histoire littéraire,* xxvi. 455.

58. Amand de S.-Quentin, *loc. cit.*

59. Robert de Sorbon, MS. lat. 16482, f. 309 v. 罗伯特对校长考试的另一个暗示见 Lecoy de la Marche, *La chaire française,* p. 457, note.

60. 罗伯特在这里引用了一个例子，一位候任的修道院院长在康布雷主教拉昂的吉亚尔面前接受检查，他懵住了，甚至无法读弥撒书、念主祷文。

61. 关于巴黎"普通"和"粗略"讲座的区别，参见 Rashdall, i. 426 ff；关于从沙特莱监狱获得释放的方法，参见 *Chartularium,* i, no. 197。

62. 菲利普校长 1226 年 8 月 21 日的布道，Avranches, MS. 132, f. 243 v; B.M., MS. Royal 8. F.13, f. 130 v. 参阅他的诗篇，1522 年版，f. 8 v; Nicolas de Nonancourt, MS. lat. 16252, f. 279 v.

63. Pitra, *Analecta novissima,* ii. 359; Lecoy de la Marche, *Chaire française,* p. 452. 博洛尼亚也有雇用学生的现象；参见本书第一章。

64. Guiard de Laon, Amiens, MS. 284, f. 5 v. 参阅 Robert de Sorbon, MS. lat. 15971, f. 176 v："Vidi Parisius multos magistros qui dimittebant legere quia non habebant

multos auditores."（大意：我在巴黎见过很多硕士，他们因为听众太少而被迫离开教书这一行业。）

65. Guiard de Laon, MSS. lat. 16471, f. 10; 16507, f. 8 v. 参阅布翁孔帕尼奥对理想的博洛尼亚演讲厅的描述：Gaudenzi, *Bibliotheca iuridicamediiaevi*, ii. 279.

66. Guiard de Laon, MS. lat. 15959, f. 296 v. Crane, *Jacques de Vitry*, pp. 10, 11.

67. Gautier de Château-Thierry, MS. lat. 15959, f. 437, col. 2.

68. Philip the Chancellor, Bibliothèque Mazarine, MS. 1009, f. 123 v; B.M., MS. Royal 8. F.13, f. 271 v.

69. Hauréau, vi. 246. 参阅 Jean de Montlhéry, Merton College, MS. 237, f. 227 v: "Innocens iuvenis mittitur quandoque Parysius et exemplo mali socii vel forte magistri sui ita corumpitur et inficitur quod omnibus die bus vite sue non care bit illo vicio."（大意：有时一个懵懂的年轻人会被送到帕里修斯那里，然后他那些狐朋狗友就开始影响他，还有那不合格的老师，都渐渐对他产生了很多消极的影响。最终在这些人的感染下，他也变成了一个他腐败之人，而且这些影响会伴随他一生。）

70. MS. lat. n.a. 338, f. 197.

71. MS. lat. 16507, f. 48 v.

72. Hauréau, vi. 124.

73. Philip "de Grève," *Notices et extraits*, xxi, 2, p. 193; *Journal des savants*, 1894, p. 431; Lecoy de la Marche, *Chaire française*, p. 452; Valois, *Guillaume d'Auvergne*, p. 52.

74. Pitra, *Analecta novissima*, ii. 362.

75. Guiard de Laon, MS. lat. 15951, f. 14.

76. Greven, no. 88; Frenken, no. 85.

77. Greven, no. 53; Frenken, no. 51.

78. Guiard de Laon, MS. lat. 16471, f. 112 v.

79. Guiard de Laon, MS. lat. 16471, f. 253.

80. 佚名，MS. lat. 16471, f. 118 v.

81. 佚名布道，引用于 A. De Poorter, "Catalogue des manuscrits de prédication médiévale de la Bibliothèque de Bruges," in *Revue d'histoire ecclésiastique,* xxiv. 74 (1928). 参阅 p. 114, 出处同上。

82. Lecoy de la Marche, *Chaire française,* p. 453.

83. Robert de Sorbon, MS. lat. 15971, f. 146 v. 参阅 Humbert de Romans, *Maxima bibliotheca patrum,* xxv. 632.

84. MS. lat. 15971, f. 198.

85. 参阅 Langlois, *Questions d'histoire et d'enseignement,* p. 5; Rashdall, ii. 700-702.

86. Bourgain, *Chaire française,* p. 287; *Journal des savants,* 1893, p. 372.

87. Gautier de Château-Thierry, MS. lat. 15955, f. 228, col. 4.

88. MS. lat. 15971, f. 185.

89. Jean de Montlhéry, Merton College, MS. 237, f. 228. 对于学生和洗衣仆妇之间的其他关系，参阅以下文字，出自某不知名校长的布道："Sic hodie faciunt lotrices Parisius. Bene sciunt totundere fatuos clericos. Illos ergo qui in luxuria vivunt Dallida expoliat et isti tonduntur."（大意：这是如今巴黎的洗衣仆妇做的事情。她们很清楚如何服务那些愚蠢又富有的教士们服务。因此，从那些生活奢侈的人手中获得财富。）MS. lat. 16502, f. 86 v.

90. Ed. Lecoy de la Marche, pp. 317, 363.

91. *Ibid,* pp. 44, 86, 222, 345.

92. Hauréau, iii. 287.

93. Jean de Montlhéry, Bodleian, Ashmolean MS. 757, f. 160 v.

94. 引自圣奥古斯丁，15959, f. 437, col. 1; MS. lat. 15955, f. 430. 参见奥雷欧著作中的罗伯特·德·索邦, v. 57。

95. MS. lat. 15971, f. 68. 在同一文献 f. 117 v 中，他说："Ludis ad talos, ribaldus eris. Probatio: Qui studet in libris gramaticalibus gramaticus vult esse; ergo qui studet in libris ribaldorum, scilicet ludendo cum deciis, ribaldus vu1t esse."（大意：证明：研究语法书的人想成为语法学家；因此，研究下流书的人，想成为下流之徒。）参阅 Hauréau, "Les Propos de Maître Robert," p. 141.

96. Guiard de Laon, Arras, MS. 329, f. 59 v; MS. lat. 16471, f. 39.Pierre de Poitiers, Bourgain,Chaire française, p. 27, note, p. 293［其中"我"（mihi）应该替换为"从此"（inde），布尔甘从中推断出校长对学者们的道德负责的态度。］; Hauréau, vi. 256; Gautier de Château-Thierry, MS. lat. 15959, f. 434 v.

97. 在刚才引用的罗伯特·德·索邦的段落之外，参见 Crane, *Jacques de Vitry,* p. 8; 以及 Tours, MS. 468, f. 80, 印于下文。学生违反教会纪律更常见的情况可参见教皇监狱的一份综合记录或一封名为 "Licet non credas"（大意：尽管你可能不相信）的书信，其中包含一名教士在学生时代可能犯下但后来被遗忘的诸般行为。本笃十二世的公式集，见 the Vantican library, MS. Ottoboni 333, f. 72 v。有一个稍微不同的文本，参见 Tour, MS. 594，载 Denifle, *Archiv für Litteratur- und Kirchengeschichte des Mittelalters,* iv. 207。关于这些公式集，参见拙作："The Sources for the History of the Papal Penitentiary," in *American journal of Theology,* ix. 421-450 (1905).

98. *Chartularium,* i, no. 470.

99. 示例如"吃货彼得"（Pierre le Mangeur），参见 Bourgain, *Chaire française,* p. 292. 关于这点最好的证据当然可以在酒歌以及同乡会的记载中找到。

100. Prévostin, in Hauréau, iii. 166; Mélanges Julien Havet, p. 303; Lacombe, p. 40;

Lecoy de la Marche, *Chaire française,* p. 460. 另见下文引用的有关携带武器的段落。

101. 关于这一点，参见雅克·德·维特里的著名文段，见 *Historia occidentalis* (ed. Douai, 1597), p. 278 ；转载于 Rashdall, ii. 690 ；关于其解释，参见 Denifle, *Universitäaten,* i. 672。

102. Jacques de Vitry, *loc. cit.*; Pitra, *Analecta novissima,* ii. 434; Hauréau iii. 319; Étienne de Bourbon, pp. 50, 402, 406; *Histoire littéraire,* xxvi. 458; 以及在欧塞尔讲述的特色故事，见 MS. 35, f. 127 v.

103. Jacques de Vitry, *loc. cit.;* Gautier de Château-Thierry, in Hauréau, vi. 210, *Histoire littéraire,* xxvi. 393; 不知名的方济各会修士，Hauréau, vi. 257.

104. Jean de Montlhéry, MS. lat. 14955, f. 140 v ；译文见 *Histoire littéraire,* xxvi. 437。关于当时的好争吵之风，参阅菲利普校长的布道（Avranches, MS. 132, f. 242; Troyes, MS. 1099, f. 138）。

105. Gautier de Château-Thierry, MS. lat. 15959, f. 436, col. 4. Guiard de Laon, MS. lat. 15959, f. 13 v. Philip "de Grève," *Journal des savants,* 1894, p. 430. Prévostin, in Hauréau, iii. 166; Lacombe, p. 40. 关于携带武器的学生，参阅 *Chartularium,* i, nos. 213, 426, 470; 关于与商人的争吵，参阅 John of Garland, *Dictionarius,* ed. Scheler, c. 35。

106. Hauréau, vi. 250.

107. 菲利普校长 , MS. lat. n.a.338,f. 155.

108. 腓力·奥古斯都的评论。Hauréau, vi. 250.

109. 不知名的多名我会修士，出处同上，以及 *Journal des savants,* 1916, pp. 554 f ；诺南库尔的尼古拉，Hauréau, iv. 157（与 MS. lat. 16252, f. 279，同样地，最后一句应以 "Ex certa malicia movent" 开头）。奥雷欧不可思议地误解了最后

一段，以为指的是欧洲的国家而不是大学里的同乡会。另参阅 Rutebeuf, "Li Diz de l'Universite de Paris," vv. 37-39 (ed. Kressner, p. 51)。

110. Eudes de Châteauroux, *Journal des savants,* 1890, p. 305. 关于 14 世纪部分，参阅 *Chartularium,* ii, no. 1072。

111. 奥雷欧的译文见 *Journal des savants*，1894, p. 430. 菲利普在另一篇布道文中强调了他对大学组织的看法："Circumiit scolas et invenit monstruositatem. Monstrum in uno corpore diversarum coniunctio naturarum. Quid est ergo ex diversis nationibus universitatem facere nisi monstrum creare? ... Quattuor capita huius monstri sunt quattuor facultates, logice, phisice, canonici et divini iuris."（大意：他在学校里转了一圈，发现了那个怪物。一个怪物，一个将不同天性集于一身的怪物。那么，把不同同乡会的人组成一所大学，不就是为了创造一个怪物吗？……这个怪物的四个头是四个学院，分别是逻辑、科学、教会法和神学。）Mazarine, MS. 1009, f. 159 v; MS. lat. 15955, ff. 126 v-127.

112. Philip the Chancellor, Mazarine, MS. 1009, f. 57 v; MS. lat. 15955, f. 96 v; Rouen, MS. 615, f. 53 v.

113. 布道者对巴黎骚乱的讲述基本都很模糊（参阅 Eudes de Châteauroux in Pitra, *Analecta novissima,* ii. 230; Hauréau, ii. 119; Philip the Chancellor in Avranches, MS. 132, if. 24, 263 v）。然而，对 1273 年的骚乱描述有各种各样的参考资料（Lecoy de la Marche, *Chaire française,* pp. 85, 451; Quétif and Échard, *Scriptores Ordinis Praedicato Yum,* i. 269）；另外菲利普校长在一次临时布道中讲到了关于 1229 年"撤离危机"的几点问题：Avranches, MS. 132, f. 340 v; Troyes, MS. 1099, f. 160 v. 关于这一时期昂热大学鲜为人知的历史，参阅 J. C. Russell, "An Ephemeral University at Angers (1229-34)," in *Colorado College Publication,* December, 1927, pp. 47-49.

114. 参见波旁的艾蒂安文献中的故事（p. 185），可怜的学者用卖旧衣的吆喝声替代了教堂礼拜的布道词；另参阅新城的纪尧姆（Guillaume de la Villeneuve）的诗《巴黎的呐喊》（*Les crieries de Paris*），见 Franklin, *Les cris de Paris* (Paris, 1887), p. 133。

115. Hauréau, iii. 341; Étienne de Bourbon, p. 346.

116. *Histoire littéraire,* xxvi. 458.

117. Richard, Minorite, MS. lat. n.a. 338, f. 54. 参阅学生亵渎亚伯拉罕的故事，Caesar of Heisterbach, ed. Strange, i. 192.

118. Philip the Chancellor, Alençon, MS. 153, f. 58. 参阅 Du Cange, under *sibillacio.*

119. 一篇佚名的布道文，见 Hauréau, ii. 108; vi. 257。

120. *Ibid, iv.* 177; Étienne de Bourbon, p. 239. 参阅 *Miscellanea Ehrle,* i. 181.

121. Guiard de Laon, MS. lat. 15959, f. 135.

122. Hauréau, iii. 341; Étienne de Bourbon, p. 346.

123. Tours, MS. 468, f. 78.

124. 参见一个学生的故事，他羞于接待父亲的来访，让他和仆人一起吃饭。Munich, Cod. Lat. 23420, f. 170; Herbert, p. 649.

125. Odo of Cheriton, Hervieux, *Fabulisieslatins,* iv. 295.

126. Caesar of Heisterbach, ed. Strange, i. 37.

127. 佚名，MS. lat. 16505, f. 203 v.

128. Greven, no. 84; Frenken, no. 80.

129. Eudes de Châteauroux, MS. lat. 16471, f. 48.

130. *Journal des savants,* 1887, p. 122; Lecoy de la Marche, *Chaire frangaise,* p. 462.

131. Jacques de Vitry, ed. Crane, p. 47, ed. Pitra, p. 451; Étienne de Bourbon, p. 446.

132. Guiard de Laon, MS. lat. 15951, f. 372 v.

133.Herbert, pp. 83, 545.

134. Lecoy de la Marche, *loc. cit.* 关于神学课程的费用，参阅文献同上，p. 25。

135. Robert de Sorbon, Munich, Cod. Lat. 23372, pp. 124-125. Idem, MS. lat. 15971, f. 198.

136. Lecoy de la Marche, *Chaire frangaise,* p. 461, note.

137. Étienne de Bourbon, p. 29. 有一个例证讲到一位巴黎学生，他死后把自己的床垫留给伙伴，请他送给穷人，以换取自己灵魂的安息。但伙伴私吞了床垫，随之有了一次幻觉，看到床垫的前主人躺在木头床的硬板条上受苦；当他把床垫送给穷人后，他看到他的朋友舒服地躺在床垫上了。Jacques de Vitry, ed. Crane, p. 53, ed. Pitra, p. 452. Auxerre, MS. 35, f. 80 v.

关于在巴黎找到的这一时期的家具，参见 John of Garland, *Dictionarius,* ed. Scheler, cc. 55, 56. 拉希达尔（Rashdall，ii. 668）认为 c. 55 中指的是学生旅店，但并非特别明确。

138. *Chartularium,* i, nos. 20, 201, 202, 448, 501. 另见《关于祭司和逻辑学家》（De presbytero et logico）这首诗的开头，参见 Hauréau, vi. 310; Wright, *Latin Poems attributed to Walter Mapes,* p. 251. 对长袍和兜帽进行说明的章节，见 Hauréau, iv. 51; Étienne de Bourbon, p. 406; Jacques de Vitry, ed. Crane, p. 12. 让·德·蒙列里（Jean de Montlhéry）说："Scolaris bene custodit capam novam: pueri quandoque infigunt tibias suas in luto et dicunt se esse bene calciatos."（大意：一个学生很爱惜他的新帽子：男孩们有时会把鞋子踩在泥巴里，然后说他们的鞋子很好。）Merton College, MS. 237, f. 227 v. 参阅 Humbert de Romans, *Maxima bibliotheca patrum,* xxv. 594.

139. Schönbach, *Mittheilungen des historischenVereinesfiir Steiermark,* xlviii. 151; Owst, p. 332. 参阅 Humbert de Romans, *Maxima bibliotheca,* xxv. 632.

140. Servasanto da Faenza, *Liber de virtutibus et vitiis,* dist. vii, c. 4, printed by L. Oliger in *Miscellanea Ehrle,* i. 180.

141. 一般来说，一天的第一堂课大约从六点开始。Rashdall, ii. 652.

142. Jacques de Vitry, ed. Pitra, p. 363.

143. Hauréau, iv. 39, 248; Schönbach, *loc. cit.,* pp. 151 f. 奥雷欧从 MS. lat. 16089 中引用谚语如下：

> 巴黎是个好地方：既是一个邪恶的地方，也是一个善良的地方，
>
> 就像一枚银币的两面一样。
>
> （Parisi us locus egregius: mala gens, bona villa,
>
> Nam duo pastilla pro nummo dantur in illa.）

参阅某不知名的方济各会修士，MS. lat. 15005, f. 160 v: "Sunt enim solliciti in cibos delectabiles, unde libenter pastillant et huiusmodi."（大意：因为他们渴望美味佳肴，所以乐于制作蛋糕之类的食物。）

144. Eudes de Châteauroux, in Lecoy de la Marche, *Chaire frangaise,* p. 463. 参阅 Humbert de Romans, *Maxima bibliotheca,* xxv. 633.

145. 参阅 Robert de Sorbon (MS. lat. 15971, f. 84): "Quando clerici diu fuerunt Parisius et volunt rcccdere, ipsi corrigunt libros suos quia extra Parisius non invenirent exemplaria ad corrigendum."（大意：当教士在巴黎待了很长时间并到了想离开的时候，他们会校对自己的图书，因为出了巴黎就没有办法找到用以核对的图书了。）

146. MS. lat. 15971, f. 198；译文收录于 *Histoire littéraire,* xxvi. 465.

147. Gautier de Château-Thierry, in Hauréau，vi. 210；译文收录于 *Histoire littéraire,*

xxvi. 392.

148. Tours, MS. 468, f. 75.

149. Robert de Sorbon, MS. lat. 15971, f. 116.

150. Jean de Montlhéry, *Histoire litteraire,* xxvi. 437.

151. 参阅 Hauréau, iv. 248; 这首诗出版于 Raynaud, *Motets français,* i. 277。

152. 参见巴黎主教叙利的厄德（Eudes de Sully）的会议章程第 26 章，载 Migne, *P. L., ccxii.* 66.

153. 例子参见一位皮卡第学生的哀歌，出版于 Langlois, *Revue internationale de l'enseignement,* xxiii. 561 ff.

154. John of Garland, *Dictionarius,* ed. Scheier, c. 69. Cc. 19, 30, 31, 34, 35 提到了与巴黎学生有着频繁交往的各种商人。另见本书第三章。

155. MS. lat. 15971, f. 155 v. 参阅 John of Garland, *loc. cit.,* c. 30.

156. Guiard de Laon, MS. lat. 16471, f. 248 v.

157. 关于教务员的职责，请特别参见 *Chartularium,* i, no. 369。

158. Hauréau, vi. 125; Schönbach, *loc. cit.,* p. 152.

159. *Chartularium, loc. cit.*

160. Hauréau, vi. 124.

161. *Ibid.,* p. 311; Pitra, *Analecta novissima,* ii. 363.

162. Guiard de Laon, MS. lat. 15959, f. 455 v. 参阅 E. Berger, *Registres d'Innocent IV,* no. 2525；以及下一条注释。

163. Jacques de Vitry, ed. Crane, p. 87, ed. Pitra, p. 456; Étienne de Bourbon, p. 372; Wright, *Latin Stories,* p. 113；译文见 Lecoy de la Marche, *L'Esprit de nosaieux,* pp. 187 f.

164. Auxerre, MS. 35, f. 96；出版于 Delisle, *Histoire littéraire,* xxxi.59, 以及 Welter,

Tabula exemplorum, p. 14, no. 43.

165. Crane, *Jacques de Vitry,* p. 8; Welter, *Tabula exemplorum,* p. 53, no. 194.

166. *Compilatio singularis exemplorum,* Tours. MS. 468. f. 80.

167. *Ibid.,* f. 79 v.

168 Étienne de Bourbon, p. 317; 译文见 Lecoy de la Marche, *L'Esprit de nos aieux,* p. 289.

169. 全诗见 "Le departement des livres," in D. M. Méon, *Nouveau recueil de fabliaux et contes inedits* (Paris, 1823), i. 404-406；以及热情洋溢的英文译本：Helen Waddell, *The Wandering Scholars,* pp. 242-243。

170. Hauréau, iv. 76.

171. 故事参见波旁的艾蒂安：理发师偷了一只猪，以供给他这天要伺候的教士。

172. 普雷沃斯汀，主显节布道文，B.M., Add. MS. 18335, f. 13 v. 尤其参见贝桑松的艾蒂安（Étienne de Besancon），见 Hauréau, iv. 208. 论学生之间的斗鸡，参阅 Hauréau, iv. 274; Lecoy de la Marche, *Chaire fvangaise,* p. 452, note. 另一种游戏，可能也盛行于文法学校的学生中间，在一位校长的四旬斋期布道中被提及（诺南库尔的尼古拉？），MS. lat. 15952, f. 113 v："Sicut in ludo scolarium, gallice *avoir, dire, et amentir.*"（大意：就像学生们的游戏那样，法语叫做"拥有，讲述和欺骗"。）另参阅 MS. lat. 15959, f. 132.

173. 拉昂的吉亚尔，平安夜的布道，MS. lat. 15959, f. 132.

174. 不知名的修道院副院长，见 Hauréau, iii. 287-288. 参阅 Eudes de Châteauroux, *ibid.,* vi. 209.

175. John Peckham, Library of St. Mark's at Venice, Fondo Antico, MS. 92, f. 205.

176. Gautier de Château-Thierry, MS. lat. 15955, f. 98, col. 3. Pierre de Bar-sur-Aube, in Hauréau, vi. 243. 参阅 Jacques de Vitry, in Étienne de Bourbon, ed. Lecoy de la

Marche, p. 162, note.

177. 参见恶魔折磨舞者的故事，Étienne de Bourbon, pp. 161, 226, 232, 397 ff.;

Hauréau, iv. 161. 参阅 Welter, *Tabula exemplorum,* p. 96。

178. *Chartularium,* i, nos. 202, 501.

179. *Philippis,* xii. 265-279 (ed. Delaborde, p. 358).

180. Auvray, *Registres de Gregoire IX* (Paris, 1896-), no. 1077.

181. 参阅朗格卢瓦的观察，见 Lavisse, *Histoire de France,* iii, 2, p. 354。

第三章

1. C. Wordsworth, *Scholae Academicae* (Cambridge, 1877), pp. 330-337.

2. 这一个文本可以很容易地在 Migne, P. L., lxiv. 1223-38 中找到。让·波彻（Jean

Porcher）于 1921 年在《宪章学院论文的立场》（*Positions des thèses de l'École des

Chartes*）中讨论了这篇论文，这是评论版的初稿。他把日期定于 1230—1240 年间。

参阅 J. T. Welter, *L'Exemplum* (Paris, 1927), pp. 188-189. 莱曼（Lehmann）认为本

书作者的名字可能是康拉德（Conrad），如文章结尾的首字母所示，参见 Paul

Lehmann, *Pseudo-antikeLiteratur des Mittelalters* (Berlin, 1927), pp. 27-28, 101。

马纳科达（Manacorda）仍然认为著作权属于波爱修，他引用了一个早至 1247 年

的副本，参见 *Storia della scuola in Italia,* i, 2(1914), p. 88。

3. 文本见 L. Frati, "L'epistola *De regimine et modo studendi di Martino da Fano,*"

in *Studi e memorie per la storia dell' Università di Bologna,* vi. 19-29 (1921). E.

M. 迈耶斯（E. M. Meyers）提出，马蒂诺也曾在那不勒斯和米兰任教，见 *Iuris

interpretes saec. XIII* (Naples, 1924), pp. xxvi ff.

4. Code, bk. v, tit. xiv, *De pactis conventis,* law 8.

5. *Novels,* collatio iii, tit. v, novel 18, *De triente et semisse,* c. 5.

6. *Code,* bk. vi, tit. Ivii, *Ad senatus consultum Orfitianum,* law 5.

7. *Novels,* coll, iii, tit. i, novel 14, *De lenonibus,* c. 1. 参阅《诗篇》24：3-4；《马太福音》

5：8。

8. *Novels,* coll, i, tit. vi, novel 6, *Quomodo oporteat episcopos,* secunda pars, Haec de

Deo.

9. *Code,* bk. v, tit. iv, *De nuptiis,* law 23, *Imperialis benevolentiae.*

10.《彼得一书》5：5。

11.《提摩太前书》6：10。

12. *Novels,* coll, ii, tit. 2-3, novel 8, *Ut iudices sine quoquo suffragio fiant.*

13.《所罗门智训》1：4。

14. F. Cavazza, *Le scuole dell' antico studio bolognese* (Milan, 1896), no. 29.

15. 关于奥多弗雷德，见传略 G. Tamassia, in *Atti e memorie della R. deputazione di storia

per le provincie di Romagna,* 3d series, xi. 183-225: xii. 1-83, 330-390, 特别是 71-

83; 参见 *Zaccagnini, Studio di Bologna,* pp. 78 f.

16. *Code,* bk. ix, tit. xxv, *De mutatione nominis.*

17. Hauréau, *Notice sur les oeuvres authentiques ou supposées de Jean de Garlande, in

Notices et extraits des manuscrits,* xxvii, 2 (1879), pp. 1-86, 现已替代为 L. J. 帕托

（Paetow）对《学者道德》的一篇详尽的导论，载 *Two Medieval Satlres on the

University of Paris* (Berkerley, 1927), 同时也单独出版。我对《学者道德》的了

解是基于对布鲁日、剑桥和牛津手稿的研究，但我很大程度上得益于帕托的研

究成果。

18. 部分载 Rockinger in *Q, E.,* ix. 488。

19. Johannes de Garlandia, *De triumphis ecclesiae libri octo,* ed. T. Wright (Roxburghe

Club, 1856), pp. 96-98; Académie de Toulouse, *Mémoires,* 5th series, i. 209-211 (1857), 附有法语译本; *Chartularium Universitatis Parisiensis,* i, no. 72, pp. 129-131; M. Fournier, *Les statuts et privilèges des universités franchises,* i (1890), no. 504, pp. 439-440.

20. Hauréau, *loc. cit.,* p. 15.

21. 这类手册中相对重要的一部合集，是 F. J. 弗尼瓦尔（F. J. Furnivall）为早期英语文本协会（Early English Text Society）编辑的 *Manners and Meals in Olden Time* (London, 1868)；最好的批判研究是 S. Glixelli, "*Les Contenances de Table,*" in *Romania,* xlvii. 1-40 (1921)。

22. F. Novati, *Carmina Medii Aevi* (Florence, 1883), pp. 47-50; Glixelli, *loc. cit.,* pp. 28-29.

23. 最佳参见 ed. A. I. Bekker, Monatsberichte of the Berlin Academy, 1851；意大利语和英语版本，见 Early English Text Society, 1868。

24. Vatican, MS. Ottoboni lat. 3325, f. 16.

25. 摘录刊印于 Bekker, Berlin Academy, *Monatsberichte,* 1851, pp. 450-456. 有一篇与之非常相似的文章，"Liber scolastice discipline editus a magistro utili Parisensi," in Vatican, MS. Ottoboni lat. 3325（15 世纪），ff. 27-37. 在这篇文章前（ff. 1-24）是同样为诗歌体的 "Liber dicipline scholastice"。沃尔芬比特尔目录在 MS. 2444, f. 66 v，"Admonitio scolarium" 和 "De moribus beanorum atque studentium carmen"。

26. 见 Maurus Weingart, B*eilage zum Jahresberichte des humanistischen Gymnasiums Metten,* 1893-94, 以及 P. Bahlmann, "Schüler-Regeln aus dem Ende des 15. Jahrhunderts," in *Mitteilungen der Gesellschaft für deutsche Erziehungs- und Schulgeschichte,* iii. 129-145 (1893).

27. 对句 55-59。

28.《字典》已经编辑了四次。参见文献：（1）Hercule Géraud, "Dictionnaire de Jean de Garlande," in *Paris sous Philippe-le-Bel* (Paris, 1837), pp. 580-612: in the *Documents inédits sur l'histoire de France.*（2）Baron Kervyn de Lettenhove, in Société d'Émulation pour l'Étude de l'Histoire et des Antiquités de la Flandre, 2d series, viii. 160-176, 219-220 (1850). 内容不完整。（3）Thomas Wright, "Dictionarius of John Garland," in *A Volume of Vocabularies* (London, 1857), pp. 120-138.（4）Auguste Scheier, in "Trois traités de lexicographic latine du XIIe et du XIIIe siècle," *Jahrbuch für romanische und englischeLiteratur,* vi. 142-162, 287-321, 370-379 (1865). 最好的版本是（3），但亟需一个囊括所有手稿和注释的评论版。手稿见帕托的列表，参见 *Morale Scolarium* (Berkeley, 1927), pp. 128-129。文本后的许多材料已经在拙著中使用，参见：*Rise of Universities* (New York, 1923), pp. 90-95, 97-102。

29. *Cabinet historique,* xxiii, i (1877), pp. 11-15.

30. 参见 Kathleen Lambley, *The Teaching and Cultivation of the French Language in England during Tudor and Stuart Times* (Manchester, 1920), pp. 3-57, 403-404. 参阅 F. Callaey, "La, vie beige au temps jadis d'après les Manuels de conversation," in Institut Historique Beige de Rome, *Bulletin,* v. 119-136 (1925).

31. Migne, P. L., ci. 975-980. 更早的范例参见 M. Forster, "Das ältestemittell-ateinische Gesprächbüchlein," in *Romanische Forschuugen,* xxvii. 342-348 (1910).

32. 载 Benjamin Thorpe's *Analecta Anglo-Saxonica,* new ed. (London, 1868), pp. 18-36.

33. J. J. Baebler, *Beiträge zu einer Geschichte der lateinischen Grammatik im Mittelalter* (Halle, 1885), pp. 189-195.

34. 请特别参见伪多西修斯对话，参见 G. *Goetz, Corpus GlossariorumLatinorum,* iii. 635-659; 参阅 C. H. Moore, "Latin Exercises from a Greek Schoolroom," in *Classical Philology,* xix. 317-328 (1924)。对于其他语言的同类文本，见 W. Schubart, "Ein lateinisch-

griechisch-koptisches Gesprächbuch," in *Klio,* xiii. 27-38 (1913), 和 H. F. J. Junker, "Ein

mittelpersisches Schulgespräch," Heidelberg *S. B.*, 1912, no. 15。

35. L. Massebieau, *Les colloques scolaires du seizième siècle* (Paris, 1878),pp. 178-203.

36. G. Zappert, "Über ein für den Jugendunterricht Kaiser Maximilian's I. abgefasstes

lateinisches Gesprächbüchlein," in Vienna *S. B., xxviii.* 193-280 (1858).

37. Urbana, Illinois, 1927，附一文献目录。

38. 特别参见 A. Bömer, "Lernen und Leben auf den Humanisten-schulenim Spiegel der

lateinischen Schülerdialoge," in *Neue Jahrbücher für Pädagogik,* ii. 129-141, 204-220

(1899); "Ein unbekanntes Schülergesprächbuch Samuel Karochs von Lichtenberg,"

ibid., iii. 465-476 (1900); 以 及 *Die lateinischen Schülergesprache der Humanisten*

(Berlin, 1897-99, 2 parts)。比较上面引用的马塞比奥（Massebieau）和西博尔特

的作品。

39. 还没有人为中世纪的此类材料整理一份清单。事实上，有关中世纪散文体对

话录的历史仍有待一个类似于 H. Walther's *Das Streitgedicht in der lateinischen*

Littevatur des Mittelalters (Munich, 1920) 的 研 究。R. Hirzel, Der Dialog (Leipzig,

1895, 2 vols.) 对中世纪时期的研究而言毫无价值，而 G. 尼曼（G. Niemann）的论

著，*Die Dialogliteratur der Refovmationszeit* (Leipzig, 1905) 只在标题涉及了那个

时期。

40. 最便于查阅的是 Friedrich Zarncke, *Die deutschen Universitaten im Mittelalter* (Leipzig,

1857), pp. 1-48. 参见由西博尔特译为英文白话的版本，*The Manuals Scholarium*

(Cambridge, Mass., 1921); 并参阅 W. Fabricius, "Die ältestengedruckten Quellen zur

Geschichte des deutschenStudententums: I. Das sogenannte "Manuale Scolarium" in

Zeitschrift fur Bucherfreunde, i. 178-182 (1897)。

41. 第七章（西博尔特的译本）。

42. 第十八章（西博尔特的译本）。

43. MS. lat. n.a. 619, ff. 28-34 v.

44. f. 28.

45. f. 28.

46. f. 28 v.

47. f. 29.

48. f. 29 v.

49. f. 29 v, 30.

50. ff. 30, 30 v, 31.

51. f. 32 v.

52. f. 32.

53. f. 33.

54. f. 33 v.

55. f. 34; f. 34 v.

第四章

1. 转载自 *Speculum,* i. 19-30 (1926). 1924 年 11 月 12 日，其在美国艺术与科学学院前被宣读。1924 年 12 月 30 日，其又在美国历史协会前被宣读。有关该主题的某些方面，在拙著中进一步深入分析：*Renaissance of the Twelfth Century* (Cambridge, Mass., 1927), ch. 2.

2. L. Friedländer, *Roman Life and Manners under the Early Empire* (New York, 1908-13), i. 322. 参阅 M. P. Charlesworth, *Trade Routes and Commerce of the Roman Empire* (Cambridge, 1924).

3. 关于萨拉森征服与商业和交流的关系，参阅 "Mahomet et Charlemagne," in *Revue belge de philologie et d'histoire,* i. 77-86 (1922); "Un contrasteéc-onomique: Mérovingiens et Carolingiens," *ibid.,* ii. 223-235 (1923); "Le commerce du papyrus dans la Gaule Mérovingienne," in Académie des Inscriptions et Belles-Lettres, *Comptesrendus,* 1928, pp. 178-191.

4. Th. Lindner, *Die Fabel von der Bestattung Karls des Grossen* (Aachen, 1893).

5. F. M. Powicke, *The Loss of Normandy* (Manchester, 1913), pp. 463 ff.

6. H. G. Leach, *Angevin Britain and Scandinavia* (Cambridge, Mass., 1921), pp. 89-95.

7. *Chronica Maiora, passim.*

8. *Ordericus Vitalis* (ed. A. Le Prévost, Paris, 1838-55), ii. 89-91.

9. A. K. Porter, *Romanesque Sculpture* (Boston, 1923), nos. 224, 225; 以及 G. R. Coffman, A *New Theory concerning the Origin of the Miracle Play* (Menasha, Wis., 1914), pp. 45-66; 以及 *Manly Anniversary Studies* (Chicago, 1923), pp. 269-275.

10. 着重参阅他的 "Perrona Scottorum," Munich *S. B.,* 1900, pp. 472-476. 并参见他的另一篇文献：*Vorlesungen und Abhandlungen* (Munich, 1909-20), iii. 97-99. 现请参见 Ph. Lauer, "Recherches sur l'écriture de Corbiedite lombardique," in *Bulletin philologique et historique of the Comité des travaux historiques et scientifiques,* année 1924 (Paris, 1926), pp. 59-68.

11. Stubbs, introduction to Roger of Hoveden, ii, p. xcii.

12. *Forschungen zur deutschen Geschichte,* xviii. 482-492 (1878); *Monatschrift für die Geschichte West-Deutschlands,* iv. 336-344 (1878); Josiah C. Russell, "Master Henry of Avranches as an International Poet," in *Speculum,* iii. 34-63 (1928).

13. *Mediaeval Science,* chs. 9, 12; 以及关于英格兰与西西里之间的关系，参见拙作：

E. H. R., xxvi. 433-447, 641-665 (1911). 关于亨利二世王朝的外交情况，参见 Stubbs, *Seventeen Lectures on Mediaeval and Modern History,* chs. 6 and 7; 以及拙作：*Essays in Medieval History presented to Thomas Frederick Tout* (Manchester, 1925), pp. 71-77.

14. Haskins, *Norman Institutions* (Cambridge, Mass., 1918), p. 193.

15. G. Bourgin, *La commune de Soissons* (Paris, 1908); A. Giry, Les Établi-ssements de Rouen (Paris, 1883-85); Mary Bateson, "The Laws of Breteuil," *E. H. R.,* xv-xvi (1900-01).

16. 关于商人的旅行，请参见 H. Pirenne, *Mediaeval Cities* (Princeton, 1925) 和他的参考文献；以及 J. W. Thompson, *An Economic and Social History of the Middle Ages* (New York, 1928), ch. 23. 关于他们的教育，参见 Pirenne, in *Annales d'histoire économique et sociale,* i. 13-28 (1929).

17. *Mediaeval Science,* chs. 7, 10; J. K. Wright, *Geographical Lore of the Time of the Crusades* (New York, 1925), pp. 77, 87, 292.

18. T. F. Tout, *The Beginnings of a Modern Capital* (British Academy, I923); 马塞尔·波埃特（Marcel Poëte）关于中世纪巴黎的几卷书；还有 N.S.B. 格拉斯（Gras）关于大城市市场的研究。

19. 我们需要更多研究 如 Miss Dorothy Stimson, *The Gradual Acceptance of the Copernican Theory* (Columbia University thesis, 1917) 或洛林的阿拉伯科学研究，如 J. W. Thompson, *Isis,* xii. 184-193 (1929).

20. G. G. Coulton, *Five Centuries of Religion* (Cambridge, 1923-), i. 21.

21. 例如，G. R. Coffman, "A New Approach to Mediaeval Latin Drama," *Modern Philology*, xxii. 239-271 (1925).

22. *Les légendesépiques* (2d ed., Paris, 1914-21), iii. 367.

23. E. Sthamer, "Die Hauptstrassen des Königreichs Sicilienim 13. Jahrhundert," in *Studi di storianapoletana in onore di Michelangelo Schipa* (Naples, 1926), pp. 97-112 之类的地方性专著仍有研究空间。

24. J. J. Jusserand, *English Way-faring Life in the Middle Ages* (3d ed., London, 1925). 这部出色的论著所树立的榜样，还未得到充分的效仿。

25. R. L. Poole, *The Early Correspondence of John of Salisbury* (British Academy, 1924), p. 6. F. Ludwig, *Untersuchungen über die Reise-und Marsch-geschwindigkeitim XII. und XIII. Jahrhundert* (Berlin, 1897). 目前仍然有用。

26. E. Renan, *Averroès* (Paris, 1869), pp. 201 f.

27. Bédier, *Les légendesépiques, ed. cit.*; A. K. Porter, *Romanesque Sculpture on the Pilgrimage Roads* (10 vols., Boston, 1923). 我并不是说这些学者的所有结论都已被普遍接受。如想看贝迪埃（Bédier）的方法应用在其他中世纪材料的例子，请参见 Ezio Levi, "Troveriedabbazie," in *Archivio storico italiano,* serie vii, iii. 45-81 (1925).

第五章

1. 本章是 1927 年 4 月 30 日在美国中世纪研究院年会的演说，发表于 *Speculum,* ii. 235-252 (1927)，并在此处修订。

2. E. K. Rand, "Mediaeval Gloom and Mediaeval Uniformity," *Speculum,* i. 253-268 (1926).

3. 参阅阿拉伯人对体育运动的功利主义态度：*Louis Mercier, La chasse et les sports chez les Arabes* (Paris, 1927), p. 244.

4. 参见阅 G. W. Pfändler, "Die Vergnügungen der Angelsachsen," in Anglia xxix. 417-

524 (1906); Ch.-V. *Langlois, La vie en France au moyen âge, i, Nouvelle éd.* (Paris, 1926), appendice bibliographique, nos. 18, 19, 103, 195, 201。

5. 关于维吉提乌斯对中世纪后期出现的战术作品的主要影响，参见 M. Jähns, *Geschichte der Kriegswissenschaften* (Munich and Leipzig, 1889-91), i. 125, 186 f.; H. *Delbrück, Geschichte der Kriegskunst,* iii, 2d ed. (Berlin, 1923), pp. 669-677; 罗马的吉尔斯（Aegidius Romanus）的版本，参见 R. Schneider, *Die Artillerie des Mittelalters* (Berlin, 1910), pp. 105-182; *Pulcher tractatus de materia belli*, ed. A. Pichler (Graz, 1927).

6. 参见 J. J. Jusserand, *Les sports et jeux d'exercice dans l'ancienne France* (2d ed., Paris, 1901), pp. 73 ff.

7. Edited by F. Patetta, *Le ordalie* (Turin, 1890), pp. 478-492; A. Gaudenzi, *Bibliotheca itiridica medii aevi,* ii (Bologna, 1892), pp. 75-83. 苏格兰的例子参见 G. Neilson, *Trial by Combat* (London, 1890), cc. 65, 66, 73, 74; B. Prost, *Traités du duel judiciaire* (Paris, 1872).

8. 1231 年宪章 , ii. 33, ed. J. L. A. Huillard-Bréholles, *Historia diplomatica Friderici Secundi* (Paris, 1859 ff.), iv. 105.

9. 参见 H. Werth, "Altfranzösisch Jagdlehrbucher," in *Zeitschrift für romanische Philologie*, xii (1888), 尤其是 pp. 383-415. D. H. Madden, *A Chapter of Mediaeval History: The Fathers of the Literature of Field Sport and Horses* (London, 1924), 这是一个很受欢迎的描述，几乎完全是针对方言作家的。

10. *E. H. R.,* xxxvii, 399 (1922).

11. 参见由布格（Bugge）从财税卷宗（Pipe Rolls）中收集的段落，A. Bugge, *Diplomatarium Norvegicum,* xix, nos. 35 ff.

12. 参见 *Mediaeval Science,* ch. 17, 并参阅 L. Mercier, *La chasse et les sports chez les*

Arabss (Paris, 1927).

13. MS. 184, ff. 70-73.

14. *Mediaeval Science,* p. 256.

15. *De animalibus,* ed. H. Stadler (Münster, 1916-20), xxii, 2, 1, cc. 52-93, xxiii, i, cc. 1-24, pp. 1377-1400, 1453-93.

16. *Mediaeval Science,* chs. 12, 14. 参见本书第六章。

17. Vatican, MS. Pal. Lat. 1071, ff. 68r-69 v; Bibliothèque Mazarine, MS. 3716, pp. 173-177: *Reliqua librorum Frederici II Imperatoris de arte venandi cum avibus,* ed. J. G. Schneider (Leipzig, 1788-89), i. 107-109.

18. 我在《中世纪科学》（*Mediaeval Science*）第十四章中讨论《猎鸟的技艺》的手稿和版本。最终的评论版本由苏黎世的 J. 斯特罗尔教授（J. Strohl）着手负责。

19. Huillard-Bréholles, *Historia diplomatica,* v. 510, 698.

20. Mazarine MS. 3716, p. 282.

21. Bibliothèque Mazarine, MS. 3716, pp. 373 f.: Rennes, MS. 227, p. 248.

22. Bibliothèque Mazarine, MS. 3716, pp. 423 f.

22. J. E. Harting, *Bibliotheca Accipitraria* (London, 1891), pp. 163-167.

23. *Mediaeval Science,* ch. 17. 参见现今 Gunnar Tilander, "Étude sur les traductions en vieux Français du traité de fauconnerie de l'Empereur Frédéric II," in *Zeitschrift für romanische Philologie,* xlvi. 211-290 (1926).

24. 圭塞纳斯可能被认为是康拉德·冯·吕策尔哈德，参见本书第六章。

25. Vatican, MS. Reg. Lat. 1227 (15 世纪), foil. 66 v-70 r; MS. Vat. Lat. 5366 (约 1300), foil. 75 v-78 v.

26. Lambert of Ardres, ed. J. Heller, in *SS.,* xxiv. 629.

27. Salimbene, ed. O. Holder-Egger, in *SS.,* xxxii. 250 f.

28. 参见 Ries, in *M. I. O. G.*, xxxii. 576 ff. (1911), 以及引用的文献。

29. 关于佩特鲁斯最新的描述，请参见 G. Zaccagnini, *Il libro e la stampa,* n.s., vi. 133-136 (1912) ; Lodovico Frati,"Pier de'Crscenzi e l'opera sua," in *Atti momori della R. deputazione di sotira patria perl provincie di Romagna*, 4th series, ix. 146-164 (1919) ; Anna Röding, *Studier till Petrus de Crescentiis och hans antika källor* (Göteborg, 1927). 我没有读过 Luigi Savastano, "Contributo allo studio critico degli scrittori agrari italiani: Pietro dei Crescenzi," in *Annali della R. Stazione Sperimentale di Agrumicoltura e Frutticoltura,* v (1922).

30. A. E. Schönbach, "Miscellen aus Grazer Handschriften. 7. Eine Jagdpredigt," in *Mittheilungen des historischen Vereines für Steiermark,* xlviii. 192-201 (1900).

31. H. J. R. Murray, *A History of Chess* (Oxford, 1913), p. 428.

32. *Ibid.,* p. 418.

33. *Ibid.*, pp. 501, 512, 741. 参见 Neckam, *De naturis rerum,* ed. T. Wright (Rolls Series), pp. 324-326.

34. Murray, p. 530.

35. i, I, 翻译见 E. F. Henderson, *Select Historical Documents of the Middle Ages* (London, 1892), p. 24. 关于国库的棋盘，参阅 R. L. Poole, *The Exchequer in the Twelfth Century,* pp. 100-101.

36. 写作时间通常被认为是在 1178—1179 年间，但参阅 H. G. Richardson in *E. H. R.,* xliii. 161-171, 321-340 (1928).

37. 全文载 Mrs. M. D. George and C. H. Hasins in *E. H. R.,* xxxvi. 58-67 (1921).

第六章

1. 本章是 *Speculum,* iii. 129-151 (1928) 的修订。

2. 一个精彩的概述见 Karl Hampe, *Kaiser Friedrich II. in der Auffassung der Nachwelt* (Stuttgart, 1925). 后来出版了一部厚重的著作，E. Kantorowicz, *Kaiser Friedrich der Zweite* (Berlin, 1927)，内容新颖，结构高度系统化，至今尚未为其论断提供证据。关于预言与传奇中的腓特烈，参见 A. de Stefano, *Federico II e le correnti spirituali del suo tempo* (Rome, 1922).

3. *Beyond Good and Evil,* tr. Helen Zimmern (New York, 1923), c. 200.

4. *Werke* (Leipzig, 1885-1926), xvi. 291; 参阅 viii. 310; xiii. 327, 335, 337;

5. Ed. O. Holder-Egger, in *SS.,* xxxii. 349.

6. 参见 H. Niese, "Zur Geschichte des geistigen Lebens am Hofe Kaiser Friedrichs II.," *Historische Zeitschrift,* cviii. 473-540 (1912); 关于宫廷生活，参见 A. Haseloff, *Die Bauten der Hohenstaufen in Unteritalien* (Leipzig, 1920 ff.)

7. 参见 *Mediaeval Science,* pp. 251-253.

8. K. Krumbacher, *Geschichte der byzantinischen Litteratur* (2d ed., Munich, 1897), p. 769; N. Festa, "Le lettere greche di Federigo H," in *Archivio storico Italiano,* 5th series, xiii. 1-34 (1894).

9. J. B. Pappadopoulos, *Théodore II Lascaris* (Paris, 1908), pp. 183-189; Bv ζ av τ is, ii. 404-413 (1912).

10. 腓特烈时代的方言作家的注释由威尔金斯（Wilkkins）整合，参见 E. H. Wilkkins, "The Origin of the Canzone," in *Modern Philology,* xii. 135-166 (1915); 关于与普罗旺斯的关系 , 参阅 G. Bertoni, *I trovatori d'Italia* (Modena, 1915), pp, 25-27; O. Schultz-Gora, *Ein Sirventes von Guilhem Figueira gegen Friedrich II.*

(Halle, 1902), pp. 33-38. 关于西西里学派的最新描述，参见 G. A, Cesareo, Le origini della poesia lirica (2d ed., Milan, 1924). 参 见 F. Torraca, *Studi su la lirica italiana del duecento* (Bologna, 1902). 对腓特烈本人的诗歌进行批判性的编辑和讨论，参见 H. H. Thornton, in *Speculum,* i. 87-100 (1926); ii. 463-469 (1927).

11. 跟随腓特烈浏览 13、14 世纪的拉丁文例证集会很有趣。他出现于奥利格（Oliger）公 开 的 两 份 方 济 各 会 藏 品 中， 参 见 L. Oliger, "Liber exemplorum Fratrum Minorum saeculi XIII," in *Antonianum,* ii. 203-276 (1927), nos. 129-131; "Servasanto da Faenza O. F. M. e il suo 'Liber de virtutibus et vitiis,'" in *Miscellanea Ehrle,* i. 148-189 (1924), p. 185, note 1（本故事在 *Mediaeval Science,* pp. xiv, 263 中也有援引）. 参阅 J. T, Welter, *Tabula exemplorum,* p. 106.

12. 例如，*Mediaeval Science,* pp. 266-267, 292-294 中发表的皇帝向米夏埃尔·斯科特提出的问题及其翻译；重印并经过讨论，汉佩整理出一份德语版本，并做了相 应 讨 论，见 *Festgabe für W. Goetz* (Leipzig, 1927), pp. 53-66，他认为时间发生 在 1227 年。 参 阅 E. F. Jacob, in History, xi. 243 (1926); *Kantorowicz, Kaiser Friedrich dev Zweite,* pp. 323 ff.

13. Hampe, in M. I. O. G., xxii. 575-599 (1901); in *Hisionsche Zeitschvift,* lxxxiii. 8-12 (1899).

14. Niese, Histovische Zeitschvift, cviii. 532; Wolfram von den Steinen, *Das Kaisevtum Friedrichs des Zweiten nach den A nschuuungen selner Staatsbriefe* (Berlin and Leipzig, 1922), p. 15.

15. 格里高利九世的教皇令，1233 年 7 月 15 日。J. L. A. *Huillard-Bréholles, Historia diplomatica Friderici secundi* (Paris, 1852-61), iv. 444.

16. *Mediaeval Science,* ch. 14; 本书第五章；以及斯特罗尔（J. Strohl）即将出版的版本 .

17. Salimbene, p. 350.

18. L. A. Muratori, *Rerum Italicavum scriptores* (Milan, 1723-38), viii. 495-496. 参阅 A. Karst, in *Historisches Jahrbuch,* xix. 1-28 (1898).

19. i, c. 12.

20. 参阅我为英王亨利二世起草的长清单：*Essays Presented to Thomas Frederick Tout* (Manchester, 1925), pp. 71-77, 其中可能会添加丹尼尔·丘奇（Daniel Churche）的医学论文，参见 E. Faral in *Romania,* xlvi. 247-254 (1920).

21. 各种声称为腓特烈而翻译成法语的著作，参阅 *Mediaeval Science,* p. 254; Ch.-V. Langlois, *La connaissance de la nature et du monde* (Paris, 1927), pp. 198-208. 罗马的维托里奥·埃马努埃莱图书馆收藏了 MS., no. 380, f. 6, 其中有 "Receptario de Galieno translatato de latino in vulgare per lo excellente medico maistro Johanne Saraceno medico etc. Et mandato a lo imperatore."。

22. *Mediaeval Science,* chs. 12-14; 本书第五章。

23. *Mediaeval Science,* pp. xiv, 260-261, 269-270; 另参见 Huillard-Bréholles, *Pierre de la Vigne,* pp. 282-283. 参见 M. Grabmann, *Forschungen über die lateinischen Aristotelesübersetzungen des XIII.Jahrhunderts* (Münster, 1916), 以及他即将发表的关于腓特烈二世宫廷翻译的论文。

24. P. Scheffer-Boichorst，*Zur Geschichte des XII. und XIII. Jahrhunderts* (Berlin, 1897), pp. 275-283; F. Güterbock, "Eine zeitgenössische Biographie Kaiser Friedrichs II.," in Neues Archiv, xxx. 35-83 (1905); Hampe, *Kaiser Friedrich II. in der Auffassung der Nachwelt,* pp. 7, 60. 另参阅 B. Schmeidler, "Der sogenannte Cusentinus bei Tolomeus von Lucca," in *Neues Archiv,* xxxii. 252-261 (1906).

25. Hampe, *op. cit.,* pp. 9-13.

26. Friedrich Graefe, *Die Publizistik in der letzten Epoche Kaiser Friedrichs II.*

(Heidelberg, 1909)；参阅 O. Vehse, *Die Amtliche Propaganda in der Staatskunst Kaiser Friedrichs II.* (Munich, 1929).

27. 除了旧版本的 S. Schard (Basel, 1566) 和 J. R. Iselius (Basel, 1740), 参见 Huillard-Bréholles, *Vie et correspondance de Pierre de la Vigne (Paris, 1865); G. Hanauer,* in M. I. O. G., xxi. 527-536 (1900); H. Kantorowicz, *ibid.,* xxx. 651-654 (1909); C. A. Garufi, in *Archivio storico siciliano,* n.s., xxv. 181-183 (1900)。关于皮耶罗的家庭，请参见 Mattei-Cerasoli, in *Archivio storico per le province napoletane,* xlix. 321-330 (1924). 皮耶罗在 1231 年宪章中的作用，关于这个有争议的问题，最新的讨论参见 F. G. Savagnone, in *Archivio storico siciliano,* n.s., xlvi. 141-156 (1925).

28. 《地狱篇》xiii. 58 ff.。

29. 见 Huillard-Bréholles, *op. cit.,* p. 290.

30. *M. I. O. G.,* xxx. 653, note 1.

31. 参阅 Hampe, *Beiträge zur Geschichte der letzten Statifer: Heinrich von Isernia* (Leipzig, 1910), p. 34.

32. *Kaiser Friedrich der Zweite,* pp. 275, 276.

33. Niese, in *Historische Zeitschrift,* cviii. 526.

34. Huillard-Bréholles, *op. cit.* nos. 73-97, pp. 368-394.

35. Torraca, "Maestro Terrisio di Atina,"*Archivio storico per le province napoletane,* xxxvi. 231-253 (1911).

36. P. Kehr, "Das Briefbuch des Thomas von Gaeta," *Quellen und Forschungen aus italienischen Archiven,* viii. 1-76 (1905).

37. Hampe, *Beiträge zur Geschichte dev letzten Staufer: Heinrich von Isevnia* (Leipzig, 1910); K. Rieder, "Das sizilianische Formelund Aemterbuch des Bartholomaus von Capua," *Römische Quartalschvift,* xx, 2, pp. 3-26 (1906).

38. 我无法断言一位名叫西西里的约翰的修辞学家是否属于腓特烈统治时期，因为他的论作缺乏明确的时代特征，这篇论作出现在法国国家图书馆所藏的两份抄本中，参见 MS. lat. 14174 ff. 3-15 v（13 世纪末）；MS. lat. 16617, ff. 206-220 v（14 世纪初），之后接着几封书信。论作开头为："Incipit rethorica magistri Iohannis de Sicilia in arte dictandi. Cum circa dictamen prosaicum sint multa prosequi volentibus inquirenda..."

39. 艾米・海勒女士（1927）详尽的海德堡论文仍未发表。关于托马斯可能是最早写有关教皇监狱公式集的作者（ed. H. C. Lea, Philadelphia, 1892），参见我在 *American Journal of Theology*, ix. 429-433 (1905) 中的讨论；以及参见 *Miscellanea Francesco Ehrle* (Rome, 1924), iv. 275-296.

40. Heidelberg S. B., 1910, nos. 8, 13; 1911, no. 5; 1912, no. 14; 1924, no. 10; *Historische Vierteljahrschrift*, iv. 161-194 (1901); vii. 473-487 (1904); viii. 509-535 (1905); *Zeitschvift für die Geschichte des Oberrheins*, n.s., xx. 8-18 (1905).

41. *M. I. O. G.,* xxii. 598 (1901).

42. MS. 1275. 参见 C. Rodenberg, in *Neues Archiv,* xviii. 179-205 (1893); W. Wattenbach, *ibid.,* 493-526; Hampe, in Heidelberg S. B., 1913, no. 1; 1917, no. 6; *Historische Vierteljahrschrift,* xxi. 76-79 (1924); in *Festgabe Friedrich von Bezold* (Bonn, 1921), pp. 142-149; 汉佩和亨尼斯塔尔（Hennesthal）的全面分析参见 *Neues Archiv*, xlvii. 518-550 (1928), 他们认为这部文集的作者是卡普亚的托马斯的教士西蒙师傅（Master Symon）。

43. Hampe, in Heidelberg *S. B.,* 1923, no. 8.

44. "Iter Austriacum 1853," in *Archiv für Kunde österreichischer Geschichts Quellen,* xiv. 33, 52-55 (1855). 参阅 Hampe, Heidelberg S. B., 1917, no. 6; 1923, no. 8; *M. I. O. G.,* xl. 191 (1925); *Acta Pacis ad S. Germanum initae* (1926), pp. xii-xiii,

100 ff. 手稿（no. 152）损坏很很严重，现藏于吕贝克，我从那里得到了市图书馆（Stadtbibliothek）馆长帮助，获得了照片样本。自从这些手抄页首次出现以来，我从汉佩教授那里学到了很多（参阅 *Acta Pacis,* p. xii; *Neues Archiv,* xlvii. 519），得知吕贝克手稿只是波默斯费尔登作品的一个副本，但却是一个非常精确的副本，当然，它被用作该文本任何印刷品的最终版本。

45. Wattenbach, *loc. cit.,* p. 33.

46. Lübeck, MS. 152, f. 165. 在 f. 166，儿子们写信回家要钱。请参阅 f. 163 的吊唁信。

47. 例如，MS. lat. 1093, ff. 68-69; Haskins, *The Renaissance of the Twelfth Century* (Cambridge, 1927), pp. 142-145. 参阅本书第一章。

48. Lübeck, MS. 152, ff. 162 v-163; Wattenbach, "Iter," pp. 54-55; *Neues Archiv,* xlvii, 520 ff.

49. Lübeck, MS. 152, f. 164; Wattenbach, p. 55，文本为："ut in Cena Domini nostro vos conspectui presentetis."

50. Lübeck, MS. 152, f. 163.

51. Edited by Wattenbach, "Über erfundene Briefe in Handschriften des Mittelalters," in the Berlin *S. B.,* 1892, pp. 91-123. 参阅 *Neues Archiv,* xlvii. 524.

52. Ed. G. Paolucci, pp, 46-47, in *Atti of the Palermo Academy,* 3d ser., iv (1897); 以及 Torraca, *Archivio storico per le province napoletane,* xxxvi. 248-250.

53. MS. Vat. Lat. 4957, f. 96 v.

54. *Ibid.,* f. 42.

55. Huillard-Bréholles, *Pierre de la Vigne,* pp. 319, 336.

56. MS. Vat. Lat. 4957, f. 43-43 v.

57. 《创世纪》27：39。

58.《便西拉智训》24：7。

59.《箴言》1：20。

60.《便西拉智训》24：8。

61.《马可福音》7：37。

62.《约翰福音》8：58。

63.《诗篇》44：10。

64.《路加福音》1：53。

65.《诗篇》113：7。

66.《耶利米哀歌》1：12。

67.《诗篇》132：14。

68.《雅歌》4：10。

69.《以赛亚书》60：4。

70. 文本已损坏。

71.《诗篇》23：1。

72.《约伯记》38：37;《诗篇》105：2。

73. MS. *colligat.*

74.《雅歌》2：6；8：3。

75.《诗篇》21：7。

76. MS. *santitate.*《以赛亚书》55：2。

77. MS, *attendite.*《诗篇》33：6。

78.《约翰福音》1：9。

79.《以弗所书》2：19。

80.《约翰福音》14：30。

81.《创世纪》27：39。

82. Ed. P. Lehmann, *Parodistische Texte* (Munich, 1923), no. 1 a; 翻译参见 Haskins, *The Renaissance of the Twelfth Century,* pp. 185-186.

83. 全文参见 Hampe, in *Neues Archiv,* xxii. 619-620 (1897), 出自大英博物馆的 Add. MS. 19906, f. 79 v，之后内容是关于类似主题的发展，我们发现一句 "non Fidericus sed fide rarus"（大意：不虔诚，信仰缺失）。

84. Huillard-Bréholles, *Historia diplomatica,* ii. 450; iv. 497; v. 493-496; H. Denifle, *Die Universitaten des Mittelalters* (Berlin, 1885), i. 452-456; Hampe, "Zur Gründungsgeschichte der Universität Neapel", in Heidelberg *S. B.*, 1924, no. 10; F. Torraca et al., *Storla della Università di Napoli* (Naples, 1924), ch. i; E. Besta, "Il primo secolo della scuola giuridica napoletana," in *Nuovi studi medievali,* iii. 7-28; E. M. Meyers, *Juris interpretes saec. XIII* (Naples, 1924).

85. 参阅本书第一章注释。

86. Guido Bonatti in Salimbene, ed. Holder-Egger, p. 200.

87. Huillard-Bréholles, Pierre de la Vigne, pp. 300-302; *Archivio stovico nap.,* xxxvi. 243-244. 关于腓特烈邀请贝内到他的宫廷，参见 R. Davidsohn, Geschichte von Florenz (Berlin, 1896-), i. 813. 直到 14 世纪初，腓特烈在博洛尼亚书信集里一直占有一席之地，这一点从彼得罗·德·博阿蒂埃里（Pietro de Boattieri）的书信集可见，书信摘要见 G. Zaccagnini, *Studio di Bologna,* pp. 169-22. 他关于彼得罗信件的文章，参见 *Studi e memorie per la storia dell'Università di Bologna,* viii. 211-248 (1924).

88. *Historische Zeitschrift,* cviii. 513 ff.参阅E. Monaci, " Da Bologna a Palermo," in L. Morandi, *Antologia della nostra critica letteraria moderna* (8th ed., Cittàdi Castello, 1893), pp. 227-244.

89. 参见拙作 "Magister Gualterius Esculanus," in *Mélanges Ferdinand Lot* (Paris,

1925), pp. 245-257.

90. 参阅 A. Marigo (Padua, 1926) 最近的版本。

91. Salimbene, ed. Holder-Egger, pp. 32, 34, 35, 43, 54 72, 77, 78, 84-87, 99, 132-133, 135, 137, 144, 157, 182-184, 202, 219, 221, 227, 233, 241, 247-249, 255, 271, 292, 331, 340, 353, 361-362, 418, 430-432, 435, 437, 442-444, 474, 492-494, 512, 514, 539-542, 567, 572-573, 578, 590, 600-603, 605, 628, 644, 647, 651.

92. *Studi medievali,* iii. 237 (1909).

93. Ed. A. Gaudenzi (Naples, 1888), pp. 64, 68, 95, 104-107, 135, 147, 148, 151; SS., xix. 324, 329, 338, 341, 343, 357, 373, 374, 378, 385.

94. Huillard-Bréholles, *Pierre de la Vigne,* pp. 302, 402-424; *Neues Archiv,* xvii. 507; *Archivio storico nap.,* xxxvi. 244, 250-253; "Documenti inediti del tempo Svevo," pp. 43, 46, in *Atti* of the Palermo Academy, 3d ser., iv.

95. *Rendiconti dei Lincei,* 5th ser., v. 45-51 (1896).

96. 参见本章前述内容。

97. G. Bertoni, *Il Duecento* (Milan, [1911]), pp. 228, 290-291. 关于阿尔贝托诺的拉丁语作品，特别参见A. *Checchini,* in *Atti del R. Istituto Veneto,* Ixxi. 1423-95 (1912).

98. 1865 年博洛尼亚版旧版本的记述（G. Romagnoli, *Scelta di curiosità letterarie,* xi）。

99. P. Rajna, *Biblioteca delle scuole italiane,* 3d ser., anno x, no. 18 (1904). 参 阅 M. Pelaez, in K. Vollmöller's *Jahresbericht,* viii, 2, pp. 98 f. (1904); G. Bertoni, *Il Duecento,* pp. 185, 282.

100. J. Quétif and J. Échard, *Scriptores Ordinis Praedicatorum* (Paris, 1719-21), i. 648. 早期的雅各布斯和韦诺萨的理查德（Richard of Venosa）都被杰雷米亚·迪·蒙塔尼奥勒（Geremia di Montagnone）引用，约 1290—1300 年：J. Valentinelli,

Bibliotheca manuscripta ad S. Mar ci Venetiarum (Venice, 1868-73), iv. 187; 关于日期，参见 Rajna in *Studi di filologia romanza,* v. 193-204 (1891).

101. Vatican, MS. Vat. Lat. 2868, ff. 67, 77 v（约 1300）. 我也引用过 Vatican, MS. Vat. Lat. 1596, ff. 21-36 v（约 1300），也参见大英博物馆的 Add. MS. 10415, ff. 1-17 (1399), 两个文件都没有标题，书尾题署的第一行是 "cuius"。

102. MS. Reg. Lat. 1596, ff. 21, 36 v. 更多摘录，参见 A. M. Bandini, *Catalogus codicum Latinorum Bibliothecae Mediceae Laurentianae* (Florence, 1776), iii. 718 中一份有缺陷的抄本（MS. Gadd. LXXI. inf. 13）。

103. 年代最早的抄本（不晚于 1300 年）是帕维亚大学的 MS. Aldini 42, ff. 1-5 v，帕斯托雷洛先生（Signore Pastorello）好意为我拍了几张照片，手稿中模糊而难以辨认的部分由现代人手工填写。我还引用了安布罗西安的 MS. E. 43 sup., ff. 105-114 和 MS. O. 63, ff. 194-202（两份都是 15 世纪），很显然引用于 Muratori, *Antiquitates*, iii. 916 (1740)。在慕尼黑有一份 15 世纪的副本，参见 Cod. Lat. 443, ff 152-159, 由哈特曼·舍德尔（Hartmann Schedel）在意大利创作，参见 W. Creizenach, *Geschichte des neueren Dramas* (2d ed., Halle, 1911-23), i. 37.

104. 参见本章列表第 9 点。

105. O. Holder-Egger, "Italienische Prophetieen des 13. Jahrhunderts," in *Neues Archiv*, xv. 141-178; xxx. 321-386, 714 f.; xxxiii. 95-187; H. Grauert, "Meister Johann von Toledo," in Munich *S. B.*, 1901, pp. 111-325; Hampe, in Heidelberg *S. B.*, 1917, no. 6; 1923, no. 8.

106. Salimbene, p. 360.

107. Grauert, pp. 165 ff.

108. 关于这些句子的多种形式，参见 *Neues Archiv,* xxx. 335-349, 364, 714; xxxiii. 106-107; Salimbene, p. 362; 关于英诺森四世和腓特烈二世的其他句子，参见

Neues Archiv, xxxii. 559-604.

109. Grauert, pp. 144-146, 319-321.

110. 参见我的学生罗素的文章: J. C. Russell, "Master Henry of Avranches as an International Poet," in Speculum, iii. 34-63 (1928).

111. Ed. E. Winkelmann, *Forschungen zur deutschen Geschichte,* xviii. 482-492 (1878).

112. P. 490, line 103.

113. P. 491, lines 50 ff.

114. P. 488, lines 35 ff.

115. P. 485, lines 34-38.

116. 在我看来，康特洛维茨（Kantorowicz）似乎夸大了这些罗马短语和概念的重要性。有关讨论另参见 A. de Stefano, *L'idea imperiale di Federico II* (Florence, 1927), pp. 64 ff.; 以及 S. Ricci, "Gli 'augustali' di Federico II," in *Studi medievali, n.s.,* i. 59-73 (1928). 参阅 Franz Hampers, "Die Fortuna Caesarea Kaiser Friedrichs II," in *Historisches Jahrbuch,* xlviii. 208-229 (1928).

第七章

1. 除开头和结尾段落外，本章几乎毫无改动地转载了 *Isis,* x. 350-359 (1928)。

2. *Catalogue des manuscrits alchmiques grecs,* 在 J. 比德兹（Bidez）等人（Brussels, 1924- ）的指导下出版。

3. 例如有关贾比尔（Jabir）的注释和参考书目，参见 George Sarton, *Introduction to the History of Science,* i (Baltimore,1927), pp. 532-533。

4. 参阅 Mrs. Dorothea Singer, *Catalogue of Latin and Vernacular Alchemical Manuscripts in Great Britain and Ireland Dating from before the XVI Century, i* (Brussels, 1928)。该书在

英国国家学术院的资助下，由国际科学院联盟出版。

5. 参阅 J. Wood Brown, *An Enquiry into the Life and Legend of Michael Scot* (Edinburgh, 1897); *Mediaeval Science,* ch. 13.

6. 汉佩建议将斯科特所著 *Liber particularis* 这部分内容的日期定为 1227 年，参见 *Festgabe W. Goetz* (Leipzig, 1927), pp. 53-66。

7. Bodleian Library, MS. Canonici Misc. 555, f. 49 v; Milan, Biblioteca Ambrosiana, MS. L. 92 sup., f. 76 v; Vatican, MS. Rossi ix. 111, f. 41 v. Printed in *Isis*, iv. 271 (1922); *Mediaeval Science,* p, 295, 参阅 pp. 280, 281.

8. 据说由斯科特翻译的《光之书》和一本显然不是他所著的《奇妙的问题》(*Questio curiosa*)，相关内容参见 Brown, *op. cit.,* ch. 4, and appendix iii。

9. I. Carini, *Sulle scienze occulte nel medio evo* (Palermo, 1872); 重复的描写参见 G. Di Marzo, *I MSS. Della Biblioteca comunale di Palermo* (1878), iii. 220-243. 我感谢我的朋友 C. A. 加鲁菲（Garufi）教授帮助我获得了文本的照片，这篇论文于手稿 f. 357 起始。

10. F. 370 v.

11. Ff. 97-100 v.

12. 抄本 P 中仅出现标题和章名。我对章节进行了排序。对于凯斯学院的第三个手抄藏本，请参见本章注释最后的说明。

13. P, ministerio.

14. Om. P.

15. hominum ... alkimie om. P.

16. P, poterant.

17. P, admissione, C, amissione.

18. P, iberniis. Om. C.

19. C, philosophiam.

20. P, exo. C, cunta ex nichilo.

21. P, qñ.

22. P, illarium.

23. P, largitu.

24. P, ymaginavi.

25. P, quod qui suspectum eum cum intelliget terre.

26. ? C, utsumat in hac.

27. Om. P.

28. P, vere. C, natura.

29. PC, fixus.

30. P, prudentem.

31. P, deprehenditur.

32. P, inter arbitrorum.

33. Om. P.

34. P, dissimile extis.

35. P, continere.

36. P, quia ergo. C, et quia,

37. Om. P.

38. C, magno Theophilo regi Saracenorum de Tunucii.

39. P, Huius namque.

40. P, paupertatem.

41. P, philosophorum Hermes dixit.

42. P, exaltatum.

43. P, tanti secreti naturam. C, tanta secreta nature pervenerint.

44. C, fidem.

45. Om. P.

46. C, ne facias tibi in hoc opere copiam malorum.

47. P, gratiam in.

48. P, cum eo.

49. P om. domini ... seculorum.

50. P om.

51. C om. A ... planetarum.

52. P om. id est aurum. 以及其他所有。

53. P om.

54. C, quarto.

55. C om. Saturnus ... gradu.

56. P om.Mars ... vivum.

57. C om. Omnia ... sicco.

58. C, Dicto de planetis de maiori magisterio et figuris, habita et notitia de salibus vel

   salium prout in aliquo libro a me translato dixi quomodo de salibus oportet in arte

   alkemie operari.

59. C om. colofoniam ... vel.

60. item?

61. P, martham.a

62. P, staminia.

63. P, agresti.

64. P om.

65. C, pulverizato.

66. P, ipsum.

67. P, arte.

68. P om.

69. P, erit perfectum.

70. P, prius.

71. C, medium de puncto.

72. P, rubeo.

73. P om.

74. C, Et ego magister Michael Scotus sic operatus sum solem et docui te, Frater Elia, operari et tu mihi sepius retulisti te instabiliter multis vicibus operasse.

75. C, Theodosius Sarracenus de Cunusani.

76. C, et ego vidi istam operationem fieri apud cartanam a magistro Iacobo Iudeo.

77. 翻译见 Brown, p. 93.

78. P, plena manu.

79. P om. post in ea.

80. P, ex ere.

81. Explicit 一句只出现在抄本 C。

82. Folios 360-363，其结尾是："... simili vase et dimittatur per totam. Exlicit liber magistri Miccaellis Scotti."

83. 署名为斯科特，载 Brown, appendix iii.

84. MS. luna.

85. MS. admittunt.

86. MS. Celletti. 前文中没有出现关于 contulit 的主题。

87. E. Darmstädter, *Die Alchemie des Geber* (Berlin, 1922; 参 阅 Isis, v.451-455); 同上 , 'Liber Misericordiae Geber,' in *Archiv zur Geschichte der Medizin,* xviii. 181-197(1925). 参阅本章注释第 3 条。

88. Ed. Sudhoff, in *Archiv für die Geschichte der Naturwissenschaften,* ix. 54-67 (1922).

89. Brown, app. iii. 参见重要的文献拉西斯（Rasis）的《关于矾与盐》（*De aluminibus et salibus*），拉丁文本见 Ed. R. Steele, in *Isis,* xii. 10-46 (1929).

90. *La chimie au moyen âge,* i. 75-78.

91. *Mediaeval Science,* chs. 12, 14, 特别是 pp. 252-254, 290.

92. *Mediaeval Science,* p. 272.

93. Lempp, *Frère Elie de Cortone* (Paris, 1901); Golubovich, *Biblioteca biobibliografica della Terra Santa* (Quaracchi, 1906), i. 116-117, 223-224; 与腓特烈二世相关的部分，参见 A. Haseloff, *Die Bauten der Hohenstaufen in Unteritalien* (Leipzig, 1920), i. 34-37。被认为是埃利亚斯修士所著的两部炼金术作品目前收藏于博洛尼亚大学，文献编号 MS. 104 : f. 138 v, "Liber Fratis Helye de Asiso Ordinis P. Minorum de secretis nature imcipit feliciter. Amicum induit qui iustis amicorum petitionibus condescendit..." (de lapide). F. 241 v, "Incipit magisterium Fratris Helye Ordinis Minorum de elixiris ad album et rubeum. Cum de infrascriptis aquis, distillationibus, et dissolutionibus cum igne et sine igne..."

94. Auvray, *Registres de Grégoire IX,* no. 61; *Mediaeval Science,* ch. 13.

95. *Mediaeval Science,* pp. 273-274.

96. *Compendium studii, ed. Brewer,* p. 472; 参阅 *Opus tertium,* ed. Brewer, p. 91.

97. 梵蒂冈档案馆（Vatican Archives），洪诺留三世的登记册，参见 an. 9, f. 48 v, ep. 267 ; J. C. 罗素博士让我关注到了相关分析，见 Pressutti, *Regesta Honorii Papae III,* no. 5445。参阅拙作："Michael Scot in Spain," in *Homenaje á Bonilla*

y San Martín (Madrid, 1927-29); *Mediaeval Science,* p. xv.

说明：本章写作完成后，在多萝西娅·韦利·辛格女士的帮助下，我得知剑桥大学
冈维尔与凯斯学院收藏了第三份斯科特的《炼金术》，MS. 181, pp. 19-32 (13 世
纪)。该手稿虽然在詹姆斯博士的《目录册》(*Catalogue*)上是佚名的，但手稿
正文中提到了米夏埃尔·斯科特，因此现在对他的著作日期可以追溯到 13 世纪。
这一文本整体上证实了另外两份手稿，并且增加了其他有趣的材料。辛格女士
所作的相关描述有可能刊登载即将出版的 *Isis* 中。

第八章

1. 关于希腊语译者的进一步讨论，请参见拙著：*Mediaeval Science,* chs. 8-11.

2. *E.H.R.,* xxv. 293-295 (1910).

3. MS. Vat. Lat. 4951, f. 220 右页，背面空白。手抄稿是 12 世纪的。参见 Ehrensberger,
   Libri Liturgici Bibliothecae Apostolicae Vaticanae Manu Scripti (Freiburg, 1897), p.150.

4. W. G. Searle's *Lists of the Deans, Priors, and Monks of Christ Church, Canterbury*
   (Cambridge Antiquarian Society, 1902) 中未提及。

5. Hearne, *Textus Roffensis,* p.154, no. 93, p.155, no. 94; *Monasticon,* i. 168. 在这两种
   情况下，手抄本中"爱德玛"名字后面的缩写无疑应该被解析为"monachis"(修
   道士)。

6. Cotton MS. Nero C. IX., f. 8 v, printed in Dart, *Cathedral Church of Canterbury,
   app.,* p. xxxv; Lambeth Palace, MS. 20, f. 175 v. 在忌日同为这一天的修士名单中，
   约瑟夫排在首位，而死者名册 (Dart, p. xxxvii; Lambeth MS., ff. 195, 196 v, 217)
   中的其他约瑟夫都排在名单最下方，因此他们可能属于更晚的时代。也许值得
   一提的是，在大英博物馆 (Royal MS. 5. E. I) 的一份塞维利亚的圣依西多禄

（Isidore of Seville）的抄本被罗切斯特的图书管理员标记了"De clastro Roffensi per Ioseph monachum"。

7. Ordericus, iii. 169; 参阅 p. 490 和 ii. 172. 关于来自英国的瓦良格卫队成员，参见 Freeman, *Norman Conquest,* iv. 628-632; 特别见 Vasilievsky, in the *Journal of the Russian Ministry of Public Instruction, clxxviii,* 133-152 (1875). 戈斯林（Gocelin）的 *Miracula S. Augustini Cantuariensis* 似乎并未注意到此关联，*Acta Sanctorum,* May, vi. 410.

8. 这两种描述均来自英文文献。Riant, *Exuviae sacrae Constantinopolitanae,* ii. 211 ff.

9. 有关这些翻译，请参见 the Bollandist *Bibliographia hagiographica Latina,* i. 72 f.

10. Legg and Hope, *Inventories of Christ Church* (1902), pp. 37, 74, 81, 93.

11. 我们应期待在冈杜尔夫主教的传记中有所提及，冈杜尔夫主教在翻译界很受欢迎（*Anglia sacra,* ii. 285）。

12. 参见拙著：*Mediaeval Science,* pp. xiii, 195-197; *Byzantion,* ii. 234-236 (1926).

13. 关于尤斯特拉提乌斯和约翰·普内斯的演讲，参见 A. K. Demetracopoulos, *Bibliotheca ecclesiastica* (Leipzig, 1866), i. 36 ff.［参阅 J. Dräseke, in *ByzantinischeZeitschrift,* v. 328-331 (1896)］参阅 F. Chalandon, *Les Comnène, i* (Paris, 1900), p. 263, note; K. Krumbacher, *Geschichte der byzantinischen Litteratur,* 2d. ed (Munich, 1897), p. 85; G. Tiraboschi, *Storiadellaletteraturaitaliana* (1787), iii. 324-327; J. Hergenröther, *Photius* (Regensburg, 1867-69), iii. 799-803; H. Hurter, *Nomenclatortheologiaecat holicae,* ii (1906), cols. 12f. 最近关于主教克里索拉努斯或格罗索拉努斯的作者们对这场争论没有什么新的看法，参见 F. Savio, *Gli antichi vescovi d'Italia, i* (Florence, 1913), pp. 461-472; O. Masnovo, in *Archivio storico lombardo, xlix.* 1-28 (1922). 佛罗伦萨的国家图书馆保存着一份克里索拉努斯的布道［MS. Conv.

soppr. C. I. 2672, ff. 79-80 (15 世纪)]。

14. 同样在佛罗伦萨，Conventi soppressi, I. IV. 21 (San Marco), ff. 95 v-101 v, 手稿中没有诗句，结尾不完整，接着是一个希腊人的回复（f. 99 v）。Argelati, *Bibliotheca scriptorum Mediolanensium* (1745), i, 2, p. 712, 该文献引用了当时在博洛尼亚圣萨尔瓦多的一个手抄本。

15. 佛罗伦萨的手抄本中此处有 "ratum esse"。

16. Om. Florence.

17. Om. Florence Filium ... et.

18. 基于 *Mediaeval Science,* pp. xiii, xiv, 218-221; *Byzantion,* ii. 231-234 (1926).

19. F. Ughelli, *Italia sacra,* v. 1192-1206; P. F. Kehr, *Italia pontificia,* vii, 2 (1925), pp. 61-70, nos. 113-141; Migne, *Patrologia Graeca,* xciv. 404-409.

20. Vatican, MS. Vat. lat. 4265, ff. 197-199 (14 世纪末); MS. 4847, ff. 207-208 (15 世纪); MS. 10068, ff. 151-154 (*Codices,* descr. M. Vattasso and E. Carusi, iv. 453); Vienna, MS. 590, ff. 172 v-176 (14 世 纪); MS. 4406, ff. 233-235 v (15 世 纪); Munich, Cod. Lat. 5896, ff. 146-148 v (14 世 纪); Cod. Lat. 7547, ff. 48-51 v (15 世纪); Cod. Lat. 8184, ff. 122-132 v (约 1400); Cod. Lat. 15133, f. 192 (摘录); Cod. Lat. 15956, ff. 116 v-118 v (15 世 纪); Erfurt, MS. Q. 124, ff. 135-138 v (14 世纪 ; 参见 W. Schum, *Verzeichniss,* p. 383); MS. Q. 151, ff. 238 v-244 v (Schum, p. 416). 曾经在埃斯科里亚尔（G. Antolín, *Catálogo,* v. 183）以及在巴塞尔（B. de Montfaucon, *Bibliotheca nova,* col. 608 d），图书管理员 G. 宾兹（Binz）博士告诉我，它已从抄本 MS. (B. III. 1) 中消失。

21. MS. opus secundum. 正确读法大多在其他手稿中。

22. 主教的名字也因此出现在文献 Cod. Lat. 5896 和 Vienna，MS. 4406，以及爱尔福特的残本中，MS. Q. 151；其他手抄本则遗漏了这条信息。

23. 另见 Munich, Cod. Lat. 7547, 8184. MSS. Vat. lat. 4265 and Erfurt Q. 124; MS. Vat. lat. 4847; MSS. Vienna 4406, Vat. lat. 10068 and Erfurt, Q. 151; Munich, Cod. Lat. 15956; Cod. Lat. 5896.

24. *Scriptorum veterum collectio,* vii. 207.

25. *Patrologia Graeca,* lxxxix. 1203-72.

26. *Geschichte,* 2d ed., pp. 64 f.

27. Vienna, MS. 590, f. 175; MS. 4406, f. 235 v; Munich, Cod. Lat. 15956, f. 118.

28. Munich, Cod. Lat. 5896, f. 148.

29. Munich, Codd. Lat. 7547, f. 50 v; 8184, f. 129 v; MS. Vat. lat. 4265, f. 198 v.

30. Ff. 146 v-151 v (13 世纪). 希腊文版本请参见 Migne, *Patrologia Graeca,* cxx. 185-216; 关于作者，参见 Dräseke, in *Byzantinische Zeitschrift,* iv. 346-362.

31. MS. concuram.

32. F. de Mély, *Les lapidaires de l'antiquitéet du moyen âge,* ii, iii (Paris, 1898-1902). 关于这些令人困惑的文本的进一步解释，请参见 P. Tannery, in *Revue des études grecques,* xvii. 335-349; F. Cumont, in *Bulletin de la Société des Antiquaires de France,* 1919, pp. 175-181; R. Ganszyniec, in *Byzantinisch-Neugriechische Jahrbücher,* i. 353-367, ii. 56-65, 445-452 (1920-21); Pauly-Wissowa, *Real-Encyclopädie,* xxiii.127-134 (1924); Thorndike, *History of Magic and Experimental Science,* ii, ch. 46; *Catalogue des manuscrits alchimiques grecs,* i. 135-225; iii. 23-26; v. 73-94.

33. 序言全文载拙著：*Mediaeval Science,* pp. 219-220，并列举了五份手抄本，还提到了藏于沃尔芬布特的部分片段。从那以后，我在佛罗伦萨的老楞佐图书馆发现了第六份手抄本MS. Ashburnham 1520 (1443), f. 1 (14 世纪)，日期为1169年。

34. 例如 Montpellier, MS. 277。

35. Thorndike, ii. 233 f., 作者未提到 K. N. Sathas, *Documents inédits relatifs à l'histoire de la Grèce au moyen âge,* vii, pp. lxiii-lxvii (from St. Mark's, Cod. gr. iv. 57, suppl.) 中的七种草药的版本。参见 H. Haupt, in *Philologus,* xlviii. 371-374; Cumont, in *Revue de philologie,* 1918, pp. 85-108.

36. Bodleian Library, MS. Digby 103, ff. 41-58 v; B.M., Harleian MS. 4025, f. 1 (仅第一卷); Vatican, MS. Vat. lat. 4436, f. 1 (未注明日期); B.N., MS. lat. 16610, if. 2-24, 佚名，其中内容的相关分析参见 Thorndike, *History of Magic and Experimental Science,* ii. 297-300. 序言的部分内容参见拙著: *Mediaeval Science,* p. 218.

37. *De animalibus,* iv. 10 (537 b)，假如此处确实是直接引用。

38. *Mediaeval Science,* pp. 216-218. 该论著现在已由 F. X. 德雷克斯尔（Drexl）编辑 (Leipzig, 1925)；参见 *Byzantinische Zeitschrift,* xxvii. 113-116, 171 (1927)。

39. 1220 年的不久前，由米夏埃尔·斯科特首次从阿拉伯语翻译而来。我没有找到比此更早的拉丁文引用。参见 *Mediaeval Science,* pp. 277 ff.

40. Thorndike, ch. 50, 和 *Byzantinische Zeitschrift,* xxvii. 113 (1927).

第九章

1. 举例说明可参阅本书第一章中关于学生书信的讨论。

2. 有关信函写作学的文献，请参阅本书第一章，特别是注释部分。在这些作品中，对 12 世纪的意大利最重要的是罗金格（Rockinger）出版的文本，关于这一主题的精彩总述见布雷斯劳，梗概见马纳科尔达。A. Bütow, *Die Entwicklung der mittelalterlichen Briefsteller bis zur Mitte des 12. Jahrhunderts, mit besonderer Berücksichtigung der Theorieen der Ars dictandi* (Greifswald diss., 1908), 对于该主

题的部分内容有用；见本章下文第 1—5 点、第 8 点。本章以总述的方式归纳了我在不同时间收集的文献，其他人可能希望针对中世纪修辞学历史，更全面地研究和比较相关材料。

3. 阿尔伯里克的前人和同时代人的问题仍亟待研究。语法学家乌尔索的早期论著，见 C. Morelli, "I trattati di grammatica e retorica del Cod. Casanatense 1086," in *Rendiconti dei Lincei,* 5th series, xix. 287-328 (1910).

我的一个学生，亨利·M. 威拉德（Henry M. Willard）先生让我留意到一篇关于信函写作的早期论文的片段，书写于一页纸上，创作时间可能可以追溯到 11 世纪，Cod. Lat. 23496 at Munich, f. 11 v. 威拉德先生打算专门研究这个片段。这篇论文把书信分为致意、前言、陈述、举证、结语（salutatio, proemium, narratio, probatio, conclusio）。

4. 除了上述布雷斯劳和比托（Bütow）的作品，见 L. von Rockinger, "Briefsteller und Formelbücher des eilften bis vierzehnten Jahrhunderts," in *Q.E.* ix (1863-64), pp. xxvi-xxvii, xxxii-xxxiiI,1-46 54; 另参阅我关于 "Albericus Casinensis" 的论文，载周年纪念杂集（*Miscellanea*），于 1929 年卡西诺山出版。一些未出版的摘录来自阿尔伯里克的修辞学和语法学作品。关于阿尔伯里克确切死亡日期，缺乏证据，见 Bütow, pp. 16-17.

5. Munich, Cod. Lat. 14784, ff. 44-59(66 v)，标题为 "Rethorici flores"；University of Breslau, MS. oct. 11, 标题为 "Radii dictaminum"；Copenhagen, MS. GI. kgl. S. 3545, ff. 1-11, 标题为 "Dictaminum radii". 序言载 Rockinger, Q. E., ix. 4-5.

6. Heiligenkreuz, MS. 257, ff. 103-122; Lilienfeld, MS. 98, ff. 91 V-III；抄本原先藏于 Zwettl，目前已散佚。参见 T. Gottlieb, Mittelalterliche Bibliothekscataloge Österreichs, i (Vienna, 1915), p.516. 另片段见 Wolfenbüttel, MS. 2942, f. 118, "De orthographia Alberici."

7. Petrus Diaconus, *Chronica,* in *SS.,* vii. 728; in Migne, *P. L.,* clxxiii. 766; *Liber de viris illustribus Casinensis coenobii,* ibid., col. 1033.

8. 参阅 R. L. Poole, *Lectures on the History of the Papal Chancery* (Cambridge, 1915), pp. 83-88; R. Krohn, *Der papstliche Kanzler Johannes von Gaeta (Gelasius II.)* (Marburg diss., 1918).

9. Munich, Cod. Lat. 14784, ff. 67-104; Cod. Lat. 19411, pp. 115-130; 部分载 Rockinger, *Q.E.,* ix. 29-46。另有一个片段载皮斯托亚：Bresslau, p. 248。

10. Bütow, p. 17; Bresslau, pp. 249, 251-252; 本章下文第 8 点。

11. 见 Bresslau, p. 249.

12. *Q.E.,* ix. 41, 54; 参阅 Albert of Samaria in *Neues Archiv,* xxxii. 71-81, 717-719. 这个可能是彼得鲁斯·迪亚科努斯（Petrus Diaconus）的《信函写作与致意之书》（*Liber dictaminum et salutationum*）。

13. *Q.E.,* ix. 54.

14. *Q.E.,* ix. 53.

15. Wattenbach, "Iter Austriacum" in *Archiv für Kunde österreichischer Geschichts-Quellen,* xiv. 36 (1855) 中推测阿格诺尔夫斯是在慕尼黑一抄本片段（Cod. Lat. 19411）的作者，参阅 Bütow, pp. 21-23; 本章下文第 5 点。

16. Hugh of Bologna in Q. E., ix. 53。

17. 除了 Bütow, pp. 21-30, 请参见我关于 "一部早期博洛尼亚模板汇编" 的论文，载 *Mélanges H. Pirenne* (Brussels, 1926), pp. 201-210; W. Holtzmann, "Eine oberitalienische Ars dictandi und die Brief sammlung des Priors Peter von St. Jean in Sens," *Neues Archiv,* xlvi. 34-52 (1925). 不幸的是，我在拙作发表后才看到霍尔兹曼（Holtzmann）的研究，但两者几乎没有重叠，因为霍尔兹曼主要关注的是法国部分的收藏，而我的关注重点是博洛尼亚的书信。总的来说，这两篇论

文可相互确证。

18. MS. 2750; 参见 Krabbo, in *Neues Archiv,* xxxii. 71-81, 717-719.

19. 参阅 Bütow, p. 30.

20. 参阅 Krabbo, p. 75.

21. 参阅 Tiraboschi, *Storia della letteratura italiana,* iv. 448(1788)，对撒玛利亚的类似解释适用于塞蒂梅洛的亨利。

22. 第三份手稿是我在 *Mélanges Pirenne* 发表文章后发现的，现在藏于哥本哈根的丹麦皇家图书馆，MS. Gl. Kgl. S. 3543 (12 世纪), ff. 19-22 v (参阅 Ellen Jørgensen, *Catalogus codicum Latinorum Medii Aevi Biliothecae Regiae Hafniensis,* p. 300). 这份手稿大体上与柏林的手稿中理论部分一致，但提供了一个更好的文本，省略了柏林手稿中 ff. 59 v-60 v 的内容。该手稿中的书信中没有一封是柏林手稿的主要内容；唯一一封由教皇 I 写给皇帝 L 的劝诫信（1130—1137?），"撒玛利亚" 这个名字只出现过一次（f. 21 v），"ut Samaritanus nobili genere natus"，这与柏林手稿抄本 f. 61 的内容一致。柏林手稿中的 "ut Radulfus docet"（f. 60 v）在哥本哈根手稿则替换为 "ut Iohannes docet"（f. 21），证实了霍尔兹曼否认与拉昂的拉尔夫有任何联系（Neues Archiv, xlvi,37）。这份抄本中的论作同样佚名。

23. 读作 reverende?

24. MS. vcstram.

25. MS. reddente.

26. MS. amnale.

27. MS. profitere.

28. MS. exertum.

29.MS. petistis.

30. 如下一封信中读作 archipresbitero。我们在 1139 年的一份教皇训令里见到邦代诺的大司祭（费拉拉省）乌戈：Jaffe-Löwenfeld, no. 8049。

31. MS. Adā.

32. notus es?

33. 同样地，在教皇帕斯卡二世时期（1099—1118）有一片段见 B.M., Add. MS. I6896, ff. 103v-104 (12 世纪早期), 其中包括意大利的问候形式。

34. *Q. E.,* ix. 47-94, 参见 H. Fitting, *Die Anfänge der Rechtsschule zu Bologna* (Leipzig, 1888), pp. 80, 105; Rashdall, *Universities of the Middle Ages*, i, p. 111; G. Manacorda, *Storia della scuola in Italia,* i, 1, pp. 202-204, 223; i, 2, pp. 84, 134, 259.

35. 见本书第一章。

36. 关于中世纪意大利的主教座堂和免费学校，参见 Manacorda, *op. cit.*。

37. M.Grabmann, *Geschichte der scholastischen Methode* (Freiburg,1909-11), ii, 特别是 pp. 213-229; J. de Ghellinck, *Le mouvement thélogique du XIIe Siècle* (Paris, 1914).

38. "Ueber neue Beiträge," pp. 66-67; 见抄本 A。

39. MS. complectri.

40. *A. H. R.,* iii. 206, note 2.

41. 参阅 Bütow, p. 43.

42. MS. omni.

43. 这个彼得不可能是罗瑟斯（Loserth）所描述在格拉茨的《大全》的作者，参见 *Neues Archiv,* xxii, 303.

44. 看抄本 A，载 Fitting, "Ueber neue Beiträge," pp. 66-67。

45. f. 190v.

46. *Q. E.,* ix. 84. 收藏于维也纳，与博洛尼亚的乌戈同一个时期的一个不完整片段，MS. 861, ff. 82 v-84 (12 世纪)，显然是法恩扎的某个教会法作品（"suo preceptori carissimo Dei nutu sancte Faventine ecclesie canonico"）。其中致意部分可追溯至卡利克斯特二世（1119—1124）和亨利五世（1106—1125），其中提到了法恩扎、拉韦纳、阿奎利亚、米兰、威尼斯；接下来的内容是以英诺森二世（1130—1143）和康拉德三世（1138—1152）名义作的绪言（exordia）。

47. *Neues Archiv,* xxii, 300 (1897).

48. 在 *Archiv,* x. 644 (1851) 中提到阿德蒙特的《黄金宝石》似乎是后来的产物：参阅 Wattenbach, "Iter," p. 38, note 1.

49. MS. memerore.

50. 参 阅 Langlois, "Maitre Bernard," *B. E. C.*, liv. 225-250, 792-795 (1893); Haskins, "An Italian Master Bernard", pp. 211-213.

51. MS. sup.

52. 参见第一章注释。f. 65 v 也出现了博洛尼亚。

53. *Q. E.,* ix. 25.53.

54. 参阅第一章注释。

55. MS. astores.

56. *Op. cit.,* pp. 47-73.

57. i. 3.

58. 本书第一章、第六章；Haskins, *The Renaissance of the Twelfth Century,* pp. 142-145; Cartellieri, *Ein Donaueschinger Briefsteller,* nos. 62, 65, 216, 227, 228.

59. 另一种不同类型的代表人物是卡马尔多莱修会的僧侣保罗，他的论作保存在 12 世纪巴黎的一份手稿（MS. Lat. 7517）中。在这里，"ars dictaminis" 一词应理解为语法和诗律的附属。参阅 C. Thurot, in *Notices et extraits,* xxii, 2, pp. 24-25.

60. 见第一章注释。

61. N. Valois, "Étude sur le rythme des bulles pontificales," in *B.E.C.*, xlii. 161-198, 257-272 (1881); Delisle, "Notice sur une 'summa dictaminis,' " in *Notices et extraits*, xxxvi, 1, pp. 181-184(1899); Poole, *Lectures on the History of the Papal Chancery*, ch. Iv; Gustav Kleeman, *Papst Gregor VIII.* (Jena diss.,1912).

62. Bresslau, ii, 1, pp. 264 ff.; Haskins, "Two Roman Formularies in Philadelphia," in *Miscellanea Francesco Ehrle,* iv. 275-286 (1924).62.

63. Bresslau, pp. 253-254; Bütow, pp. 24-27.

64. 第 5 点抄本 B；参阅 Bütow, pp. 44 f；第 4 点抄本 E。

65. 12 世纪；参见 Loserth, in *Neues Archiv,* xxii. 299。

66. 埃伯哈德时期萨尔茨堡的信件，参见 *M.I.O.G.*, xlii. 313-342 (1927)。

67.《便西拉智训》20：25。

68. L. Delisle, "Les Écoles d'Orléans au douzieme et au trezieme siècle," in *Annuaire-Bulletin de la Société de l'Histoire de france,* 1869, pp. 139-154, 和 "Notice sur une 'Summa dictaminis' jadis conservée à Beauvais," xxxvi, 1, pp. 171-205 (1899); L. Auvray, "Documents Orléanais de XIIe et du XIIIe siècle," in *Société Archéologique et Historique de l'Oleanais,* Memoires, xxiii. 393-413 (1893); N. Valois, De arte scribendi epistolas apud Gallicos medii aevi scriptores rhetoresve (Paris, 1880); Langlois, "Maître Bernard," in *B.E.C.*, liv. 225-250, 792-795(1893), 和 "Formulaires de lettres du XIIe, du XIIIe, et du XIVe siècle," in *Notices et extraits,* xxxiv, pt. 1, pp. 1- 32, 305-322 (1891); pt. 2, pp. 1-29 (1895); xxxv, pt. 2, pp. 409-434, 793-830 (1897); A. Luchaire, *Études sur manuscrits de Rome et de Paris* (Paris, 1899) 和 "Une correspondance inédie des abbés de Saint-Victor sous Louis VII," in *Séances et travaux of the Académie des Sciences Morales et Politiques,* clii. 547-569 (1899).

69. Bruno Stehle, *Über ein Hildesheimer Formelbuch* (Sigmaringen, 1878); A. Cartellieri, *Ein Donaueschinger Briefsteller* (Innsbruck, 1898); H. Simonsfeld, "Ueber die Formelsammlung des Rudolf von Tours," Munich *S. B.*, 1898. i. 402-486. 参阅另一组法国手稿中腓特烈一世的书信,现藏于布拉格,相关描述见 A. Brackmann, "Dictamina zur Geschichte Friedrich Barbarossas," Berlin *S. B.*, 1927, pp. 379-392.

70. 本章第 3 点。

71. 本章第 4 点抄本 D。

72. 本章第 10 点。

73. 这些早期法国书信集的性质和发展在一份布鲁日的手稿(MS. 549, ff. 4 v-32 v)中得到说明。该手稿开头如下:"Duplici maceratur gravamine qui nec parentum presidio nec diviciarum suffragio solidatur..." 这一书信集没有附带理论论文,所收内容的日期在 12 世纪末突然中断;其中包含了许多形式的信件和许多与教会有关的官方文件草稿。书信中几乎没有出现恰当的名字,唯一例外(f. 9 v)是图尔大主教约修斯(Jocius,1156—1174)。正式的文件(其中有几份的日期是 1166 年)是关于图尔的圣马丁修道院,还有奥尔良、沙特尔、巴黎和莫城:教皇是亚历山大,法国国王是路易,英格兰国王是亨利。在三个实例中,出现了几份草稿的信函写作教师的名字:"negotium de libertate secundum Magistrum Hilarium Aurelianensem" (f. 27 v); "scriptum de ordine diaconi vel presbiteri secundum M. R." (f. 28 v); "secundum Magistrum Theobaldum" (f. 31). 该书信集之前的手稿(ff. 1-4 v)是一份风格奇怪的论文《约翰内斯关于信函写作学的第一篇论文》(Tractatus primus Iohannis de dictamine),开头是 "Cum omni scient rudis sit et inculta..."(大意:众所周知,这是粗鲁无教养的……)。作者对西塞罗的崇敬,使论文采用了西塞罗和他儿子之间对话的形式,但这没有使他免于在文章最后讨论"红胡子"弗雷德里克和英王亨利二世之间适当的敬语形式。

74. Langlois, in *Notices et extraits des manuscrits,* xxxiv. pt. 2, pp. 23-29.

75. Balliol College, MS. 263, ff. 153 v-176; MS. 276. ff. 127-153 v. 关于杰维斯参阅 F. M. Powicke, *Stephen Langton* (Oxford, 1928), pp. 102 f.

76. "Scripserunt autem hanc artem Mattheus Vidocinensis plene, Galfridus Vinesa [sic] plenius, plenissime vero Bernardus Silvestris, in prosaico psitacus, in metrico philomena." Balliol MS. 263, f. 153 v. 关于这些论作,见 E. Faral, Les arts poetiques du XIIe et XIIIe Siècle (Paris, 1924); W. B. Sedgwick, "The Style and Vocabulary of the Latin Arts of Poetry of the Twelfth and Thriteenth Centuries," in *Speculum,* iii. 349-381(1928)。

77. 本章上文第 3 点信件(3)。关于新句式文学在意大利的影响,见本章注释第 37 条所引的格拉布曼(Grabmann)和德·盖兰(de Ghellinck)的作品。

78. 本章上文第 7 点。

79. "Ex quo divina vos comitante gratia de Gallie partibus Bononiam venistis, quo dilectionis affectu vos videnm et qualiter vobis prompta devotione paruerim ipsis rerum effectibus evidenter, ut arbitror, agnoscitur."(大意:您在上帝恩典的陪伴下从高卢来到博洛尼亚,我是怀着怎样的感情见到您,又是怀着怎样的虔诚向您致意,我想,这一切都显而易见。)Graz, MS. 1515, f. 97 v; Vatican, MS. Pal. lat. 1801, f. 43.

80. *B. E. C.,* 1855, pp. 465-466.

第十章

1. 本章是 *American Historical Review,* vii. 437-457, 631-652 (1902) 的修订。我翻阅

了有关中世纪宗教裁判所的后续出版物，并没有找到证据足以更改我在 1902 年得出的结论。这几年产生了大量作品，尤其是罗马天主教作家的作品；参见 Paul Fredericq, "Les récents historiens catholiques de l'Inquisition en France", *Revue historique,* cix. 307-334 (1912). 其中最重要的是 C. 杜埃主教（Mgr. C. Douais）对宗教裁判所的辩护，参见 *L'Inguisition: ses origines—sa procédure* (Paris, 1906)，以及让·吉罗（Jean Guiraud）的 "Inquisition," in A. d'Alès, *Dictionnaire apologétique,* 4th ed., ii. 823-890 (Paris, 1915)；瓦康达尔神父（E. Vacandard）的精彩简述，*L'Inquisition* (Paris, 1906; 5th ed., 1914; 英语译本 见 B. L. Conway, New York and London, 1908)；瓦康达尔的文章 "Inquisition," in A. Vacant and E. Mangenot, *Dictionnaire de théologie catholique,* vii. 2016-68 (1922); J. M. Vidal, *Bullaire de l'Inquisition française au XIVe siècle* (Paris, 1913)；以及 T. 德·考宗（T. de Cauzons）的详细论述 *Histoire de L'Inguisition en France* (Paris, 1909-12, 2 vols.)，其参考书目多到令人害怕。A. L. 梅科克（Maycock）的二手汇编 *The Inquisition* (New York and London, 1927)。在非天主教作家的作品中，可参考朗格卢瓦（Ch.- V. Langlois）的敏锐分析 *L'Inquisition d'après des travaux récents* (Paris, 1902)；A. S. 特伯维尔（A. S. Turberville）的实用概览 *Mediaeval Heresy and the Inquisition* (London, 1920)。

2. *A History of the Inquisition of the Middle Ages* (New York, 1887, 3 vols.). 由所罗门·莱纳赫根据作者的修订本翻译的法译本，*Histoire de L'Inquisition au moyen-âge* (Paris, 1900-02, 3 vols.). 海因茨·维克和马克斯·雷切尔翻译、约瑟夫·汉森编辑的德译本，*Geschichte der Inguisition im Mittelalter* (Bonn, 1905-13, 3 vols.). 皮娅·克雷莫尼尼翻译的第一卷意大利语译本 *Storia dell'Inguisizione: fondazione e procedura* (Turin, 1910).

3. 该评价由保罗·弗雷德里克（Paul Fredericq）在 "Historiographie de l'Inquision"

一文中引自 F. H. 罗伊施（Reusch），是李的著作《中世纪宗教裁判史》［参阅 *Revue historique,* cix. 309 (1912)］法译本和德译本的前言；瓦坎达尔在第 vii 页重复这一观点，然而，他否认李著作的最终结论。阿克顿勋爵（Lord Acton）宣称，李作品的中心部分"构成了一个健全和坚实的结构，能够经得起所有批评家的责难。"参见 *E.H.R.,* iii. 788 (1888); *The History of Freedom and other Essays* (London, 1907), p. 574. 而来自罗马天主教作家不太赞成的判断，参见 Paul Fournier, in *Revue d'histoire ecclésiastique,* iii. 709 (1902); *Charles Moeller, ibid.,* xiv. 721 (1913)；Baumgarten's volume 见本书第十二章；以及 *Catholic Encyclopedia* 中 "Inquision" 一文。有关李的著作，参见本书第十二章。

4. L. Tanon, *Histoire des Tribunaux de L'Inquisition en France* (Paris, 1893).

5. *Corpus documentorum Inquisitionis Harreticae Pravitatis Neerlandicae. Ghent and the Hague,* 1889-1906, 5 vols. *Geschiedenis der Inguisitie in de Nederlanden. Ibid.,* 1892-97, 2 vols. *Corpus* 中的许多文献已经另有出版，但出于便利，我会经常引用这个文集。

6. 唯一对罗伯特修士进行专门研究的是保罗·弗雷德里克（Paul Fredericq）的学生儒勒·弗雷德里希（Jules Frederichs）的专著，名为《罗伯特·勒·布格雷——法国第一任总裁判官》（*Rober le Bourgre, premier Inquisiteur Général en France*），并作为根特大学哲学系《作品简编》（*Recueil de travaux*）的第六分册出版（32 pp., Ghent, 1892）。目前来看，这是一部非常值得称道的作品，对佛兰德斯和邻近地区事件的研究尤其有用，但作者忽略了几个重要的信息来源。弗雷德里克（*Geschiedenis,* i. 42-59）和塔农（pp. 113-117）的描述接受了弗雷德里希的结论。其他简短的记录见 Lea, ii. 113-117（在法译本和德译本中做了一些修正和补充）；E. Berger, *Blanche de Castille* (Paris, 1895), pp. 294-296; Tillemont, *Vie de Saint-Louis,* ii. 289-293（在当时是相当好的）；M. D. Chapotin,

Histoire des Dominicains de la province de France (Rouen, 1898), pp. 216-226. 查波廷（Chapotin）的叙述不够完整，粗枝大叶，没有什么新意。保罗·博扎特（Paul Beuzart）的记录 *Les hérésies pendant le moyen àge et la réforme dans la région de Douai, d'Arras, et au pays de l'Alleu* (Paris, 1912) 也没有超出弗雷德里希的材料。我刊载在 *A.H.R.* 的作品在 E. Chenon, "L'hérésie à La Charité-sur-Loire et les débuts de l'Inquisition monastique dans la France du nord au XIIIe siècle," in *Nouvelle reutse historique de droit*, xli. 299-345 (1917) 中被忽略了。参见 Fredericq, *Corpus*, iii, p. xviii (1906).

7. 有关内容参见 Charles Molinier, *L'Inquisition dans le Midi de la France* (Paris, 1880) 和 *Études sur quelques manuscrits des bibliothègues d'Italie concernant l'Inquisition et les croyances hérétiques* (Paris, 1888; reprinted from *Archives des missions scientifiques et littéraires,* 3d series, xiv); C. Douais, "Les sources de l'histoire de l'Inquisition dans le Midi de la France, " in the *Revue des guestions historiques,* xxx. 383-459 (1881); 以及 *Documents pour servir à l'histoire de l'Inquisition dans le Languedoc* (Paris, 1900, 2 vols.).

8. *Caesarii Heisterbacensis ... Dialogus miraculorum, ed. Strange* (Cologne, 1851); *Die Fragmente der Libri VIII Miraculorum,* ed. A. Meister (Rome, 1901).

9. *Anecdotes historiques, légendes, et apologues tirés du recueil inédit d'Étienne de Bourbon,* ed. Lecoy de la Marche (Paris, 1877). 艾蒂安本人就是裁判官。关于此类例证集，参见本书第二章。

10. *Bomum universale de apibus* (Douai, 1627). 参阅 E. Berger, *Thomae Canti-pratensis Bonum universale de apibus quid illustrandis saeculi decimi tertii moribus conferat* (Paris, 1895); A. Kaufmann, *Thomas von Chantimpré* (Cologne, 1899).

11. Fredericq, *Corpus, ii, nos. 20, 55; Geschiedenis,* i. 111-113.

12. 英诺森三世的登记册从 17 世纪就开始出版，洪诺留三世的记录由普瑞胥蒂（Pressutti）编辑，而 13 世纪其他教皇记录的出版则归功于罗马的法国学派。从 1198 年到 1276 年，几乎整个系列的等级记录都已出版，对目前研究最重要的是 *Les vegistres de Grégoire IX,* edited by L. Auvray (Paris, 1896-1910, 2 vols. and 2 fascicles; 索引尚未出现)。在较早的教皇诏书集中，对研究宗教裁判所最重要的当然是 *Bullarium Ordinis FF. Praedicatorum,* edited by Thomas Ripoll (Rome, 1729-40)。*Analecta sacri Ordinis Fratrum Praedicatorum* (Rome, 1893 ff.) 则包含补充资料。

13. 在这些机构的一份珍贵文件里，李发现一些与宗教裁判所有关的资料被保存在教皇监狱典录中，并将其发表，参见 *Formulary of the Papal Penitentiary* (Philadelphia, 1892)。没有证据表明该汇编中的任何文件是 1243 年之后的，就日期而言，它们属于格里高利九世的教廷。该汇编的编纂者被认为是一位被称为"托马修斯师傅"（magister Thomasius）的红衣主教，李（p. xxxviii）认为此人就是 1295 年至 1300 年间圣克莱门特的红衣主教雅各布斯·托马修斯·盖塔努斯（Jacobus Thomasius Gaetanus）。更有可能的是，该汇编的编纂者是著名的卡普阿的托马斯（Thomas of Capua），他曾在某些记录中被提及。参见 Martin Souchon, *Historische Zeitschrift,* lxxiii. 87 (1894); 以及拙作 "The Sources for the History of the Papal Penitenitiary," in *American Journal of Theology,* ix. 421-450 (1905) 和 "Two Formularies in Philadelphia," in *Miscellanea Francesco Ehrle* (1924), iv. 275-286.

李的《教皇宗教裁判所典录》一书中涉及的异端行为都被本笃十二世的新版教规所沿袭，我校勘了图尔的手稿（MS. 594, ff. 2-73）。

14. 关于法国北部异端的早期历史，可参考查尔斯·施密特杰出的先驱著作，Charles Schmidt, *Histoire et doctrine de la secte des Cathares ou Albigeois* (Paris,

1849), i. 24-50, 86-94; Havet in the *B. E. C.*, xli. 498 ff.; Lea, i, chs. 2 and 3; H. Theloe, *Die Ketzeruerfolgungen im 11. und 12. Jahrhundert* (Freiburg diss., 1913); T. de Cauzons, *Histoire de l'Inguisition en France*, i. 235 ff.

15. 参阅 Karl Müller, Kirchengeschichte (Freiburg, 1892-1919), i. 495; 关于清洁派异端在北方的主导地位，参见 Charles Molinier, *Revue historique*, xliii. 167。11、12 世纪的北方的异端中心地大多都位于贸易路线上，可参考舒尔特（Schulte）附在 *Geschichte des mittelalterlichen Handels und Verhehrs zwischen Westdeutschland und Italien* (Leipzig, 1900) 末尾的陆路贸易路线地图。阿比尔派十字军也很可能向北分散了异端（Lea, ii. 113）。

关于法国北部的异端和意大利的异端之间密切联系的例子，参见 Fredericq, *Corpus,* i, no. 2; Albericus in *SS.*, xxili. 940, 944; Mousket, *Chronique rimée,* verses 28873, 28996; *H. F.,* xvili. 726; 教皇诏书，参见 Auvray, no. 1044; Chapotin, *Histoire des Dominicains de la province de France,* p. 224.

16. C. Alengry, Les foires de Champagne (Paris, 1915). 关于香槟区集市在当时的中心地位，参见 Schulte, i. 156, 160. 关于集市上的弗拉芒商人，参见 F. Bourquelot, *Études sur les foires de Champagne,* i. 139-141, 191 ff.; Pirenne, *Histoire de Belgigue*, i, 2d ed. (1902), p. 254. 关于意大利商人与香槟区往来的各种讨论，特别参见 C. Paoli, *Siena alle fiere di Sciampagna* (Siena, 1898); A. Schaube, *Handelsgeschichte der romanischen Völker des Mittelmeergebiets bis zum Ende der Kreuzzüge* (Munich, 1906), pp. 374-391. 香槟区在羊毛产业中也非常重要（Schulte, i. 127）。

17. Karl Müller, *Kirchengeschichte,* i. 493, 557; Pirenne, *Histoire de Belgique,* i. 333.

18. Pirenne, *l. c.;* Schmidt, i. 43, 47: ii. 281; 关于 "Textores" 见 Du Cange; Bernard of Clairvaux, *Sermones in Cantica,* lxv, in Migne, *P. L.,* clxxxiti, col. 1092.

19. 商人在里尔和阿拉斯因异端而受到迫害，参见 Mousket, v. 28988; Fredericq, *Corpus*, i, no. 121. Mattew Paris, *Chronica majora,* iii. 520 中阐述了异端与高利贷的关系，另还谈及佛兰德斯。关于高利贷在佛兰德斯盛行，参见 SS., xxiv. 309; xxviii. 442; Auvray, no. 392.

20. H. Haupt, "Waldenserthum und Inquistion," in *Deutsche Zeitschrift für Geschichtswissenschaft,* i. 285 ff. (1889).

21. Trithemius, *Annales Hirsaugienses, ad an.* 1230 (edition of 1690, i. 543). 此陈述来源不明。参见 K. E. Müller, *Quellen welche der Abt Tritheim im ersten Theile seiner Hirsauer Annalen benutst hat* (Leipzig, 1871), p.30.

22. 参见本书第十一章。

23. 关于主教裁判所的组织和程序，特别参见 Lea, i. 305-315; Tanon, pp. 255-325; P. Hinschius, *Kirchenrecht*, v. 337 ff., 425 ff.; de Cauzons, i. 316 ff., 386 ff.; Theloe, *Die Ketzerverfolgungen im 11. und 12. Jahrhundert.* 当然，以下只是非常简要的概述，并非试图去处理所涉及的各种法律问题。

24. 例子参见 Fredericg, *Corpus,* i, nos. 3, 46, 48; H. F. xii. 266.

25. 如 1145 年在列日（Fredericq, *Corpus,* i, no, 30）、1153 年在阿拉斯（*ibid., no.* 32）、1162 年在兰斯（*ibid.,* no. 36）.

26. 相关实例见 *B. E. C.,* xli. 507, 515; Tanon, p. 15. 参阅 H. Maillet, L'Église et la répression sanglante de l'hérésie (Liége, 1909), pp. 33 ff., 书中例子是为了减轻神职人员的责任。

27. 如在 1167 年的维孜莱（*H. F.*, xii. 343），以及在拉沙里泰的迫害。

28. 例子包括: 1135 年列日（Fredericq, *Corpus,* i, no. 25），1198 年桑斯（H. F., xviii. 262），1199 年第戎（Hefele-Knöpfler, *Conciliengeschichte,* v. 798; French tr. by Leclercq, v. 1226），1201 年和 1210 年巴黎（*ibid.,* v. 801 861），1231 年特里

尔（Fredericq, *Corpus,* i, no. 82），1230 年或 1231 年兰斯（本书第十一章）。

29. Potthast, nos. 693, 4197; SS., xxvi. 275. 关于在早期法国案件中使用的证据，参见 Tanon, pp. 275, 303 ff., 324。另一个使用证人的例子，参见 Hauréau, i. 178。运用涤罪誓洗脱罪名的情况比塔农所说的更为普遍；在拉沙里泰对平信徒使用的例子，参见 Auvray, nos. 1044, 2825; Potthast, no. 10044. 最著名的是 1199 年和 1200 年的纳韦尔的院长一案（Potthast, nos. 693,1124, 1577），被告似乎已官复原职，他作为院长的签名出现在 1200 年的一份宪章中，参见 Parmentier, *Histoire sommaire de nosseigneurs les éuêques de Nevers* (MS. in the Archives de la Nièvre), i. 102.

30. 关于主教裁判所和教皇，除上述作品外，还可参见弗雷德里克的相关章节，参见 *Geschiedenis* (i, ch. 2)；关于主教的义务，参见 Henner, *Beiträge zur Organisation und Competenz der päpstlichen Ketzergerichte* (Leipzig, 1890), p. 47. 维罗纳会议和 1215 年拉特兰会议中与异端有关的教规，参见 Fredericq, *Corpus,* i, nos. 56, 68. 主教方面所谓的官方程序的发展（不仅限于异端案件），拉特兰会议的第八条教规（*Corpus Juris Canonici,* ed. Friedberq, ii. 745）也很重要。参阅 Hinschius, *Kirchenrecht,* v. 349 ff.; Paul Fournier, *Les officialités au moyen àge* (Paris, 1880), pp. 91, 270-281; A. Esmein, *Histoire de la procédure criminelle en France et spécialement de la procédure inquisitoire* (Paris, 1882), pp. 66 ff.

31. 许多下文引用的例子都可以找到，而且往往叙述得更为详尽，参见 Schmidt, i. 86-94, 362-365; Havet, *B. E. C.,* xli. 511 ff.; Lea, i. 130, 131, 307 ff.; Fredericq, *Geschiedenis,* i. 21 ff.

32. Fredericq, *Corpus,* i, no. 34.

33. Fredericq, *Corpus,* i, nos. 36-38, 40-44, 46, 48-55; ii, nos. 9, 10, 17; Ralph of Coggeshall, ed. Stevenson, pp. 121 ff.; Frederichs, "De Kettervervolgingen van Philips

van den Elzas," in the *Nederlandsch Museum* for 1890, pp. 233-245. 弗雷德里希认为审判弗拉芒异端的牛津会议发生在 1160 年，显然他没有注意到 1166 年克莱伦登法令中有关于这一点的证据。

34. *H. F.*, xvili. 713; Fredericq, *Corpus,* i, nos. 64, 69.

35. 参见本书第十一章。

36. 特别参见 *Chartularium Universitatis Parisiensis,* i, nos. 11, 12; Caesar of Heisterbach, ed. Strange, i. 304 ff.; *H. F.*, xvii. 83; xix. 250; *SS.*, xxvi. 275; G. Théry, *Autour du décret de* 1210 (Kain, I925-26: Bibliothèque Thomiste, vi, vii); M. De Wulf, *Histoire de la philosophie médiévale,* 5th ed. (Louvain and Paris, 1924-25), i. 235. 有关 1210 年受到谴责的教义，有大量现代的讨论见 Mandonnet, *Siger de Brabant* (2d ed., i. 17-19, Louvain, 1911).

37. Hefele-Knöpfler, v. 933; *Charlularium Universitatis Parisiensis,* i, no. 50.

38. *H. F.*, xvili. 319; xxi. 598.

39. *SS.*, xxiii. 878; Caesar of Heisterbach, i. 307.

40. 圣王路易时期，关于国王在奥尔良的正义的调查，参见 Archives Nationales, JJ. 26（所谓的"腓力·奥古斯都的记录 E"），f. 277. 主教很可能是玛拿西·德·塞涅莱（Manasses de Seignelay，1207—1221）。

41. Potthast, no. 2941.

42. *H. F.,* xii. 343, 345.

43. 纳韦尔伯爵埃尔韦（Hervé，卒于 1222 年）被称为"异端的迫害者"。*Histoire littéraire,* xxxii. 530; Vincent de Beauvais, *Speculum historiale* (Douai, 1624), iv. 1275.

44. 其传记参见 *H. F.*, xviii. 726; L. M. Duru, Bibliothèque historigue de l'Yonne, i. 433; 参阅 Robert d'Auxerre in *H. F.,* xvili. 273 或 SS., xxvi. 270。

45. 关于尼韦奈的异端可参看刚引用过的编年史中的其他段落（*H. F.*, xvili. 262, 264, 729; SS., xxvi. 258, 260）；以及 *H. F.*, xix. 7; Potthast, nos. 693, 745, 1124, 1577, 1678, 1909, 2131；以及以下注释中引用的教皇诏书。*Cartulaire du prieuré de La Charité-sur-Loire* (Nevers, 1887) 和国家图书馆中的拉沙里泰宪章（MSS. Lat. n. a. 2274, 2275）中没有包含有关这一主题的任何内容。在拉沙里泰对异端的迫害，参见 E. Chénon, in Nouvelle revue historique de droit, xli. 299-345 (1917). 朗格勒教区的案件参见 Potthast, nos. 4197, 4700; Auvray, no.1078.

46. 同年的一个案例参见 Potthast, no. 2787.

47. Potthast, no. 3271.

48. Auvray, no. 637.

49. 自 1174 年以来拉沙里泰的修会会长就对该镇拥有暂时管辖权。Lespinasse, *Cartulaire,* p. 160.

50. Auvray, no. 637. 该大主教于 1232 年去世。他墓志铭的开头是 "Exuperans hereses"，参阅 P. Labbé, *Nova bibliotheca manuscript. librorum* (ii. 109).

51. 流放和没收财产的判决（Auvray, no. 997），对一位苏维尼市民的涤罪誓（Auvray, no. 2825; Potthast, no. 10044），无罪释放拉沙里泰的一名妇女（B.N., Coll. Moreau, 1191, f. 25）。欧塞尔和纳韦尔的主教以及维孜莱的修道院长和教长（Auvray, no. 1078）对夏布利一位教士的审查也属于同一时期。

52. Auvray, no. 1044. 主教传唤遭受怀疑的骑士科林·莫兰德（Colin Morand）的行为，参见 J. Lebeuf, *Mémoires concernant l'histoire civile el ecclésiastique d'Auxerre* (ed. Challe and Quantin), i. 411。

53. 1233 年 2 月 28 日诏书，Auvray, no. 1145. 参阅 no. 1144。

54. 1227 年 7 月 18 日诏书，Auvray, no. 133.

55. 1233 年 2 月 27 日诏书，Auvray, no. 1152.

56. 关于这一点，参考 Fredericq, Corpus, i, nos. 75, 89.

57. 格里高利九世在谈到拉沙里泰的异端时说："如果有人开始追捕这些狡猾的狐狸，他们为躲避罪责，就会跑到别的地方。"该诏书参见 Fredericq, *Corpus,* i, no. 90. 所以在英诺森三世时期，欧塞尔教区的居民会声称他们属于布尔日教区或纳韦尔教区。Potthast, no. 3271.

58. 1202 年 5 月 12 日诏书，Potthast, no. 1678.

59. 1203 年 5 月 21 日诏书，Potthast, no. 1909.

60. 有一个令人信服的案例，可证明英诺森三世时期程序的拖延，即 1211 年和 1213 年出现在教廷记录里的某个朗格勒的教士、米西（Mussy）的神甫。参见文献：Potthast, nos. 4197, 4700; Lea, i. 307. 如果此人与 1233 年教皇诏书（Auvray, no. 1044）中提到的"米夏克"（Musciac）的异端神甫是同一个人，那么他就成功地躲过了宗教裁判所的审判。

61. 李试图将责任从格里高利九世转移到腓特烈二世身上，但没有成功，参见 Lea, i. 328. Douais, *L'Inguisition,* pt. 1, ch. 5. ; 参阅 Turberville, pp. 151 ff。

62. 参阅 Hinschius, *Kirchenrecht,* v. 450. 与此同时，正如塔农所指出的那样（pp. 36, 291），在多明我会裁判所成立之前，许多刑罚和程序的特殊性就已经形成了。

63. Potthast, no. 7931; Auvray, no. 109. 在 1224 年或更早之前，康拉德与希尔德斯海姆的主教一起参与了对德国异端的迫害。关于他的非凡生涯，参见 Emil Michael, *Geschichte des deutschen Volkes* (Freiburg, 1897-1916), ii. 318 ff.; A. Hauck, *Kirchengeschichte Deutschlands*, iv (1903), pp. 879 ff。

64. Lea, i. 326.

65. 关于 1231 年的立法，可参见 J. Ficker, "Die gesetzlich Einführung der Todesstrafe für Ketzerei," in *M. I. O. G.,* i. 177-226 (1880); Winkelmann, *Kaiser Friedrich II.* (Leipzig, 1889-97), ii. 296 ff.; H. Köhler, *Die Ketzerpolitik der deutschen Kaiser*

und Könige in den Jahren 1152-1254 (Bonn, 1913). 格里高利的法令和随之而来的罗马立法，见 Fredericq, *Corpus,* i, nos. 79, 80; Auvray, nos. 539, 540. 哈维特将决定性的影响归于多明我会修士、布雷西亚的主教瓜拉，参见 Havet, *B. E. C.,* xli. 602，佩纳福特的赖孟多（Raymond de Peñafort）的重要性，参见 Acton, *History of Freedom,* p. 557.

66. E. Winkelmann, *Acta Imperii inedita,* i. 499, 其中引用了美因茨和斯特拉斯堡次年的类似文件。

67. Potthast, nos. 8859, 8866; M. G. H., *Constitutiones et acta publica,* ii. 196.

68. Potthast, no. 8932.

69. Potthast, no. 9041.

70. 任命勃艮第裁判官的诏书已经遗失，但其内容被引用在 1233 年 4 月 19 日诏书（Gaudemus）中，诏书显然是 1232 年的。参见 Potthast, no. 9152；本章下文。

71. Potthast, no. 9153.

72. 1233 年 4 月 20 日诏书，抄录自国家图书馆的多阿收藏（xxxi. 21）卡尔卡松的宗教裁判所档案。其中部分内容（日期为 4 月 13 日），参见 Percin, *Monumenta conventus Tolosani,* iii. 92，并转载于 Fredericq, *Corpus,* i, no. 89 (Potthast, no. 9143; Auvray 中未收录)。

73. Potthast, no. 9155.

74. 1233 年 4 月 19 日诏书（Gaudemus）。参见 Auvray, no. 1253; Potthast, no. 9152; Fredericq, *Corpus,* i, no. 90.

75. 大多数同时代的编年史家只是记录了罗伯特修士历史中的特定时期。对研究他裁判生涯具有特别重要意义的史学权威包括：

马修·帕里斯 , 参见 *Chronica majora* (ed. H. R. Luard, iii. 361, 520; v. 247; ed, F. Liebermann, in the *SS.,* xxviii. 133, 146, 326); *Historia Anglorum* (ed. Madden ii.

388, 415; ed, F. Liebermann, *SS.*, xxviii. 411,); 以及被认为由他所作的 *Abbreviatio chronicorum Anglie* (作为 *Historia Anglorum* 的一部分，ed. Madden, iii. 278; ed, Liebermann, *SS.*, xxviii. 448). 利伯曼（Liebermann）编辑的版本较好；弗雷德里希因为依赖 1640 年的版本而遗漏了一些重要的段落。

特鲁瓦方丹的阿尔伯里科斯（Albericus Trium Fontium），ed. P. Scheffer-Boichorst, *SS.*, xxiii. 936, 937, 940, 945; 另载 *H. F.*, xxi. 614, 615, 618, 623. 关于这部作品请参考舍费尔（Scheffer）所作的精彩介绍。阿尔伯里科斯是马恩河畔沙隆教区特鲁瓦方丹的僧侣，对罗伯特在香槟区的活动有特别的了解；他所著编年史的现存版本中一些部分是由一位于伊的僧侣补充。

菲利普·穆斯凯（Philippe Mousket），*Chronique rimée,* verses 28871-29025. 托布勒编辑的最好，却有一些重要的遗漏，参见 Tobler, in *SS.*, xxvi. 804-806; 另 ed. de Reiffenberg (Brussels, 1836-38); *H. F.,* xxii. 55-56; Fredericq, *Corpus,* ii, no. 23. 穆斯凯住在图尔奈，1236 或 1237 年的某些租约文件中提到了他。关于他的生活和家庭，参见 B. C. Du Mortier, in the *Compte-Rendu of the Commission Royale d'Histoire,* ix. 112-145 (Brussels, 1845); Pirenne, in the *Biographie nationale,* xv. 329.

为方便起见，除了以上几位，还有一位较不可信的作家里歇尔·德·瑟诺讷（Richer de Senones），他对罗伯特的描述很简单。他所作的《编年史》（*Chronicon*），载 ed. Waitz, *SS.,* xxv. 307; 这段话在德·阿什里（d'Achery）的较旧版本中被省略了。

76. 1263 年 10 月 25 日，乌尔班四世的诏书（Constitutus），根据教廷登记册，载 Chapotin, *Histoire des Dominicains de la prouince de France,* pp. 224-225; J. Guiraud, *Les registres d'Urbain IV,* no. 1180。

77. *Historia Anglorum,* iii, 278; *SS.,* xxviii. 448. 里歇尔说，罗伯特作为裁判官，判

处他的父母死刑。

芬克指出，在罗伯特的案例中，如果教皇遵循后来的任命规则就更好了，只任命那些出身信仰正统的家庭、无信仰瑕疵的正统教徒为裁判官，参见 Finke, in the *Historisches Jahrbuch,* xiv. 335.

77. 参见 Albericus, *SS.,* xxiii. 940: Circa tempus magni concilii apostatavit, secutusque mulierculam manicheam Mediolanum abiit, et factus est de secta illa pessima per annos 20, ita quod inter eos fuit perfectissimus.（大意：大约在大公会议期间，他叛教了，跟着一个摩尼教女人去了米兰，在该教派中待了长达二十年之久，并成为其中最出色的信徒）Mousket, vv. 28873-28876. 阿尔伯里科斯的表述非常清晰，但沙波坦（Chapotin, *Histoire des Dominicains,* p. 216, note）却说罗伯特在叛教前是多明我会修士，后来成为瓦勒度派教徒。

79. Matthew Paris, *Chronica majora,* iii. 361, 520; *SS.,* xxviii. 133, 147.

80. Albericus, *SS.,* xxiii. 940.

81. 1235 年 8 月 22 日诏书（Quo inter ceteras）。 参见 Auvray, no. 2737; Potthast, no. 9994; Fredericq, *Corpus,* ii, no. 28.

82. *Chronica majora,* iii. 520; *SS.,* xxviii. 146.

83. *SS.,* xxv. 307.

84. 参阅 H. Plehn, *Der politische Charakter von Matheus Parisiensis,* p. 45 (in *Staats- und socialwissenschaftliche Forschungen,* ed. G. Schmoller, xiv, 3 (Leipzig, 1897).

85. *Chronica majora,* iii. 520; v. 247; *Historia Anglorum,* ii. 388; SS., xxviii. 147, 326, 411.

86. *SS.,* xxiii. 940.

87. *SS.,* xxv. 307. 人们很容易从"罗伯特修士"身上看到裁判官的影子，鲁特伯夫在一篇讽刺虚伪的托钵会修士的作品中提到了他和另外五位修士的名字（ed.

Jubinal, 1874, i, p. 246; ed. Kressner, p. 72）；但我同意朱比纳尔（Jubinal）的观点，这些名字可能是虚构的。

88. 该诏书已遗失，但在 1233 年 4 月 19 日诏书（Gaudemus）的引文有所提及（Auvray, no. 1253; Potthast, no. 9152; Fredericq, *Corpus*, i, no. 90）。对勃艮第裁判官的任命显然是在 1231 年 2 月的法令之后，很可能是在 1232 年。贝桑松修道会会长的名字没有在这份诏书中提及，但他出现在 1233 年 4 月的一项法案中："frater W. prior ordinis Predicatorum Bisuntinensium"（大意：W 弟兄，贝桑松传道修道会会长）（B.N., Coll. Moreau, MS. 863, f. 539 v）。

89. 参阅 Lea, ii. 119. 1233 年有两份关于这个问题的诏书，一份是 5 月 27 日致贝桑松大主教下辖主教的（参见 Lea, i. 567，来源于多阿收藏，被归类在格里高利十世名下），该诏书重复了近期颁给德国高级教士，关于监禁故态复萌的异端分子的指示（Rodenberg, *Epistolae,* i, no. 514）；另一份的日期是 6 月 17 日，回复了贝桑松的多明我会修士的某些问题（Auvray, no. 1416; Potthast, no. 9235）。贝桑松的多明我会在 1224 年前就建立了，但我在贝桑松并未寻找到资料（Richard, *Histoire des diocèses de Besancon et de Saint-Claude,* i. 473; Chapotin, *Histoire des Dominicains de la province de France,* p. 53）。

90. 我们对罗伯特在拉沙里泰经历的了解来自于他自己的陈述，载 1233 年 4 月 19 日的诏书（Auvray, no. 1253; Potthast, no. 9152; Fredericq, *Corpus*, i, no. 90）。毫无疑问，他及时向教皇汇报了自己在拉沙里泰的工作，因此这些工作一定是在 1233 年的头几个月内完成的。2 月 28 日的诏书（Circa mundi vesperam, Auvray, no. 1145）提到了拉沙里泰修道会会长的努力，但没有提到罗伯特。更多信息，可参见 E. Chénon, "L'hérésie à La Charité-sur-Loire," in *Nouvelle revue historique de droit,* xli (1917)。

91. 诏书（Gaudemus）同上文。

92. 该诏书已遗失，但在 1235 年 8 月 22 日诏书（Quo inter ceteras）中被提及（Auvray, no. 2737; Potthast, no. 9994; Fredericq, *Corpus*, ii, no, 28）。

93. Fredericq, *Corpus,* i, no. 89; Potthast, no. 9143.

94. Mousket, vv. 28877 ff.

95. 1235 年 11 月 8 日致纳韦尔主教、多明我会省区会长和巴黎副主教的诏书，载 Sbaralea, in *Bullarium Franciscanum,* i. 177; Auvray, no. 2825 (Potthast, no. 10044)。

96. 关于"女修道院院长"吉莱，比较 Albericus, *SS., xxiii.* 945。

97. B.N., MS. lat. 5993A［香槟区的档案册被称为《大祭司之书》（Liber pontificum）］，f. 412. 参阅 F. Bourquelot, *Histoire de Provins,* i. 182. 一个错误的分析参见 H. d'Arbois de Jubainville, *Catalogue des actes des comtes de Champagne,* no. 2293 (*Histoire des comtes de Champagne,* v. 332)。这是我发现的唯一一份由罗伯特修士签发的文件。另外，同一主题的类似文件参阅 MS. lat. 5993A, f. 436; 相关分析见 d'Arbois, *Catalogue,* no. 2319.

98. 1235 年 8 月的两份诏书（Dudum 和 Quo inter ceteras）（Auvray, nos. 2735, 2736, 2737; Potthast, nos. 9993, 9994, 9995）。

99. 1234 年 2 月 15 日致多明我会省区会长的诏书（Olim intellecto）（Auvray, no. 1764，这种形式仅限于桑斯省）。同一诏书，1234 年 2 月 4 日致桑斯大主教及其卜辖主教（Auvray, no. 1763; Potthast, no. 9388）。同一诏书，1234 年 2 月 4 日致兰斯大主教及其下辖主教（Potthast, no. 9386; Fredericq, *Corpus,* i, no. 93; Auvray 中未收录）。同一诏书，无日期，致布尔日教长和全体教士——主教职位空缺——以及该省的主教，保存在布尔日教会的档案册（B.N., MS. lat. n.a. 1274）的第 42 页。这份副本的标题是"关于撤销罗伯特修士的裁判权"（De revocatione iurisdictionis fratris Roberti），与其他诏书不同的是，该诏书只撤销了罗伯特的权力，并没有撤销其他多明我会裁判官的权力。原因可能是虽然布尔日教区本身在北方，与欧塞尔教区毗邻，但该省的其他教区却在南方，多明我会修士在那里承担着不同任务。这份档案册中的副本在中间部分断裂，就在"oculis"一词之前。关于这本档案册的作者，参见 Delisle, in the *B. E. C.*, lx. 7-44.

100. 在离拉沙里泰不远的圣皮埃尔 - 勒 - 蒙蒂尔。执法者的记录，1234 年耶稣升天节条目，参见 *H. F.*, xxii. 570J. 从上面已出版的文件来看，"女修道院院长"吉莱当时也在监狱里。皇室记录，1234 年万圣节（桑斯）条目，1235 年圣烛节（巴黎）条目，参见 *B. E. C.*, xxviii. 621（参阅 Tillemont, *Histoire de St. Louis,* ii. 292）；以及国王的王室记录，1234 年耶稣升天节，参见 H. F., xxi. 227F, 237B 中均提到了异端分子。杜·孔日在 "Bulgari" 词条下，将这些段落中的 "bougri" 和 "bogrii" 解释为"高利贷者"。在特定的情况下，通常很难断定这个词具体是指异端、高利贷还是非自然的恶习，三项罪行其中任何一项常常包含其他两项。

101. Albericus, *SS.*, xxiii. 936，其中说：在 1234 年，罗伯特作为裁判官在"整个法国"境内活动。这一说法令人十分怀疑，除非他指的是这一年的年初。时间的精确性并不是这位编年史家的强项。

102. 国王王室记录，1234 年耶稣升天节条目，参见 *H. F.*, xxi. 233E。该条目的日期是 3 月 24 日或其前后，但没有说明这项任务是何时进行的，也没有说明其目的是什么。国王本人于 2 月下旬，也许到 3 月还在布尔日（*H. F., xxii,* p. xxxv）。

103. 11 月 6 日诏书，参见 Auvray, no. 2185.

104. 11 月 23 日诏书（Accurri），参见 Auvray, no. 2221（Potthast, no. 9772）。还有一份 1234 年 11 月 20 日、与佛罗伦萨商人有关的诏书（Relatum est auribus），在里波尔（Ripoll）的文本中，称呼"R 弟兄"（*Bullarium Ordinis*

Praedicatorum, i. 71, no. 115; Potthast, no. 9766, and Auvray, no. 2216）以及我在梵蒂冈校勘过的登记册手稿中都称为"R 弟兄"；Analecta Ordinis Fratrum Praedicatorum, iv. 383 中则称"Fratri Roberto ordinis Predicatorum Parisius"（大意：巴黎传道修道会的罗伯特弟兄）。

105. 1235 年 6 月 7 日，致伊普尔的圣马丁教区长的信，附兰斯大主教的证言（vidimus），参见 Fredericq, *Corpus,* i, no. 99。也许努瓦永主教对米歇尔·德·瑟里济（Michel de Cerizy）的审判也在这个时期（见 1235 年 12 月 5 日诏书，参见 Auvray, no. 2854）。

106. 1235 年 8 月 21 日致法国传道托钵会省区会长的诏书（Dudum ad aliquorum murmur）（Auvray, no. 2736; Potthast, no. 9993; Fredericg, *Corpus,* i, no. 100）。8 月 23 日致罗伯特修士的诏书（Dudum）（Auvray, no. 2735; Potthast, no. 9995; Fredericq, i, no. 101）；另一无日期的简略版本，见罗马的奥托博尼文集中一份手稿，B.N., Collection Moreau, 1193, f. 229。8 月 22 日致桑斯大主教的诏书（Quo inter ceteras）（Auvray, no. 2737; Potthast, no. 9994; Fredericq, ii, no. 28）.

107. *Annales Sancti Medardi Suessionensis, SS.,* xxvi. 522; Fredericq, *Corpus,* ii, no. 26. 德利勒（*Histoire littéraire,* xxxii. 235 ff.）表明，这些编年史是 1233 年至 1254 年期间任埃纳河畔维克的修道会会长戈贝尔·德·库万奇（Gobert de Coinci）的作品。这些记录对罗伯特实施迫害的描述虽然简短但却冷静而准确。

108. 1263 年的诏书提到了 1235 年的事件，参见 Guiraud, *Registres,* no. 1180。

109. Albericus, in *SS.,* xxiii. 937; Fredericq, *Corpus,* ii, no. 24.

110. 穆斯凯居住在图尔奈，其所著的编年史对北方事件的记录最为全面。除非另有说明，否则文中的叙述是基于他的陈述，参见 vv. 28887 ff. 阿尔伯里科斯（*l.c.*）和马修·帕里斯（*Chronica majora,* iii. 361; *SS.,* xxviii. 133）草草结束了这个话题，续写者安德烈·德·马尔谢讷（André de Marchiennes，*SS.*, xxvi. 215; *H. F.*, xviii. 559; Fredericq, *Corpus,* ii, no. 25）和西伯特·德·让布卢（Sigebert de Gembloux，SS., vi. 440）也做了同样的描述，或许这是因为他们的资料来源相同（参阅 Waitz, in *SS.*, xxvi. 204）。被认为是鲍德温·德·阿凡斯内（Baudoin d'Avesnes）所著的埃诺省编年史（*H. F.,* xxi. 166; *SS.*, xxv. 455）对此也有简要提及。

14 世纪的两位作家吉勒·德·米西（Gilles de Muisit，参见 de Smet, *Corpus chronicorum Flandriae,* ii. 150）和让·德·乌特勒默斯（Jean d'Outremeuse，参见 ed. Borgnet, v. 231）记录了这一时期对异端的迫害，但他们的叙述没有什么特别价值，这从让将罗伯特修士与更为著名的多明我会修士阿尔贝图斯·马格努斯（Albertus Magnus）混为一谈就可以看出来。弗雷德里克从戴恩特（Dynter）所著《编年史》（*Chronica*）中摘录的内容（*Corpus,* i, no. 104; Dynter, ed. de Ram, i. 564, 625），只是重复了安德烈和西伯特所著续篇中的段落。弗雷德里希对北方事件的讨论尤其出色。

111. 参阅 Baudoin d'Avesnes, *H. F.*, xxi. 166.

112. 后来在圣王路易统治时期，法律规定：对于被判处死刑的孕妇，在孩子出生前不得行刑。参见 *Livre de jostice et de plet,* p. 55.

113. "海尔丁库尔"（Heldincourt）。康布雷附近的很多地方都被认为是可能的发生地（参见 *H. F.,* xxii. 55）。霍尔德 - 爱格（Holder-Egger）、弗雷德里希和塔农倾向于是埃林库尔（诺尔省，康布雷区）。我更倾向于厄迪库尔（索姆省，佩罗讷区，鲁瓦塞勒州），位于佩罗讷和康布雷之间，古时被称为海尔丁库尔（参阅 Paul de Cagny, *Histoire de l'arrondissement de Péronne,* ii. 723）。

114. 1236 年 2 月 17 日。正如弗雷德里希指出的那样，魏茨（Waitz）和霍尔德 - 爱格都混淆了这些事件的年份，因为他们忘记了在这个地区，一年是从复活节开始的。

115. Vv. 28944 ff. 关于这一数字，比较文献：Albericus, SS., xxiii. 937. 坎蒂普雷的托马斯（Thomas of Cantimpré）所讲述的康布雷异端的故事可能与这场迫害有关，参见 *Bonum universale de apibus,* ii. 57, no. 68 (ed. Douai, 1627, p. 592; 参阅 Fredericq, *Corpus,* i, nos. 106, 107)。

116. 这一具体的描述出自该镇的一部同时期的编年史，参见 *Notae Sancti Amati Duacenses* (SS., xxiv. 30; Fredericq, *Corpus,* i, nos. 98, 106)。参阅 J. Buzelinus, *Gallo-Flandria* (Douai, 1625), i. 256, 279. 穆斯凯的说法（vv. 28980-87）更为笼统，但同样也给出了"十"这一数字。杜埃和康布雷的迫害在洛布斯的年鉴（Martène and Durand, *Thesaurus,* iii. 1427; SS., iv, 26; Fredericq, *Corpus,* i, no. 94）和杜埃的一份地方通告（载 Fredericq, *Corpus,* iii, no. 1）中均有提及。

117. Mousket, v. 28987.

118. 北部省里尔区。参阅 Frederichs, p. 19.

119. 如果我们接受阿尔伯里科斯的说法，即在杜埃及其附近烧死了三十多人，减去在杜埃被处决的十人。阿尔伯里科斯同意穆斯凯有关康布雷的看法，但穆斯凯没有给出里尔（处死异端）的数字。参见 Fredericq, *Corpus,* ili, no. 3.

120. Mousket, vv. 28988-29005. 这段话的一部分，特别是第 29000 行的内容含糊不清，令所有编者感到困惑。对此我无法做出新的解释。

121. Matthew Paris, *l. c.* 这个总数与穆斯凯和阿尔伯里科斯更加详细的描述非常吻合。

122. 10 月 6 日致法国大主教和主教的诏书（Potthast, no. 10460）。这个典故是指"破坏葡萄藤的小狐狸"（Canticles, ii. 15），在中世纪，甚至连瓦勒度信徒自己也将这个典故解释为指代异端。参阅 Lea, i. 78, note.

123. 载 "Annals of La Trinité de Vendôme," in the *E. H. R.,* xiii. 698。被认为是布洛

瓦 1237年所写的 "combustio Bugrorum" 显然是 "combustio burgorum" 的误写。

124. *H. F.,* xxi. 252 D.

125. *Chronica majora,* iii. 520 (SS., xxviii. 146).

126. *Gesta Abbatum Austissiodorensium,* in Labbé, *Nova bibliotheca manuscriptorum,* i.

581. 参阅 Gallia Christiana, xii. 387.

127. Fredericq, *Corpus,* ii, no. 29. 另参见 Proville, *Histoire du couvent des Dominicains*

d'Arras (B.N., MS. fr. 11620), pp. 387, 683, 其中引用了修道院的一份现代手稿。

128. 阿拉斯主教阿森的授权信，1244 年 4 月（也可能是 1245 年，因为 1245 年的

复活节是 4 月 16 日），确认胡克迪厄被罗伯特逐出教会。原件带有印章痕迹，

参见 Archives du Pas-de-Calais, A. 105，载 Fredericq, *Corpus,* i, no. 121，来自

里尔的一个档案保管处。

关于亨利·胡克迪厄，参见 A. Jeanroy and H. Guy, *Chansons et dits Artésiens du*

XIIIe siècle (Bordeaux, 1898), pp. 80, 121, 132; A. Guesnon, in the *Bulletin historique*

et philologique of the Comité des travaux historiques et scientifiques, 1898, p. 192; in

the *Moyen âge,* new series, iv. 31.

129. 马恩省，沙隆区，贝热尔莱韦尔蒂镇。参阅 A. Longnon, *Dictionnaire*

topographique de la Marne, p. 171, 该文献给出了该地名的众多变体。这个地名

在中世纪时期的不同形式造成了一些混乱，甚至给某位作家提供了一个蹩脚的

借口来怀疑大火刑的真实性（*Histoire littéraire,* xviii. 249）。关于艾梅山早期

的异端史，参见 Schmidt, *Histoire des Cathares,* i. 33, 411; F. Vernet, "Cathares,"

in Vacant and Mangenot, *Dictionnaire de théologie catholique,* ii. 1990-91 (1905).

关于 1239 年的火刑（auto da fé），多明我会修士波旁的艾蒂安作为目击者，

做了简短报告，参见 *Anecdotes historiques,* ed. Lecoy de la Marche, pp. 150,

415 ("Cui sentencie ego interfui")。居住在同一教区的阿尔伯里科斯给出了最

详细的描述（*SS.*, xxili. 944−945; *H. F.*, xxi. 623）。穆斯凯（vv. 30525 ff.，在文献 *SS.* 的摘录中被省略了）和埃尔福特的多明我会年鉴也提到了这一事件（*Monumenta Erphurtensia,* ed. Holder-Egger, pp. 96, 235; Böhmer, *Fontes rerum Germanicarum,* ii. 400; SS., xvi. 33）。两位后世作家也提到了这一事件：Jean de Saint-Victor, in *Memoriale historiarum* (B.N., MS. lat. 14626, f. 339 v; Quétif and Échard, *Scriptores Ordinis Praedicalorum,* i. 190); Geoffroy de Courlon, *Chronique de l'abbaye de S. Pierre-le-Vif de Sens*, ed. Julliot (Sens, 1876), p. 518 (*H. F.*, xxii. 3; 在文献 *SS.* 的摘录被省略了）。在格兰特·沙尔曼教授的帮助下，我在梵蒂冈看到两份若弗鲁瓦手稿的校本（Reg. lat. 455 and 480），这些手稿没有被编者使用过。已出版的文本所依据的桑斯手稿中显示处决异端地点在 "apud Moimerillonum"，*H.F.* 的编者将其与维埃纳省的蒙特莫里翁（Montmorillon）联系起来。梵蒂冈的手稿（Reg, lat. 480, f. 117）写有 "Moimer" 字样，这是 "艾梅山" 这一地名的常见形式。

130. 我们至少知道，罗伯特有次传唤一个阿拉斯的商人到他面前（Archives du Pas-de-Calais, A. 105; Fredericq, *Corpus,* i, no. 121），而且埃尔福特的年鉴明确提到艾梅山距离普罗旺斯很近。五月集市通常在耶稣升天节前的星期二开始（Bourquelot, *Les foires de Champagne*, i. 81; *Alengry, Les foires de Champagne,* p. 95)，在 1239 年是 5 月 3 日，即对异端的审判开始之前。

131. 阿尔伯里科斯提到了主教的名字。

132. 关于安慰圣礼，参见 Lea, i. 96，和法文译本中的补充注释；J. Guiraud, "Le *Consolamentum* ou initiation cathare," in *Questions d'histoire et d'archéologie chrétienne* (Paris, 1906), pp. 93-149. 不同的记录在数量上惊人的接近。阿尔伯里科斯说一百八十三人，穆斯凯说一百八十七人，埃尔福特年鉴说一百八十四人。波旁的艾蒂安 在一篇文章中说 "大约一百八十人"，在另一篇文章中给出了"八十多人"——后者明显减少了一百人。让·德·圣维克托说一百八十人；若弗鲁瓦·德·库尔隆（Geoffroy de Courlon）没有给出数字。

133. 布尔克洛说，当地的古董商格里永（Grillon）提到了在特鲁瓦和普罗旺斯的也有类似的处决，参见 Bourquelot, *Histoire de Provins*（i. 183），但我没有找到当代的证据。

134. 朗格卢瓦称他为"杀人狂魔"（un homicide naniaque），参见 Langlois, in *Histoire de France* of Lavisse, iii, 2, p. 73.

135. Albericus in *SS.*, xxili. 944. 仍有一些人同情异端信徒的命运，正如我们从一位多明我会领袖亨伯特·德·罗曼（Humbert de Romans）写给布道者的指导中了解到的那样，参见 *Maxima bibliotheca patrum*, xxv. 555.

136. *Chronica majora,* ed. Luard, iii. 520; *SS.*, xxviii. 147; *Ibid.*, v. 247; xxviii. 326. 参阅 *Historia Anglorum,* ed. Madden, ii. 415; *SS.*, xxvili. 411.

137. Richer de Senones, *Chronicon*, in *SS.*, xxv. 307-308（在德·阿什里的版本中省略）. 关于里歇尔历史学家的身份，参见 Wattenbach, *Deutschlands Geschichtsguellen*, 6th ed., ii. 399.

138. 马修·帕里斯的说法似乎并没有被使用。杰拉德·德·弗拉谢的说法被印在不显眼的地方，参见 *Scriptores Ordinis Praedicatorum of Quétif and Échard* (ii. 543)，但却被注意到了，参见 Proville, *Histoire du couvent des Dominicains d'Arras* (B.N., MS. fr. 11620, pp. 420 ff.); Chapotin, *Histoire des Dominicains de la province de France,* p. 224

139. *Abbreviatio chronicorum Angliae,* in Madden's edtion of the *Historia Anglorum*, iii. 278; *SS.*, xxviii. 448. 关于多明我会监禁犯错修士的权力，参见 1238 年和 1240 年的总章，载 *Acta capitulorum generalium Ordinis Praedicatorum,* ed. B. M. Reichert, i. 10, 16; Potthast, no. 11089.

140. Gerardus de Fracheto, *Vitae fratrum Ordinis Praedicatorum,* ed. Reichert (Rome and Stuttgart, 1897), p. 292. 作者于 1225 年加入修会，主要居住在利摩日；其作品创作于 1256 年至 1260 年间，后来进行了润色。参见引言第 16 页，以及正文的第 4 和第 5 页。虽然这段话明显是指罗伯特，但他的名字并没有出现在雷谢尔（Reichert）提供的手稿中；但埃沙德（ii. 543）说这个名字出现在他同时代的手稿中。雷谢尔校勘的一份手稿中也说这位修士开始在克莱尔沃挑起纷争。

从这段文字来看，某些现代多明我会信徒为清除罗伯特修士留下的记忆所做的努力很不寻常。布勒蒙（Bremond）在写给里波尔的便条中（*Bullarium Ordinis FF. Praedicatorum,* i. 81）责备斯蓬达努斯（Spondanus）接受了马修·帕里斯这样一个不值得信赖的作家的陈述，其作品已遭异端分子篡改。罗伯特后来并没有被监禁，而是于 1235 年死在圣雅克——"ut liquet ex priscis monimentis ejusdem conventus"。肖凯（Choquet）为 1242 年在阿维尼奥内遇害的罗伯特修士戴上了殉道者的荣冕（Fredericq, *Corpus,* i, p. 111）。普罗维尔（*l.c.*）认为像罗伯特这样的人不可能突然堕落，而且他太老了，不可能加入这么多修会，最后还以热拉尔（Gérard）的手稿中没有他的名字为罗伯特进行辩护。A. 丹萨斯（*Études sur les temps primitifs de l'Ordre de S. Dominique,* iv. 470 ff.）摘录了热拉尔的这一章内容，却没有提及罗伯特。沙波坦（*l.c.,* p. 224）总结说，如果罗伯特超越了止义和人性的界限，教皇和多明我会一定会惩罚他。只有他们当中最优秀的学者埃沙德，能够正视事实："hominem ab ordine extorrem, nec iam ex ordine memorandum"（*Scriptores Ordinis Praedicatorum,* ii. 543）.

141. 多明我会领袖得到 1246 年 7 月 7 日诏书的授权，可以罢免裁判官（哪怕是由教皇任命的裁判官），并任命其他人代替他们。参见 Douais, *Documents pour servir à l'histoire de L'Inquisition en Languedoc,* p. xiv. 同年 1 月，类似的诏书

也颁给了方济各会（Potthast, no. 11993）。

142. *History of the Inquisition,* ii. 116; *Formulary of the Papal Penitentiary,* p.53, note.

143. *Tribunaux de l'Inguisition,* p. 116.

144. *Robert le Bougre,* pp. 27, 32.

145. *Annals of St. Médard of Soissons, SS.,* xxvi. 522.

李的著作中，有一封致"桑斯大主教和 R. 修士"的信，内容是关于西蒙·德·蒙特福特的一个追随者的忏悔，他将随西蒙东征，参见 *Formulary of the Papal Penitentiary,* pp. 52 f. 如果我们遵照贝蒙（*Simon de Montfort,* p. 12）的说法，即西蒙是在听到 1239 年 11 月 13 日加沙战败的消息后加入十字军的，那么这份文件的时间就是 1240 年，即在西蒙于 6 月出发前往东方之前（R. Röhricht, *Geschichte des Königreichs Jerusalem,* p. 850）。然而，一份 1238 年 2 月 25 日的诏书（W. H. Bliss, *Calendar of Papal Letters,* i. 167）表明，十字军早在 1238 年就已经誓师了。

146. 1242 年 6 月和 8 月阿努尔·德·奥德纳尔德（Arnoul d'Audenarde）的遗嘱，参见 Inventaire des archives de la Chambre des Comptes de Lille (Lille, 1865), i. 307, nos. 740, 741.

147. Brièle and Coyécque, Les archives de l'Hôtel-Dieu de Paris, p. 225, no. 466.

148. Pirenne, in the *Biographie nationale de Belgique,* xv. 329.

149. 日期是 1244 年 4 月，但是 1244 年的复活节是 4 月 3 日，1245 年的复活节是 4 月 16 日，因此该文件可能属于这两个年份中的一个。参见 Archives du Pas-de-Calais, A. 105; Fredericq, *Corpus,* i, no. 121.

150. 1263 年 10 月 29 日乌尔班四世诏书（Constitutus），载 Chapotin, p. 224; Guiraud, no. 1180.

151. 该诏书（Dudum），参见 Fredericq, *Corpus,* i, no. 101; Potthast, no. 9995; Auvray,

no. 2735. 关于裁判官的建议者的概述，参见 C. Henner, Beiträge zur Organisation und Competenz der päpstlichen Ketzergerichte (Leipzig, 1890), pp. 138 ff.; de Cauzons, ii. 111-119.

152. 1234 年初，多明我会修士雅克和罗伯特一起出现在香槟区（参见本章上文），一位方济各会修士在拉沙里泰与他一起行动（Auvray, no. 2825, Potthast, no. 10044）。罗伯特和巴黎的修道会会长还在一个案件中接受了联合调查委员会的调查（Auvray, no. 2221; Potthast, no. 9772）。据我所知，他唯一独立行动的案件是在特鲁瓦，那里的多明我会会长和一位同城的方济各会修士被安排接受忏悔（1236 年 3 月 11 日诏书；Auvray, no. 3006; Potthast, no. 10114）。在阿拉斯，多明我修道院的现代史提到皮埃尔·当万（Danvin）[或达尔文（Darvin）] 在 1238 年担任了裁判官（Proville, *Histoire du couvent des Dominicains d'Arras,* B.N., MS. fr. 11620, pp. 387, 683）。特鲁瓦的案件肯定是在 1232 年多明我会在那里建立之后发生的（Chapotin, *Histoire des Dominicains de la Province de France,* p. 179）。

153. Albericus in *SS.,* xxili. 937. 参阅本书第二章和第十一章。

154. Mousket, vv. 28915, 28958-61.

155. *SS.,* xxiv. 30.

156. Étienne de Bourbon, *Anecdotes historiques,* p. 150; 参阅 p. 415。进一步内容参见 Albericus in *SS.,* xxiii. 944; Mousket, vv. 30535, 30536. 其他与罗伯特有关的主教包括克莱蒙主教（Auvray, no. 2825; Potthast, no. 10044）、卡奥尔主教（有可能；Lea, *Formulary of the Papal Penitentiary,* no. 35, 1）、阿拉斯主教（Fredericq, *Corpus,* i, no. 121, and note）、桑斯大主教（Lea, no. 35, 2），以及桑斯大主教和特鲁瓦主教（Potthast, no. 10114; Auvray, no. 3006）。

157. Mousket, v. 28885; Étienne de Bourbon, p. 415. 参阅 Albericus in *SS.,* xxiii. 945。

158. *SS.*, xxvi. 522.

159. 这一时期的尼德兰主教裁判所的材料已被弗雷德里克收集，参见 Geschiedenis, i, ch. 6. 参阅 de Cauzons, ii. 121-124.

160. 1235 年两份诏书（Dudam ad aliquorum murmur 和 Quo inter ceteras）。参见 Auvray, nos. 2735-37; Potthast, nos. 9993-95; Fredericq, *Corpus*, i, nos. 100, 101; ii, no. 28. 关于 13 世纪晚期，参见 Fredericq, *Geschiedenis,* i. 68-71。

在俗的教区神职人员之间也有分歧。在与下辖主教的争论中，兰斯大主教甚至声称他们中的一些人沾染了异端（P. Varin, *Archives administratives de Reims*, i. 675; Potthast, no, 12062），但没有证据表明这一指控得到了证实。

161. Mansi, *Conciliorum collectio,* xxiii. 497; Hefele-Knöpfler, v. 1083. 关于 1238 年的特里尔议会，参阅 Fredericq, *Corpus,* i, no. 11；关于南方的议会，参见 Hinschius, *Kirchenrecht*, v. 449, note 4。

162. Concilium Parisiense, 1248, c. 20; Concilium Pruvinense, 1251. Mansi, xxili. 768, 793; Hefele-Knöpfler, v. 1151; vi. 45.

163. Fredericq, *Corpus,* i, no. 158（无日期，但显然是 13 世纪的）。

164. Fredericq, *Corpus,* i, no. 99 (1235).

165. Lea, *Formulary of the Papal Penitentiary,* no. 37, 2.

166. 米歇尔·德·瑟里济（Michel de Cerizy）的案件，参见 Auvray, no. 2854.

167. Fredericq, *Corpus,* i, nos. 125, 126, 133; *Geschiedenis,* i. 84.

168. 1241 年因过失而被定罪的通告，参见 *Chartularium Universitatis Parisiensis,* i, no. 128；1247 年通告，参见 *ibid.,* no. 176；1270 年通告，参见 *ibid.,* no. 432；1277 年通告，参见 *ibid.,* no. 473。另参阅 no. 522 以及因《塔木德》而被定罪的相关文件，特别参见 no. 178。关于 1270 年和 1277 年的定罪，参见 Mandonnet, *Siger de Brabant* 和 L. Thorndike, *History of Magic and Experimental*

Science (New York, 1923), ii. 707-712, 869. 参阅 M. Grabmann, Munich *S.B.*, 1924, no. 2.

169. *Chartularium,* i, no. 176. 值得注意的是在师傅雷蒙德第二次被判刑时，采取行动的教皇使节用了"好建议"（de bonorum consilio）这个词，这在南方的裁判文件中非常常见。

170. Lea, ii. 135 ff.

171. 关于罗伯特的审判程序，有较详尽说明的案件只有以下几个：在拉沙里泰，皮埃尔·沃格林（Sbaralea, *Bullarium Franciscanum,* i. 177; Auvray, no. 2825; Potthast, no. 10044）和彼得罗尼拉（Auvray, no. 3106）的上诉案，以及让·舍瓦利埃（Chapotin, *Histoire des Dominicains de la province de France,* p. 224）的请愿，所有文献都是被告的陈述（也可以参阅卡奥尔教区的某 M 的上诉案，参见 Lea, *Formulary of the Papal Penitentiary,* no. 38, 2）。在阿拉斯，胡克迪厄被逐出教会（Archives du Pas-de-Calais, A. 105; Fredericq, *Corpus,* i, no. 121），被逐出教会的主教描述了罗伯特的审判程序。在巴黎（?），里歇尔讲述了一个女人被魔法蛊惑而做了虚假忏悔的故事（SS., xxv. 307）。对于同一时期的主教裁判所的司法程序，我们的材料只有努瓦永主教和米歇尔·德·瑟里济（Auvray, no. 2854）的案件；当然也应比较拉沙里泰的早期案件。

172. 关于宗教裁判所的一般程序，参见 Lea, i. 399 ff.; Tanon, pp. 326 ff.; Hinschius, v. 481 ff.; Douais, *L'Inquisition*, pt. 2; de Cauzons, *Histoire de l'Inquisition en France,* ii. 关于教皇裁判所的早期程序的重要信息，可见教皇裁判所裁判官佩纳福特的赖孟多处置塔拉戈纳省异端的一些协议会记录。参见 *Moyen âge*, 2d series, iii. 305-325; *Raymundiana* (*Monumenta Ordinis Praedicatorum,* vi), ii. 41, 73。关于 1250—1267 年间的朗格多克，参见卡尔卡松宗教裁判所运作的详细研究，参见 Molinier, *L'Inguisition dans le Midi de la France*, pp. 273-451；莫

里尼埃记录所依据的登记员（greffier）记录，以及伯纳德·德·科（Bernard de Caux）和让·德·圣皮埃尔（Jean de S. Pierre）（1244—1248）的重要判决，载 Douais, in *Documents pour servir à l'histoire de l'Inquisition dans le Languedoc*。

173. 关于这一点，参见 Tanon, p. 329; Hinschius, v. 458, note 3, 481. 引用这种布道的做法，参见 Martène and Durand, *Thesaurus,* v. 1810; *Nouvelle revue historique de droit,* 1883, p. 671.

174. 诏书（Gaudemus），参见 Fredericg, *Corpus,* i, no. 90.

175. Lea, *Formulary,* no. 35, 1; Tours, MS. 594, f. 29 v, no. 141.

176. Albericus, in *SS.,* xxiii. 945.

177. Potthast, no. 10044; Auvray, no. 2825.

178. Auvray, no. 3106.

179. 1236年3月11日诏书（Ildebrandiscus），参见 Sbaralea, *Bullarium Franciscanum,* i. 188; *Raymundiana,* ii. 49; Potthast, no. 10114; Auvray, no. 3006. 1234 年 11 月 23 日类似的诏书（Accurri...），参见 Raymundiana, ii. 27; Auvray, no. 2221; Potthast, no. 9772. 这一时期有许多保护法国北部意大利商人的教皇诏书，例如 Auvray, nos. 2842, 2843, 2857, 2764.

180. Lea, *Formulary,* no. 38, 2; Tours, MS. 594, f. 30 v, no. 148.

181. 诏书（Constitutus），载 Chapotin, p. 224; Guiraud, no. 1180。

182. 参阅 Tanon, p. 340; Henner, *Ketzergerichte,* p. 292. 欧塞尔主教给拉沙里泰一位神甫的命令，要求他传唤一个嫌疑人（1233 年），参见 Lebeuf, *Mémoires concernant l'histoire d'Auxerre* (ed. Challe and Quantin), i. 411.

183. Fredericq, *Corpus,* i, no, 121.

184. 参见本章上文引用的关于主教参与的段落。

185. Étienne de Bourbon, *Anecdotes historiques,* p. 149; Albericus, in *SS.,* xxiii. 945.

186. Auvray, no. 3106.

187. *SS.*, xxv. 307.

188. *Ibid.*, xxviii. 147, 326.

189. Tanon, p. 435; Hinschius, v. 467.

190. Lea, *Formulary*, no. 38, 2.

191. Auvray, no. 3106.

192. Pierre Vogrin: Potthast, no. 10044.

193. 关于处决异端法律的日耳曼起源理论，参见经典专著，Ficker, "Die gesetzliche Einführung der Todesstrafe für Ketzerei," in. *M. I. O. G.*, i. 177-226, 430, 以及 Havet, *L'Hérésie et le bras séculier au Moyen-Âge*, in the *B. E. C.*, xli. 488-517, 570-607（以及 *Oeuvres*, ii. 117-180）。研究结果已经被李（i. 222）、弗里德里克（*Geschiedenis*, i, chs. 7-9）、欣希乌斯（*Kirchenrecht*, v. 379）和约瑟夫·汉森（*Zauberwahn, Inquisition, und Hexenprozess*, pp. 220 ff.）所接受。认为这种刑罚源于罗马的观点，参见 Tanon, pp. 441 ff.（另参阅 P. Viollet, Établissements de S. Louis, i. 253; P. Guilhiermoz in *B. E. C.*, lv. 383）。进一步的讨论，参见 Maillet, *L'Église et la répression sanglante de l'hérésie* (Liége, 1909); de Cauzons, i. 279-315; Charles Moeller, "Les bûchers et les auto-da-fé de l'Inquisition depuis le moyen âge," in *Revue d'histoire ecclésiastique*, xiv. 720-751 (1913).

194. 巴黎大学校长菲利普谈及 1230 年兰斯面包师埃沙尔被烧死，参见 Hauréau, vi. 241；参阅本书第十一章。海斯滕巴赫的凯撒利乌斯（ed. Strange, i. 298）和纪尧姆·勒·布列塔尼（*Philippis*, i. 418 ff.）也用了与他类似的表达。加兰德的约翰的说法，参见 *De triumphis ecclesiae*, ed. Wright, p. 79。巴黎大学校长厄德·德·沙托鲁（Eudes de Châteauroux）说法，参见 Arras, MS. 137, pp. 305 f.

195. 关于宗教裁判所的刑罚，参见 Lea, i, ch. 12; Tanon, pp. 479 ff.; de Cauzons, ii. 288 ff. 除了文中引用的文本，参见 Lea, *Formulary of the Papal Penitentiary,* pp. 50-60；塔拉戈纳大主教咨询教皇裁判所裁判官佩纳福特的赖孟多后编写的程序手册，载 Douais, in the *Moyen âge,* 2d series, iii. 305-325.

196. 关于早期的严密监禁案件，参见 1231 年 3 月 4 日格里高列九世致拉卡瓦修道院院长的诏书，参见 Auvray, no. 562; Potthast, no. 8672.

197. 在教会法（c. i in Sexto, v. 2）中这份格里高利九世未注明日期的诏书，很可能针对的是这一时期法国北部的发生的某起案件，因为该诏书是致兰斯大主教及其下辖主教，且诏书没有收入《教令集》（*Decretals*），这表明它是在 1234 年 9 月《教令集》颁布后公布的。还有几份内容相同、时间更早的诏书，分别是 1232 年 10 月 19 日致斯特拉斯堡主教（Auvray, no. 933; Rodenberg, *Epistolae,* i, no. 485），1232 年 11 月 12 日致不来梅大主教（Potthast, no. 9042），1232 年 11 月 22 日致萨尔茨堡大主教（Winkelmann, *Acta imperit inedita,* i. 504; Potthast, no. 9046），以及 1233 年 4 月 19 日致法国南部的高级教士（MS. Doat xxxi. 19; Potthast, no. 9356）。另参阅 Hinschius, *Kirchenrecht,* v. 61, note 1.

198. *SS.,* vi. 440; xxvi. 215.

199. *SS.,* xxvi. 522.

200. *SS.,* xxviii. 133. 弗雷德里希试图将 "vivos sepeliri" 这个词解释为一种描述异端被严密监禁的略显夸张的表达方式，但是塔农表明活埋在 13 世纪已经是一种已知的惩罚方式。参见 *Tribunaux de l'Inquisition,* p. 117; *Histoire des justices des anciennes églises de Paris,* pp. 29-33（其中用该刑罚来惩罚不正常恶行的例子，参见 *Lea, Formulary,* no. 16）。值得注意的是，如果把被监禁的人数算进去，这个总数就太少了。

201. Mousket, vv. 28986, 29006.

202. *Ibid.,* v. 28966; Albericus, in *SS.,* xxiii. 937.

203. Mousket, vv. 28964, 28984, 28985.

204. Fredericg, *Corpus,* i, no. 90.

205. Mousket, vv. 29002, 29003.

206. Lea, *Formulary,* no. 35, 2; Tours, MS. 594, f. 29 v, no. 142. 由特鲁瓦主教施加的类似忏悔行为，参见 Lea, no. 37, 2［这里的标题应该是"罪行"（crimine）而不是"宽恕"（elemosine）］：Tours, MS. 594, f. 30, no. 146.

207. 诏书（Constitutus），载 Chapotin, p. 224; Guiraud, no. 1180.

208. Fredericq, *Corpus,* i, no. 79. 法令中还提到了其他附带刑罚的方式。

209. Lea, *Formulary,* no. 41; Tours, MS. 594, f. 31, no. 151. 关于日期，参阅 Fredericq, *Corpus,* ii, no. 21.

210. 拉沙里泰修士的案件，参见 Lea, *Formulary,* no. 40, 其称呼以 "De Caritate priori" 开头；参见 Tours, MS. 594, f. 31, no. 150。

211. 大致情况，参见 Lea, i. 481-483; Tanon, pp. 519-523; de Cauzons, ii. 336-340. 杜埃（Douais）在 1881 年 10 月引用了一条 1329 年关于摧毁卡尔卡松房屋的命令（*Cabinet historique,* xi. 163），作为"第一个，也许也是唯一一个此类判决"，参见 *Revue des questions historiques,* p. 411；但早在 1255 年，亚历山大四世就允许拉沙里泰的修道会会长和女修道院作为该镇的临时领主，重建被教皇裁判官下令毁掉的房屋。参阅 de La Roncière, *Registres d'Alexandre IV,* no. 817. 事实上，1166 年的克拉伦登法令就规定异端分子的接管人要毁掉异端的房屋（Stubbs, *Select Charters,* 9th ed., 1921, p. 173）；次年的财税卷宗（1167 年，英王亨利二世统治的第十三年）中也多次提及（de domibus fractis super assisam）。

212. 关于没收，参见 Lea, i, ch. xiii.; Tanon, pp. 523 ff.; Henner, *Ketzergerichte,* p. 232 中的参考文献。

213. *Ordonnances des rois,* xii. 319; i. 50.

214. *Livre de jostice et de plet,* p. 12; *Établissements de Saint-Louis,* ed. Viollet, ii. 147; iii. 50; Beaumanoir, ed. Salmon, §833.

215. 1259 年法令，参见 *Histoire générale de Languedoc,* viii. 1441; *Ordonnances des rois,* i. 63. 格里高利九世 1238 年的诏书，引用于 Tanon, p. 532；英诺森四世，载 c. 14 in Sexto, v. 2. 1269 年，某位"亨利克斯·布格里乌斯"（Henricus Bougrius）的寡妇的嫁妆被收入王室国库（亚眠辖区卷宗，见 *B. E. C.,* xxviii. 621）。关于妻子主张所有权的条件，参见 *Livre de jostice et de plet,* p. 13；参阅 A. Beugnot, *Olim,* i. 579。

216. *Livre Rouge de Saint-Vaast,* f. 157，其现代副本存于阿拉斯的加来海峡档案馆（H. 2）；目前载 Fredericq, *Corpus,* iii, no. 2.

217. *H. F.,* xxi. 237, 252. 参阅 *Annals of S. Médard, SS.,* xxvi. 522。

在北方，因没收财产而受益的人还包括香槟伯爵 [参见本章注释第 97 条关于吉莱的文件，普罗旺斯的圣基里亚斯大圣堂（collegiate church of Saint-Quiriace）质疑伯爵的权利]，以及当时该镇的临时领主、拉沙里泰的修道会会长（La Roncière, *Registres d'Alexandre IV,* no. 817）。没收被定罪的神职人员的财产，在早期几乎没有实据；我在北方找到的唯一案例发生在努瓦永教区，主教拿走了被告的马，也许还有其他个人物品（Auvray, no. 2854）.

218. 参见 Douais, *Documents,* pp. ccxv, ccxxvii. 没收财产可能产生利益的一个例子是 1261 年对南方某些异端分子的财产进行清查，给国库带来了 1413 里弗 9 苏 10 丹尼尔的净收益。参见 "Bona Petri Bermundi," Archives Nationales, J. 306,85，部分内容载 the fourth volume of the *Layettes du Trésor des Chartes* (Paris, 1902), pp. 62-63。

219. 给他儿子的指示，载 ed. Delaborde, *B. E. C.,* lxxiii. 261 (1912), c. 28; Guillaume

de S. Pathus (ed. Delaborde), p. 26.

220. Joinville, p. 19; Guillaume de S. Pathus, p. 25.

221. 圣王路易的传记和王室记录各个部分，参见 Danzas, *Études sur les temps primitifs de l'Ordre de S. Dominique,* iii. 408 ff.; Chapotin, *Dominicains de la Province de France,* pp. 494 ff.

222. Guillaume de S. Pathus, in *H. F.,* xx. 33.

223. 有关南方的法令（以 "Cupientes in primis aetatis" 开头），参见 *Ordonnances des rois,* i. 50. 腓力六世引用了已经遗失的圣路易法令（Cupientes in favorem），该法令很可能与北方有关。参见 *Ordonnances des rois,* ii. 41; 参阅 Fredericq, *Corpus,* ii. nos. 20, 55; *Geschiedenis,* i. 112. 王室档案室一本遗失的汇编中提到了圣路易有关异端的法令和和一封指示 "公爵、伯爵等协助裁判官打击堕落异端" 的授权信。参见 Langlois, *Formulaires de lettres,* vi. 3, 14, nos. 1, 318.

224. Auvray, no. 1145.

225. Mousket, vv. 28881, 28882. Matthew Paris, *Chronica majora,* iii. 520; SS., xxvili. 146.

226. Mousket, vv. 28912-14. Matthew Paris, *Historia Anglorum,* ii. 388; Sbaralea, Bullarium Franciscanum, i. 178.

227. Mousket, vv. 28899 ff. 参阅 Berger, *Blanche de Castille,* p. 295。

228. SS., xxiv. 30; xxiii. 944.

229. *H. F.,* xxi. 262, 264, 268, 269, 273, 274, 276, 280, 281. 另巴黎 1255 年耶稣升天节条目，参见 *B. E. C.,* xxviii. 618.

230. *H. F.,* xxi. 262, 274; xxii. 570, 745; *B. E. C.,* xxviii. 621. 参阅 *H. F.,* xxi. 227, 237; Tillemont, *Histoire de S. Louis,* ii. 292.

231. 1255 年 12 月 13 日诏书（Prae cunctis mentis）。Potthast, no. 16132; Fredericq,

Corpus, i, no. 132.

232. 关于朗格多克异端，参见 Douais, *Documents,* pp. xiii-xxii; 关于意大利异端，见

1254 年的诏书，参见 Berger, Registres d'Innocent IV, nos. 7790-7802, 8310-13.

233. Fredericq, *Corpus,* i, nos. 130 ff.; Douais, *Documents,* pp. xxii-xxv; Lea, ii. 119;

特别出色的描述参见 Fredericq, *Geschiedenis,* i, ch. 5, 其中说明了影响北方宗

教裁判所的教皇立法一直到延续至卜尼法斯八世时期。

234. Lea, ii. 120.

235. *H. F.,* xxi. 262, 268, 268, 269, 273, 274, 276, 280, 281.

236. 皇室记录，载 *B. E. C.,* xxviii. 618。

237. Martène and Durand, *Thesaurus,* v. 1810-13; Lea, ii. 120; Fredericq, *Geschiedenis,*

i. 60-63; Mandonnet, *Siger de Brabant,* i (1911), pp. 254-255.

238. Lea, ii. 121, 引自 MS. Doat, xxxii. 127。

239. *H. F.,* xxii. 745 A.

240. *B. E. C.,* xxviii. 621.

241. Gallia *Christiana,* xii, instrumenta, col. 173.

242. Lea, ii. 120.

第十一章

1. Fredericq, *Corpus,* i, ii; 参阅查尔斯·莫利尼耶（Charles Molinier）关于这一点的

评论，参见 *Revue historique,* xliii, 167 (1890)。

2. 1235 年，理发师阿诺利努斯在沙隆被判有罪，当时菲利普也在场。Albericus

Trium Fontium, in *SS.,* xxiii. 937。

3. Académie des inscriptions et Belles-Lettres, *Comptes redus,* 1889, pp. 107-108;

Revue critique d'histoire et de littérature, 1889, i. 340; Hauréau, "Un concile et un heretique inconnus," in *Journal des savants,* 1889, pp. 505-507; 同上，vi. 239-242 (1893). 参见我在 *A.H.R.,* vii. 442 (1902) 的注解。

4. 这一天也是法国瓦勒度派的年度圣礼，Karl Muller, Die Waldenser (Gotha, 1886), pp. 81-84。

5. 抄本中的名字是"Hyechardus"，奥雷欧认为应是"Guichard"，但随着案件叙述，我们发现特鲁瓦抄本 MS. 1099 中写为"Ethardus"（167, 173 v）；在阿夫朗什抄本 MS. 132 中写为"Ezhardus"（f. 4 v）和"Hezhardus"（f. 12）。

6. 《箴言》9：17，菲利普在圣巴塞洛缪的布道中，同样的文本也适用于异端。阿夫朗什抄本 MS. 132, ff. 23 v-26.

7. 《路加福音》12：1。

8. 《使徒行传》19：19。

9. 《雅各书》5：16。

10. 《箴言》27：23。

11. 《诗篇》26：5。

12. Hauréau, vi. 240-241, 可与 MS. lat. n. a. 338, f. 152 比较，两个方括号内的内容引用自 MS. lat. n. a. 338, f. 152。

13. Hauréau, vi. 241.

14. *Journal des savants,* 1889，p. 507.

15. 关于菲利普的布道文及其原创作者，见本书第二章注释。

16. "Sermo schlarisbus inter epiphaniam et purificationem tempore quo rex Ludovicus assumpsit crucem in Albigenses"（阿夫朗什，MS. 132, f. 248v; 以及特鲁瓦，MS. 1099, f. 15 v, 和维特里, MS. 69, f. 107, 标题为"In dissensione clericorum Parisius"). "In festo Sancti Martini in ecclesia eius apud Parisius in concilio"（维特里，

MS. 69, f. 101). "In concilio Bituricensi and crucesignatos presente rege" (维 特 里 ,
MS. 69, f. 139). "In passione apud Camberon presente comitssa Flandrie" (维 特 里 ,
MS. 69, f. 133 v). "Sermo canncellarii Parisiensis quem fecit Aurelianis ad scolares
de recessu scolarium a Parisius, quem fecit in vigilia Pasche"(阿夫朗什 , MS. 132, f.
340; 特鲁瓦 , MS. 1099, f. 160 v). "Coram domino papa et cardinalibus Rome" (特
鲁 瓦 , MS. 1099, ff. 152, 154; 维 特 里 , MS. 69, f. 119 v). "In capitulo Laudunensi
tempore dissensionis episcopi et civium" (阿夫朗什 , MS. 132, f. 1; 特鲁瓦 , MS.
1099, f. 160). "Sermo in institucione prelati. Pro abbate Dunensi..." (特鲁瓦 , MS. 1099,
f. 176). "Pro archiepiscopo Remensi H." (同上). "Sermo in capitulo sancti Vedasti aput
Arebatum in festo beati Bernardi" (阿夫朗什 , MS. 132, f. 16 v), etc.

17. *Archiv für Litteratur- und Kirchengeschichte des Mittelalters*, i. 29-30 (1885). 菲 利
普的其他布道中也零星提到异端邪说。因此，在剑桥彼得豪斯学院一份手稿
（1.3.9）（James, no. 135），关于圣灵降临节后第九个星期日的布道中，我们读
到了异端信徒禁止结婚的内容。在阿夫朗什手稿 MS. 153, f. 89 v，他说："Hoc
est subtilitas diaboli, utsicut in exercitu Albigensimachine etingenia comburantur."
另一个提到阿尔比十字军的记录在维特里手稿 MS. 69, f. 139 v (= 特鲁瓦 , MS.
1099, f. 30)。

18. Troyes, MS. 1099, f. 167. 在阿夫朗什手稿 MS. 132, f. 4 有同样的布道文，只是
开头词有细微差别。文中引用的段落在 f. 4 v 结尾到 f. 5 开头。同样，在维特
里勒弗朗索瓦，MS. 69, f. 153 v 也有同样的布道文，开头部分有差异，而且隐
去了埃沙尔的名字。在布道的过程中给出了布道会的日期，参见 Troyes, MS.
1099, f. 166 v. 维特里手稿 MS. 69, f. 153 v, 日期记为 "圣三一日之后的星期二"
（tertia feria post Trinitatem）。

19. 可能是位于拉昂行政区的布吕耶尔 - 蒙贝罗（"Brueres-en-Laonnois"），距离拉

昂八公里。A. Matton, *Dictionnaire topographique de l'Aisne* (Paris, 1871), p. 42.

20. 布道中还有一段话是关于篡改忏悔。Troyes, MS. 1099, f. 168; Avranches, MS. 132, f. 5 v.

21. Troyes, MS. 1099，ff. 169-174; Avranches, MS. 132, ff. 6 v-12（标题为"Sermo apud Laudunum ad populum de .vii. sacramentis"）。

22. 瓦勒度派的早期组织只有一个巡回布道团体"perfecti"，并没有组建当地的信徒（credentes）社区。卡尔·穆勒（Karl Müller）在他的专著中首先提到（见本书前文的引用），现已被普遍接受。参考 H. Haupt, "Neue Beitrage zur Geschichte des mittelalterlichen Waldenserthums," in *Historische Zeitschrift,* lxi, 45 (1889); A. Hauck, Kirchengeschichte Deutschlands, iv. 863 (1903); H. Bohmer, "Waldenser," in Herzog-Hauck *Realencyclopadie fur protestantische Theologie und Kirche,* 3d ed., xx. 812 (1908). 威廉·普雷格（Wilhelm Preger）在他的专著中仍然坚持普世教士的观点，参见 "Ueber die Verfassung der franzosischen Waldesier in der alteren Zeit," Munich Academy, *Abhandlungen,* hist. Classe, xix. 639-711 (1890)。

23. 参见 Müller, pp. 3-65. Alanus, *Contra hereticos,* lib. ii, in Migne, *P.L.,* ccx. 377-400. 除穆勒的引用之外，还应参考论著 *Supra stella,* 载 Dölinger, Beiträge zur *Sektengeschichte des Mittelalters* (Munich, 1890), ii. 62-84; Vatican Ms. Lat. 2648, De *Pauperibus de Lugduno, printed ibid.,* pp. 92-97 以及 Preger, *loc. cit.,* pp. 709-711. 关于同时代罗马天主教对瓦勒度派教义的阐述，有一个方便参阅的英文总结，H. C. Vedder, "Origin and Early Teachings of the Waldeneses, according to the Roman Catholic Writers of the Thirteenth Century," in American *Journal of Theology,* iv. 465-489 (1900). 详述见 Böhmer's "Walderser"（本章注释第 22 条）有详述。

24. Hauck, Kirchengeschichte Deutschlands, iv. 866 ff.; H. Haupt, "Waldenserthum und Inquisttion im südöstlichen Deutschland bis zur Mitte des 14. Jahrhunderts," in

Deutsche Zeitschrift fur Geschichtswissenschaft, i. 285-286 (1889).

25. *Gesta Treverorum*, a. 1231, in *SS.*, xxiv. 400-402; Fredericq, *Corpus*, i. 76-78, 80-82; ii. 39-41.

26. Troyes, MS. 1099, fol. 170 v; Avranches, MS. 132, 8 v.

27. *La chaire Française au moyen âge*, 2d ed.(Paris, 1886), pp. 327, 525, 540.

28. 有关此用法的示例，请参见 P. Varin, *Archives administratives de la ville de Reims* (Paris, 1839), i. 593.

29. Avranches, MS. 132, fol. 342 v.

30. 参见与博韦主教有关的议会：Varin, i. 548 ff.; 参阅 Finke, *Kozilienstudien*, pp. 64-66。

31. 参见第十章。

32. 众所周知，拉贝（Labbé）和曼西（Mansi）的文集是不完整的；参见 H. Finke, *Konzilienstudien zur Geschichie des 13. Jahrhunderts* (Münster, 1891) 的附加材料，以及参阅 P. Glorieux, "Un synode provincial inconnu, Reims, 1267," in *Revue des sciences religieuses*, viii. 230-256 (1928)。

33. S. Berger, *La Bible française au moyen âge* (Paris, 1884), pp. 38 ff.; H. Suchier, in *Zeitsthrift für romanische Philologie*, viii. 418 f. (1884); G. Voigt, "Bischof Bortram von Metz," in *Jahr-Buch der Gesellschaft für lothringische Geschichte und Altertumskunde*, v, 1, pp.51-54(1893); 参阅洛林版本的公告 B.N., MS. fr. 24728, given by Paul Meyer in Société des Anciens Textes Français, *Bulletin*, xxxi. 38-48 (1905).

34. Suchier, *loc. cit.*, p. 422; Fredericq, *Corpus*, i. 63.

35. Fredericq, *Corpus*, ii. 41; *Gesta Treverorum*, a. 1231, in *SS.*, xxiv. 401.

36. 曾保存在斯特拉斯堡，翻译于 1225 年至 1250 年间的《圣经》译文片段，可能是用兰斯方言写成的。Berger, *La Bible française*, p.116

37. J. D. Mansi, *Sacrorum cosciliorum collectio* (Florence, 1759-98), xxiii.197, ch. 14; C. J. von Hefele and A. Knöpfler, *Conciliengeschichte,* 2d ed. (Freiburg, 1873-90), v. 982; Hofele, French tr. by H. Leclercq, v, 2, p.1498 (1913).

38. 发布于塔拉戈纳。E. Martène and U. Durand, *Veterum scriptorum amplissima collectio* (Paris, 1724-33), vii.123, art. 2; Hefele-Knöpfler, *op. cit.* v.1037; Hefele-Leclercq, v, 2, p.1559.

39. 关于瓦勒度派的译本及其可能的影响，见 Berger, *La Bible française,* 以及对此的述评：Paul Meyer in *Romania,* xvii. 121-141(1888); H. Suchier, "Zu den altfranzösischen Bibelübersetzungen," in *Zeitschrift für romanische Philologie,* viii. 413-429(1884); Berger, "Les Bibles provençales et vaudoises," in *Romania,* xvii. 353-422(1884); H. Haupt, *Die deutsche Bibelübersetzung der mittelalerlichen Waldenser* (Würzburg, I886) and *Der waldensische Ursprung des Codex Teplensis* (Würzburg, 1886), 以及述评：Berger in the *Revue historique,* xxx.164-169; xxxii.184-I90 (1886). 参阅 "Bibelübersetzungen, romanische," article by E. Reuss revised by S. Berger, in Herzog-Hauck, *Realencyhlopädie,* 3d ed., iii, 126-128 (1897)。

第十二章

1. 转载自 Massachusetts Historical Society, *Proceedings,* xliii. 183-188(December, 1909)。有关李先生生活和工作更全面的描述，请参阅 E. P. Cheyney, *Proceedings of the American Philosophical Society* (1911) 第 50 卷的内容，以及他的家族私人印刷的早期回忆录 *Henry Charles Lea,* 1825-1909 (Philadelphia, 1910).

2. 李先生的著作和手稿现在保存在宾夕法尼亚大学图书馆里，学校里有一历史学教职以他的名字命名。另外，哈佛大学的亨利·查尔斯·李中世纪历史教职也是为纪念他，由他的女儿尼娜·李小姐捐赠。在本书后文注释中提到的鲍姆加藤（Baumgarten）神父有一个奇怪的例子，体现了"由因及果"的先验式批评。他说："从他的作品中可以明显看出，李先生一定拥有一个非常规维度的卡片索引系统，这使他对大多数问题都有了现成的答案，尽管有时可能误导他得出错误结论。每当他横渡大洋时，他都会给他的藏书库带回相当数量的珍品。"（p. 11）李先生没有卡片索引，他也没有借着去欧洲旅行充实他自己书房的图书收藏。

3. *E. H. R.,* viii. 755.

4. 参阅我的演讲 "European History and Amercian Scholarship," *A.H.R.,* xxviii. 215-227 (1923).

5. 写于 1909 年。见第十章注释。

6. 参阅我在 *The Nation* (New York), lxxxii. 285-287 (1906); lxxxiv. 455-457; lxxxvi. 262-263 对这部系列作品的评论。

7. 除了评论中的文章外，请特别参阅 P. H. Casey, *Notes on A History of Auricular Confession: H. C. Lea's Account of the Power of the Keys in the Early Church* (Philadelphia, 1899); P. M. Baumgarten, *Henry Charles Lea's Historical Writings: a Critical Inquiry into their Method and Merit* (New York, 1909); 以及参考本书第十章注释中的其他判断。

8. *The Hsitory of Freedom and other Essays,* pp. 551, 574.

9. *L'Inquisition* (Paris, 1907), p. vii.

10. *Henry Charles Lea's Historical Writings,* p. 143.

11. 参见他的演讲 "Ethical Values in History," in the *American Historical Review,* ix. 233-246。

12. 转载自 Massachusetts Historical Society, *Proceedings,* xlix. 161-166 (December, 1915)。

13. 写完这篇文章后，哈佛灯烛协会（Harvard Menorah Society）在怀德纳图书馆的历史研讨室里放置了一块纪念碑，纪念"查尔斯·格罗斯，1857—1909 年，二十一年来是这所大学的的历史教师、向导、朋友、求知者和伟大的学者"。

缩略语表

A.H.R.	*American Historical Review.* New York, 1895- .
Archiv (Neues Archiv)	*Archiv*（自 1876 年后更名 *Neues Archiv*）*der Gesellschaft für ältere deutsche Geschichtskunde.* Frankfort, etc., 1820-24.; Hanover, etc., 1838- .
B.E.C.	*Bibliothèque de l'École des Chartes.* Paris, 1839- .
B.M.	British Museum.
B.N.	Bibliothèque Nationale, Paris.
E.H.R.	*English Historical Review.* London, 1886- .
Hauréau	Barthélemy. Hauréau, *Notices et extraits ds quelques manuscrits latins de la Bibliothèque Nationale.* Paris, 1890-93. 6vols.
H.F.	*Recueil des historiens des Gaules et de la France.* Paris, 1738- .
MS. lat.	Bibliotheque Nationale, MS. lat.
Mediaeval Science	C. H. Haskins, *Studies in the History of Mediaeval Science,* 2d ed. Cambridge, Mass., 1927
Migne, *P.L.*	*Patrologiae cursus completus,* accurante J. P. Migne. Series prima, secunda. *[Patrologia Latina.]* Paris, 1844-64.
M.I.O.G.	*Mittheilungen des Instituts für Oesterreichische Geschichtsforschung.* Innsbruck, etc., 1880- .
Notices et extraits	*Notices et extraits des manuscrits de la Bibliothèque Nationale et autres bibliothèques, publiés par l'Institut National de France.* Paris, 1787- .
Q.E.	*Quellen und Erörterungen zur bayerischen und deutschen Geschichte. Munich,* 1856- .
SS.	*Monumenta Germaniae Historica. Scriptores.* Hanover, 1826- .
S.B.	*Sitzungsberichte* of the Berlin, Heidelberg, Munich, and Vienna Academies. 除非另有说明，否则应理解为哲史学科门类。